·高等学校经济管理类主干课程教材·

Chanye Jingjixue

产业经济学

原小能　主编

中国人民大学出版社

·北京·

前言

产业经济学是近年来发展迅速、创新活跃的应用经济学学科，也是众多高校经济与管理类本科专业的核心课程之一。为了适应中国经济高质量发展阶段出现的新情况、新变化，满足产业经济学课程教学需要，我们结合多年来的科研、教学与实践，编写了这本适合于本科生教学的教材。

与同类教材相比，本教材在内容设计和编写上，呈现出四个基本特征：

（1）聚焦性。自 20 世纪 80 年代产业经济学理论被引入中国后，其内容日臻丰富凝练，多数教材都基本上涵盖了产业组织、产业结构和产业布局这三个板块。本教材在保证内容系统性的基础上，聚焦关键知识点，通过案例分析、材料短析、延伸阅读与思考等多种形式进行阐释，深入浅出，力求把重要知识点讲深讲透。

（2）时代性。产业经济学理论创新日新月异，中国经济发展也不断取得新的突破。本教材不仅涵盖了产业经济学的基本内容，而且以全球化和网络化视野拓展了产业经济学体系，从全球价值链和信息化视角研究产业活动，新增了信息化、全球化、价值链分割与重组等内容，拓展了全球化和网络化视角下市场结构、市场行为和市场绩效的分析。

（3）本土性。产业经济学理论源自西方发达国家的实践，但中国改革开放 40 余年来的产业发展也提供了很多前所未有的鲜活案例。本教材融入了大量中国实践和案例，在每一章的重要知识点中都尽可能把现有理论分析和中国实践发展结合起来，不仅能帮助读者更好地理解相关理论，也能引导读者正确分析身边的经济现象。

（4）思政性。本教材把科学精神和人文情怀与专业知识点有机结合，注重剖析现有理论的产生背景及其在不同经济发展阶段的适用性，引导读者运用马克思主义辩证方法进行科学评价。在对企业行为的分析评价中，引入道德考量和公民素养意识；在对中国实践和中国案例的分析中，引入家国情怀和中国自信。

本教材以主流产业经济学的内容框架为基础，将全部内容划分为三个板块：产业组织、产业结构、产业布局。在产业经济学发展中，产业组织板块的内容最丰富，也是理论和实践创新最活跃的领域。而且为了知识点的聚焦性，本教材把政府规制和有关产业政策也融合在里面，因此，产业组织部分共分十章，包括导论、产业组织理论的兴起与发展、寡头竞争模型、合谋、价格行为、产品差异化、研发与创新、进入与退出、网络与平台经济、纵向关系与全球价值链，基本涵盖了产业组织理论体系的主要内容。其中，网络与平台经济、全球价值链是近几十年来产业理论与实践中最前沿、最热门的成果之一。产业结构板块主要阐述经典的产业结构基本理论、产业结构优化、投入产出分析方法的原理与应用。此外，针对经济发展的服务化特征，本教材加入了对第三产业发展趋势的分析。产业布局板块主要阐述产业布局的规律与原则、产业集聚与产业转移，以及中国的产业布局实践。

本教材由南京财经大学产业经济学课程组的老师合作编写，其中，原小能提出写作大纲与体例，经课程组讨论后确定。具体编写章节分工如下：原小能编写第一、二、三、四、五章；张晓磊编写第六、八章；徐洪海编写第七、九、十三章；陈启斐编写第十章和第十二章的第一、二节；胡雅蓓编写第十一章和第十二章的第三节；最后由原小能统稿。

在本教材的编写过程中，我们参考了大量的现有教材、专著、期刊论文以及媒体公开报道，并尽可能以注释或参考文献的形式标注出来，在此向这些资料的作者一并表示感谢！同时，对中国人民大学出版社在本教材出版过程中提供的专业服务表示感谢！

目　录

第一章　导　论 …… 1
第一节　产业的定义与分类 …… 1
第二节　产业经济学的研究内容 …… 15
第三节　产业经济学的研究方法 …… 16

第二章　产业组织理论的兴起与发展 …… 21
第一节　产业组织理论的形成 …… 21
第二节　产业组织理论的主要流派 …… 35
第三节　新产业组织理论 …… 41

第三章　寡头竞争模型 …… 50
第一节　古诺模型 …… 50
第二节　伯川德模型 …… 57
第三节　斯坦克尔伯格模型 …… 62

第四章　合　谋 …… 69
第一节　合谋的形成 …… 70
第二节　影响合谋的因素 …… 74
第三节　维持合谋的商业实践 …… 81
第四节　合谋的识别与公共政策 …… 85

第五章 价格行为 …… 91
第一节 定价的影响因素 …… 91
第二节 基本定价方法 …… 94
第三节 价格歧视 …… 96
第四节 策略性定价 …… 108

第六章 产品差异化 …… 123
第一节 产品差异 …… 123
第二节 产品差异的线性城市模型 …… 129
第三节 产品差异的圆形城市模型 …… 135
第四节 产品差异化策略的应用 …… 138

第七章 研发与创新 …… 145
第一节 研发与创新的基本概念 …… 145
第二节 市场结构与创新 …… 149
第三节 创新的激励和阻碍 …… 155
第四节 中国的创新政策 …… 163

第八章 进入与退出 …… 170
第一节 企业进入的动因与方式 …… 170
第二节 进入壁垒 …… 175
第三节 退出壁垒 …… 183

第九章 网络与平台经济 …… 192
第一节 网络外部性 …… 192
第二节 标准竞争与兼容 …… 198
第三节 双边市场与平台竞争 …… 205

第十章 纵向关系与全球价值链 …… 218
第一节 纵向一体化与纵向约束 …… 218
第二节 国际分工与产业组织变革 …… 230
第三节 全球价值链的演化与升级 …… 238
第四节 全球价值链的治理 …… 244

第十一章 政府规制 …… 252
第一节 规制理论与依据 …… 252
第二节 政府规制工具 …… 258
第三节 政府规制改革 …… 265

第四节　反垄断法……………………………………………………………… 269

第十二章　产业结构与产业关联……………………………………………… 279
第一节　产业结构演进…………………………………………………………… 279
第二节　产业结构优化…………………………………………………………… 286
第三节　产业关联分析…………………………………………………………… 292

第十三章　产业布局……………………………………………………………… 311
第一节　产业布局的规律与原则………………………………………………… 311
第二节　产业集聚与产业转移…………………………………………………… 321
第三节　产业布局实践…………………………………………………………… 333

第一章
导　论

经济学是一门显学，大家可以从电视、杂志、网络等媒体上看到有关经济学的各种报道和采访。尤其是改革开放后，经济学成为指导我国经济发展的重要学科。那么，什么是经济学呢？简单来说，经济学是研究资源配置的学科。在现实中，土地、煤炭、石油等大多数资源都具有稀缺性，现在甚至连洁净的水和空气也开始变成稀缺产品。由于资源存在稀缺性，所以需要把资源配置到效率最高的产业或部门中去。因此，经济学就应运而生。我们在现实中所涉及的各门经济学课程，如微观经济学、宏观经济学、国际经济学、计量经济学等，都是从不同视角研究资源配置的。产业经济学就是从产业层面研究产业内和产业间的资源配置的。本章主要介绍产业的定义与分类、产业经济学的研究内容、产业经济学的研究方法。

第一节　产业的定义与分类

一、产业的定义

“产业”一词在不同历史时期和不同理论研究领域有不同的含义。在我国古代汉语中，已经出现了“产业”一词，通常指财富。《史记·高祖本记》中记载：“未央宫成。高祖大朝诸侯群臣，置酒未央前殿。高祖奉玉卮，起为太上皇寿，曰：‘始大人常以臣无赖，不能治产业，不如仲力。今某之业所就孰与仲多?’”这里的产业，就是指财富。在现代汉语中，产业的含义要广泛一些，意指财产或生产活动。如《辞海》中对产业一词的释义有三个：一是指私有的土地、房屋等财产、家产；二是指各种生产、经营事业；三是特指工业，如产业革命。英文中与产业对应的单词“industry”的含义则更为广泛，也更为模糊，包括了产业、工业、行业等。

目前，国内学者通常将“产业”定义成某种具有共同属性的企业的集合。这里的共同属性可以从两个视角理解：从需求视角来说，是指生产相似或具有密切替代关系的产品或服务的企业集合，如生产手机的企业集合构成手机产业，生产电子计算机的企业集合构成电子计算机产业，生产汽车的企业集合构成汽车产业，提供零售服务的企业集合构成零售产业等。这种定义是为了便于分析同一产业市场上企业之间的垄断与竞争关系，“生产相似或具有密切替代关系的产品或服务”就是划分不同企业产业归属的基准。以这类企业的集合为对象才能精准分析产业内企业的竞争和垄断态势，进而维护公平竞争的市场秩序。从供给视角来说，共同属性是指具有类似生产技术、生产过程或生产工艺等的物质或服务生产活动。如种植业、畜牧业、渔业等农业活动都是人类直接利用生物、太阳能、土壤、气候等自然力的行为，我们把它们归类为农业产业；手机制造、汽车制造、钢铁、化学等工业活动则是对原料和中间品进行加工制造的过程，我们把它们归类为制造业产业；金融、零售、信息、家政等服务活动则是提供无形的难以储存的服务，呈现出生产和消费一体化的特征，我们把它们归类为服务业产业。这种定义主要服从于分析社会再生产过程的需要，用于研究大部类之间或行业内部各中间产品之间的均衡状态变化，此时，“具有类似生产技术、生产过程或生产工艺”就是划分不同企业产业归属的基准。在经济实践中，同一企业有许多不同的特征，从不同视角审视企业的各类共同特征，可将不同企业划归不同的产业。

从本质上讲，产业是社会分工的产物，是随着技术变革而不断发展演变的。自农业从狩猎采集中分离出来之后，人类社会经历了三次社会大分工。第一次社会大分工是畜牧业从农业中分离出来。第一次社会大分工带来了生产力的提升，金属工具使原来附属于农业的手工业生产技术不断改进，生产劳动日益多样化。于是，手工业逐渐与农业分离，产生独立的手工业生产部门，即第二次社会大分工。第二次社会大分工促进了生产规模的扩大和劳动生产率的提高，剩余产品增多，交换得到长足发展，于是专门从事交换活动的商人应运而生。不间断的交换活动使部分脱离生产的商人得以生存，商业从农业、手工业中分离出来，即第三次社会大分工。因此，产业是与社会生产力发展水平相适应的社会分工形式的表现，是一个多层次的经济系统。生产力发展水平低时，社会分工以一般分工为主导，人类的生产活动只能简单地分成几个大类，如农业和工业等形成产业的第一层次；社会分工深化后，特殊分工将工业、农业分成不同的业种，如基础工业、制造业、建筑业等；特殊分工的主导形式复杂化后，制造业细分成食品业、纺织业、造纸业、化工业、制药业、机械业等，形成产业的第三层次；以此类推，产业还可以进一步细分。

二、产业的分类

产业是一种社会分工现象。随着社会分工的发展，产业的内涵不断变化，其外延也不断拓展。在重农学派时期，产业专指农业；在资本主义高速发展时期，产业专指工业；近代以后产业则包括了农业、工业、服务业及其细分产业。今天，凡是具有投入产出活动的部门都可以列入产业的范畴。它不仅包括生产领域的活动，也包括流通领域的活动；不仅包括物质产品的生产、流通和服务，也包括服务产品的生产、流通和服务；不仅包括生产部门，也包括流通部门和服务部门。为了便于对纷繁复杂的产业活动进行分析、研究和管理，有必要对产业进行分类。目前常见的产业分类方法有三次产业分类法、标准产业分类法、两大部类分类法、产业发展状况分类法等。

（一）三次产业分类法

三次产业分类法由新西兰经济学家费歇尔（Fisher）于 1935 年在《安全与进步的冲突》一书中首次提出。他以社会生产发展阶段为依据，以资本流向为主要标准，将经济活动中的全部产业划分为第一产业、第二产业和第三产业。第一产业是指产品直接取自自然的物质生产部门，主要包括种植业、畜牧业、狩猎业、渔业和林业；第二产业是指加工取自自然的物质和第一产业产品的物质生产部门，主要包括采掘业、制造业、建筑业和公共事业。比如，大米属于第一产业的种植业，但将大米酿造成酒的企业则属于制造业。第一产业和第二产业都是创造有形财富的生产部门，而第三产业则是派生于有形物质财富生产活动的创造无形财富的生产部门，主要包括商业、金融业、运输业、旅游业、科教文卫业、政府行政业等。

1940 年，克拉克（Clark）在《经济进步的条件》一书中总结了国民经济中三次产业结构的变化规律及其对经济发展的作用。之后，三次产业分类在欧美国家得到广泛应用。克拉克指出了划分产业的三个标准：（1）产业距离消费者位置的远近。距离消费者较远者为第一产业，距离消费者较近者为第三产业，介于两者之间的为第二产业；（2）产业的产出是否有形。有形产品的生产为第一或第二产业，无形产品的生产为第三产业；（3）生产过程与消费过程是否分离。生产和消费可以分离的经济活动为第一或第二产业，生产和消费不可分离的经济活动为第三产业（克拉克，2020）。按照上述标准，第一产业主要包括农业、畜牧业、林业、渔业、采掘业等；第二产业主要包括制造业、加工业、建筑业、能源工业等；第三产业主要包括商业、金融及保险业、运输通信业、行政管理等。

实践中，经济合作与发展组织（Organisation for Economic Co-operation and Development，OECD）认为第一产业是直接利用资源的活动，即农业，主要包括种植业、畜牧业、猎业、渔业和林业；第二产业是对自然资源进行加工或再加工的活动，即工业，主要包括制造业、采掘业、矿业、建筑业、公用事业；第三产业是为了满足人们高于物质需要的需求的活动，主要包括运输业、通讯业、仓储业、批发和零售业、外贸、金融业、房地产业、数字咨询、科学研究、教育卫生、广播电视、公共行政和国防以及社会事务、娱乐和个人服务等。

在中国，国家统计局于 2003 年发布了《三次产业划分规定》的通知，明确了三次产业的划分范围。第一产业包括农业、林业、畜牧业、渔业；第二产业包括采矿业，制造业，电力、燃气及水的生产和供应业，建筑业；第三产业是除了第一、第二产业以外的其他行业，包括交通运输、仓储和邮政业，数字传输、计算机服务和软件业，批发和零售业，住宿和餐饮业，金融业，房地产业，租赁和商务服务业，科学研究、技术服务和地质勘查业，水利、环境和公共设施管理业，居民服务和其他服务业，教育，卫生、社会保障和社会福利业，文化、体育和娱乐业，公共管理和社会组织，国际组织。

材料短析

第四产业

为适应产业发展变化，从20世纪70年代末起，学术界开始广泛探讨增设第四产业进而助推产业结构优化升级的话题。讨论较多的第四产业主要包括信息业、金融业、绿色产业、数据产业。

(1) 信息业。1977年，美国经济学家波拉特（Porat）在《信息经济》中提出四次产业分类法，认为国民经济可划分为四大产业部门，其中第四产业为信息业，并形成了对信息经济的量化核算方法。波拉特的核算方法为OECD以及委内瑞拉、马来西亚等国家所采用。国内也有一定数量的文献支持其主张。

(2) 金融业。1987年，美国统计学家肯尼西（Kenessey）在《经济的第一、二、三、四部门》中提出，将金融业作为第四产业部门单独核算。他认为，到20世纪80年代，美国金融业的GDP占比增加到40%左右，是一次产业再升级。农业、工业、服务业和金融业四部门在国内生产总值占比、劳动力雇佣、投入产出关系上都各有显著特点，符合库兹涅茨的产业部门划分标准。

(3) 绿色产业。2000年，中国学者叶文虎、韩凌在《论第四产业——兼论废物再利用业的培育》一文中提出，获取自然资源为第一产业，加工自然资源为第二产业，第三产业则旨在提高第一、第二产业的效率和效益。在此基础上进一步推演，转化废物为原材料或产品的相关产业，应当划分为第四产业，从而将物资生产、人口生产和环境生产联系起来。

(4) 数据产业。2020年，中国学者辰昕、刘逆、惠长虹、韩非池、张赛君在《创新完善产业划分理论将数据业设为第四产业的思考和建议》中提出，三次产业的划分源于人类经济发展历程和社会分工演进，因此，第四产业应在第一、第二、第三产业的基础上进一步衍生递进，以第一、第二、第三产业的产品或服务作为“原料”，形成全新的产品或服务形式。数据业从各类生产生活场景中获取、存储、传播数据资源，通过加强算力、改善算法，将数据资源加工为数据产品和服务，在传统的三次产业的基础上，发展出新的层次递进关系。因此，提出将数据业设为第四产业的建议。

资料来源：马克·尤里·波拉特. 信息经济[M]. 袁君时，周世铮，译. 北京：中国展望出版社，1987；叶文虎，韩凌. 论第四产业——兼论废物再利用业的培育[J]. 中国人口·资源与环境，2000 (2)：24-27；辰昕，刘逆，惠长虹，韩非池，张赛君. 创新完善产业划分理论 将数据业设为第四产业的思考和建议[J]. 产业经济评论，2020 (9)：5-14.

（二）标准产业分类法

1. 联合国标准产业分类

标准产业分类法（Standard Industrial Classification，SIC）是联合国为了便于国家间横向比较，于1971年颁布的世界各国的产业分类标准，即《全部经济活动的国际标准产业分类索引》，它将全部经济活动分为10个大项，每个大项下面分成若干中项，每个中项下面又分成若干小项，小项再分解成若干细项，并进行统一编码以便于统计。

标准产业分类法划分的10个大项产业是：

1. 农业、狩猎业、林业和渔业；
2. 矿业和采石业；
3. 制造业；
4. 电力、煤气、供水业；
5. 建筑业；
6. 批发和零售业、餐饮业、旅店业；
7. 运输业、仓储业、邮电通信业；
8. 金融业、保险业、不动产业及商业服务业；
9. 社会团体、社会及个人服务；
10. 不能分类的其他活动。

属于编号为3的制造业的中项产业包括：

31. 食品、饮料、烟草；
32. 纺织、服装、制革；
33. 木材与木制品；
34. 造纸与纸制品、印刷与出版；
35. 化工产品和药品、石油加工产品、煤炭加工产品、塑料制品、橡胶制品；
36. 非金属矿产品（石油加工产品、煤炭加工产品除外）；
37. 冶金工业；
38. 金属制品、机械和工业设备；
39. 其他制造业。

属于编号为38的金属制品、机械和工业设备的小项产业包括：

381. 除机械和工业设备以外的机械；
382. 电器机械以外的机械；
383. 电机、电器及供电设备；
384. 运输工具；
385. 以上行业除外的科学仪器、测试仪器、控制仪器、感光和光学器材。

属于编号为384的运输工具的细项产业包括：

3841. 造船及修理；
3842. 铁路机车与车辆；
3843. 汽车；
3844. 摩托车与自行车；
3845. 航空工业；
3846. 其他运输工具。

2. 中国标准产业分类

中国的产业分类经历了一个不断改革和完善的过程。中华人民共和国成立后，一直采用物质产品平衡表体系（System of Material Product Balance，MPS）分类法。MPS分类法将国民经济活动划分为农业、工业、建筑业、运输业和商业5个部门。1984年，国家统计局参照国际标准产业分类（SIC）对产业进行了划分，发布了相应的经济行业分类标准。1987 年国家统计局发布了《投入产出部门分类和代码》，对各个产业进行了编码。1988 年《中国统计年鉴》首次使用三次产业统计，产业分类开始与世界大多数国家趋于一致。1994 年，中国根据国际标准产业分类制定了中国的产业分类国家标准《国民经济行业分类与代码》（GB/T 4754—1994），之后，2002 年、2011 年和 2017 年分别进行了修订，目前执行的是《国民经济行业分类》（GB/T 4754—2017），其中将国民经济划分为 20 个门类、97 个大类、970 个中类和 9 700 个小类。代码由一位拉丁字母和四位阿拉伯数字组成。门类代码用一位拉丁字母表示，即用字母 A、B、C……依次代表不同门类；大类代码用两位阿拉伯数字表示；中类代码用三位阿拉伯数字表示，前两位为大类代码，第三位为中类顺序代码；小类代码用四位阿拉伯数字表示，前三位为中类代码，第四位为小类顺序代码。具体见表 1－1。

表 1－1　中国国民经济行业分类与代码（GB/T 4754—2017）

代码				类别名称
门类	大类	中类	小类	
A				农、林、牧、渔业
	01	略	略	农业
	02			林业
	03			畜牧业
	04			渔业
	05			农、林、牧、渔专业及辅助性活动
B				采矿业
	06	略	略	煤炭开采和洗选业
	07			石油和天然气开采业
	08			黑色金属矿采选业
	09			有色金属矿采选业
	10			非金属矿采选业
	11			开采专业及辅助性活动
	12			其他采矿业
C				制造业
	13	略	略	农副食品加工业
	14			食品制造业
	15			酒、饮料和精制茶制造业
	16			烟草制品业
	17			纺织业
	18			纺织服装、服饰业
	19			皮革、毛皮、羽毛及其制品和制鞋业
	20			木材加工和木、竹、藤、棕、草制品业
	21			家具制造业
	22			造纸和纸制品业
	23			印刷和记录媒介复制业
	24			文教、工美、体育和娱乐用品制造业

续表

代码				类别名称
门类	大类	中类	小类	
	25	略	略	石油、煤炭及其他燃料加工业
	26			化学原料和化学制品制造业
	27			医药制造业
	28			化学纤维制造业
	29			橡胶和塑料制品业
	30			非金属矿物制品业
	31			黑色金属冶炼和压延加工业
	32			有色金属冶炼和压延加工业
	33			金属制品业
	34			通用设备制造业
	35			专用设备制造业
	36			汽车制造业
	37			铁路、船舶、航空航天和其他运输设备制造业
	38			电气机械和器材制造业
	39			计算机、通信和其他电子设备制造业
	40			仪器仪表制造业
	41			其他制造业
	42			废弃资源综合利用业
	43			金属制品、机械和设备修理业
D				电力、热力、燃气及水生产和供应业
	44	略	略	电力、热力生产和供应业
	45			燃气生产和供应业
	46			水的生产和供应业
E				建筑业
	47	略	略	房屋建筑业
	48			土木工程建筑业
	49			建筑安装业
	50			建筑装饰、装修和其他建筑业
F				批发和零售业
	51	略	略	批发业
	52			零售业
G				交通运输、仓储和邮政业
	53	略	略	铁路运输业
	54			道路运输业
	55			水上运输业
	56			航空运输业
	57			管道运输业
	58			多式联运和运输代理业
	59			装卸搬运和仓储业
	60			邮政业
H				住宿和餐饮业

续表

代码				类别名称
门类	大类	中类	小类	
	61	略	略	住宿业
	62			餐饮业
I				信息传输、软件和信息技术服务业
	63	略	略	电信、广播电视和卫星传输服务
	64			互联网和相关服务
	65			软件和信息技术服务业
J				金融业
	66	略	略	货币金融服务
	67			资本市场服务
	68			保险业
	69			其他金融业
K				房地产业
	70	略	略	房地产业
L				租赁和商务服务业
	71	略	略	租赁业
	72			商务服务业
M				科学研究和技术服务业
	73	略	略	研究和试验发展
	74			专业技术服务业
	75			科技推广和应用服务业
N				水利、环境和公共设施管理业
	76	略	略	水利管理业
	77			生态保护和环境治理业
	78			公共设施管理业
	79			土地管理业
O				居民服务、修理和其他服务业
	80	略	略	居民服务业
	81			机动车、电子产品和日用产品修理业
	82			其他服务业
P				教育
	83	略	略	教育
Q				卫生和社会工作
	84	略	略	卫生
	85			社会工作
R				文化、体育和娱乐业
	86	略	略	新闻和出版业
	87			广播、电视、电影和录音制作业
	88			文化艺术业
	89			体育
	90			娱乐业
S				公共管理、社会保障和社会组织

续表

代码				类别名称
门类	大类	中类	小类	
	91	略	略	中国共产党机关
	92			国家机构
	93			人民政协、民主党派
	94			社会保障
	95			群众团体、社会团体和其他成员组织
	96			基层群众自治组织及其他组织
T				国际组织
	97	略	略	国际组织

（三）两大部类分类法

在经济活动中，社会产品的最终用途有两种：一种是用来消费，即消费资料；另一种是用来再生产，即生产资料。马克思（Karl Marx）从社会再生产理论出发，将经济中的所有产业划分为两大部类：第Ⅰ部类为生产生产资料的部门，第Ⅱ部类为生产消费资料的部门。其中第Ⅰ部类又可以分为两个小的副类，即为生产资料生产提供生产资料的产业部门和为生活资料生产提供生产资料的部门；第Ⅱ部类也分为两个小的副类，即生产必要消费品的部门和生产奢侈消费品的部门。

马克思的两大部类分类法以社会再生产理论为基础，研究社会总产品的价值实现和实物补偿问题，并进一步分析社会资本简单再生产和扩大再生产的条件，揭示资本主义生产的本质和剩余价值产生的秘密。但由于该分类方法没有涵盖非物质资料生产部门，而且某些商品在归类上也存在分歧，因此目前在产业研究中应用较少。

（四）产业发展状况分类法

1. 按产业地位分类

按照在国民经济和产业体系中的不同战略地位，产业可以分为基础产业、支柱产业、主导产业、战略性新兴产业。

基础产业是指在国民经济中为其他产业发展提供基本条件的产业。在多数情况下，基础产业主要指基础设施产业，是其他产业发展的基础和前提条件，要求得到先行发展。具体来说，基础设施产业主要包括农田水利业、能源工业、基础原材料工业、交通运输业、邮电通信业、环境管理和保护业、公共设施管理业、教育文化卫生体育事业。2018 年中央经济工作会议重新定义了基础设施建设，把 5G、人工智能、工业互联网、物联网定义为“新型基础设施建设”，2020 年国家发展和改革委员会首次明确了新型基础设施的范围，指出新型基础设施是以新发展理念为引领，以技术创新为驱动，以信息网络为基础，面向高质量发展需要，提供数字转型、智能升级、融合创新等服务的基础设施体系。新型基础设施主要包括三个方面的内容：(1) 信息基础设施，主要是指基于新一代信息技术演化生成的基础设施，比如以 5G、物联网、工业互联网、卫星互联网为代表的通信网络基础设施，以人工智能、云计算、区块链等为代表的新技术基础设施，以数据中心、智能计算中心为代表的算力基础设施等。(2) 融合基础设施，主要是指深度应用互联网、大数据、人工智能等技术，支撑传统基础设施转型升级，进而形成的融合基础设施，比如智能交通基础设施、智慧能源基础设施等。(3) 创新基础设施，主要是指支撑科学研究、技术开发、产品研制的具有公益属性的基础设施，比如重大科技基础设施、科教基础设施、产业技术创新基础设施等。

支柱产业是指那些在国民经济或区域经济中占有较大比重，构成国民收入主要来源，对国家或区域的经济增长起着举足轻重的作用的产业。这种作用主要表现在该产业的产出占整个国民经济系统产出的比重较大，或者该产业的收入占整个国民收入的比重较大，或者该产业的就业人数占总就业人数的比重较大，或者该产业是重要的外汇创收产业。因此，在经济发展的不同时期，支柱产业的类型会有所差异，一般而言，支柱产业主要是一些发展成熟的产业。

主导产业是指在国民经济或区域经济中发挥主导作用或对未来产业体系发展起着支撑和引领作用的产业。日本经济学家筱原三代平 1957 年在日本一桥大学出版的《经济研究》第 10 期上，发表了《产业结构与投资分配》一文，指出了主导产业选择的两个基准：收入弹性基准和生产率上升基准。收入弹性基准是指将收入弹性高的产业作为优先发展产业。这是因为这类产业具有广阔的市场，可以为其提供成长的空间。生产率上升基准是指将生产率上升快、技术进步率高的产业作为主导产业进行培育，提高其在整个产业结构中的比重。美国经济学家罗斯托（Rostow）1963 年在《主导部门和起飞》一文中指出，主导产业是指能够依靠科技进步或创新获得新的生产函数，能够通过快于其他产品的“不合比例增长”的作用有效地带动其他相关产业快速发展的产业或产业群。他认为，应选择具有较强扩散效应的产业作为主导产业，将主导产业的优势辐射或传递到产业关联链上的各产业中，以带动整个产业结构的升级。主导产业和支柱产业既有联系，又有区别。支柱产业和主导产业都是政府为实现经济发展目标而重点支持的产业，它们存在发展中的替代现象，即主导产业会成长为支柱产业，或者说，主导产业是未来的、潜在的支柱产业（罗斯托，1988）。

战略性新兴产业是以重大技术突破和重大发展需求为基础，对经济社会全局和长远发展具有重大引领带动作用的产业。战略性新兴产业具有知识技术密集、物质资源消耗少、成长潜力大、综合效益好等特征。战略性新兴产业代表新一轮科技革命和产业变革的方向，是一个国家或区域培育发展新动能、获取未来竞争新优势的关键领域。中国国家统计局发布的《战略性新兴产业分类（2018）》认为，中国的战略性新兴产业包括新一代信息技术产业、高端装备制造产业、新材料产业、生物产业、新能源汽车产业、新能源产业、节能环保产业、数字创意产业、相关服务业 9 大领域。

2. 按生产要素密集程度分类

按照生产过程中使用的主要要素种类，产业可以分为劳动密集型产业、资本密集型产业、技术密集型产业和知识密集型产业。劳动密集型产业是指在生产过程中对劳动力要素的依赖程度较大，总资本中用于购买劳动力的支出比例较高的产业，如纺织业、服装业、传统服务业等；资本密集型产业是指在生产过程中对资本要素的依赖程度较大，总资本中用于购买生产资料的支出比例较高的产业，如钢铁、机械、化工等产业；技术密集型产业是指在生产过程中对技术要素的依赖程度较大，总资本中用于购买技术的支出比例较高的产业，如电子计算机、航空、大规模集成电路、精密机床、数控机床、高级医疗器械等产业；知识密集型产业是指在生产和服务过程中对知识要素的依赖程度较大，总资本中用于购买知识的支出比例较高的产业，如信息、人工智能、生物技术、新材料、金融、研发、专业商务服务等产业。知识密集型产业一般以知识的生产和传播为主体，广义的知识密集型产业包含技术密集型产业。

3. 按技术先进程度分类

按照使用技术的先进程度，产业可以分为传统产业和高新技术产业。传统产业是指主要采用传统的成熟技术进行生产的产业，高新技术产业是指主要采用先进技术进行生产的产业。经济合作与发展组织用研究和开发（Research&Development，R&D）的强度标准划分高新技术产业，包括 R&D 总费用占总产值的比重、直接 R&D 经费占产值的比重和直接 R&D 占增加值的比重三个指标。根据这三个指标，将航空航天制造业、计算机与办公设备制造业、电子与通信设备制造业、医药品制造业确定为高新技术产业；美国商务部提出了判定高新技术产业的两个指标：R&D 费用在销售收入中所占的比重、研发人员占总员工数的比重。根据这两个指标，将信息技术、生物技术、新材料技术确定为高新技术产业。加拿大认为应该根据研发经费和劳动力技术素质反映的技术水平来判断高新技术产业；法国认为只有当一种新产品使用标准生产线生产，具有高素质的劳动力队伍，拥有一定的市场且已形成新分支产业时，才能称其为高新技术产业；澳大利亚则将新工艺的应用和新产品的制造作为判定高新技术产业的主要标准；中国还没有关于高新技术产业的明确定义和界定标准，通常是将产业的技术密集程度和复杂程度作为衡量标准。2002 年中国国家统计局印发《高技术产业统计分类目录》，确定中国高技术产业的统计范围包括航天航空器制造业、电子及通信设备制造业、电子计算机及办公设备制造业、医药制造业和医疗设备及仪器仪表制造业等行业。从动态上看，传统产业和高新技术产业是相对的，随着技术的发展，传统产业可以升级为高新技术产业，高新技术产业也可能退化为传统产业。

4. 按产业生命周期分类

按照产业发展的生命周期，产业可以分为朝阳产业、成熟产业和夕阳产业。朝阳产业也称新兴产业。随着经济的发展，朝阳产业的产品或服务的需求量不断上升，产业增长率高于国民经济增长率且呈上升趋势，在国民经济中的作用不断增强，地位不断上升。成熟产业是指其生产技术和市场需求均处于成熟阶段，产业的生产和需求具有相当大的稳定性，成为特定时期国民经济主体的产业。夕阳产业也称衰退产业。随着经济发展，夕阳产业的产品或服务需求不断下降，产业增长率低于国民经济增长率且呈下降趋势，在国民经济中的作用不断弱化，地位不断下降。朝阳产业、成熟产业和夕阳产业是产业生命周期演变和产业结构有序变动的结果，产业衍生成为朝阳产业，然后变为成熟产业，最终转化为夕阳产业，此时如果不进行升级，则会成为被淘汰产业而退出市场。朝阳产业、成熟产业和夕阳产业是相对的，夕阳产业通过技术改造，会重新蜕变为朝阳产业，再至成熟产业；朝阳产业成熟后，最终会发展成为夕阳产业。

三、产业融合

产业融合的概念由英国学者德汉（Derham）于 1713 年在讨论光线的汇聚与发散中首

次提出，之后被逐步扩展到气象学、数学、生物学、政治学、经济学等众多领域。20世纪70年代中期计算机和网络的发展加快了产业融合的步伐。产业融合形式多样，包括产业间渗透、产业边界融合、产品整合、市场融合等，涉及的行业从电子信息通信、印刷、计算机等延伸到金融业、房地产业、旅游业、文娱业等相关行业。从产业发展角度看，产业融合是通过资源、市场、技术等相互渗透、交叉、重组，使不同产业实现融合，从而形成新兴产业的动态过程（厉无畏和王慧敏，2002）。

（一）产业融合的类型

1. 按产品或产业的性质分类

按产品或产业的性质，产业融合可以分为两类：替代性融合和互补性融合。当一项技术能替代另一项技术时，就发生了替代性融合；当两种技术共同使用比各自单独使用更好时就是互补性融合。进一步地，如果引入需求与供给维度，则可以将产业融合划分为需求替代性融合、需求互补性融合、供给替代性融合、供给互补性融合四种类型。供给性融合强调的是技术进步对产业融合的影响，需求性融合强调的是需求变化和商业模式创新对产业融合的影响。如一家电缆公司提供上网所需的电缆调制解调器技术，就属于供给性融合；如果打包电视和网络接入，就属于需求性融合。如果同时考虑技术与产品维度，则可以将产业融合划分为技术替代性融合、技术互补性融合、产品替代性融合和产品互补性融合四种类型。用相同或相似的技术生产不同的产品和服务为技术融合，通过使用不同的技术提供替代性或互补性产品为产品融合。如智能手机既是基于技术能力提升的技术融合，又是基于产品功能多样化的产品融合（单元媛和赵玉林，2012）。

2. 按产业融合的过程分类

按产业融合的过程，可将产业融合分为功能性融合和机构性融合。当顾客认为两个产业的产品具有替代性或互补性时即发生了功能性融合；当企业认为两个产业的产品之间存在联系并生产或销售这两个产业的产品时，即发生了机构性融合。这两种融合又可以分为三个不同的层次：（1）功能性和机构性的高度融合。这类融合可看成“纯粹”的产业融合，从需求侧来看，可能包含替代性、互补性融合，或者替代性与互补性融合共存；从供给侧来看，每个产业的企业都开始生产另一个产业的产品。如美国商业银行和投资银行的融合就属于这类，伴随着两个产业功能性融合的发生，机构性融合也出现了。（2）高功能性和低机构性融合。如铁路客运和航空业之间的替代融合。高速铁路技术的发展使得铁路和航空运输产生了高度的替代性、功能性融合，但是两个产业间的企业却并未提供彼此的服务产品，因而没有产业间的机构性融合发生。这类融合主要是需求驱动的，因为两大产业提供的服务产品的功能相同，具有替代性。（3）低功能性和高机构性融合。这类融合主要表现在企业层面。企业利用其拥有的资源或技术延伸产品的生产，如从事化工产品生产的企业将化学方面的专利技术延伸至药剂生产而进入制药产业，从而发生了机构性融合，但是化工产品和医药产品从功能上来看相互间没有替代或互补关系，因而没有功能上的融合（Malhotra，2001）。

3. 按融合技术的新颖程度分类

按照融合技术的新颖程度可以将产业融合分为三种类型：应用融合、横向融合与潜在融合。（1）应用融合，即创新者通过融合现有的两种或两种以上的技术，将已有解决方案整合成具有新附加值的创造力，如无线鼠标设备、手机拨号上网等就是基于几种累积性技术应用的突破性创新例子。(2) 横向融合，即创新者将一种或一种以上现有技术与新技术融合，产生新的技术，实现对已有解决方案的突破，增强产品或服务对消费者的吸引力，如手机与数字摄影的融合，汽车导航系统与 DVD 的融合等。(3) 潜在融合。如果两种或两种以上不具有突破性特征的新技术进行融合，带来解决方案的突破性创新和技术的累积性发展，就是潜在融合。如智能手机将电话和终端多媒体应用结合起来，引发了通信的革命 (Hacklin et al.，2005)。

（二）产业融合的驱动力

1. 放松规制

政府政策在产业融合的过程中发挥着重要作用。20 世纪 70 年代以来，美国、英国、日本等国都出现了放松规制的趋势。通过放松规制，降低了企业进入其他行业的壁垒，扩展了企业技术和商业模式的市场边界，鼓励独立产业通过技术创新实现技术融合、通过范围经济推进产业融合，从而产生新产品或新的商业模式。

2. 技术创新和扩散

科学发现、技术创新使得企业有能力去设计新产品或工艺，开发替代性或关联性的技术和工艺。技术创新在不同产业之间的扩散带来了技术融合，进而改变了原有产业产品或服务的技术路线和生产函数，推动了产业融合。同时，技术创新改变了市场的需求特征，给原有产业的产品带来了新的市场需求，从而为产业融合提供了市场空间。如 20 世纪 70 年代开始的信息技术革命改变了人们获得文字、图像和声音三种基本信息的时间和空间成本。随着信息技术的广泛应用，各产业在顾客管理、生产管理、财务管理、仓储管理、运输管理等方面大力普及在线信息处理系统，使顾客可以即时即地获得自己所需要的信息、产品与服务，产业间的界限进一步趋于模糊。产业融合在 20 世纪 90 年代以来成为全球产业发展的浪潮，其主要原因就在于各个领域发生的技术创新，以及对各种创新技术进行整合的催化剂和黏合剂——通信与信息技术的日益成熟和完善 (陈柳钦和叶民英，2007)。

3. 商业模式创新

商业模式创新驱动的典型案例是信息通信产业与其他产业的融合过程。商业模式创新在产业融合中发挥着两个重要的功能：价值创造和价值获取。商业模式创新不仅仅与技术相关，有时甚至会超越技术成为产业融合的主要驱动力，特别是当企业能够在新的市场结构中有效使用现有技术，并带来突破性进展时，商业模式创新更为重要。在实践中，技术融合可能是技术创新的结果，也可能是一项新技术创新性使用的结果，两者都需要商业模式创新。

案例分析

阿里巴巴：商业模式创新的引领者

从 1999 年创办被誉为“网上广交会”、旨在帮助中国中小企业进军海外市场的阿里巴巴 B2B (Business to Business，即企业间电子商务)，到 2003 年为中小型卖家量身打造的 C2C (Customer to Customer，即消费者间电子商务) 平台淘宝集市上线；从 2008 年推出旨在吸引优质商家与中高端消费者的 B2C（Business to Customer，即企业驱动）品牌商城，到 2011 年 11 月宣布淘宝商城独立，并使用全新中文名称“天猫”，再到 2013 年初启动 C2B（Customer to Business，即消费者驱动）战略，推出大规模消费者定制平台——聚定制……13 年来，阿里巴巴持续创新商业模式，在潜移默化影响国人消费习惯的同时，也改变了生产、批发、零售等整个产业链，大大提升了商业的协同效应。

资料来源：阿里巴巴：商业模式创新引领者[EB/OL]. 中国共产党新闻网，2013-01-28.

（三）产业融合与产业发展

产业融合拓宽了产业发展空间。历史上每一次产业革命都有代表性的新技术、新产品和新产业出现。第一次产业革命是蒸汽机的发明与广泛应用，传统产业与蒸汽机产业融合，带来生产力的飞跃，人类社会由农业经济进入工业经济；第二次产业革命是电力的发明及扩散，电力应用、通信和交通发生革命性变化，与其他产业融合，进一步拓宽了产业发展空间；当前蓬勃发展的数字技术革命，正推动着一次完全不同于前两次产业革命的新产业革命。大数据、云计算、人工智能等数字技术在不同产业领域广泛渗透，使得不同产业间的技术、工艺逐步走向同质化，替代性或关联性不断增强，进而改变了产品和服务的技术特性及价值实现方式，促使原有产业部门更替，最终模糊不同产业间的边界，形成不同产业间的融合，催生了车联网、智慧城市、无人超市、智慧物流等新业态新模式。数字技术不仅将相互独立的电视、电话、传真、网络等信息传播形态逐步融为一体，而且将文字、图像、音频、视频等不同的信息载体数字化，使得信息结构改变，催生了新信息平台和传统企业平台化的新生态。新平台和新生态促使传统企业在供应链、研发、生产、销售、售后等环节不断协同发展，不同产业企业充分利用相对优势，对资源、技术等进行整合与配置，调整原有的生产合作与经营服务方式，改变传统的产业组织形态，并发展出新的产业模式和业态，实现不同产业间的融合（张余，2020）。

材料短析

“小支付”背后的“大自信”

当前，移动支付已经成为我们生活中不可或缺的部分，其应用已扩展到电子商城购物、便民缴费、在线理财和现场小额快速消费等各类服务中。移动支付是芯片技术、射频技术、无线通信技术和互联网技术的集成，也是信息产业和金融产业的有机融合。移动支付的快速发展，不仅加快了数字经济与实体产业的融合，而且不断催生新的融合业态，如公益筹款、网上医院、网上教育、知识付费经济、数字内容经济等。

中国是移动支付发展最快的国家，2018 年，中国移动支付市场的规模达到 9 万亿美元（同期美国是 1 120 亿美元）。中国的移动支付也正在走向世界。截至 2019 年，微信支付跨境业务已支持 49 个国家和地区的合规接入，支持 16 个币种的交易。支付宝的境外线下支付已经覆盖全球超过 40 个国家和地区，包括全球数十万商家。

2018 年 11 月 6 日，在李克强与 6 位国际经济金融机构负责人举行的第三次“1＋6”圆桌对话会上，一位国际金融机构负责人向李总理提问：“移动支付在中国的发展越来越快，一些国家也很想向中国‘取经’。请问李总理，中国在这一领域取得这样的成绩，有什么秘诀?”毫无疑问，中国在移动支付的应用领域已经处于全球领先地位。中国移动支付的发展是道路自信、理论自信、制度自信和文化自信的具体体现，也是为全球社会发展提供“中国方案”的具体应用。

资料来源：国际金融机构负责人“求解”中国移动支付领先世界秘诀，李克强这样解答[EB/OL]. 中华人民共和国中央人民政府网站，2018-11-08；中国移动支付领跑全球：9万亿美元规模达美国90倍[EB/OL]. 中国江苏网，2017-09-25；让世界共享中国标准的移动支付模式[EB/OL]. 搜狐网，2019-01-29.

第二节　产业经济学的研究内容

产业是由众多企业组成的集合，而众多产业又构成了整个国民经济。因此，企业-产业-国民经济之间存在密切的关系，研究企业-产业-国民经济的不同经济学分支之间就既有联系又有区别。如微观经济学就是把企业和消费者作为抽象的一般个体，分析其生产行为和消费行为，进而研究市场均衡的价格和产量；宏观经济学则是以整个国民经济为研究对象，分析国民收入的来源，包括国内生产总值、就业、物价水平与国际收支平衡等。而产业经济学则是居于二者之间，分析产业内不同企业之间的竞争行为，以及产业间的结构演变规律。前者是典型的产业组织问题，后者是产业结构问题。这里需要说明的是，欧美和亚洲的产业经济学体系有一定的差异。在欧美，产业经济学就是产业组织学，主要研究产业内部生产具有相互替代关系的产品的企业如何竞争与合作，不关注产业联系和产业结构。而在亚洲，产业经济学则包括了产业组织、产业结构和产业布局。中国是发展中国家，与发达国家相比，市场体系还不够健全，市场机制还不够完善，资源在不同行业的流动还存在一定的障碍，因此，中国的产业经济学不仅要研究产业组织问题，也要关注产业结构和产业布局问题。

一、产业组织

产业组织理论是以特定产业为研究对象，运用微观经济理论分析企业和市场及其相互关系，着重研究产业内部企业结构与行为、市场结构与组织，以及市场与企业的相互作用和影响。产业组织理论要解决的核心问题是如何在获得规模经济的同时，避免垄断的负面效应。传统的产业组织理论体系主要是由梅森（Mason）和贝恩（Bain）等建立的市场结构、市场行为和市场绩效范式，又称SCP（Structure-Conduct-Performance，即结构-行为-绩效）分析范式。SCP分析范式奠定了产业组织理论的研究基础，以后各学派对产业组织理论的发展都是建立在对SCP分析范式的继承或批判之上的。

二、产业结构

产业结构是指国民经济中不同产业之间的相互联系及比例关系。产业结构理论主要研究产业结构的演变规律及其对经济发展的影响，从而为产业规划和产业结构优化政策提供理论依据。因此，产业结构研究的内容既包括产业间联系，如三次产业之间的联系方式及比例变化，又包括某一产业内部不同细分产业之间的关系，如制造业内部不同产业之间的比例变化、结构调整和发展方向。产业结构的研究主要是一种动态研究，即揭示不同产业间的联系方式与比例随时间的推移而发生变化的趋势，揭示国民经济发展中起主导或支柱作用的产业部门不断变化和更替的规律，以及这种变化对资源配置效率的影响。产业结构主要表现为产出结构、就业结构、资本投入结构、技术结构、需求结构等。

三、产业关联

产业关联理论主要研究不同产业之间的投入产出关系，其主要工具是投入产出表和投入产出数学模型。通过研究不同产业之间的投入与产出，就可以明晰一个国家或地区在一定时期内社会再生产过程中的各种比例关系及其特性，揭示产业间的关联方式、关联程度及关联效应，探讨各产业在国民经济中的地位与作用。产业关联理论区别于产业组织和产业结构的一个重要特征是其能够反映各产业的中间投入和中间需求。

四、产业布局

产业布局理论主要研究一个国家或区域的产业分工和空间布局对整个国民经济的影响。在实践中，一个国家或区域的产业发展最终表现在一定的经济区域上，这样就形成了产业在不同区域的地理分工和空间布局结构。产业布局是一个国家或区域经济发展的基础，也是其经济发展战略的重要组成部分，更是实现国民经济持续健康稳定发展的前提条件。

第三节　产业经济学的研究方法

国民经济是一个复杂的系统，国民经济中产业的活动也是复杂多变的，要剖析复杂的产业活动规律，就需要借助多样化的研究方法和研究工具。产业经济学在发展演变过程中，不断吸纳新的研究方法，同时推动了理论创新和方法创新。

一、案例分析方法

案例分析方法是产业经济学最早使用也最经常使用的方法，它是通过总结研究实际发生的案例，综合分析说明某一经济规律的一种分析方法。这种分析方法较为直观，研究结论的经验性、警示性较强，且对于同一范畴类似的实务活动具有较强的借鉴意义。案例分析方法适用于无法精确定量分析的复杂经济事例，有助于揭示普遍经济规律在不同的实际环境中表现出来的不同形式。在产业经济学诞生后的 20 世纪 50 年代，理论界盛行案例研究法，他们通过案例方式考察美国主要行业的市场结构情况，对这些行业的市场结构、企业行为进行市值分析，从而研究市场结构对企业行为和绩效的影响。

二、计量分析方法

计量分析方法是一种实证研究方法，也是 20 世纪 60 年代以来产业经济学的主要研究方法之一。在这一时期，不但计量分析方法不断成熟，而且电子计算机和经济计量软件的普遍应用使得利用 SCP 分析范式进行面板数据回归分析成为产业组织问题的主流研究方法。计量分析方法利用数学和统计学的理论分析各种经济变量数据，归纳出经济变量之间可能的关系，既可以在理论研究中通过对实际数据的归纳来概括可能的经济规律，也可以通过实际经济数据来验证已有的经济理论。

三、博弈论方法

博弈论是 20 世纪 70 年代以后被广泛采用的新研究方法。它主要研究相互依赖、相互影响的决策主体的理性决策以及这些决策的均衡结果。由于产业组织的研究对象大多是寡头垄断市场结构下的企业行为，而寡头垄断市场结构下，企业数目较少，其行为就会相互依赖、相互影响，因此，博弈论成为一种天然合适的研究方法。正是由于博弈论方法的应用，产业经济学成为 20 世纪 70 年代中期以来经济学中最激动人心并且最富生机的领域之一。引入博弈论的新产业组织理论，克服了传统产业组织理论的 SCP 分析范式的诸多缺陷，其基于正统寡头垄断模型的分析及成果，使产业组织理论的发展实现了向正统经济学的回归。

四、投入产出分析方法

投入产出分析方法是研究产业关联的基本方法。我们知道，现实中不同的产业之间有着非常复杂的投入和产出关系，比如橡胶是轮胎产业的投入品，轮胎又是卡车产业的投入品，卡车又是物流产业的投入品，物流又是零售产业的投入服务。而在经济实践中，不同产业之间又需要保持一定的比例关系，才能保证经济的平稳发展。因此，进行经济预测，并做出科学合理的经济规划特别重要。投入产出分析方法就是在一定的假设条件下建立投入产出数学模型，运用投入产出表把一个国家在一定时间内所从事的社会再生产过程中，各个产业部门间通过一定的经济技术联系所发生的投入产出关系加以量化，以分析该国在这一时期的社会再生产过程中的各种比例关系及其特性，为经济预测和经济规划服务。但由于该分析方法的同质性假定、比例性假定和静态模型假定的局限性，它只适用于短期分析而不适用于长期分析，是一种典型的静态分析方法。

五、经济学实验方法

经济学实验方法是通过运用模拟与仿真的手段，按照实验规则创造出与实际经济运行类似的环境和条件，从中检验已有的经济理论，增强实际操作技能或者为解决实际问题提供理论分析的一种方法。作为一种新兴的经济学研究方法，经济学实验方法在产业经济理论研究中的应用也在不断增多，并取得了很多有价值的成果。用经济学实验方法考察产业经济学问题，主要关注市场结构和市场制度两个变量。市场结构包括完全竞争、完全垄断、寡头垄断和垄断竞争，市场制度则是指在实验经济学中市场上买卖双方的组织机制，其核心是价格形成机制。通过研究这两个变量，分析四个关键问题：（1）用经济学实验方法分析、检验市场结构假设；（2）用经济学实验方法检验、分析、评价行为假设；（3）寻找经验的规制方法；（4）用经济学实验方法分析产业组织中的博弈问题。

延伸阅读与思考

中国“新经济”

“新经济”一词最早出现于美国《商业周刊》1996年12月30日发表的一组文章中。它是指在经济全球化背景下，信息技术革命以及由此带动的以高新科技产业为龙头的经济，具有低失业率、低通货膨胀率、低财政赤字、高增长率的特点。从广义上讲，“新经济”是指世界经济在20世纪90年代初到2001年互联网泡沫期间出现的高增长、低失业的一波经济繁荣现象。

习近平总书记在2014年国际工程科技大会上的主旨演讲中指出，世界正在进入以信息产业为主导的新经济发展时期。2015年12月的中央经济工作会议也指出，目前，新一轮科技革命和产业变革正在创造历史性机遇，催生智能制造、互联网+、共享经济等新科技、新经济、新业态，蕴含着巨大商机。2016年，“新经济”一词被首次写入《政府工作报告》。

在具体形态上，“新经济”表现为数字经济、智能经济、共享经济和体验经济。理论界一般认为，数字经济，是指把物质化形态的产品完全转变成非物质化形态的产品，产品将经历一个由硬件到软件的过程，即“去物质化”。从经济学上讲，这种物质生产的边际产品基本为零，也就是我们所讲的数字经济的兴起意味着“零边际成本社会”的到来，这是一种典型的“新经济”。包括电话、传真、计算机、照相机等行业，都属于典型的数字经济范畴。智能经济，是指不能完全去物质化的产品，这种经济形态实际上是对传统产业的一种改造，具体包括智能汽车、智能穿戴、智能电机等。共享经济，则是基于一种新的所有权和使用权的经济模式，即“不求所有但求所用”的商业模式。当前最流行的共享经济模式即共享出租车模式，也包括共享汽车、共享充电宝等新商业模式和产业形态。体验经济，即生产过程与消费过程两者完全合一，这种经济模式更加强调消费者自身独一无二的心理和精神感受，包括体验农业、体验工业等相关经济形态。

从全球看，“新经济”发展方兴未艾。在“新经济”四大形态中，数字经济的规模最为庞大，在产业发展格局中日益重要。全球“新经济”形成了以美国、德国、以色列、新加坡、中国等为主的新经济策源地和新经济活跃区。其中，美国是“新经济”发展最为迅猛的地区，以“原创产业”为主推进新经济发展。自2000年“白宫新经济会议”后，美国逐步构建起以互联网、生物科技、人工智能等原创产业为主的新经济体系，形成了“世界发明-硅谷开发-全球应用”的新经济发展格局；德国以“智能制造”为主推动新经济发展，全面实施“工业4.0”与“数字战略2025”，致力于打造全球智能制造创新中心和欧洲数字经济龙头，工业机器人、新能源汽车等产业在全球处于领先地位；以色列以“创新创业”为主推动“新经济”发展，依托全球开放式创新，高科技创新和技术应用创新领跑世界，是全球公认的“创业国度”，人均创建企业数位居全球第一。

从国内看，近年来新经济进入迅猛发展阶段。高铁、支付宝、共享单车和网购“新四大发明”正引领全球科技变革。目前，全国已形成以北上深杭等城市为引领、部分区域中心城市竞相追赶的新经济发展格局。北京以创业为引领发展“新经济”，通过整合全球尖端创新资源，形成了以创业为核心的一流生态，在全球创业生态中排第四位，成为中国“新经济”的引领者；上海以“四新”为引领发展新经济，在全国率先提出新技术、新业态、新模式、新产业的“四新”经济概念，以促进科技与经济融合为切入点，打造具有全球影响力的科技创新中心；深圳以电子信息产业为引领发展新经济，利用颠覆式技术发展先导式产业，打造最佳、最全、最完善的世界级电子信息产业生态圈；杭州以“互联网+”为引领发展新经济，坚持以“互联网+创新创业中心”为方向，通过产业、投资、创新、人才、服务“五链融合”构建新经济生态，形成以阿里巴巴为核心的创新创业生态圈，形成了快速发展的“新经济动能”。

资料来源：周跃辉．以“新经济”助推中国经济高质量发展[EB/OL]．新华网，2019-10-30.

思考题

1. 结合现实产业的发展演变，思考产业分类如何随经济发展的变化而演变。
2. 在信息技术迅速普及的背景下，产业会出现哪些发展趋势？
3. 作为一个发展中的大国，中国应如何充分利用大国优势，加快“新经济”发展？
4. 中国标准产业分类与联合国标准产业分类有何异同？
5. 总结概括中国标准产业分类的演变历程，分析其与现实经济发展的适应性。

参考文献

1. W. W. 罗斯托．主导部门和起飞[C] //W. W. 罗斯托．从起飞进入持续成长的经济学．贺力平，等译．成都：四川人民出版社，1988.

2. 马克·尤里·波拉特．信息经济[M]．袁君时，周世铮，译．北京：中国展望出版社，1987.

3. 科林·克拉克．经济进步的条件[M]．张旭昆，夏晴，等译．北京：中国人民大学出版社，2020.

4. 辰昕，刘逆，惠长虹，韩非池，张赛君．创新完善产业划分理论将数据业设为第四产业的思考和建议[J]．产业经济评论，2020（3）：5-14.

5. 陈柳钦，叶民英．技术创新和技术融合是产业融合的催化剂[J]．湖湘论坛，2007（6）：40-42.

6. 单元媛，赵玉林．国外产业融合若干理论问题研究进展[J]．经济评论，2012（5）：152-160.

7. 龚三乐，夏飞．产业经济学[M]．成都：西南财经大学出版社，2018.

8. 李停，崔木花．产业经济学[M]．合肥：中国科学技术大学出版社，2017.

9. 厉无畏，王慧敏．产业发展的趋势研判与理性思考[J]．中国工业经济，2002

(4)：5－11.

10．叶文虎，韩凌．论第四产业——兼论废物再利用业的培育［J］．中国人口·资源与环境，2000（2）：24－27.

11．张余．数字经济促进产业融合的机理研究［J］．农村经济与科技，2020（18）：144－145.

12．Malhotra A．Firm Strategy in Converging Industries：An Investigation of US Commercial Bank Responses to US Commercial Investment Banking Convergence［D］．Ph．D．Thesis，Maryland University，2001.

13．Hacklin F．，V．Raurich and C．Marxt．Implications of Technological Convergence on Innovation Trajectories：The Case of ICT Industry［J］．*International Journal of Innovation and Technology Management*，2005，2（3）：313－330.

第二章

产业组织理论的兴起与发展

产业组织理论是产业经济学的核心内容之一，也是近些年来经济学研究的热点。在欧美学术界，产业组织学通常也被称为产业经济学，两者指的是同一学术领域。本章主要介绍产业组织理论的形成过程、主要学派和最新进展。

第一节 产业组织理论的形成

“组织”一词有两种基本含义：一是按照一定的目的、人物和形式加以编制所形成的集体，如企业、工会、政府、军队、学校等；二是组成的方式与结构，通常表现为各组成部分之间的关系，如社会生产的分工与协作、企业生产与管理的具体安排等。产业组织则是产业的组成方式与结构，通常表现为同一产业内部各企业的相互关系。在社会资源有限的条件下，同一产业内部各企业之间的关系就经常表现为竞争与垄断的关系，因此，产业组织理论旨在研究产业内部企业的竞争与垄断行为，探讨产业组织状况及其变动对产业内资源配置效率的影响，从而为维持合理的市场秩序和提高经济效益提供理论支撑。

产业组织理论的思想最早可以追溯到古典经济学和新古典经济学，不完全竞争市场理论更是为产业组织理论奠定了基础。但产业组织理论的形成则是在20世纪30年代，那时哈佛大学的学者构建的SCP分析范式成为产业组织理论研究的基础框架，迄今为止仍然是产业组织研究的经典范式。

一、产业组织理论的思想渊源

（一）斯密的市场竞争理论

斯密（Adam Smith）1776年出版的《国民财富的性质和原因的研究》（简称《国富论》）是一本集合了经济学、哲学、历史学、政治学等各方面理论思想的巨著。从产业组织视角来看，“经济人”假说是经济学对企业性质和企业行为的最早的深刻认识，为产业组织研究企业及其市场行为奠定了基础；劳动分工理论构成了产业分工和专业化分工理论的基础；市场机制及“看不见的手”的相关理论是对企业市场关系和市场结构问题的最早探索，构成了产业组织理论中市场结构理论的基础。

（二）马歇尔的产业组织理论

虽然产业组织理论的思想渊源最早可以追溯到斯密的市场竞争理论，但首先将“产业组织”一词引入经济学分析的是新古典经济学奠基人马歇尔（Alfred Marshall）。马歇尔与其夫人在1879年合著出版的《产业经济学》中专列一章介绍产业组织。但这里的产业组织和今天的产业组织在内涵上有所差异。马歇尔在产业组织这一章里详细阐述了生产是如何通过分工组织起来的，他指出，城市的产业是高度组织的。当提到一个事物是高度组织的时候，指的是每一个部分都有它自己的职能，这些职能联合到一块有助于整体的运行，任何一个部分停止运转都会破坏整体的运转，换句话说，整体的效率依赖于组成整体的各个部分。运输条件便利会促进紧密的经济联合体的形成，联合体中的劳动力能够自由进出各个产业，资本能够自由获得，技术和技能同样如此，这样在高度组织的经济体中，不同地区和行业的利润会趋同（马歇尔，2015）。

在马歇尔1890年出版的《经济学原理》中，有大量篇幅讨论产业组织问题，包括组织与分工、产业集中、大规模生产、企业的经营管理、企业形态、规模经济等。特别是在分析规模经济的成因时，马歇尔发现了规模经济与竞争之间的矛盾，即被后人称为“马歇尔冲突”的矛盾——大规模生产使得企业能够获得规模经济，使这些企业的产品的单位成本不断下降，市场占有率不断提高，进而形成垄断，阻碍竞争机制的资源配置作用的发挥。这也是目前产业组织理论研究的核心问题。面对规模经济与竞争之间的矛盾，马歇尔又指出，任何企业的发展都会经历“生成—发展—衰退”这个过程，因此垄断是不会无限蔓延的，规模经济是可以获得某种均衡的（马歇尔，2010）。

（三）张伯伦与罗宾逊的不完全竞争理论

18世纪中叶爆发的工业革命，极大地促进了西方资本主义的发展；至19世纪60年代，西方自由竞争的资本主义已发展到顶点，开始向垄断资本主义过渡；至20世纪初，垄断资本主义在西方国家已发展到一个相当高的水平。随着生产的不断集中，企业规模普遍变大，形成卡特尔、托拉斯等众多的垄断组织，垄断、寡头垄断逐渐成为影响市场竞争的重要因素，以完全竞争市场为基本前提的新古典经济学理论开始无法解释垄断条件下的生产与价格行为，因此在20世纪30年代，许多经济学家展开了对竞争与垄断问题的研究，引发了一场关于“马歇尔冲突”的争论，并逐步形成了不完全竞争理论。现代产业组织理论的一些重要概念和思想，如垄断程度、潜在竞争、垄断效应、价格歧视等都开始被深入讨论。

1933年英国经济学家罗宾逊（Robinson）和美国经济学家张伯伦（Chamberlin）分别出版了《不完全竞争经济学》和《垄断竞争理论》，同时提出了不完全竞争理论。罗宾逊认为，现实经济中存在各种形式的不同程度的垄断或不完全竞争，她把这种情况称为完全竞争和完全垄断之间的“中间地带”。罗宾逊还对价格歧视做了明确的理论表述，指出价格歧视就是指企业可以对不同的买者规定不同的价格。企业将市场划分为几个小市场，在各市场设定不同的价格，并使各市场中企业总产出的边际成本等于总边际收入，以达到利润最大化（罗宾逊，2012）。张伯伦以垄断的强弱程度为依据，对介于完全竞争与完全垄断之间的各种市场结构做了具体分析，并分别研究了价格机制在不同市场结构中的作用，特别是提出了垄断和竞争混合的垄断竞争的市场结构形态，并通过对企业集团的分析来观察垄断竞争。张伯伦还研究了企业在市场上的进入与退出、产品差异化等问题（张伯伦，2017）。

二、产业组织理论体系的构建

在围绕马歇尔冲突的争论中，美国经济学家克拉克于1940年提出了“有效竞争”概念，旨在解决充分利用规模经济与维持自由竞争之间的矛盾。所谓有效竞争，就是既有利于维护竞争又有利于发挥规模经济作用的竞争形态。这一概念对产业组织理论的形成产生了深刻影响。之后许多学者都对有效竞争的评估标准和实现条件进行了深入研究。1957年，梅森出版了论文集《经济集中和垄断问题》，总结了有效竞争的标准，包括市场上有大量的需求者和生产者、任何一个生产者都不能占据大部分的市场份额、生产者之间没有合谋、生产者可以自由进出市场、生产者在市场压力下不断创新产品和改善生产流程、生产者根据生产成本的下降程度调整销售价格、生产者在有效率的规模下生产、生产者的生产能力和实际生产的产量与市场需求基本一致等。1959年，贝恩出版了《产业组织》一书，这是第一部产业组织理论的集大成者，也是首次系统阐述产业组织理论的教科书。贝恩对产业集中度、产品差异、规模经济、进入壁垒等问题的研究，以及市场结构与市场绩效的关系的研究，都为后来的研究者提供了系统的理论基础和研究路径。但到此为止，贝恩传承梅森的研究，构建的还是SCP分析范式。1970年，谢勒（Scherer）出版了《产业市场结构与经济绩效》一书，进一步分析了市场行为与市场绩效之间的关系，总结了价格形成、研究和开发、广告等有关价格行为的研究成果，补充了贝恩对市场行为研究的不足，提出了完整的“市场结构（Market Structure，简称S）-市场行为（Market Conduct，简称C）-市场绩效（Market Performance，简称P）”研究范式，SCP框架由此诞生。

三、产业组织理论的基本框架

在产业组织理论的基本框架中，市场结构是指产业内企业间市场关系的表现形式和特征，市场结构的形成取决于一系列外生的基本条件，如消费者需求、生产、技术、原材料等；市场行为是指企业在市场竞争中采取的行为，包括价格行为、广告行为、研究和开发行为等；市场绩效是指市场运行的效果，包括资源配置效率、技术进步等。同时，政府通过制定和实施公共政策，也会对市场结构、市场行为和市场绩效产生影响。

（一）市场结构

结构通常是指构成某一系统的诸要素之间的内在联系方式及特征。产业组织理论中的市场结构就是指特定的产业内各要素之间的市场关系及特征，包括卖者（生产者）之间、买者（生产者或消费者）之间以及市场上已有的卖者或买者与市场潜在卖者和买者之间等诸多市场关系。市场结构的核心是垄断和竞争关系。

1. 市场结构的类型

在产业组织理论的形成过程中，罗宾逊在《不完全竞争经济学》一书中对市场结构类型进行了较完整的总结，提出了完全竞争、完全垄断、寡头垄断和垄断竞争四种基本类型（罗宾逊，2012）。

（1）完全竞争。

完全竞争的市场结构是指市场上不存在任何垄断因素。这种市场结构具有几个显著特征：一是市场上的参与者都是理性的经济人。市场上所有的卖者和买者都是理性的，他们都追求收益的最大化。二是市场上存在大量的卖者和买者。由于卖者和买者数量众多，每个卖者提供的产品数量与每个买者购买的产品数量在市场总量中所占的比重非常低，其个体行为对市场价格的影响就非常小，因此市场上单个卖者和买者都是价格的接受者。三是市场上的产品具有同质性。对于消费者而言，产业内每个卖者提供的产品是无差异的，产品之间具有完全替代性。因此，任何卖者都不会单独提高价格，因为一旦提高价格，就会失去所有的消费者，即产品的需求价格弹性趋于无穷大。四是卖者和买者可以自由地进入或退出市场。任何卖者和买者进入或退出市场都不存在资金、技术或法律等方面的壁垒。当市场上存在超额利润时，新的卖者会自由进入。当市场上长期存在亏损时，原有卖者可以自由退出。五是市场上的卖者和买者都具有完全信息。每个卖者都不仅了解每个买者的需求状况，而且了解其他卖者的销售和成本情况。每个买者都不仅了解自己所购买的产品的价格，还了解其他买者的偏好和卖者的销售价格。

（2）完全垄断。

完全垄断的市场结构是指市场上只有一个卖者，它是与完全竞争相对应的另一种极端的市场结构。在这种市场结构中，由于整个产业只有一个卖者，因此，垄断企业不再是价格的接受者，而是价格的制定者。完全垄断的市场结构具有几个显著特征：一是市场上只有一个卖者提供产品；二是市场上没有完全替代品，即产品的需求交叉价格弹性为零；三是市场上的进入壁垒非常高。极高的进入壁垒阻止了任何潜在进入企业进入这个市场，从而使得市场上长期只存在唯一卖者。这种进入壁垒可能来源于多个方面，如规模经济壁垒、产品差异壁垒、技术壁垒、必要资本量壁垒、法律制度壁垒等。

（3）寡头垄断。

寡头垄断的市场结构是指少数卖者控制了市场上的大部分产品供给，这些少数卖者在市场上占据了较大的市场份额。寡头垄断的市场结构是产业组织理论重点研究的市场结构类型。寡头垄断的市场结构具有几个显著特征：一是市场的集中度较高。由于产业中只存在少数几个大型企业，这些企业生产和销售的产品在市场总产量和总销售量中所占的比重就较大，产业的集中度较高。二是市场上的产品既可能同质又可能有差异。当几个大型企业提供的产品基本同质时，它们之间的相关度就会很高。当市场上企业提供的产品有较大差异时，彼此相关度就较低。三是市场上的进入和退出壁垒较高。产业内提供产品的少数大型企业在资金、技术、产品品牌、销售渠道等方面占有绝对优势，因此潜在进入企业面临的进入壁垒较高，很难进入市场。同时，由于沉没成本、违约成本等较高，在位企业退出市场也需要付出较高成本。

（4）垄断竞争。

垄断竞争的市场结构是指市场上同时存在垄断和竞争因素的结构形态，这种市场结构在现实经济中广泛存在。垄断竞争的市场结构具有几个显著特征：一是市场上的集中度较低。市场上有较多的企业提供产品，因此每家企业的市场份额都较小。二是产品存在差异。市场上众多企业生产的产品不是完全同质的，在产品质量、外观、性能、声誉、商标、售后服务等方面存在差异。这些差异的存在，使得企业在一定程度上拥有垄断势力，可以在一定范围内自主给产品定价，这种垄断势力的大小取决于其所生产的产品与其他企业生产的产品的差异化程度，差异化程度越高，垄断势力就越大。但在这种市场结构下，不同企业的产品仍然具有较大的可替代性，因此企业所拥有的垄断势力有限，仍然面临着较激烈的竞争。三是进入和退出壁垒较低。市场上企业的相对规模差异较小，资本壁垒、技术壁垒、规模壁垒等都较低，潜在进入企业进入市场和原有企业退出市场都比较容易。

以上四种类型的市场结构的主要特征见表 2-1。

表 2-1　四种类型的市场结构的主要特征

市场结构	完全竞争	垄断竞争	寡头垄断	完全垄断
企业数量	很多	较多	很少	一家
产品性质	同质	有差异	同质或有差异	没有替代品
价格控制程度	完全不能控制	在一定程度上控制	在较大程度上控制	完全控制
进入和退出壁垒	几乎没有壁垒	壁垒较低	壁垒较高	壁垒很高
近似产业	某些大宗农产品如小麦、玉米	香烟、服装	汽车、家电	公用事业

2. 市场结构的测度

市场集中度是测度市场结构、反映市场垄断和竞争程度的基本指标，它是指某一产业中卖者和买者的数量及其在市场上所占的份额。市场集中度包括卖方集中度和买方集中度，由于买方集中的现象只存在于少数特殊产业，因此，产业组织理论研究的主要是卖方集中度。市场集中度的衡量指标包括行业集中度指标、赫希曼-赫芬达尔指数（Hirschman-Herfindahl Index）、洛伦兹曲线（Lorenz Curve）和基尼系数（Gini Coefficient）。

（1）行业集中度指标。

行业集中度指标是测度市场集中度的最简单、最常用的指标，通常也称为市场集中度。它是指产业内规模最大的几家企业的有关数值占整个市场或行业的份额。这个指标考虑的是企业的绝对集中度，因此也被称为绝对集中度指标。其计算公式为：

$$CR_n = \sum_{i=1}^{n} X_i \Big/ \sum_{i=1}^{N} X_i \qquad (2.1)$$

式（2.1）中，CR_n 表示产业中规模最大的前 n 家企业的市场集中度，X_i 为 X 产业

第 i 家企业的生产额、销售额、资产额或就业人数，N 为 X 产业市场上全部企业的总数。CR_n 的取值范围在 0 和 1 之间，数值越大，行业集中度越高。在实践中，n 的取值通常为 4 或者 8。如果产业内企业的规模大、数量少，大企业所占的市场份额高，则市场集中度就高，容易形成垄断程度较高的市场结构；如果产业内企业的规模小、数量多，则市场集中度就低，企业之间的竞争程度较大。

产业组织理论的奠基者贝恩最早用行业集中度指标对现实中产业的市场结构进行了分类，根据 CR_4 和 CR_8 的计算结果，贝恩将美国市场结构分为 6 个等级，见表 2－2。

表 2－2　贝恩对美国市场结构的分类

类型		CR_4（%）	CR_8（%）	企业总数	产业
Ⅰ. 极高寡占型	A	75 以上		20 家以内	轿车、电解铜、氧化铝
	B			20～40 家	卷烟、电灯、石膏制品、平板玻璃
Ⅱ. 高集中寡占型		65～75	85 以上	20～200 家	轮胎、洋酒、变压器、洗衣机
Ⅲ. 中（上）集中寡占型		50～65	75～85	较多	粗钢、钢琴、轴承
Ⅳ. 中（下）集中寡占型		35～50	45～75	很多	肉类制品、壁纸、杀虫剂
Ⅴ. 低集中寡占型		30～35	40～45	很多	面粉、男士鞋、女士鞋、水果和蔬菜罐头、涂料
Ⅵ. 原子型或竞争型		小于 30	小于 40	极多，不存在集中现象	妇女服装、纺织、木制品中的大多数

资料来源：Bain. *Industrial Organization*[M]. 2nd edition. New York：John Wiley & Sons Inc.，1968//龚仰军. 产业经济学教程. 4 版. 上海：上海财经大学出版社，2014：94.

日本学者植草益利用日本 1963 年的统计资料，对日本产业的市场结构进行了分类，见表 2－3。

表 2－3　植草益对日本市场结构的分类

市场结构		CR_8（%）	产业规模状况（亿日元）	
粗分	细分		大规模	小规模
寡占型	极高寡占型	＞70	年生产额＞200	年生产额≤200
	高、中寡占型	40～70	年生产额＞200	年生产额≤200
竞争型	低集中竞争型	20～40	年生产额＞200	年生产额≤200
	分散竞争型	＜20	年生产额＞200	年生产额≤200

资料来源：植草益. 产业组织论[M]. 东京：筑摩书房，1982：16.

行业集中度指标的优点是能够综合反映企业数量与规模这两个决定市场结构的因素的作用，而且易于理解，产业数据也容易获取。但这个指标也具有一定的局限性：一是它描述的是最大几家企业的总体规模状况，没有反映其余企业规模的分布情况。此时，企业数量选择的不同就会使结果产生较大的差异，如 A 行业的 CR_4 比 B 行业高，但从 CR_8 的计算结果看，A 行业集中度可能会低于 B 行业。二是它没有反映所选取的几家大企业之间的规模结构关系。比如某个产业的 CR_4 为 60%，但我们无法知道它是一个主导企业控制 40%或 50%市场份额的结构，还是四家企业市场份额相当即每家企业各占 15%的市场结构。而且，前面几家企业的市场占有率的变化不会改变行业集中度的数值。三是选择不同的指标作为度量单位会得到不同的结果。比如用销售额和用就业人数进行测度，得到的集中度数值就会有所差异，即不同的测度指标会影响测度的结果。表2-4是1982年美国按五种指标测度的100家最大的和200家最大的制造业企业的行业集中度情况。结果表明，用就业人数作为测度指标，所得到的行业集中度比其他指标相对要低，因为大的制造业企业往往都是资本密集型企业。按工资测度的行业集中度比按就业人数测度的集中度要高很多，因为大企业的工资一般都较高。

表2-4　1982年美国制造业行业集中度：五种指标测度

测度指标	100家最大的制造企业所占比例（%）	200家最大的制造企业所占比例（%）
国内附加值	32.8	43.2
国内销售额	31.8	44.0
在美国的就业	23.8	32.7
工资	31.5	41.5
资本扩张	36.2	48.7

资料来源：Scherer F. M.，Ross D. *Industrial Market Structure and Economic Performance*［M］. 3rd edition. Houghton Mifflin Company，1990：58.

1968年美国司法部公布的《并购指南》规定：横向兼并中，以该行业最大的四家企业的集中度与并购双方的份额为标准。若一个相关市场的四家企业的份额分别为30%、20%、15%和10%，即CR_4为75%，则这样的市场是高度集中的市场结构，因此任何并购均被禁止。若CR_4相对较小，如25%，则即使包括占有较大份额的企业在内的并购也是合法的。纵向兼并中，以并购双方的市场份额为标准。混合兼并中，政府根据企业是否在市场中占支配地位来决定是否干预。

（2）赫希曼-赫芬达尔指数。

为了将企业的数量和市场份额分布的不平均问题都考虑在内，赫芬达尔（O. C. Herfindahl）和赫希曼（A. O. Hirschman）分别提出了测度市场集中度的新方法，即将产业内所有企业的市场份额平方后加总，后人称之为赫希曼-赫芬达尔指数（HHI）。赫希曼-赫芬达尔指数的计算公式为：

$$HHI=\sum_{i=1}^{n}\left(\frac{X_i}{X}\right)^2=\sum_{i=1}^{n}S_i^2 \tag{2.2}$$

式（2.2）中，X表示产业总规模，X_i表示i企业的规模，S_i表示i企业的市场份额，n表示产业内的企业数量。

HHI的取值范围在0和1之间。如果市场上只有一家企业，则$HHI=1$，为完全垄断的市场结构；如果市场上有n家企业，并且它们的市场份额相等，则$HHI=1/n$；如果市场接近于完全竞争市场，即$n\to\infty$，则HHI接近于0。HHI不仅考虑了企业的数量，而且考虑了企业市场份额的分布情况。如果企业数量减少或者市场份额的离散程度降低，那么市场集中度将上升；如果保持市场份额的离散程度不变，减少企业数量，或者保持企业数量不变，市场份额的离散程度降低，则市场集中度会上升。而且HHI对产业内规模靠前的几家企业的市场份额的变化更为敏感，能够更为准确地反映市场竞争程度的变化，因此，在实践中应用较为广泛。

虽然 *HHI* 最初是用市场份额来定义的，但是反垄断研究者将指数乘以 10 000，用市场百分比来替代。1982 年美国司法部公布的《并购指南》中，以 *HHI* 作为是否允许并购的标准：当 *HHI* 低于 1 000 时，是非集中性市场，允许并购；*HHI* 在 1 000 至 1 800 之间时，是中度集中市场，需要加强控制；当 *HHI* 超过 1 800 时，则是高度集中市场，若并购导致 *HHI* 增加了 100，这样的并购可能被禁止。

表 2－5 和表 2－6 分别列出了 2007 年美国某些产业的行业集中度和 *HHI*、中国与美国制造业市场结构状况的比较。

表 2－5　2007 年美国某些产业的行业集中度和 *HHI*

产业名称	CR_4（%）	50 家最大企业的 *HHI*
冰激凌和冷冻甜点业	57.6	1 174.0
冷冻水果、果汁和蔬菜业	43.8	648.1
谷物早餐业	85.0	2 909.0
面包、饼干和意大利面食业	52.4	919.2
酿酒业	89.6	—
烟草业	98.0	—
纺织业	19.6	157.1
纸业	29.2	281.3
石油炼制业	44.7	811.6
制药业	31.5	405.0
肥皂及清洁剂业	72.2	2 362.8
轮胎业	72.7	1 669.3
水泥业	42.4	651.3
钢铁业	55.3	906.8
计算机及外设装备业	65.3	2 038.0
家庭电冰箱业	92.4	—
汽车业	71.3	1 548.7
运动物品业	31.6	329.0
航天器业	82.6	—

资料来源：U. S. Bureau of the Census. Manufacturing: Subject Series: Concentration Ratios: Share of Value of Shipments Accounted for by the 4, 8, 20, and 50 Largest Companies for Industries: 2007, January 2011[M] //唐·E. 瓦尔德曼，伊丽莎白·J. 詹森. 产业组织：理论与实践（第 4 版）. 李宝伟，张云，武立东，译. 北京：中国人民大学出版社，2014：74-75.

表 2－6　2007 年中国与美国制造业市场结构状况比较

市场结构类型	*HHI*	中国		美国	
		产业数（个）	比重（%）	产业数（个）	比重（%）
高度寡占型	*HHI*＞1 800	28	5.83	53	12.18
低度寡占型	1 000≤*HHI*≤1 800	32	6.67	81	18.62
低集中度竞争型	500≤*HHI*＜1 000	66	13.75	116	26.67
分散竞争型	200≤*HHI*＜500	132	27.50	123	28.28

续表

市场结构类型	HHI	中国		美国	
		产业数（个）	比重（%）	产业数（个）	比重（%）
高度分散型	$100 \leqslant HHI < 200$	106	22.08	29	6.67
极端分散型	$HHI < 100$	116	24.17	33	7.58
总计		480	100.00	435	100.00

资料来源：郭树龙，李启航．中国制造业市场集中度动态变化及其影响因素研究[J]．经济学家，2014（3）：25-36.

（3）洛伦兹曲线和基尼系数。

洛伦兹曲线和基尼系数最初是洛伦兹（Lorenz）和基尼（Gini）提出的反映收入分配不均等程度的指标，后来被产业组织学者引入，用来反映某个产业内部企业规模的不均匀分布。这两个指标反映的是企业的相对集中度，因而也被称为相对集中度指标。

洛伦兹曲线如图 2－1 所示。图 2－1 中，横轴表示企业数量的累计百分比，纵轴表示企业市场份额的累计百分比（从小到大排列），45°线为企业规模分布的绝对平均线，当洛伦兹曲线与 45°线完全重合时，市场集中度最低；右下角的 90°线为企业规模分布的绝对不平均线，当洛伦兹曲线与 90°线完全重合时，市场集中度最高，即完全垄断。处于 45°线和 90°线之间的洛伦兹曲线表示企业规模分布的差异，是一条向右下方弯曲的曲线。一般来说，洛伦兹曲线越偏离对角线凸向右下角，企业规模分布的差异就越大，市场集中度就越高。

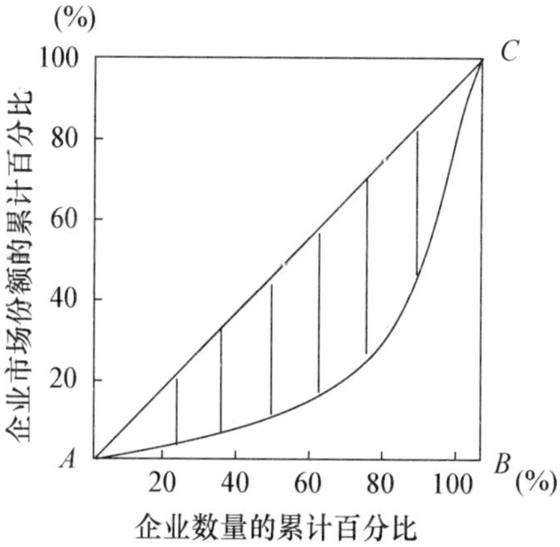

图 2－1　洛伦兹曲线

基尼系数是基于洛伦兹曲线计算出来的特定产业中企业规模的相对差异值。基尼系数等于洛伦兹曲线与绝对平均线（45°线）所包围的面积（阴影部分）与以绝对平均线为斜边、以纵横两轴为直角边构成的三角形的面积之比，即

基尼系数＝阴影部分面积/三角形 ABC 的面积

基尼系数的值在 0 和 1 之间。基尼系数越大，企业的规模差异越大，市场集中度越高；反之，基尼系数越小，企业的规模差异越小，市场集中度越低。

虽然洛伦兹曲线和基尼系数可以反映市场上全部企业的规模分布情况，但这两个指标也有一些不足：一是这两个指标值考虑了相对规模，但没有考虑企业的绝对数量。比如在A行业和B行业中，企业规模都相等，但A行业企业数量远高于B行业。此时我们得到的两个行业的洛伦兹曲线和基尼系数相等，但明显这两个行业的市场结构是不同的，A行业的竞争程度要远高于B行业。二是小企业规模的变动会对结果产生较大影响。如果一个小企业的规模变小，则行业集中度会上升，但如果小企业退出市场，则行业集中度反而会下降。因为前者提高了规模的不平等程度，而后者则降低了规模的不平等程度。三是企业兼并会带来不合理的测度结果。企业兼并减少了产业内企业的数量，从理论上讲市场集中度应该上升，但用这种方法测度的市场集中度却下降。四是不同的洛伦兹曲线会得到相同的基尼系数。当两条不同形状的洛伦兹曲线所围的阴影部分的面积相等时，企业的规模分布状况不同，但计算的基尼系数相等，因此，基尼系数不能代表某一特定产业中唯一的企业规模分布。

材料短析

相关市场的界定

比集中度测度更为重要的是市场的界定，很多反垄断案例都涉及相关市场的界定。从消费者视角来说，如果两个产品的效用具有可替代性，则生产这些产品的企业之间就相互竞争。如果相关市场的界定过窄，则会包含较少企业，导致高估企业的市场势力；但若相关市场的界定过宽，则会包含太多企业，导致低估企业的市场势力。美国《横向并购指南》给出了广泛使用的SSNIP (Small but Significant and Non-transitory Increase in Price) 测试法，即假定垄断者测试法。它包括三个步骤：第一步，选取备选市场，通常情况下包括反垄断审查密切关注的产品及其替代品，生产该产品的企业被假定为垄断者。第二步，假定垄断者在该市场中小幅（通常为5%～10%）、非暂时性（通常为1年）地提升产品价格。第三步，产品价格上升后，该产品的消费者转向其他替代品，若此时企业仍然有利可图，则该产品就构成相关市场；若无利可图，则需要纳入其他替代品，重复上述步骤。

需要注意的是，纳入其他替代品时，要尽可能合理地按照替代性强弱来纳入，综合考虑产品的用途和价格等。

资料来源：孟昌，李词婷. 网络平台企业免费产品相关市场界定与案例应用[J]. 经济理论与经济管理，2019（10）：101-112.

（二）市场行为

市场行为又称企业行为，是指企业在市场竞争中为了追求利润最大化或扩大市场份额而采取的策略性行为。产业组织理论主要研究寡占市场结构下的企业行为。在寡占市场结构下，在位企业研究消费者的心理和偏好，研究现实和潜在竞争对手的数量、生产技术、成本、进入市场的速度等，进而采取不同的市场行为。自20世纪70年代开始，市场行为成为产业组织学者研究的重点，研究成果日益丰富。

寡头企业的市场行为包括两个大类：合谋行为和竞争行为。合谋行为是指市场上的寡头企业相互协调价格或产量而采取的共同行为。企业合谋的主要目的是限制价格竞争、共同控制市场、获得垄断利润等。合谋行为只有在特定行业、特定条件下才会出现。这部分内容将在第四章详细讲解。竞争行为是寡头企业经常采取的市场行为。它主要包括三个方面的内容：一是以控制和影响价格为基本特征和直接目的的价格行为，包括价格歧视、限制性定价、掠夺性定价等。价格歧视是针对差异化的消费者所采取的价格行为，限制性定价和掠夺性定价是针对竞争对手所采取的价格行为。价格行为将在第五章详细讲解。二是以保持或提高市场竞争地位为目的的产品促销和创新行为，包括产品差异化、研发与创新、构筑进入壁垒等，这些内容将在第六、七、八章详细讲解。三是以解决产业链中上下游企业关系问题为目的的纵向一体化或纵向约束行为，这些内容将在第十章详细讲解。

（三）市场绩效

市场绩效是指在特定市场结构和市场行为条件下市场运行的效果，其本质是一种资源配置效率的测度。随着产业组织文献的日益丰富，关于市场绩效的测度指标也日益多元化。根据研究对象侧重点的不同，大致可以把市场绩效的测度分为三个方面：企业层面的资源配置效率、产业层面的规模结构效率、宏观经济层面的技术进步效率。

1. 企业层面的资源配置效率

一般来说，资源配置效率是同时从消费者的效用满足程度和生产者的生产效率大小的角度来考察资源的利用状态，通常用社会总效用或社会总剩余来进行测度。但在实践中，社会总效用或社会总剩余很难准确测度，因此，产业组织学者通常从企业层面出发，使用贝恩指数（Bain Index）与利润率指标、勒纳指数（Lerner Index）、托宾 q 值（Tobin q）、X 非效率（X Inefficiency）等指标来进行替代。

（1）贝恩指数与利润率指标。

现代产业组织理论的奠基者贝恩认为，可以通过考察利润率来判断企业垄断势力的大小，即通过计算企业的超额利润来判断市场垄断或竞争的强度。

贝恩指数的计算公式为：

$$BI=\pi/v\text{，其中 }\pi=(R-C-D)-i\cdot v \tag{2.3}$$

式（2.3）中，BI 为贝恩指数，π 为超额利润，v 为投资总额，R 为总收益，C 为当期成本，D 为折旧，因此（$R-C-D$）为会计利润，i 为从投资中可以获得的正常收益率，即资本的机会成本。

微观经济理论认为，在完全竞争的市场结构中，资源配置效率可以达到最大化，在价格机制和竞争机制的作用下，各产业的利润率将趋同，市场上所有的企业都只能获得正常利润即平均利润。因此，产业间是否形成平均利润率是测度社会资源配置效率是否达到最大化的基本方法，这也是使用利润率来测度市场绩效的理论依据。如果某一产业长期保持较高的利润率，则意味着该产业存在垄断因素，资源配置效率较低；如果某一产业的利润率接近于正常利润，市场就接近于竞争状态，资源配置效率就较高。

后来的学者在贝恩指数的基础上，考虑税收因素，构造新的利润率指标来测度市场绩效。常见的利润率计算公式为

$$R=(\pi-T)/E \tag{2.4}$$

式（2.4）中，R 表示税后资本利润率，π 表示税前利润，T 表示税收额，E 表示自有资本。

虽然贝恩指数和利润率都是测度市场绩效的直观指标，但它们实际上是把超额利润的产生归因于垄断因素，而在实践中，超额利润也可能来源于其他因素，如风险投资所带来的超额风险利润、新技术的研发和应用所带来的创新利润等。而且利润率本身的计算也存在一些问题，如资本和折旧不能被准确评估、广告和研发影响的长期性导致难以准确估价等。

（2）勒纳指数。

勒纳指数也称为价格-成本加成指数、勒纳垄断势力指数。它是勒纳（Abba Lerner）提出的一种以垄断势力强弱来衡量市场绩效的方法，主要通过测度价格与边际成本的偏离程度来反映市场绩效。勒纳指数的计算公式为

$$L=(P-MC)/P \tag{2.5}$$

式（2.5）中，L 表示勒纳指数，P 表示价格，MC 表示边际成本。

当企业实现利润最大化时，边际收益等于边际成本，即 $MR=MC$。同时，$MR=P(1+1/e)$，e 为需求价格弹性，因此，

$$L=(P-MC)/P=1/e \tag{2.6}$$

微观经济理论表明，追求利润最大化的垄断企业均衡时的定价一定在需求富有弹性的区域进行，即 $e>1$，因此勒纳指数在 0 到 1 之间变动，数值越大，价格偏离边际成本的程度越大，垄断势力越大，资源配置效率越低；反之，数值越小，价格偏离边际成本的程度越小，竞争程度越高，资源配置效率越高。在市场完全竞争时，勒纳指数等于 0。

需要指出的是，勒纳指数作为市场绩效的衡量指标，本身也有不足。勒纳指数本身反映的是当市场存在垄断势力时价格与边际成本的偏离程度，但是无法反映企业为了维持或者获得垄断地位而采取的策略性定价行为，如限制性定价和掠夺性定价。在这两种情况下，勒纳指数很小甚至为 0，但并不表明市场是竞争的。另外，边际成本数据很难获得，经常使用平均成本数据代替，这时候勒纳指数就变为收益率指标了。此外，勒纳指数只适用于完全垄断市场势力的测度，对于现实生活中大量存在的寡头垄断势力就无能为力了。对于寡占市场势力的大小，不仅要考虑寡头企业的数量，还要考虑企业间的反应方式（推测弹性）的大小。这将是一个十分复杂的学术难题（李停，2015）。

（3）托宾 q 值。

1969 年，经济学家托宾（James Tobin）提出了一个著名的系数，即托宾 q 值（也称为托宾 q 比率）。它是指一家企业的市场价值与这家企业的重置成本之比，计算公式为

$$q=(R_1+R_2)/Q \tag{2.7}$$

式（2.7）中，q 表示托宾 q 值，R_1 表示企业的股票市值，R_2 表示企业的债券市值，Q 表示企业的重置成本。

托宾 q 值最早是被用来作为企业投资决策的一个指标。当 $q>1$ 时，企业的市场价值高于企业的重置成本，意味着企业购买新厂房、新设备所需的资本要低于企业的市场价值。此时企业会发行较少的股票，购买较多的投资品，投资支出会增加；当 $q<1$ 时，企业的市场价值低于企业的重置成本，企业将不会购买新的投资品。如果企业想获得资本，

它将从其他企业那儿购买较便宜的资本品，这样投资支出将会减少；当 $q=1$ 时，企业投资和重置成本达到动态均衡。后来产业组织学者发现可以用其来测度市场绩效。在完全竞争市场结构下，所有竞争企业的市场价值都等于企业实际拥有的资产价值，托宾 q 值都等于 1。当 $q>1$ 时，新的企业为追求利润会进入这个产业，原有企业也会通过扩张增加利润，q 值也随之减小。因此，当某个产业的托宾 q 值长期大于 1 时，就说明该产业存在垄断势力，市场运行绩效较差。

计算托宾 q 值需要获取企业的市值和重置成本。企业市值的计算较为简单，可以用其发行的股票和债券的市值进行估算，但企业的重置成本的计算较为复杂，只有当存在一个比较成熟的二手市场时，才能够较准确地计算重置成本。广告及研发费用所带来的无形资产的重置成本估算更为困难。

（4）X 非效率。

1966 年，经济学家莱宾斯坦（Harvey Leibenstein）在研究垄断问题时，发现垄断条件下会出现资源运用的无效率现象，当时未能找到一个适当的名词来命名，就把它叫作 X 非效率。X 非效率区分了实际已经达到的生产成本与可能实现的最小生产成本之间的异同，因而它与资源分配无效率是不相同的，后者是指某种产品产出水平的不合理，而前者是指一种纯粹的浪费。

在莱宾斯坦提出该理论之后，众多学者进行了拓展和补充，其研究范围远远超出了垄断条件下的社会损失问题。X 非效率理论认为，企业是由实业家、白领和蓝领等集团共同组成的组织，对于一个在长期内都没有外来威胁的寡头垄断企业来说，其内部各集团的行为很容易偏离追寻利润最大化这一目标，而在企业内部追求各集团本身的利益，致使产生 X 非效率。

一些学者将 X 非效率的成因归纳为三个方面：第一，最高决策层的工作效率损失。大企业股份分散，股东大会与董事会工作难以协调，前者只有名义上的最高决策权，在实际工作时难以否定后者的提案。大企业的董事会中，真正具有股东或股东代表身份的董事并不多，企业规模越大，股东代表比例越小，从而导致企业规模越大，股东的意志越难以得到迅速的反映和实施。另外，现实中大规模企业的决策权很大一部分掌握在经理手中，股东最关心的是公司利润和股息，而经理阶层除了关心企业利润以外，还关注扩大企业规模、增大公司内部的组织机构、提高他们本身的报酬、追求企业的社会公众形象等。所有这些偏离利润最大化原则的经理价值取向和行为取向，都会降低效率。第二，中下层的工作效率损失。在规模较大并享有垄断利润的大型公司中，员工的工作效率与公司利益之间的关系比较模糊，最高领导难以掌握员工的劳动强度和劳动效率，这样，当外部竞争压力较小时，提高劳动生产率的办法要么是增加员工，要么是加强物质激励，而这两种办法所导致的结果都会增加生产成本，降低生产效率，最终还是会被转嫁到消费者身上。第三，信息传递效率的损失。公司规模越来越大，其结果必然是增加管理层次，产生官僚主义。从信息理论的角度来看，公司管理层级越多、越复杂，需要交换的信息和下达的指令也就越多，并成几何级数递增。此外，各个管理层很可能都从各自的角度和利益出发来解释和理解上级的指令，使之不能准确地上传下达，降低了信息传递的速度和准确性，增加了产生 X 非效率的可能性（郑秉文，1993）。

2. 产业层面的规模结构效率

产业层面的规模结构效率，也称为产业组织的技术效率。在现实经济的很多产业中，都存在规模经济，因而资源在产业间的分配状况影响着资源利用效率。产业的规模结构效率是从产业内规模经济效益实现程度的角度来考察资源的利用状态。产业越能充分利用规模经济，其市场绩效就越好。

规模经济指产品的单位生产成本随规模即生产能力的提高而逐渐降低的规律。规模经济可以分为四个层次：产品规模经济、工厂规模经济、企业规模经济和行业规模经济。（1）产品规模经济是指由于产品生产的分工和专业化而带来的经济上的收益。产品生产的分工和专业化能够提高每个生产者的操作效率，减少劳动消耗，提高经济效益。产品规模经济是最基本的规模经济形态。（2）工厂规模经济指单个工厂水平上的报酬递增，即生产单产品的企业通过扩大生产规模，获得规模报酬，提高生产率，降低平均成本。工厂规模经济是生产的专业化分工和协作以及工艺条件的先进性所产生的经济效益。（3）企业规模经济是指企业自身通过横向一体化或纵向一体化所实现的规模效益。企业规模扩大可以增强企业的竞争能力以及承担亏损和抗风险的能力，同时还可以大大减少采购成本和销售费用，从而提高经济效率。（4）行业规模经济是指当某个行业总产量扩张时，该行业内部的企业能提高专业化程度，降低产品单位成本，行业的长期供给曲线是向下倾斜的，即该行业是一个规模报酬递增的行业。

规模经济效益的实现程度，通常用两种方式进行测度：一是考察规模经济的实现程度，用达到或接近规模经济的企业的产量占整个产业产量的比例表示。比例越高，表明规模经济和规模效益的实现程度越好，产业的规模效率越高。反之亦然。二是考察企业规模生产能力的利用程度，用产业内过剩的生产能力占整个产业产能的比例表示。比例越高，生力能力过剩情况越严重，意味着资源被过度配置，产业的规模效率越低。反之亦然。

在实践中，产业内规模经济效益的实现有三种情况：一是未达到规模经济效益所必需的经济规模的企业是市场的主要供给者。这表明该产业的规模结构效率不高，存在大量低效率的小规模生产企业。二是达到和接近规模经济效益所必需的经济规模的企业是市场的主要供给者。这表明该产业充分获得了规模经济效益，产业的规模结构效率处于理想状态。三是超过规模经济效益所必需的经济规模的企业是市场的主要供给者。这种大企业的过度集中，已不能再使产业的长期平均成本降低，只是加强了企业的垄断力量，因此并不能提高产业的规模结构效率。

3. 宏观经济层面的技术进步效率

技术进步的含义很广泛。广义的技术进步包括除资本投入和劳动投入之外的所有促进经济增长的因素。产业组织理论中的技术进步主要包括产业内的发明、创新和技术扩散。发明是指构思对人类生活或生产活动有用的新产品或新的生产方法以及解决相关的技术问题，通常用专利数量的增减程度来进行测度；创新是指发明被第一次应用并导致一种新产品或新的生产方法出现，通常用创新支出费用来进行测度；技术扩散是指产品或新的生产方法被广泛采用，通常用科研机构、技术市场交易数量的增长幅度以及技术引进项目数量等来进行测度。技术进步反映的是动态的经济效率，因而也是测度市场绩效的一个重要指标。

技术进步提高了资源利用效率，意味着相同资源的投入可以带来较大的产出，或同样的产出只需要较少的投入。按照技术进步所带来的要素节约情况，可以把技术进步划分为三种类型：中性技术进步、劳动节约型技术进步、资本节约型技术进步。(1) 中性技术进步是指所节约的劳动和资本量相同，即生产相同产量所需投入的劳动和资本两种生产要素同比例减少。由于技术进步没有改变劳动和资本的投入比例，因此，这种技术进步被看作中性的。(2) 劳动节约型技术进步是指节约的劳动量要大于资本量，即生产相同产量所需投入的劳动的减少程度，大于资本的减少程度。由于技术进步使得相对于同量资本只需要使用较少劳动，因此这种技术进步被看作劳动节约型的。(3) 资本节约型技术进步是指节约的资本量大于劳动量，即生产相同产量所需投入资本的减少程度，大于劳动的减少程度。由于技术进步使得相对于同量劳动只需要使用较少的资本，这种技术进步被看作资本节约型的。

第二节 产业组织理论的主要流派

自从 20 世纪 50 年代产业组织理论体系建立以后，学者们以此框架为基础，或者是沿着贝恩的研究思路进行发展或完善，或者是把经典的竞争理论和价格理论引入 SCP 框架，对贝恩的理论进行批判式发展，从而形成了不同的产业组织流派，也促进了产业组织理论的繁荣，增强了产业组织理论对现实经济现象的解释力。按照研究方法和观点的不同，我们这里主要介绍几个影响力比较大的产业组织流派：哈佛学派、芝加哥学派、新奥地利学派、新制度经济学派。

一、哈佛学派

哈佛大学是产业组织理论的诞生地。自 20 世纪 30 年代开始，梅森及其弟子贝恩、威廉姆森 (Williamson)、谢勒等就持续地对垄断与竞争问题进行研究。SCP 框架也是成形于哈佛大学这个产业组织的研究重地，因此，人们通常把沿袭哈佛大学传统的产业组织学者称为哈佛学派。

(一) 哈佛学派的基本观点

哈佛学派不仅首创了 SCP 框架，而且认为市场结构、市场行为和市场绩效之间存在明确的因果关系，即市场结构决定企业在市场中的行为，而企业行为又决定市场运行的经济绩效。如果某个产业的市场绩效较差，就是由于存在不合理的市场结构，因此，政府就应该通过实施公共政策来调整和改变市场结构。

哈佛学派的研究是从微观经济理论出发，将市场中企业效益的高低作为相对效率改善程度的判定标准，认为现实的市场结构是处于完全竞争和完全垄断之间的结构形态，随着企业数量的增加，市场结构越接近于完全竞争状况，就越能够实现较为理想的资源配置效率。在哈佛学派的研究中，市场结构既是起点，也是终点，因此，人们也把哈佛学派称为结构学派或结构主义者。

哈佛学派注重从经验观察中获得研究结论，因此，跨部门经验研究是哈佛学派研究的主要方法。他们认为现实经济活动中发生的现象无法用新古典均衡价格模型来解释，因此应该使用应用统计和计量方法来检验不同市场结构和企业行为对企业利润的影响。如贝恩利用美国制造业 42 个产业的数据，分析了进入条件和市场集中度对市场势力的影响，发现高集中度和高利润之间存在统计正相关性。由此，贝恩提出了著名的集中度—合谋—利润率假说，即市场集中会导致合谋。如果市场上存在较高的进入壁垒，那么合谋会增加利润。贝恩认为，在集中的市场结构中，企业有可能通过合谋限制产出，把价格提高到高于正常收益的水平。大企业的高利润不是其经营效率的体现，而是主导企业滥用市场支配地位或寡头企业之间合谋的结果。

（二）哈佛学派的政策取向

哈佛学派认为，在寡头垄断或垄断市场结构的产业中，少数企业的合谋、行为协调以及构筑市场进入壁垒等限制了竞争，从而获得了超额利润。因此，他们认为，应该对这些产业内的企业采取分割、禁止兼并等直接作用于市场结构的公共政策，并制定严格的反垄断政策，完善维护公平竞争的法律体系，包括禁止卡特尔、禁止垄断行为、限制横向企业间的合并与兼并、取消歧视性价格等。

哈佛学派的观点产生了广泛的影响，其理论主张对美国司法部兼并准则和反垄断法律的出台发挥了重要作用。但从 20 世纪 70 年代后期开始，随着日本和亚洲“四小龙”的崛起，美国的一些传统优势产业受到巨大冲击，人们把此部分归因于美国实施了世界上最严厉的反垄断政策。大型反托拉斯案件也导致了巨额的诉讼费用和大量的时间消耗。这使人们对反垄断的实际效果产生了疑问。同期，芝加哥学派在理论上也对哈佛学派展开了有力的批判。因此，从 20 世纪 80 年代起，结构主义的反垄断政策开始在美国逐渐失去主导地位。

二、芝加哥学派

芝加哥学派在理论上继承了自奈特（Frank H. Knight）以来芝加哥传统的自由主义经济思想，信奉自由市场经济中竞争机制的作用，强调新古典学派价格理论在产业经济分析中的作用，认为应该从价格理论的视角来研究产业组织及公共政策问题，力图重新把价格理论中完全竞争和垄断这两个传统概念作为剖析产业组织问题的基本概念。代表人物有斯蒂格勒（George J. Stigler）、德姆塞茨（Harold Demsetz）等。1968 年，斯蒂格勒出版《产业组织》一书，标志着芝加哥学派在理论上的成熟。[①]

（一）芝加哥学派的基本观点

芝加哥学派主要是在批评哈佛学派的观点的基础上兴起和发展的。他们认为，市场结构、市场行为和市场绩效之间存在逆向的因果关系。在产业发展中，优胜劣汰的市场机制会内生出最优的市场结构。不论市场集中与否，竞争都是企业获得最佳产业绩效的过程，该过程能够带来适合产业特征的最佳集中度。只有适合小规模经营的行业，才会产生竞争性市场结构。如果某产业的最佳规模是较大的，则该行业的市场结构就一定是高度集中

① 斯蒂格勒由于对产业组织理论的开创性研究而被授予 1982 年诺贝尔经济学奖。

的，同时决定了该产业规模经济的实现。只要是没有竞争限制的市场结构，就都应看成最有效率的市场结构。

关于集中度和利润率的高度正相关性，芝加哥学派认为大企业的高利润是其规模经济和经营效率的体现，即高利润带来了高集中度。因为在没有人为进入壁垒的情况下，市场中的垄断势力只是一个暂时的、难以持续的状态，如果企业的高利润不是建立在高效率经营的基础上，则会有其他企业进入产业内，从而使其利润率逐渐降低至平均水平。因此，芝加哥学派也被称为效率学派。德姆塞茨指出："企业的高利润不一定是市场垄断势力造成的，而是由于企业的高效率。在任何一个产业中，成本最低的企业必然会逐渐扩大规模，增加市场份额，从而提高产业集中度。"①

芝加哥学派在产业组织理论研究中的另一个贡献是关于政府规制的研究。在哈佛学派时代，人们认为应该对电力、煤气、城市供水等公共事业领域实行规制。斯蒂格勒认为，政府规制在很多产业包括公共事业中并未达到预期效果，政府规制的目的不是像人们认为的那样保护公共利益，而是维护个别集团的利益。芝加哥学派在政府规制方面的研究不仅开创了经济学研究的一个新领域——规制经济学（Economics of Regulation），同时对 20 世纪 70 年代末期西方国家的放松规制改革产生了重大影响。

（二）芝加哥学派的政策取向

芝加哥学派认为，自由竞争是提高产业效率、保证消费者福利最大化的基本条件，因此，他们反对对过度集中的大企业采取分割和严格控制兼并的做法，认为这会破坏效率增长的源泉，同时主张放松反垄断和规制政策，尽可能减少政府对产业的干预，以扩大企业和私人的自由经济活动范围。

在实践中，芝加学派对美国反垄断活动和政府规制政策产生了深远影响。在 20 世纪 80 年代的里根政府执政时期，芝加哥学派的许多经济学家都曾在司法部反托拉斯局、联邦贸易委员会等重要部门担任要职。在这段时间内，美国反垄断案件也大幅减少。当时有一大批已进入司法程序近十年甚至长达十几年的大型反垄断案件（如 IBM 案、埃克森公司案等）均以司法部撤诉而告终。人们把美国产业规制和反垄断政策方面的这一系列变化称为反垄断政策的"芝加哥革命"。

三、新奥地利学派

奥地利学派是从 19 世纪 70 年代"边际革命"开始兴起的西方经济学流派，代表人物有门格尔（Carl Menger）、庞巴维克（Eugen Bohm-Bawerk）、米塞斯（Ludwig von Mises）等。至 20 世纪 30 年代，由于政治等原因，奥地利学派的大量中坚分子纷纷移居国外，该学派也渐渐消失。20 世纪 70 年代，米塞斯、哈耶克（Hayek）、柯兹纳（Israel M. Kirzner）、罗斯巴德（Murray N. Rothbard）等在继承和发展奥地利经济学派的传统思想和方法的基础上，提出了新的产业组织思想，在西方学术界、政治界产生了巨大的影响，人们称其为新奥地利学派。

① Demsetz H. Industrial Structure, Market Rivalry, and Public Policy[J]. *Journal of Law & Economics*, 1973, 16 (1): 1-9.

（一）新奥地利学派的基本观点

新奥地利学派从信息不完全出发，认为经济运行的根本问题在于如何发现和利用分散的知识和信息，使资源得到更充分的使用。而市场是分散的知识和信息的发现过程，通过竞争的市场，生产者根据消费者在市场上的货币选票安排生产，就能实现资源的有效配置。竞争具有动态性，其本质是一种过程。市场的生产者和消费者在经济运行中是通过竞争过程掌握必备知识的。

新奥地利学派否定完全竞争概念，提出了竞争的实际行为标准，认为在新古典的完全竞争模型中，企业没有价格竞争（是价格的被动接受者），没有产品竞争（产品同质无差异），没有销售竞争（不做广告），没有创新（缺乏降低成本、采用新技术的动力），事实上没有竞争活动，只有竞争之名而无竞争之实，即完全竞争只是一种静态的均衡结果，与趋向均衡的竞争过程无关。

新奥地利学派强调企业家及其创业精神在市场竞争过程中的重要作用。市场不均衡是因为市场参与者没有发现或因信息不完全而错误决策造成获利机会的损失，所以市场过程实际上是不均衡的调整过程，企业家在此调整过程中不断试错，通过学习和发现知识与信息来实现市场绩效。企业家创业精神能降低或消除进入壁垒。只要市场上有旺盛的企业家创业精神，则无论垄断程度有多高，都能形成强大的竞争压力。由于信息具有不完全性，创业活动有风险，尝试新产品、引进新技术、开发新市场的企业家要承担大量沉没成本，所以利润是对企业家的风险报酬。

比较哈佛学派、芝加哥学派与新奥地利学派可以看到，哈佛学派强调市场结构，芝加哥学派强调市场绩效，而新奥地利学派强调市场竞争行为。哈佛学派推崇的市场结构是是否存在竞争的原因，芝加哥学派的市场绩效是竞争充分与否的结果，新奥地利学派则认为竞争本质上是一个过程，要放在时间坐标上来衡量，着重点应该是现在是否存在竞争行为，现在才是唯一，行为是最重要的决定性因素，市场结构、绩效都在其次。所以说，新奥地利学派本质上是产业组织学的行为学派。

（二）新奥地利学派的政策取向

新奥地利学派主张自由放任的经济政策，强烈反对行政干预，反对行政垄断。在他们看来，垄断企业的出现并不改变市场交易的性质，仍要在市场上实现利润最大化，必须接受消费者通过市场传递出来的信息，即需要听从消费者意愿安排生产与销售。另外，作为垄断要素的市场集中度与竞争强弱无关。只要确保产业进出自由，则无论市场集中度高低，都能因企业家创业精神的旺盛而形成充分的竞争压力，并且产业进入壁垒的规模经济性、产品差别化和绝对费用等都不能排除竞争行为。

新奥地利学派关于垄断因素的观点与哈佛学派有很大的差异：(1) 哈佛学派认为高利润是垄断势力的表现。新奥地利学派则认为高利润是竞争过程的综合特征，利润是动态竞争过程的关键要素，它给企业家提供了市场机会的基本信息。(2) 哈佛学派认为兼并收购排斥竞争，提高了垄断程度。新奥地利学派则认为并购是市场调整的手段之一，是竞争过程中淘汰低效率企业的过程，强烈反对企业分割、禁止兼并等结构主义政策的反垄断主张。(3) 哈佛学派认为产品差异化提高了市场进入壁垒，进而加剧了垄断。新奥地利学派则认为产品差异化是企业竞争的重要手段，是市场过程中不可或缺的要素，是竞争的具体体现，所以只有行政垄断有损于经济运行，而其他垄断因素不但无害，而且是竞争过程的重要手段。只要不是源于行政干预，垄断企业实际上是历经激烈竞争而生存下来的最有效率的企业（夏大慰和王步芳，2004）。

四、新制度经济学派

在第二次世界大战期间，制度经济学一度是主流经济学的重要组成部分，其重要代表人物有凡勃伦（Veblen）、康芒斯（Commons）和米契尔（Mitchell）等，他们广泛吸收当时心理学、社会学和法学的研究成果，摒弃新古典经济学的抽象假设，将制度分析基础置于多学科交叉的现实背景中，强调制度分析在理解经济和社会变革中的重要作用，关注制度变迁过程，考察影响制度变迁的内在和外在因素，不仅视制度为对个体行为的约束，还认为制度能够塑造和影响个体的习惯和偏好，强调面向真实世界，运用统计、调查等经济方法来研究现实问题。制度经济学当时被视为更能解决现实问题的经济学，而且是比新古典经济学更加先进的理论，并成为主流经济学阵营中的重要成员之一（Rutherford，2011）。二战后，凯恩斯主义的兴起和新古典经济学的发展使得经济学家们对制度经济学的研究热情急剧下降，制度研究也一度遭遇寒流，成为非正统经济学。直到20世纪70年代以后，随着凯恩斯主义的衰落，制度对经济运行的重要性再度受到经济学家的重视，经济学家对制度研究的热情才被重新点燃。以科斯（Coase）1937年发表的论文《企业的性质》为开端，这些经济学家以交易费用理论为基础，从制度角度研究经济问题。到20世纪60年代，随着科斯1960年关于社会成本的论文，斯蒂格勒1961年关于信息经济学的论文，以及阿罗（Arrow）1962年关于适度报酬的论文相继发表，新制度经济学逐渐成为解释现实世界的重要工具，并被威廉姆森在1975年正式命名为“新制度经济学”。新制度经济学派对交易费用经济学的理论体系、基本假说、研究方法和研究范围做了系统的阐述，彻底改变了只从技术角度考察企业和只从垄断竞争角度考察市场的传统观念，为企业行为的研究提供了全新的理论视角，对产业组织的发展起了直接的推动作用。如果说主流产业组织理论注重企业之间的关系的话，新制度经济学则将研究重点深入企业内部，从企业内部产权结构和组织结构的变化来分析企业行为的变化及其对市场绩效的影响。

（一）新制度经济学派的基本观点

新制度经济学派认为产业组织的效率来自交易费用的节约。科斯（1937）认为，只要交易费用为零，产权的最初设定就不会对资源配置产生影响，市场中的经济主体会通过讨价还价的方式使资源配置达到帕累托最优，任何外部性都会被内化在契约中。但在现实世界的经济活动中，交易费用是大于零的，因此就产生了市场交易的替代物——企业，以便降低交易费用。在市场交易中，合作是通过签订一系列的契约，利用价格机制的运作完成的，而在企业内部，生产要素的所有者之间无须签订这一系列合约，这些合约被一个合约替代，即一系列较短期的市场契约被一个较长期契约替代——企业取代了市场，从而节约了交易费用，提高了组织效率。

新制度经济学派认为产权是一种基本的制度安排。一种有效率的产权不仅有助于发挥各经济主体的积极性，保证资本等生产要素的有效利用，使个人收益与社会收益趋于一致，而且有助于减少未来的不确定因素，降低机会主义行为产生的可能性，节约交易成本。在交易成本为正的前提下，不同的法律规定或不同的制度安排会带来不同的资源配置结果，即制度安排的差异会直接影响经济效率。在解决某一经济问题时，采取哪种制度安排又取决于哪种形式的交易费用最低。

（二）新制度经济学派的政策取向

新制度经济学派认为，国家是一种在某个特定地区内合法使用强制性手段的制度安排，它是在暴力方面具有比较优势的组织。如果暴力潜能在公民之间进行平等分配，便产生契约性国家，如果这样的分配是不平等的，便产生掠夺性或剥削性的国家（North，1994）。因此，在新制度经济学派看来，政府带有“契约”和“掠夺”的双重属性。

作为在暴力方面具有比较优势的组织，政府最重要的职能就是利用这一优势为经济和社会发展提供各种制度安排。其中最重要的制度安排就是产权制度安排。政府存在的合理性就在于它为产权提供保护，从而节约交易成本，使经济良性发展。国家权力介入产权安排的方式和程度的差异会导致不同的产权制度，从而促进经济增长或引致经济衰落。新制度经济学派主张政府要干预，但又认为政府干预必须适度，政府职能无限扩大会产生灾难性后果。在产权清晰、交易费用大于零的情况下，政府并不需要直接干预，只需对产权做出规定，使纠纷双方的权利明确，能够以讨价还价的方式解决纠纷，即把外部性问题内在化，即可以恢复市场的正常运行（刘华香，2007）。

材料短析

中国制度变迁40年

中国改革开放的40年既是经济高速发展的40年，也是制度变迁的40年。

从1978年到2017年，我国国内生产总值（GDP）以年均近9.6%的速度增长，世界500强企业数量实现从零到115家的飞跃，基础设施建设有了质的飞跃，如高铁运营里程已达到2.5万公里，占全球总量的66%。这些成就堪称中国高速增长的奇迹。

改革开放的40年是中国向市场经济体制转型和完善的40年，实质就是制度变迁的40年。学界把改革开放认定为制度变迁过程，这场制度变迁是从计划经济体制向市场经济体制的转型，从公有制向以公有制为主多种经济成分并存转变，亦是一种对传统旧制度的摒弃、转型和升级，让更多的人参与到新体制改革中来，逐步实现从“权利限制秩序”到“权利开放秩序”的转变。

40年制度变迁的内容是丰富而又深刻的。既涉及经济、政治，也涉及社会、文化等。从总的方面来看，我国对经济制度变迁投入是最多的，这里的变迁既包括对原有一些制度的否定或废除，也包括建立新的制度或从市场经济国家引进新的制度。我国制度变迁的重要特点是渐进，即对于一些不适应生产力发展的制度进行变革或调整。所以我国制度变迁有先有后，有全面试行的，也有在试点中的。我国制度变迁是一个系统工程，既包括正式制度变迁，也包括非正式制度变迁；既包括“土生土长”的制度变迁（如家庭联产承包责任制），也包括从国外引进的与市场经济相适应的制度变迁。

40年制度变迁重视基础性制度变迁（如产权制度）及其完善。一国制度变迁最关键的是基础性制度变革。基础性制度中最重要的就是产权制度。20 世纪 70 年代末 80 年代初的家庭联产承包责任制是中国制度变迁最为成功的案例。当我们推进经济体制改革时，关于是价格改革在前还是所有制改革在前的争议非常激烈。实践证明，所有制改革最重要。产权改革不到位，价格改革也就失去了支撑。社会主义制度的性质决定了我国产权改革的方向。中共十六大（2002 年）报告指出：既要毫不动摇地发展公有制经济，又要毫不动摇地支持、鼓励发展非公有制经济，保护合法者的劳动收入，进一步完善保护私人财产权利的法律法规。以后党的会议和宪法修正等出台的一系列法律法规和规章制度都越来越强调对财产权的界定及保护。

40 年制度变迁是一个从计划经济体制改革到市场经济体制建立及完善的过程。制度变迁对中国经济发展的贡献主要体现在以下两个方面：一是交易成本的节约。我国自改革开放以来经济高速增长得益于体制成本下降、低成本的优势，体制成本是解释中国经济增长及其变化的关键。体制成本下降是我国从计划经济体制转向市场经济体制的过程中制度变迁的结果。制度变迁导致体制成本下降。同时，企业、社会福利也得到提升，这一过程在一个被认为有效率的制度安排中实现。也就是说，改革开放 40 年的成就来源于经济高速增长，高速增长源于制度变迁，制度变迁起着节约交易成本的作用。二是促进专业化分工与社会发展。专业化分工与市场有着内在的联系。计划经济体制的一个重要问题就是不利于分工的发展，而分工受市场范围的限制。40 年的制度变迁不仅促进了国内的改革，也促进了中国的对外开放。

资料来源：卢现祥，朱迪. 中国制度变迁 40 年：回顾与展望——基于新制度经济学视角[J]. 人文杂志，2018（10）：13-22.

第三节　新产业组织理论

20 世纪 70 年代末 80 年代初，博弈论和信息经济学的引入使得产业组织理论发生了革命性的变化，学术界通常把这些采用了新方法的研究统称为新产业组织理论，其代表人物有梯若尔（Tirole）、奥多瓦（Ordover）、夏皮罗（Shapiro）、萨洛普（Salop）、迪克西特（Dixit）、韦利格（Willig）等。新产业组织理论在紧密结合新古典微观经济理论的基础上，引入现代微观经济学的最新成果，运用数学方法和博弈方法，重点研究企业在市场上的行为，并强调经济福利问题。新产业组织理论认为，市场结构不是外生的，企业不是被动地对给定的外部条件做出反应，而是试图通过策略性行为去改变市场环境、影响竞争对手的预期，从而排挤竞争对手或阻止新对手进入市场。市场结构和市场绩效都被看作企业博弈的结果，并取决于企业间博弈的类型。因此，市场结构、市场行为和市场绩效之间存在复杂的双向或多重关系。虽然新产业组织理论发展很快，但至今尚未形成一个完整的理论体系，其发展更多地表现为新方法的引入和企业具体行为的研究。

一、新产业组织理论的研究方法

20 世纪 70 年代以来，随着博弈论、信息经济学、数理经济学、福利经济学等方法的相继引入，新产业组织理论的研究方法发生了巨大变化。研究方法的创新极大地推动了产业组织理论研究的深度和广度。在这些方法中，对新产业组织理论影响最大的是博弈论分析方法。博弈论分析方法是20世纪70年代以后产业组织理论的主要研究方法。博弈论为经济学家理解和分析多元垄断和寡头垄断状态下的市场结构、不完全竞争市场的定价、企业战略行为以及反垄断规制等领域提供了强有力的分析工具。同时，博弈论及机制设计、不完全合同理论的应用也使得产业组织研究的理论基础大大加强。企业行为不仅仅取决于市场结构，还取决于企业对自己的行为可能引致的其他企业反应行为的预期，这些突破性的进展使产业组织理论对现实经济中企业的行为有更强的解释力。也正是由于博弈论的应用，产业组织才成为经济学中进展最为迅速的领域之一，并吸引了一大批一流经济学家投身其中。新产业组织理论运用博弈论对古诺（Courhot）、伯川德（Bertrand）等人的垄断理论进行严密细致的理论化，并用纳什均衡阐明企业的行为，分析在市场初期条件给定时，如何通过企业行为实现新的均衡。也就是说，博弈论为新产业组织理论将分析的重点放在企业战略行为上，提供了一种新的研究手段。

进入20世纪90年代之后，对博弈论模型的检验成为新产业组织理论发展的一个重要方面，“产业组织学者又转向依靠实证研究来解决分歧、填补漏洞和提炼思想”①，理论研究者和实证研究者之间的界限逐渐消失，实证研究者越来越愿意吸纳和利用经济学理论和经济计量学方法的新成果，实证研究的技术和手段整体上都有了大幅提升，理论研究者也比过去更多地接触实际，实际数据更加准确并且更易于获得。所以，伴随着理论层次上对博弈论的广泛重视，案例研究方法继续受到青睐，其重要性相对提高（卫志民，2002）。

普洛特（Plott）的实验方法在20世纪80年代得到很大发展并被广泛应用到产业组织研究中。希特齐亚和兹佐（Sitzia and Zizzo，2011）用实验的方法研究了零售市场中产品复杂性对竞争和消费者的影响。实验中，垄断企业提供简单或复杂的彩票，实验结果表明，与简单产品相比，消费者对复杂产品的需求量更大，但产品复杂性对价格没有影响；卡雷和波特斯（Kalayc and Potters，2011）采用一个双寡头实验检验了消费者的困惑是否提高了市场价格。在一个双寡头市场上，每个卖者向两个同质消费者提供有质量差异的产品。寡头企业首先决定产品的特征和数量，然后制定价格。实验结果表明，当产品特征增加时，买方会做出更多的次优选择，价格会更高。

经济时间序列的线性和非线性模型、协整模型（Cointegration Model）、误差修正模型（Error Correction Model）、双线性模型（Bilinear Model）、门限自回归模型（Threshold Autoregressive Model）和混沌模型（Chaotic Model）等都在新产业组织研究中得到了广泛的应用，而且随着历史数据资料的积累和获取越来越容易，这些模型和分析方法正在产业组织领域产生更大的影响和得到更广泛的应用。

二、新产业组织理论的研究进展

新产业组织理论在很多方面都取得了长足进展，但成果相对比较集中的领域是双边市

① J. 卡布尔. 导论与概览：产业经济学的发展近况［C］//J. 卡布尔. 产业经济学前沿问题. 于立，张嫚，王小兰，译. 北京：中国税务出版社，2000：7.

场理论、可竞争市场理论、有限理性下的消费者行为和企业行为理论以及策略性行为理论。

（一）双边市场理论

传统的产业组织理论研究的主要是单边市场，进入 21 世纪以后，许多实证研究发现了间接外部性和双边市场（Two-sided Market）的存在，双边市场研究的相关文献迅速增加。双边市场具有市场间的网络外部性、相互依赖性和互补性等特征，因而企业的定价行为和竞争行为与单边市场有很大差异，研究文献的理论贡献主要有以下几个方面（陈林和张家才，2020）。

一是认为双边市场中普遍存在交叉网络外部性和反馈效应。由于交叉网络外部性的存在，双边市场中 A 侧用户数量增长会使 B 侧用户效用水平上升，进而导致 B 侧用户数量增长，同样由于交叉网络外部性，又会使得 A 侧用户数量增长，如此循环往复……这就是反馈效应。反之，一侧用户数量的下降也可能由于负向的网络外部性而导致用户数量急剧减少。正因为如此，在双边市场中，当用户数量超过某一个临界值后，市场双边用户数量会自发增长。网络外部性不仅会产生反馈效应，还会增强用户黏性，形成用户锁定效应，这在社交网络产品和具有成瘾性的网络游戏中尤其明显。阿姆斯特朗（Armstrong，2006）、埃文斯和诺埃尔（Evans and Noel，2008）、菲利斯特拉齐（Filistrucchi et al.，2014）、杨万中和蒋传海（2019）等大量研究表明，当用户锁定效应较弱时，考虑到交叉网络外部性和反馈效应，价格上涨的效应将被放大，导致市场中任何一侧的需求弹性变大，价格上涨的盈利能力将更低。

二是研究了双边市场中企业的定价策略，指出了双边市场中价格结构的非中性特征。单边市场中垄断企业实行成本加成定价，价格直接与产品的边际成本和需求弹性相关。而双边市场中由于平台价格结构的非中性和交叉网络外部性，从企业最大化利润出发的定价策略应将市场两侧一起纳入分析。罗切特和梯若尔（Rochet and Tirole，2003）、埃文斯和诺埃尔（2005）、阿姆斯特朗（2006）等研究表明，在垄断平台中，企业利润最大化的总价格满足双边市场条件下的勒纳指数，单边价格与单边边际成本并不成正比，且价格结构与各边的需求弹性相关，对于用户单栖一侧的企业来说竞争将会更加激烈，平台企业很可能会收取低于边际成本的价格，甚至免费提供产品和服务。在市场开拓期还会出现补贴的情形，如外卖红包、打车券和骑行券等均属于此类。Ju 和 Tan（2016）发展了一个双边寡头模型，并在不同政策结构下对国际电信市场进行了详细的理论与实证分析。

三是认为动态竞争和注意力竞争广泛存在。平台企业特别是互联网企业生命周期较传统行业迅速缩短，传统行业中大公司生命周期长达 80 年以上，而大多数互联网企业生命周期仅 10 年左右。互联网行业的进入壁垒较低，产品容易被模仿和复制，小企业的新创意和新模式可能很快被大企业仿制。同时，潜在进入企业也可能凭借其技术或商业模式的创新而快速进入市场并成长起来，行业中呈现出明显的动态竞争性。与传统行业的价格、产量等竞争不同，互联网行业的竞争表现为商业模式和创新思维的竞争，本质而言是消费者注意力的竞争。由于商业模式的特殊性和用户时间的稀缺性，互联网企业必须通过改进产品质量和服务来吸引用户。

（二）可竞争市场理论

可竞争市场（Contestable Market）理论放松了完全竞争市场中企业数量极多和规模报酬不变的假定，从沉没成本出发，在自由进入、自由退出、市场开放、潜在竞争压力有效等假定条件下，将完全竞争作为特例纳入完全可竞争的常态之中，重新解释了市场结构的形成，分析了垄断行业的可竞争性（汤吉军，2010）。

可竞争市场理论的核心概念是沉没成本。沉没成本不同于固定成本。固定成本是不随着产量水平的变化而变化的成本，这些成本并不总是沉没的、不可回收的。例如，一家企业在短期内租用一台打印机，这会给该企业带来固定成本，而不是沉没成本。沉没成本是指无法通过资产或要素转移价格得到补偿的那些成本。简言之，固定成本是指投资之后还有再进行生产的机会，通过转让可以得到补偿的那些成本，而沉没成本则不可能做到这些。该理论认为，沉没成本而不是固定成本是影响市场可竞争程度的重要因素。由于不存在沉没成本，所以不论进入还是退出，都不会给企业带来任何的成本负担。

完全竞争市场模型认为，产品价格等于边际成本和平均成本，因此可以使企业刚好回收投资成本，并使那些给企业提供所需资本的企业以平均的竞争性利率得到投资回报。尽管新古典理论提及沉没成本，但大多讨论的是过去发生的沉没成本，为的是证明它们与经济决策无关，忽略了沉没成本对企业自身维系再生产和扩大再生产的影响。然而，在可竞争市场上，主要是指预期沉没成本，是针对资源的充分流动性提出来的。在完全可竞争市场上，是通过资产自身价值补偿还是通过产品价值补偿，是沉没成本有无的关键。可竞争市场理论将很多因素纳入沉没成本概念，进而强调它对自由进入与自由退出市场的重要性，认为它是影响经济绩效的重要变量。

如果沉没成本为零，即进入和退出不会产生任何投资资本损失，那么潜在进入者会采取“打了就跑”的策略。换言之，任何投资成本都可以在一定时期内通过产品价格得到补偿，或者通过资产自身销售得到补偿。这样，潜在竞争使自然垄断均衡达到福利最大化。即使少数几家企业的寡头垄断也会达到完全竞争产业的均衡特征，产品价格歧视是回收投资成本的重要手段，它并不意味着市场竞争失灵，恰恰是市场竞争的直接反映。

在近似的可竞争市场中，自由放任政策比各种规制更能有效地保护公众利益。少数几家企业纵向一体化、横向一体化以及它们之间进行组合和开拓新的市场，并不会降低市场的可竞争性，也不会损害市场机制的经济效率。这是因为，可竞争机制是关于市场的潜在竞争，而不是简单的在位企业之间在市场内的实际竞争。生产多种产品的企业在不同市场上交叉经营，并不排除竞争，本身有利于技术进步和创新。

需要指出的是，可竞争市场也是一种理想化的经济模型，它也需要一系列假定前提，因此它并不认为无约束的市场能自动解决一切经济问题，也不认为所有规制都是不必要的。当且仅当现实产业的可竞争条件出现时，才可利用可竞争市场理论进行规范性分析。当可竞争市场条件没有得到满足时，主要是沉没成本（资产专用性）所致，那么一方面，政府应该采取成本-收益分析，只有当规制的预期收益大于预期成本时，才能实行政府规制；另一方面，政府规制的原则应是减少沉没成本的数量，例如加速折旧，提供税收优惠，鼓励旧物、旧厂、废品再利用，繁荣二手市场，鼓励发明创造和资源共享，实行自由贸易等，其目的无非是便利资本流动和促进企业之间合并重组与非一体化，提高产出水平和增加资产流转的机会，进而提高可竞争程度，使政府规制目标由竞争行为（Competitive Behavior）转向可竞争行为（Contestable Behavior），不再将企业规模视为政府规制的主要目标。

（三）有限理性下的消费者行为和企业行为理论

随着经济学的不断发展和细化，行为经济学的相关思想和研究方法在产业组织理论研究中得到了广泛应用，逐渐形成了一个新的研究方向——行为产业组织理论，包括有限理性消费者研究与有限理性企业研究两个方面。行为产业组织理论放松了传统模型的理性经济人假说，一方面，假定消费者有限理性，在考虑消费者自我控制、损失厌恶、过度自信、价格认知困惑等偏好和行为的基础上，研究企业利润最大化问题；另一方面，假定企业有限理性，在考虑企业公平意识、参照依赖、有限认知、过度自信和学习过程的基础上，探讨企业的行为表现及其对市场的影响（Bailey，2015）。

研究有限理性消费者的产业组织文献视角各异，总体来说可以分为三个主要方向：一是有限理性消费者偏好。这个视角强调，消费者的自我控制偏误和损失厌恶偏误更容易被利润最大化的企业利用。有限理性消费者对将来的错误预测，使其对产品价格或者其他属性形成错误认知，企业就会利用消费者的这种错误认知，增加产品复杂程度以掠夺更多消费者剩余。二是有限理性消费者行为。搜索成本、转换成本、有限认知等导致消费者形成次优搜寻、价格认知困惑和行为惯性等行为效应，人为带来观念上的产品差异和市场力量，使消费者不能做出最优选择。三是政策影响。部分学者从产业政策角度出发，研究政策干预如何影响企业利用消费者有限理性行为进行定价，以及由此引发的对消费者行为和社会福利的影响。

大量研究文献表明，企业的实际行为时常偏离利润最大化目标。关于有限理性企业的产业组织理论研究主要从社会偏好和策略互动行为两个角度展开，研究的内容大致分为三个主要领域：一是外部竞争行为，即在市场范围内，研究有限理性企业之间的相互竞争行为；二是内部管理行为，即在企业内部，研究有限理性企业雇主与工人的行为；三是管理者自身行为，即研究有限理性管理者行为对企业及市场的影响（於勇成等，2016）。

（四）策略性行为理论

寡头企业的策略性行为是新产业组织理论研究的核心内容。策略性行为包括合作策略性行为和非合作策略性行为。其中，非合作策略性行为是新产业组织理论研究的重点。在垄断或寡头垄断的市场中，市场环境不再是外生的，主导企业可以通过策略性行为改变市场环境，从而影响竞争对手的预期，改变竞争对手对未来事件的信念，迫使竞争者做出对主导企业有利的决策行为。策略性行为理论主要包括两个方面的内容：一是影响未来市场需求函数和成本函数的策略性行为；二是影响竞争者对事件估计信念的策略性行为。前者包括过度生产能力投资策略、提高竞争对手成本的策略、品牌多样化策略等，后者包括限制性定价策略、掠夺性定价策略、消耗战策略、研发竞赛策略等。

三、新产业组织理论的政策取向

相对于传统产业组织理论的反垄断政策而言，新产业组织理论的政策取向发生了较大变化。

（一）反垄断政策的变化

新产业组织理论的反垄断政策出现了三个明显的变化倾向：（1）从注重反垄断结构变为注重反垄断行为。新产业组织理论认为，垄断结构不一定导致垄断行为，从而也就不一定损害消费者福利。因此，反垄断实施机构开始把调查的重点从商业行为的结构效应转移到商业行为对经济效益和消费者福利的影响上，这就增加了反垄断的难度，反垄断的程序也变得更加烦琐。（2）反垄断政策的目标发生了变化。20 世纪 80 年代以来，西方国家反垄断政策的主要目标取向由过去的保护消费者利益，逐渐转移到提高市场效率，在效率优先的前提下兼顾保护消费者利益；（3）反垄断政策有了明显松动。按照可竞争市场理论，只要市场是可竞争的，少数几家大企业纵向或横向兼并，并不损害市场效率和消费者利益，政府的竞争政策应该重视是否存在充分的潜在竞争压力，而不必匆忙进行反垄断起诉。确保潜在竞争压力存在的关键是要尽可能降低沉没成本，因而他们主张一方面积极研究能够减少沉没成本的新技术和新工艺，另一方面要排除一切人为的不必要的进入和退出壁垒。新产业组织理论的这一政策主张对近 20 世纪 80 年代以来英美等西方国家的反垄断政策的放松产生了一定的影响。

（二）规制政策的变化

新产业组织理论产生以后，传统的建立在价格理论基础上的规制理论被新的以机制设计理论为核心的规制理论取代。新的规制理论强调规制者与被规制企业之间的非对称信息性，从而进一步强调要建立激励性规制机制，以激励企业通过技术创新提高效率、降低成本。在新产业组织理论的影响下，西方国家的规制政策的变化主要体现在三个方面：一是伴随着对公用事业部门的自由化和私有化而实施的放松规制政策；二是以激励性规制取代过去传统的规制方式；三是在放松经济性规制的同时，强化社会性规制，以加强环境保护、实施可持续发展和保护消费者权益不受侵害（余东华，2004）。

延伸阅读与思考

中国竞争思想的演变与应用

在我国古代，竞争通常称为“争”“竞”“逐”。《尚书·大禹谟》云：“天下莫与汝争能。”《诗经·大雅·江汉》云：“时靡有争。”《庄子·齐物论》云“有竞有争”，将“竞”与“争”并列。郭象注云：“并逐为竞，对辩曰争”，实际上“竞”“争”同义。我们的先哲很早就认识到“争”是一种普遍的社会现象。《左传·昭公十年》中就有“凡有血气，皆有争心”的表达。对于产生“争心”的根源，先哲们也进行了若干探讨。荀子在《礼论》篇说：“人生而有欲，欲而不得，则不能无求，求而无度量分界，则不能不争。”韩非更深入探讨了人为什么“生而有欲”。他在《解老》篇说：“人无毛羽，不衣则不犯寒；上不属天，而下不著地，以肠胃为根本，不食则不能活，是以不免于欲利之心。”这就揭示了一个自然存在的简单事实：人在生存本能的驱使下必然产生欲利之心，为了追求、保护自身的利益，人与人之间的相互争斗就不可避免地产生了。

司马迁在《史记·货殖列传》中说："天下熙熙，皆为利来；天下攘攘，皆为利往。"由争利而起的竞争是普遍存在的。许多思想家和开明的统治者，在经邦济世、谋求富强的实践中依然提出一些鼓励竞争的主张，当然这些竞争要依从一定的规则进行，这主要表现在用人和奖励耕战两个方面。

鸦片战争以后，为了解救民族于危亡，林则徐、魏源等人开始睁眼看世界，为富国强兵，主张了解外国，"师夷之长技以制夷"。郑观应、马建忠等人大力提倡学习西方的船坚炮利、汽机轮兵，张之洞提出"中学为体，西学为用"。其后，康有为、梁启超、谭嗣同等提出以资产阶级哲学作为变法维新的理论基础。之后，严复翻译了《天演论》等8部著作，把西方的社会学、政治学、政治经济学、哲学和自然科学知识系统地介绍到中国来，从思想上打开了人们的眼界，开始了向西方学习的新阶段。随着社会达尔文主义的传入，竞争观念逐渐被思想界采纳，并得以广泛传播。俄国十月革命以后，马克思主义传入中国。中国共产党领导中国人民进行了艰苦卓绝的革命斗争，毛泽东青年时代的"与天奋斗，其乐无穷；与地奋斗，其乐无穷；与人奋斗，其乐无穷"深刻地表现出生存竞争观念的印痕。

中华人民共和国成立以后，与政治、经济的高度集中统一相适应，党和政府通过各种渠道的倡导，逐渐形成了一种以"集体主义"为核心，以"非功利性"为特征的道德价值观念。这种价值观曾经作为一种主流的道德意识形态，发挥了积极的社会作用。自中国共产党第十一届三中全会以来，我国实行了对外开放的政策，原有的计划经济逐渐向市场经济转轨。市场经济的本质特性就是竞争，因此各行各业引入竞争机制，竞争观念在人们的思想中日益增强。人们通过竞争去争取自身利益的同时，也推动了历史的发展。

在中国特色社会主义新时代，我们鼓励竞争的同时，也要制定严格的竞争规则，取缔不正当竞争，同时提倡发扬传统美德、谦让合作。谦让是中华民族的美德，中国古代的先哲提倡让德，就是通过人与人之间的谦让，力图实现社会的和谐，清除竞争的负面影响。《论语·八佾》中记载孔子说："君子无所争，必也射乎！揖让而升，下而饮。其争也君子。"这里描绘了一幅礼貌、谦让的竞争场面。这是令人神往的，也是我们应当努力付诸实践的。

资料来源：陈绍燕．中国竞争思想的演变及其当代思考[J]．文史哲，2002（3）：60-66．

思考题

1．在利用市场集中度指标判断市场结构时，如何有效地对市场边界进行定义？

2．垄断与竞争是产业组织理论研究的核心问题，从政策引导层面看，在不同的经济发展背景下以及在不同的发展阶段，如何协调垄断与竞争的问题？

3．比较不同产业组织理论流派的观点，思考其在现实经济中的适用性。

4．思考中国特色社会主义建设对产业组织理论发展的可能贡献。

参考文献

1. 爱德华·张伯伦. 垄断竞争理论[M]. 周文，译. 北京：华夏出版社，2017.

2. 道格拉斯·C. 诺思. 经济史中的结构与变迁[M]. 陈郁，罗华平，等译. 上海：上海三联书店，上海人民出版社，1994.

3. 阿尔弗雷德·马歇尔. 经济学原理[M]. 周月刚，雷晓燕，译. 北京：中国城市出版社，2010.

4. 阿尔弗雷德·马歇尔，玛丽·佩利·马歇尔. 产业经济学[M]. 肖卫东，译. 北京：商务印书馆，2015.

5. J. 卡布尔. 产业经济学前沿问题[M]. 于立，张嫚，王小兰，译. 北京：中国税务出版社，2000.

6. 琼·罗宾逊. 不完全竞争经济学[M]. 王翼龙，译. 北京：华夏出版社，2012.

7. 陈林，张家才. 数字时代中的相关市场理论：从单边市场到双边市场[J]. 财经研究，2020（3）：109-123.

8. 陈绍燕. 中国竞争思想的演变及其当代思考[J]. 文史哲，2002（3）：60-66.

9. 龚仰军. 产业经济学教程[M]. 上海：上海财经大学出版社，2014.

10. 郭树龙，李启航. 中国制造业市场集中度动态变化及其影响因素研究[J]. 经济学家，2014（3）：25-36.

11. 李停. 不完全竞争行业市场势力的估计——对 Lerner 指数的拓展研究[J]. 经济经纬，2015（1）：78-83.

12. 刘和旺，王春梅. 西方新产业组织理论述评[J]. 学习与实践，2013（7）：47-55.

13. 刘华香. 新制度经济学的政府职能观评析[J]. 学术交流，2007（2）：78-80.

14. 卢现祥，朱迪. 中国制度变迁 40 年：回顾与展望——基于新制度经济学视角[J]. 人文杂志，2018（10）：13-2.

15. 孟昌，李词婷. 网络平台企业免费产品相关市场界定与案例应用[J]. 经济理论与经济管理，2019（10）：101-112.

16. 聂亚珍，陈冬梅. 产业经济学新编[M]. 北京：中国书籍出版社，2017.

17. 汤吉军. 可竞争市场理论及其对我国自然垄断行业改革的启示[J]. 产业经济评论，2010（2）：123-137.

18. 王丙毅. 产业经济学教程[M]. 北京：北京大学出版社，2016.

19. 卫志民. 20 世纪产业组织理论的演进与最新前沿[J]. 国外社会科学，2002（5）：17-24.

20. 夏大慰，王步芳. 新奥地利学派：产业组织学的行为流派[J]. 山西财经大学学报，2004（5）：71-76.

21. 杨万中，蒋传海. 基于购买历史的价格歧视、投资激励与企业竞争分析[J]. 产经评论，2019（4）：5-20.

22. 於勇成，侯麟科，魏建. 行为产业组织理论研究进展[J]. 经济学动态，2016 (11)：126-136.

23. 余东华. 新产业组织理论及其新发展[J]. 中央财经大学学报，2004 (2)：49-54.

24. 郑秉文. “X 非效率”理论评述[J]. 经济学动态，1993 (4)：69-72.

25. 植草益. 产业组织论[M]. 东京：筑摩书房，1982.

26. Armstrong M. Competition in Two-sided Markets[J]. *The RAND Journal of Economics*, 2006, 37 (3): 668-691.

27. Bailey M. Behavioral Economics and US Antitrust Policy[J]. *Review of Industrial Organization*, 2015, 47 (3): 355-366.

28. Coase R. H. The Nature of the Firm[J]. *Economica*, 1973, 4 (46): 386-405.

29. Demsetz H. Industrial Structure, Market Rivalry, and Public Policy[J]. *Journal of Law & Economics*, 1973, 16 (1): 1-9.

30. Evans D. S. and M. D. Noel. Defining Antitrust Markets When Firms Operate Two-sided Platforms[J]. *Columbia Business Law Review*, 2005 (3): 667-702.

31. Evans D. S. and M. D. Noel. The Analysis of Mergers that Involve Multisided Platform Businesses[J]. *Journal of Competition Law & Economics*, 2008, 4 (3): 663-695.

32. Filistrucchi L. D. Geradin and E. Van Damme et al. Market Definition in Two-sided Markets: Theory and Practice[J]. *Journal of Competition Law & Economics*, 2014, 10 (2): 293-339.

33. Frederic M. Scherer and David Ross. *Industrial Market Structure and Economic Performance*[M]. 3rd, Houghton Mifflin Company, 1990.

34. Heng Ju and GuoFu Tan. Bilateral Market Structures and Regulatory Policies in International Telephone Markets[J]. *International Economic Review*, 2016, 57 (2): 393-424.

35. Kalayc K. and J. Potters. Buyer Confusion and Market Prices[J]. *International Journal of Industrial Organization*, 2011, 29 (1): 14-22.

36. U. S. Bureau of the Census. Manufacturing: Subject Series: Concentration Ratios: Share of Value of Shipments Accounted for by the 4, 8, 20, and 50 Largest Companies for Industries: 2007, January 2011 [M] //唐·E. 瓦尔德曼，伊丽莎白·J. 詹森. 产业组织：理论与实践（第 4 版）. 李宝伟，张云，武立东，译. 北京：中国人民大学出版社，2014：74-75.

37. Rochet J. C. and J. Tirole. Platform Competition in Two-sided Markets[J]. *Journal of the European Economic Association*, 2003, 1 (4): 1990-1029.

38. Rutherford M. *The Institutionalist Movement in American Economics, 1918—1947: Science and Social Control*[M]. Cambridge and New York: Cambridge University Press, 2011.

39. Sitzia, S. and D. J. Zizzo. Does Product Complexity Matter for Competition in Experimental Retail Markets?[J]. *Theory and Decision*, 2011, 70 (1): 65-82.

第三章

寡头竞争模型

在现实大多数的产业中，竞争结构大多数呈现出典型的寡头垄断的市场结构特征。在这样的市场中，少数几家企业占据大部分的市场份额，它们之间的竞争策略相互依赖、相互作用。因此，寡头企业在决定自己的产量、价格、广告、研发等行为时，必须考虑竞争对手的反应。本章主要介绍三个基本的寡头垄断竞争模型，即古诺模型（Cournot Model）、伯川德模型（Bertrand Model）和斯坦克尔伯格模型（Stackelberg Model）。

第一节　古诺模型

古诺模型又称双寡头古诺模型或双寡头模型（Duopoly Model），它是由法国经济学家古诺于 1838 年提出的。古诺在其出版的《财富理论的数学原理研究》中，分析了寡头企业如何在相互依赖的条件下进行产量决策，构建了双寡头竞争模型，后人把其称为古诺模型。古诺模型通常被作为寡头理论分析的出发点。

一、双寡头古诺模型

双寡头垄断是古诺提出的原始模型。在这个模型里，两家企业同时选择产量进行竞争。这里的“同时”是指每家企业在选择自己的产量时还没有看到竞争对手的产量，此时企业只是在推测竞争对手的产量。如果这种推测是正确的，就意味着每家企业都能够观察到竞争对手的产量，进而选择自己的产量以使利润最大化。

（一）双寡头古诺模型的假设条件

（1）市场上只有两家企业且生产同质产品；

（2）两家企业的边际成本相同，假定为 c（$c>0$）；

（3）企业面临线性的需求函数，$p=a-bQ$，$a>0$，$b>0$，并且 $a>c$；

（4）两家企业分别推测竞争对手的产量，并假定竞争对手的产量不变，在此基础上同时设定或调整产量进行竞争，以实现利润最大化，企业 1 选择的产量为 q_1，企业 2 选择的产量为 q_2，市场总产量为 $Q=q_1+q_2$。

（二）双寡头古诺均衡的推导

企业 1 和企业 2 进行产量竞争，企业 1 和企业 2 的利润函数分别为：

$$\begin{aligned}\pi_1&=pq_1-cq_1=(a-bQ)q_1-cq_1=[a-b(q_1+q_2)]q_1-cq_1\\&=aq_1-bq_1^2-bq_1q_2-cq_1\end{aligned}\tag{3.1}$$

$$\begin{aligned}\pi_2&=pq_2-cq_2=(a-bQ)q_2-cq_2=[a-b(q_1+q_2)]q_2-cq_2\\&=aq_2-bq_2^2-bq_1q_2-cq_2\end{aligned}\tag{3.2}$$

企业 1 和企业 2 利润最大化的一阶条件分别为：

$$\frac{\partial \pi_1}{\partial q_1}=a\quad 2bq_1-bq_2-c-0\tag{3.3}$$

$$\frac{\partial \pi_2}{\partial q_2}=a-2bq_2-bq_1-c=0\tag{3.4}$$

可得

$$q_1=\frac{a-c}{2b}-\frac{1}{2}q_2\tag{3.5}$$

$$q_2=\frac{a-c}{2b}-\frac{1}{2}q_1\tag{3.6}$$

式（3.5）为企业 1 的利润最大化产量函数，由于这个函数是在假定企业 2 的产量为 q_2 的推测下得到的，因此也称为企业 1 的最优反应函数。式（3.6）为企业 2 的利润最大化产量函数，也是企业 2 的最优反应函数。

联立式（3.5）和式（3.6）可得：

$$q_1^*=\frac{a-c}{3b}\tag{3.7}$$

$$q_2^*=\frac{a-c}{3b}\tag{3.8}$$

（q_1^*，q_2^*）即为双寡头古诺均衡解。可以看出，在古诺均衡中，两家企业的产量相等。

由反应函数，我们可以做出企业 1 和企业 2 的反应曲线，两条反应曲线的交点即为古诺均衡解（见图 3－1）。

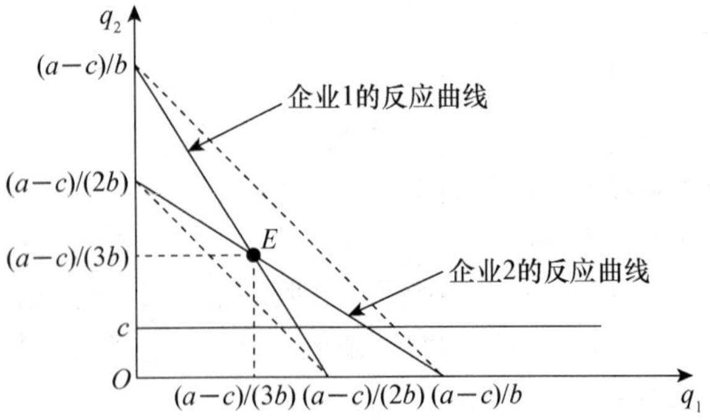

图 3－1　古诺模型的反应曲线与均衡

由图 3－1 可以看出，企业 1 和企业 2 的反应曲线都向下倾斜。因为对于每家企业来说，如果竞争对手增加产量，自己就应降低产量，以稳定市场价格，获得最大利润。也就是说，对于每家企业来说，如果竞争对手的产量增加，自己面对的剩余需求曲线会向左移动，需求减少，因而要减少产量。E 点的产量组合是古诺均衡。在 E 点，企业 1 和企业 2 都在给定对方产量的情况下实现了利润最大化，此时任何企业都没有动机偏离这一产量组合。

由式（3.7）和式（3.8）可以得到双寡头古诺均衡的市场总产量：

$$Q^*=q_1^*+q_2^*=\frac{2a-2c}{3b} \tag{3.9}$$

把式（3.9）代入市场需求曲线，可以得到古诺均衡的市场价格：

$$p^*=a-bQ=\frac{a+2c}{3} \tag{3.10}$$

把式（3.7）、式（3.8）和式（3.10）代入式（3.1）和式（3.2），可以得到古诺均衡中企业 1 和企业 2 的利润：

$$\pi_1^*=\pi_2^*=\frac{(a-c)^2}{9b} \tag{3.11}$$

市场上企业的总利润为：

$$\pi^*=\pi_1^*+\pi_2^*=\frac{2(a-c)^2}{9b} \tag{3.12}$$

二、双寡头古诺均衡与垄断均衡、完全竞争均衡的比较

如果市场上只有一家企业，则为完全垄断的市场结构，假定相同的市场需求函数和边际成本，此时完全垄断企业的产量 q_M 即为市场总产量，则完全垄断企业的利润函数为：

$$\pi_M=pq_M-cq_M=(a-bq_M)q_M-cq_M=aq_M-bq_M^2-cq_M \tag{3.13}$$

垄断企业利润最大化的一阶条件为：

$$\frac{\partial \pi_M}{\partial q_M}=a-2bq_M-c=0 \tag{3.14}$$

可得：

$$q_M=\frac{a-c}{2b} \tag{3.15}$$

把式（3.15）代入市场需求曲线，可以得到完全垄断均衡的市场价格：

$$p^M=a-bq_M=\frac{a+c}{2} \tag{3.16}$$

把式（3.15）和式（3.16）代入式（3.12），可以得到完全垄断企业的利润：

$$\pi^M=pq_M-cq_M=\frac{(a-c)^2}{4b} \tag{3.17}$$

如果是完全竞争的市场结构，则均衡时价格等于边际成本，即：

$$p^C=MC=c \tag{3.18}$$

把式（3.17）代入市场需求曲线，可以得到完全竞争均衡的产量：

$$q_C=\frac{a-c}{b} \tag{3.19}$$

由于完全竞争市场中市场价格等于企业的边际成本，因此企业的利润为零。

比较双寡头古诺均衡、完全垄断均衡与完全竞争均衡，我们会发现双寡头古诺均衡的产量、价格和利润都居于完全垄断与完全竞争之间。双寡头古诺均衡的产量大于完全垄断产量但小于完全竞争产量，双寡头古诺均衡的价格低于完全垄断价格但高于完全竞争价格，双寡头古诺均衡的利润低于完全垄断均衡利润但高于完全竞争均衡利润，即：

$$q_M<Q^*<q_C \tag{3.20}$$

$$p^C<p^*<p^M \tag{3.21}$$

$$\pi^C<\pi^*<\pi^M \tag{3.22}$$

同样，从图 3-1 也可以得出相同的结论。在图 3-1 中，连接点$[(a-c)/(2b),0]$ 和 $[0,(a-c)/(2b)]$ 的直线表示企业 1 和企业 2 的总产量等于完全垄断产量时的所有产量组合。在这条线下面的任何一点，总产量都低于完全垄断产量；在这条线上面的任何一点，总产量都高于完全垄断产量。因此，古诺均衡点 E 所代表的总产量也大于完全垄断产量。同样，连接点 $[(a-c)/b,\ 0]$ 和 $[0,\ (a-c)/b]$ 的直线表示企业 1 和企业 2 的总产量等于完全竞争产量时的所有产量组合。在这条线下面的任何一点，总产量都低于完全竞争产量；在这条线上面的任何一点，总产量都高于完全竞争产量。因此，双寡头古诺均衡的福利效果居于完全垄断和完全竞争之间。

三、双寡头古诺模型的两个扩展

古诺模型诞生后产生了广泛的影响，后来的学者对双寡头古诺模型进行了扩展，其中两个经典扩展是由双寡头竞争扩展到多家企业进行产量竞争和由成本相同条件下的竞争扩展到成本差异条件下的竞争。

（一）多家企业竞争的古诺模型

与双寡头古诺模型相比，多家企业竞争的古诺模型放松了市场上仅有两个寡头企业的假定，分析市场上存在多家企业即 n（$n>2$）家企业时的竞争均衡，其他假设条件都与双寡头古诺模型相同。

当市场上有 n 家企业进行古诺竞争时，市场总产量 $Q=q_1+q_2+\cdots+q_n$。此时，市场上每家企业的利润函数分别为：

$$\begin{cases}\pi_1=pq_1-cq_1=(a-bQ)q_1-cq_1=[a-b(q_1+q_2+q_3+\cdots+q_n)]q_1-cq_1\\ \pi_2=pq_2-cq_2=(a-bQ)q_2-cq_2=[a-b(q_1+q_2+q_3+\cdots+q_n)]q_2-cq_2\\ \cdots\\ \pi_n=pq_n-cq_n=(a-bQ)q_n-cq_n=[a-b(q_1+q_2+q_3+\cdots+q_n)]q_n-cq_n\end{cases} \tag{3.23}$$

市场上每家企业利润最大化的一阶条件为 $\frac{\partial \pi_i}{\partial q_i}=0$，因此各企业的最优反应函数为：

$$\begin{cases}q_1=\dfrac{a-c}{2b}-\dfrac{q_2+q_3+q_4+\cdots+q_n}{2}\\ q_2=\dfrac{a-c}{2b}-\dfrac{q_1+q_3+q_4+\cdots+q_n}{2}\\ \cdots\\ q_n=\dfrac{a-c}{2b}-\dfrac{q_1+q_2+q_3+\cdots+q_{n-1}}{2}\end{cases} \tag{3.24}$$

一般表达式为：

$$q_i=\frac{a-c}{2b}-\frac{q_1+q_2+q_3+\cdots+q_{i-1}+q_{i+1}+\cdots+q_n}{2},i=1,2,3,\cdots,n \tag{3.25}$$

在市场均衡时，所有古诺竞争企业的产量相等，即：

$$q_1^*=q_2^*=q_3^*=\cdots=q_n^*=q_i^* \tag{3.26}$$

把式（3.26）代入方程组（3.24），可得每家企业的古诺均衡产量：

$$q_1^*=q_2^*=q_3^*=\cdots=q_n^*=\frac{a-c}{b(n+1)} \tag{3.27}$$

此时市场总产量、均衡价格以及每家企业的利润分别为：

$$q^*=\frac{n(a-c)}{b(n+1)} \tag{3.28}$$

$$p^*=\frac{a+nc}{n+1} \tag{3.29}$$

$$\pi_i^*=\frac{(a-c)^2}{b(n+1)^2} \tag{3.30}$$

从上述结果可以看出，多家企业竞争的古诺模型均衡产量、价格和利润都与企业数量 n 有关。从单家企业来看，企业数量越多，均衡价格越低，单家企业的均衡产量越小，其利润也越小；从整个市场来看，企业数量越多，市场总产量越大，市场价格越低，全部企业的总利润越小。如果我们假定 $n\to\infty$，此时市场总产量、均衡价格以及每家企业利润的极限值为：

$$\lim_{n\to\infty} q^{*}=\lim_{n\to\infty}\frac{n(a-c)}{b(n+1)}=\frac{a-c}{b} \tag{3.31}$$

$$\lim_{n\to\infty} p^{*}=\lim_{n\to\infty}\frac{a+nc}{n+1}=c \tag{3.32}$$

$$\lim_{n\to\infty} \pi_i^{*}=\lim_{n\to\infty}\frac{(a-c)^2}{b(n+1)^2}=0 \tag{3.33}$$

由此可以看出古诺竞争模型与完全竞争市场的关系。在古诺竞争市场上，如果企业数量足够多，市场竞争将接近于完全竞争，市场总产量接近于完全竞争市场总产量，均衡价格接近于边际成本，每家企业的均衡利润接近于零。

材料短析

中国炼油产能的扩张

2018 年金融危机后，全球石油需求逐渐恢复增长，以中国为首的炼油产能扩张逻辑由重数量转向重质量，全球产能扩张速度放缓。2015—2019 年，全球新增石油需求 635 万桶/日，而全球新增产能仅 297 万桶/日，供需紧平衡拉动炼油毛利处于较高水平。除亚太地区以外，炼油毛利较 2008—2014 年炼油低迷期增长了 40%～50%。中国炼油产能占全球的份额以及平均规模显著提升。中国炼油产能居全球第二位，仅次于美国，占全球炼油产能的比重由 2015 年的 16%提高至 2020 年的 18%。千万吨级以上炼厂数量由 2015 年的 25 座增加至 2020 年的 28 座。炼厂平均规模由 2015 年的 511 万吨/年提高至 2020 年的近 600 万吨/年，但仍低于全球的 860 万吨/年。

资料来源：乞孟迪，张硕，柯晓明，李振光. 我国炼油工业“十三五”回顾与“十四五”发展趋势展望[J]. 当代石油化工，2021，29（3）：12-20.

（二）成本差异条件下的古诺模型

与双寡头古诺模型相比，成本差异条件下的古诺模型放松了市场上竞争企业成本相同的假定，分析市场上两个边际成本不同的企业进行产量竞争时的均衡，其他假设条件都与双寡头古诺模型相同。

假定企业 1 和企业 2 的边际成本分别为 c_1 和 c_2，并且 $0<c_1<c_2$，则企业 1 和企业 2 的利润函数分别为：

$$\begin{aligned}\pi_1&=pq_1-c_1q_1=(a-bQ)q_1-c_1q_1=[a-b(q_1+q_2)]q_1-c_1q_1\\&=aq_1-bq_1^2-bq_1q_2-c_1q_1\\\pi_2&=pq_2-c_2q_2=(a-bQ)q_2-c_2q_2=[a-b(q_1+q_2)]q_2-c_2q_2\end{aligned} \tag{3.34}$$

$$=aq_2-bq_2^2-bq_1q_2-c_2q_2 \tag{3.35}$$

同样，我们可以进一步计算企业 1 和企业 2 利润最大化的反应函数：

$$q_1=\frac{a-c_1}{2b}-\frac{1}{2}q_2 \tag{3.36}$$

$$q_2=\frac{a-c_2}{2b}-\frac{1}{2}q_1 \tag{3.37}$$

把式（3.36）和式（3.36）联立方程组，可解得企业 1 和企业 2 的均衡产量分别为：

$$q_1^*=\frac{a-2c_1+c_2}{3b} \tag{3.38}$$

$$q_2^*=\frac{a-2c_2+c_1}{3b} \tag{3.39}$$

比较 q_1^* 和 q_2^*，可得：

$$q_1^*-q_2^*=\frac{c_2-c_1}{b}>0 \tag{3.40}$$

由式（3.40）可以看出，当进行古诺竞争的企业成本不同时，低成本企业的市场份额相对较大。

此时市场总产量、均衡价格以及企业 1 和企业 2 的利润分别为：

$$q^*=q_1^*+q_2^*=\frac{2a-c_1-c_2}{3b} \tag{3.41}$$

$$p^*=a-b(q_1^*+q_2^*)=\frac{a+c_1+c_2}{3} \tag{3.42}$$

$$\pi_1^*=(p^*-c_1)q_1^*=\frac{(a-2c_1+c_2)^2}{9b},\pi_2^*=(p^*-c_2)q_2^*=\frac{(a-2c_2+c_1)^2}{9b} \tag{3.43}$$

比较 π_1^* 和 π_2^* 可得：

$$\pi_1^*-\pi_2^*=\frac{(c_2-c_1)(2a-c_1-c_2)}{3b}>0 \tag{3.44}$$

与双寡头古诺模型一样，我们假设 $a>c_2$，$a>c_1$，因此，由式（3.44）可以看出，低成本企业的利润相对较大。

我们也可以利用反应曲线的交点来分析企业成本差异条件下的古诺均衡（见图 3－2）。

图 3－2 是企业 1 的成本小于企业 2 的成本时两家企业各自的反应曲线。可以看出，与企业成本相同时的均衡点相比，企业成本差异条件下的均衡点位于原均衡点的右下方，因此企业 1 的均衡产量增加，企业 2 的均衡产量减少，企业 1 的市场份额相对较大。反之，如果企业 1 的成本大于企业 2 的成本，则新的均衡点将位于原均衡点的左上方，企业 2 的均衡产量增加，企业 1 的均衡产量减少，企业 2 的市场份额会相对较大。

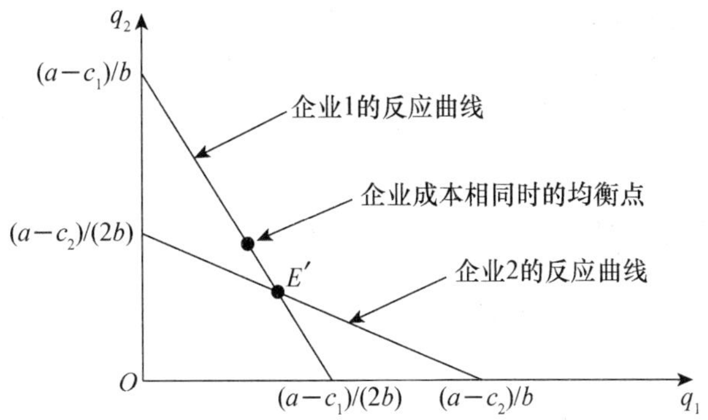

图 3-2　成本差异条件下的古诺反应曲线

材料短析

中国经济新常态与供给侧结构性改革创新

2015 年，我国经济发展进入新常态，经济发展的主要矛盾转化为结构性问题，主要表现为供给结构不能适应需求结构的变化。这时，侧重于解决短周期经济波动问题的需求政策，不仅难以应对长周期中所出现的结构性问题，而且可能进一步加剧结构失衡，造成债务增加、产能过剩乃至增速下滑的局面。无论是二战之后的美国，还是 2008 年国际金融危机之后的主要经济体，基本都采用凯恩斯的需求管理政策来刺激经济，其经济增速在经历了短期恢复之后，很容易再次出现下滑，甚至进入滞胀状态。因此，党中央创新性地提出了供给侧结构性改革，从提高供给质量出发，用改革的办法推进结构调整，矫正要素配置扭曲，扩大有效供给，提高供给结构对需求变化的适应性和灵活性，提高全要素生产率，以更好地满足广大人民群众的需要，促进经济社会持续健康发展。

供给侧结构性改革是党中央和国务院适应和引领经济发展新常态做出的重大创新，是适应国际金融危机发生后综合国力竞争新形势的主动选择。经济发展的实践表明，供给侧结构性改革成效显著。国家统计局发布的 2019 年统计公报显示，2019 年全国工业产能利用率为 76.6%，年末商品房待售面积比上年末减少 2 593 万平方米，规模以上工业企业资产负债率下降 0.2 个百分点，教育、生态保护和环境治理业固定资产投资分别比上年增长 17.7%和 37.2%。

资料来源：中国中央党校（国家行政学院）. 习近平新时代中国特色社会主义思想基本问题［M］. 北京：人民出版社，中共中央党校出版社，2020：204-205.

第二节　伯川德模型

在经济发展实践中，很多产业的生产能力的调整周期都非常长，很多情况下，企业进行价格决策的频次要多于产量决策。1883 年，伯川德撰文批评古诺的建模思想，并对古诺模型进行了修正，指出价格竞争的重要性，认为企业首先需要设定的是价格，即用价格竞争模型替代了产量竞争模型。伯川德模型提出后，产生了广泛的影响，学者们以寡头企业完全理性为前提，从委托代理、产品替代、产品差异化策略、融资策略等方面进行了多元拓展研究。后期更是将有限理性引入竞争模型，从产品差异化、价格调整策略等方面对产品价格的稳定性进行探讨。

一、双寡头伯川德模型与伯川德悖论

双寡头垄断价格竞争是伯川德提出的原始模型。在这个模型里，两家企业同时选择价格进行竞争。

（一）双寡头伯川德模型的假设条件

由于伯川德模型是在修正古诺模型的基础上提出的，主要是用价格变量替代产量变量，因此，伯川德模型的假设条件与古诺模型基本一致。

（1）市场上只有两家企业且生产同质产品；

（2）两家企业的边际成本相同，假定为 $c(c>0)$；

（3）企业面临线性的需求函数，$p=a-bQ$，市场总产量 Q 为企业 1 的产量 q_1 和企业 2 的产量 q_2 的总和，即 $Q=q_1+q_2$，并且任何一家企业的生产能力都能满足所有的市场需求量，同时假定 $a>0$，$b>0$，$a>c$；

（4）两家企业同时设定价格进行竞争，以实现利润最大化，企业 1 的价格为 p_1，企业 2 的价格为 p_2；

（5）消费者总是购买价格更低的产品。

（二）双寡头伯川德均衡的推导

在伯川德模型中，企业设定价格，而消费者总是购买价格更低的产品。因此，产品价格低于竞争对手的企业将获得所有的市场需求量，产品价格高于竞争对手的企业的市场需求量将为零。如果两家企业的产品价格相同，由于企业完全同质，则市场需求量会平均分配，两家企业各获得一半的市场份额。即：

$$q_1=\begin{cases}0, p_1>a\\0, p_1>p_2\\\dfrac{a-p}{2b}, p_1=p_2<a\\\dfrac{a-p_1}{b}, p_1<\min\{a, p_2\}\end{cases} \tag{3.45}$$

如果 $p_1>p_2>c$，那么所有消费者都会从企业 2 处购买产品，企业 1 的需求为零，利润也为零。此时企业 1 有激励把价格设定为略低于企业 2 的水平，因为这样就可以获得全部的市场需求量，从而获得超额利润；如果 $p_1=p_2>c$，企业 1 和企业 2 平分市场份额，都获得超额利润，但如果此时企业 1 将价格降至 $p_1-\varepsilon$（ε 是一个充分小的正数），那么它会获得所有的市场需求量，增加利润。同样，企业 2 也会有相同的动机和行为。因此，只要价格高于边际成本，企业 1 和企业 2 就都有动机把价格降至竞争对手的价格水平之下，最终伯川德竞争的均衡解是 $p_1^*=p_2^*=c$，即两家企业都按照边际成本定价，不能获得超额利润。这一结论也可以一般化到多家企业参与竞争的情形。

图 3-3 描述了企业 1 和企业 2 的反应曲线，即企业 1 和企业 2 根据竞争对手的价格决定自己的利润最大化价格。企业 1 和企业 2 的反应曲线通过（c，c）点，但在 c 点以下是不存在反应曲线的，因为此时价格低于边际成本，企业会亏损。对应于所有的 $p_2>c$ 的价格，企业 1 将设定价格为 $p_1-\varepsilon$，因此，当 $p_2>c$ 时，企业 1 的反应曲线位于 45°线的左边 ε 处。同样，企业 2 的反应曲线位于 45°线的下边 ε 处。当 $p>c$ 时，两家企业的反应曲线平行，伯川德均衡点位于交点 $E(c，c)$ 处。

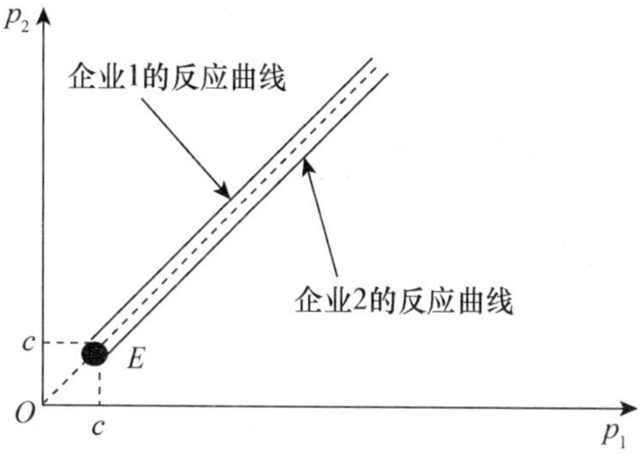

图 3-3　伯川德模型的反应曲线与均衡

古诺模型看上去很合理，但伯川德模型看起来很奇怪。市场上仅有两家企业的寡头垄断市场结构，企业进行价格竞争的结果是价格等于边际成本，与完全竞争市场的均衡结果一样。但在现实中，我们很少看到寡头竞争的产业中进行激烈的价格竞争，相反，寡头往往会通过操纵市场价格来获得超额利润。伯川德均衡结果显然与实际经济运行的情况不符。因此后人称之为“伯川德悖论”。实际上，伯川德悖论主要来源于几个关键的假定，即不存在生产能力约束、成本相同、只进行一次定价博弈以及产品完全同质。重复博弈和产品差异化的情况我们将在第四章和第六章具体阐述，这里，我们放松不存在生产能力约束、成本相同这两个假定，分别研究生产能力约束条件下和成本差异条件下的双寡头伯川德均衡。

材料短析

快递行业的“价格战”

从 2019 年初开始，“价格战”就变成了快递行业的主旋律。2020 年快递行业的竞争可谓越演越烈，“价格战”比以往任何一年都要激烈。从各家快递企业发布的 2020 上半年财报可以看出，六家物流企业快递业务的单票价格均下滑超过 20%，顺丰单票价格下滑 22.18%，中通下滑 21.86%，韵达下滑 28.48%，圆通下滑 25.23%，申通下滑 21.34%，百世单票价格下滑 20.74%。2020 年 3 月到 6 月，有快递公司在义乌打出了“8 毛起发全国”的市场最低价，以迅速扩大市场份额。

目前快递市场占有率总体排名为：中通（20.57%）＞韵达（16.61%）＞圆通（14.57%）＞顺丰（10.79%）＞百世（10.58%）＞申通（10.38%）。

从 7 月的情况看，“价格战”还没有停止的趋势，降价幅度还维持在第二季度的水平。从 7 月的单票价格降幅情况来看，顺丰、韵达、圆通和申通四家快递企业单票价格下滑均超过 20%，其中顺丰下滑 20.96%，韵达下滑 36.19%，圆通下滑 23.10%，申通下滑 24.29%。

从单票收入看韵达最低，只有 2.01 元，其下降幅度也是最大的（同比下降 36.19%），但是单月市场占有率已提升至 18.27%，进一步拉开了与圆通和申通的距离。这从另一个层面也反映出，目前“价格战”依然激烈，快递市场以利润换市场仍是主旋律。

资料来源：“价格战”背后的成本战：顺丰、中通、韵达、圆通、申通、百世［EB/OL］. 搜狐网，2020-09-14.

二、生产能力约束条件下的双寡头伯川德模型

生产能力约束假说最早由埃奇沃斯（Edgeworth）于 1897 年提出，他假定短期内企业受到生产能力约束，此时价格等于边际成本就不再是竞争均衡结果。

假定企业 1 的生产能力小于市场需求量。如果 $p_1^*=p_2^*=c$，则企业 2 稍微提高价格，企业 1 就会获得所有的市场需求量，但由于生产能力约束，企业 1 无法满足所有的市场需求量。此时，对于企业 1 无法满足的剩余市场需求量来说，企业 2 就是一个垄断者，可以设定高于边际成本的价格，获得超额利润。因此，$p_1^*=p_2^*=c$ 就不再是一个均衡。

生产能力约束条件下的伯川德均衡情况非常复杂，均衡结果与很多因素有关，如每家企业的产量与市场需求量的差距、市场总供给能力与市场需求量的比较、需求曲线和成本曲线的形状等。为了分析的方便，我们假定企业 1 和企业 2 都有生产能力约束，并且市场总供给能力小于市场需求量，其他条件都与经典的伯川德模型相同。假定企业 1 的生产能力为 k_1，企业 2 的生产能力为 k_2，k_1 和 k_2 可能相等，也可能不相等，图 3-4 描述了 $k_2>k_1$ 的情况。

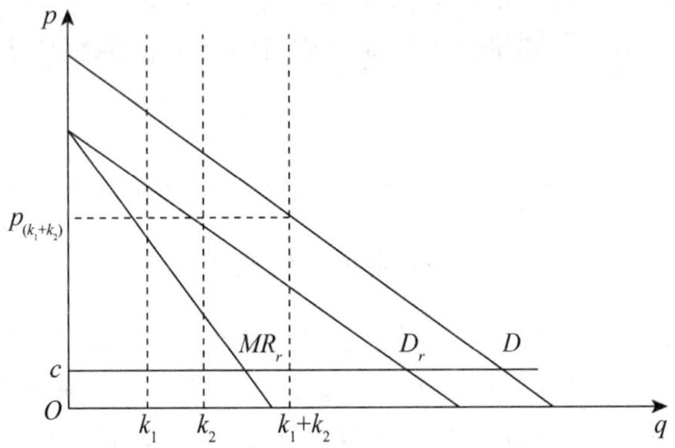

图 3-4　生产能力约束条件下的伯川德均衡

在图 3-4 中，D 为市场需求曲线，三条垂直的虚线分别表示 k_1、k_2 和 k_1+k_2，它们分别为企业 1 的生产能力、企业 2 的生产能力、市场总生产能力。假定 $p_{(k_1+k_2)}$ 为市场价格。若两家企业都按照 $p_{(k_1+k_2)}$ 来定价，则总需求等于总生产能力。这一价格是由需求曲

线和总生产能力曲线的交点所决定的价格。那么这个价格是否为均衡价格呢?

假定企业 1 设定价格为 $p_1=p_{(k_1+k_2)}$，此时我们分析企业 2 的定价是否会偏离 $p_2=p_{(k_1+k_2)}$。如果企业 2 的定价为 $p_2<p_{(k_1+k_2)}$，即企业 2 的定价低于企业 1 的定价，则企业 2 会获得所有的市场份额，但由于生产能力约束，企业 2 降价后并不能销售更多的产品，反而会因为降价减少利润；如果企业 2 的定价为 $p_2>p_{(k_1+k_2)}$，那么因为企业 1 存在生产能力约束，因此即使企业 2 的定价高于企业 1，企业 2 也有正的需求，但此时的需求量是企业 1 无法满足的剩余需求量，即图 3-4 中的 D_r，D_r 为市场总需求量减去企业 1 的产量 k_1，因此 D_r 和 D 平行，差距为 k_1。由 D_r 曲线可得企业 2 的边际收益曲线 MR_r。在不超过企业 2 的生产能力的任何产量水平上，企业 2 的边际收益都大于边际成本，因此，定价高于 $p_{(k_1+k_2)}$ 也会减少利润。同样，如果我们假定企业 2 设定价格为 $p_2=p_{(k_1+k_2)}$，会发现企业 1 的定价也不会偏离 $p_1=p_{(k_1+k_2)}$。因此，$p_1=p_2=p_{(k_1+k_2)}$ 是生产能力约束下的伯川德均衡价格，此价格不再等于边际成本，而是高于边际成本，两家企业都获得超额利润。

需要说明的是，这里我们分析的是生产能力相对较弱，即市场总产量低于总需求量的情况。如果市场总产量等于总需求量，或者市场总产量大于总需求量，但每家企业生产能力又小于总需求量，则将不存在确定的均衡价格。

三、成本差异条件下的双寡头伯川德模型

与经典的双寡头伯川德模型相比，成本差异条件下的伯川德模型放松了市场上企业成本相同的假定，分析市场上两个边际成本不同的企业进行价格竞争时的均衡，其他假设条件都与双寡头伯川德模型相同。

假定企业 1 和企业 2 的边际成本分别为 c_1 和 c_2，并且 $0<c_1<c_2$。很明显，此时若企业 1 和企业 2 进行价格竞争，只要将价格设定为 $c_2-\varepsilon$（ε 是一个充分小的正数，下同），就会获得所有的市场需求量，企业 2 的市场需求量为零。而且只要 c_1 和 c_2 的差异大于 ε，企业 1 就可以获得超额利润。所以，成本差异条件下的双寡头伯川德竞争结果，必然是低成本企业独占市场，形成类似于完全垄断的市场结构，但此时低成本企业并不能总是设定垄断价格，成本差异的大小决定了最终的均衡价格。我们分两种情况进行讨论。

（一）低成本企业独占市场的垄断价格不高于高成本企业的边际成本

当成本差异足够大，即高成本企业 2 的边际成本甚至高于或等于低成本企业 1 独占市场的垄断价格时，伯川德均衡就等同于完全垄断均衡。图 3-5 中，企业 1 和企业 2 面临的需求曲线为 D，边际收益曲线为 MR。由于企业 1 的边际成本 c_1 远远低于企业 2 的边际成本 c_2，当企业 1 按照边际成本等于边际收益的原则设定完全垄断产量 Q_1^M 和价格 p_1^M 时，p_1^M 仍然低于 c_2，此时市场均衡产量和均衡价格与完全垄断市场均衡相同。

当企业 1 独占市场的垄断价格等于企业 2 的边际成本，即 $p_1^M=c_2$ 时，企业 1 也同样独占市场，而不是和企业 2 共同分享市场。因为此时如果企业 2 设定价格 $p_2=c_2=p_1^M$，从而获得一半的市场份额，则企业 1 将价格设定为 $p_1^M-\varepsilon$，就会重新获得全部的市场份额。因此，即使企业 1 独占市场的垄断价格等于企业 2 的边际成本，企业 2 也会退出市场。

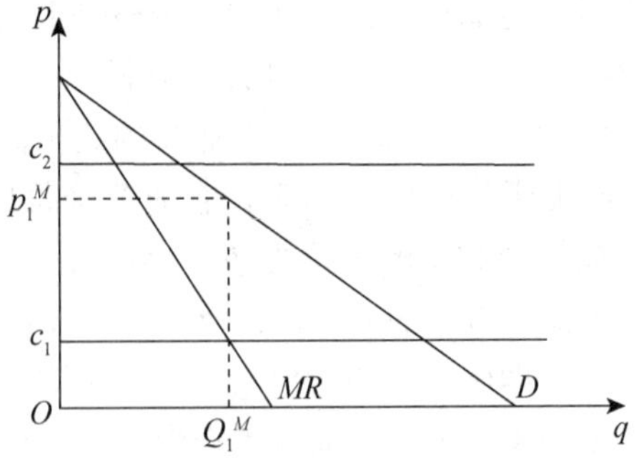

图 3-5　低成本企业独占市场的垄断价格不高于高成本企业的边际成本的伯川德均衡

（二）低成本企业独占市场的垄断价格高于高成本企业的边际成本

当成本差异较小时，即高成本企业 2 的边际成本低于低成本企业 1 独占市场的垄断价格时，伯川德均衡将不再等同于完全垄断均衡。图 3-6 中，企业 1 和企业 2 面临的需求曲线为 D，边际收益曲线为 MR。由于企业 1 的边际成本 c_1 低于企业 2 的边际成本 c_2，且低于企业 1 独占市场的均衡价格 p_1^M，此时，如果企业设定价格 p_1^M，则会失去所有的消费者，市场需求量为零。而企业 2 只需要设定价格 $p_2=p_1^M-\varepsilon$，就可以获得所有的市场需求量并获得超额利润。因此，完全垄断价格不再是企业 1 的最优策略。如果企业 1 设定价格 $p_1=c_2$，则企业 2 会退出市场，企业 1 获得全部的市场需求量，而且由于 $p_1>c_1$，企业 1 获得超额利润。很明显，此时的价格要低于完全垄断价格。因此，当高成本企业的边际成本低于低成本企业独占市场的垄断价格时，伯川德均衡价格将为 $p_1^*=c_2$。

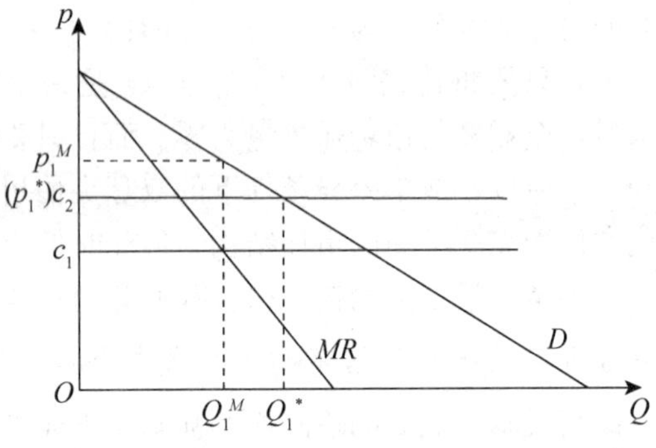

图 3-6　低成本企业独占市场的垄断价格高于高成本企业的边际成本的伯川德均衡

第三节　斯坦克尔伯格模型

在古诺模型和伯川德模型里，竞争企业的地位是对称的，决策是同时的。在实际的市场竞争中，企业之间的地位并不是对称的。市场地位的不对称导致了决策次序的不对称。

通常情况下，小企业会在观察到大企业的行为之后，才决定自己的对策。1934 年，斯坦克尔伯格对古诺模型进行了修正，提出了斯坦克尔伯格领先者（Leader）和斯坦克尔伯格跟随者（Follower）的概念。他认为，领先者会做出比跟随者更具有逻辑性的行为，因此博弈的均衡会发生改变。

一、成本相同的斯坦克尔伯格模型

由于斯坦克尔伯格模型是对古诺模型的修正，因此，与古诺模型一样，斯坦克尔伯格模型的决策变量是产量，在大多数假定条件也与古诺模型相同。最大的区别是竞争的两家企业分为领先者和跟随者，它们不再同时行动，而是领先者先做出产量决策，跟随者在观察到领先者的产量之后，再确定利润最大化的最优产量。

与古诺模型相同，假定市场需求曲线为 $p=a-bQ$，两家企业的边际成本为 c，企业 1 的产量为 q_1，企业 2 的产量为 q_2，市场总产量为 $Q=q_1+q_2$。企业 1 为领先者，企业 2 为跟随者。企业 1 决定一个产量，企业 2 观察企业 1 的产量，进而选择一个利润最大化的产量，因此，由企业 1 的产量和企业 2 的利润最大化函数，可得到企业 2 的最优反应函数。这里需要说明的是，企业 1 在决定自己的产量时，完全了解企业 2 的反应函数，知道企业 2 将如何行动，因此，企业 1 在决定自己的产量时，会考虑自身产量对企业 2 的影响，即企业 1 的产量是以企业 2 的反应函数为约束条件的利润最大化产量。在斯坦克尔伯格模型中，跟随企业的决策不再需要领先企业的反应函数。

企业 2 的利润函数为：

$$\begin{aligned}\pi_2&=pq_2-cq_2=(a-bQ)q_2-cq_2=[a-b(q_1+q_2)]q_2-cq_2\\&=aq_2-bq_2^2-bq_1q_2-cq_2\end{aligned}\tag{3.46}$$

企业 2 利润最大化的一阶条件为：

$$\frac{\partial\pi_2}{\partial q_2}=a-2bq_2-bq_1-c=0\tag{3.47}$$

可得企业 2 的反应函数：

$$q_2=\frac{a-c}{2b}-\frac{1}{2}q_1\tag{3.48}$$

式（3.48）为企业 2 的最优反应函数。

由于企业 1 在决定自己的产量时，完全了解企业 2 的反应函数，因此其在决策时设定的具体产量，会引导企业 2 做出最有利于自己的反应，以实现利润最大化。企业 1 的利润函数为：

$$\pi_1=pq_1-cq_1=(a-bQ)q_1-cq_1=[a-b(q_1+q_2)]q_1-cq_1\tag{3.49}$$

把式（3.48）代入式（3.49），可得：

$$\pi_1=\left[a-b\left(q_1+\frac{a-c}{2b}-\frac{1}{2}q_1\right)\right]q_1-cq_1\tag{3.50}$$

企业 1 利润最大化的一阶条件为：

$$\frac{\partial \pi_1}{\partial q_1}=a-2bq_1-\frac{a-c}{2}+bq_1-c=0 \tag{3.51}$$

企业 1 和企业 2① 的均衡产量分别为：

$$q_1^*=\frac{a-c}{2b},\ q_2^*=\frac{a-c}{4b} \tag{3.52}$$

因此，市场均衡时的总产量和均衡价格分别为：

$$q^*=q_1^*+q_2^*=\frac{3(a-c)}{4b} \tag{3.53}$$

$$p^*=\frac{a+3c}{4} \tag{3.54}$$

均衡时企业 1 和企业 2 的利润分别为：

$$\pi_1^*=(p^*-c)q_1^*=\frac{(a-c)^2}{8b} \tag{3.55}$$

$$\pi_2^*=(p^*-c)q_2^*=\frac{(a-c)^2}{16b} \tag{3.56}$$

与古诺模型的均衡结果比较，斯坦克尔伯格模型的均衡产量要大于古诺均衡产量，市场价格要低于古诺均衡价格。同样是以产量作为决策变量，但只要竞争企业之间存在行动顺序，市场总产量就会提高。在斯坦克尔伯格模型中，领先者的产量要大于古诺模型中企业的产量，但跟随者的产量要低于古诺模型中企业的产量，这表明市场产量的增加主要是通过领先者实现的，领先者的利润也高于跟随者。

二、成本差异的斯坦克尔伯格模型

在上面的模型中，我们假定进行斯坦克尔伯格竞争的两家企业成本相同，但在现实中，完全对称的寡头企业是非常罕见的，大多数寡头都存在成本上的差异。而且如果两家企业成本相同，理论上也无法解释哪家企业是领先者，哪家企业是跟随者。因此，我们放松企业成本相同的假定，分析成本差异条件下的斯坦克尔伯格均衡，其他假定皆与上述模型相同。假定企业 1 的边际成本 c_1 低于企业 2 的边际成本 c_2，即 $c_2>c_1$，因此，企业 1 具有相对优势，是领先者，企业 2 是跟随者。

企业 2 的利润函数为：

$$\begin{aligned}\pi_2&=pq_2-c_2q_2=(a-bQ)q_2-c_2q_2=[a-b(q_1+q_2)]q_2-c_2q_2\\&=aq_2-bq_2^2-bq_1q_2-c_2q_2\end{aligned} \tag{3.57}$$

企业 2 利润最大化的一阶条件为：

① 把式（3.52）中 q_1^* 的算式代入式（3.48），可得出企业 2 的均衡产量。

$$\frac{\partial \pi_2}{\partial q_2}=a-2bq_2-bq_1-c_2=0 \tag{3.58}$$

可得企业 2 的反应函数：

$$q_2=\frac{a-c_2}{2b}-\frac{1}{2}q_1 \tag{3.59}$$

式（3.59）为企业 2 的最优反应函数。企业 1 的利润函数为：

$$\pi_1=pq_1-c_1q_1=(a-bQ)q_1-c_1q_1=[a-b(q_1+q_2)]q_1-c_1q_1 \tag{3.60}$$

把式（3.59）代入式（3.60），可得：

$$\pi_1=\left[a-b\left(q_1+\frac{a-c_2}{2b}-\frac{1}{2}q_1\right)\right]q_1-c_1q_1 \tag{3.61}$$

企业 1 利润最大化的一阶条件为：

$$\frac{\partial \pi_1}{\partial q_1}=a-2bq_1-\frac{a-c_2}{2}+bq_1-c_1=0 \tag{3.62}$$

企业 1 的均衡产量为：

$$q_1^{D*}=\frac{a+c_2-2c_1}{2b} \tag{3.63}$$

把式（3.63）代入式（3.59），可得企业 2 的均衡产量为：

$$q_2^{D*}=\frac{a-3c_2+2c_1}{4b} \tag{3.64}$$

因此，市场均衡时的总产量和均衡价格分别为：

$$q^{D*}=q_1^{D*}+q_2^{D*}=\frac{3a-c_2-2c_1}{4b} \tag{3.65}$$

$$p^{D*}=\frac{a+c_2+2c_1}{4} \tag{3.66}$$

均衡时企业 1 和企业 2 的利润分别为：

$$\pi_1^{D*}=(p^{D*}-c_1)q_1^{D*}=\frac{(a-c_2-2c_1)^2}{8b} \tag{3.67}$$

$$\pi_2^{D*}=(p^{D*}-c_2)q_2^{D*}=\frac{(a-3c_2+2c_1)^2}{16b} \tag{3.68}$$

由上述均衡结果可以看出，领先者即企业 1 的产量和利润都要高于跟随者即企业 2。

我们可以进一步比较成本相同的斯坦克尔伯格模型与成本差异的斯坦克尔伯格模型的均衡结果。假定企业 1 的成本不变，即 $c=c_1$，而企业 2 的成本增加，$c_2>c_1$，此时，比较两个均衡。

领先者的产量比较：

$$q_1^* - q_1^{D*} = \frac{a-c}{2b} - \frac{a+c_2-2c_1}{2b} = \frac{-c_2+c_1}{2b} < 0 \tag{3.69}$$

跟随者的产量比较：

$$q_2^* - q_2^{D*} = \frac{a-c}{4b} - \frac{a-3c_2+2c_1}{4b} = \frac{3(c_2-c_1)}{4b} > 0 \tag{3.70}$$

市场总产量比较：

$$q^* - q^{D*} = \frac{3(a-c)}{4b} - \frac{3a-c_2-2c_1}{4b} = \frac{c_2-c_1}{4b} > 0 \tag{3.71}$$

市场价格比较：

$$p^* - p^{D*} = \frac{a+3c}{4} - \frac{a+c_2+2c_1}{4} = \frac{-c_2+c_1}{4} < 0 \tag{3.72}$$

与成本相同的斯坦克尔伯格均衡相比，成本差异的斯坦克尔伯格均衡中领先者的产量增加，跟随者的产量减少，市场总产量减少，均衡价格上升。

延伸阅读与思考

以"降成本""降门槛"助力市场主体

2020年以来，为应对疫情冲击和经济下行压力，从中央到地方相继出台了大量"降成本""降门槛"的政策措施。从减税降费到降低融资成本，从减免房租电费到降低准入门槛……一系列政策举措动真章、见实效，以"真金白银"帮助市场主体纾困解难，充分激发市场活力。

根据2020年政府工作报告等测算，预计全年将新增减税降费2.5万亿元、推动金融系统合理让利1.5万亿元、"减免缓返补"等政策为企业减负超2万亿元、降低企业用电成本超1 000亿元……这一系列"实招"降出的是"真金白银"，受益的是市场主体，稳住的是中国经济。经过各方努力，中国经济增速在第二季度实现由负转正。

税费成本是企业负担的大头。对上亿户市场主体来说，减税降费是最直接、最有效、最公平的惠企措施，是激发活力的关键举措。2020年以来，我国出台了一系列减税降费政策，助力企业稳产稳岗。上半年，全国累计新增减税降费15 045亿元。其中，新增减税5 414亿元，新增社保费降费9 631亿元。

作为落实好减税降费政策的重要方面，相关部门扎实推进收费清理改革措施，切实为企业减负。前7个月，涉企收费继续下降，行政事业性收费收入、地方教育费附加等专项收入同比分别下降7.7%、3.9%。

帮助企业纾困离不开金融支持。通过降低利率、减少收费、贷款延期还本付息等措施，前7个月金融部门已为市场主体减负8 700多亿元。其中，贷款、债券等融资利率下行已为企业减负4 700亿元，金融机构通过减免服务收费也为市场主体减负2 045亿元。

在遭遇疫情冲击的情况下，用地及租金成本、用电成本、制度性交易成本等都成为企业面临的难题。除了国家多部门的顶层设计和政策推进外，各地方政府也聚焦企业的用工、用能、房租、物流等方面，进一步加大政策支持力度。

在“降门槛”方面，“取消”和“放开”成为高频词。从取消证券公司、证券投资基金管理公司、期货公司等外资股比限制，到放开商用车制造外资股比限制，外资准入门槛不断降低，各类投融资的负面清单不断缩短，市场活力得到进一步激发。

党和国家做出的一系列企业纾困部署，相关部门的全面落实，进一步彰显了我国国家治理体系的科学性，也增强了社会主义经济建设的韧性。

资料来源：以“降成本”“降门槛”助力市场主体［EB/OL］. 中华人民共和国中央人民政府网站，2020-09-10.

思考题

1. 比较古诺模型、伯川德模型与斯坦克尔伯格模型，思考如何利用这些模型对现实中不同产业的竞争行为进行分析。

2. 互联网的发展会如何影响伯川德竞争？

3. 传统观点认为，拥有技术创新后发优势的发展中国家能够通过加人技术创新投入分享发达国家垄断的超额利润。这是基于后发国家企业与先发国家企业进行产量竞争的结论，如果先发国家企业实施伯川德竞争战略的话，会出现什么结果？

4. 在现实竞争中，成本差异会如何影响企业的市场份额和利润？

参考资料

1. 唐·E. 瓦尔德曼，伊丽莎白·J. 詹森. 产业组织理论与实践［M］. 李宝伟，张云，武立东，译. 北京：中国人民大学出版社，2014.

2. 刘易斯·卡布罗. 产业组织导论［M］. 胡汉辉，等译. 北京：人民邮电出版社，2002.

3. 龙剑军，赵骅. 集群溢出对双寡头 Bertrand 竞争价格均衡的影响分析［J］. 科研管理，2015（2）：145-151.

4. 乞孟迪，张硕，柯晓明，李振光. 我国炼油工业“十三五”回顾与“十四五”发展趋势展望［J］. 当代石油化工，2021，29（3）：12-20.

5. 史东辉. 产业组织学［M］. 上海：格致出版社，上海人民出版社，2015.

6. 张明善，唐小我. 多个生产商下的动态 Cournot 模型分析［J］. 管理科学学报，2002，5（5）：85-90.

7. 中国中央党校（国家行政学院）. 习近平新时代中国特色社会主义思想基本问题［M］. 北京：人民出版社，中共中央党校出版社，2020.

8. Xin B. and T. Chen. On a Master-slave Bertrand Game Model [J]. *Economic Modelling*, 2011, 28 (4): 1864-1870.

9. Matsumoto A. and Y. Nonaka. Statistical Dynamics in a Chaotic Cournot Model with Complementary Goods [J]. *Journal of Economic Behavior & Organization*, 2006, 61 (4): 769-783.

第四章

合　谋

2020 年 2 月 9 日，中国国家市场监督管理总局反垄断局发布一份针对企业垄断行为的行政处罚决定，山东淄博联和水泥企业管理有限公司和 7 家水泥企业达成并实施垄断协议，被依法没收违法所得 8 657.2 万元并处 2018 年度销售额 2%的罚款计 14 172.3 万元，罚没款共计 2.28 亿余元。垄断协议的内容包括："熟料和水泥价格由联合公司确定最低限价数额；做好水泥流向监控，低价订单禁止流向高价区域，不同区域不同价格严禁窜货；山东省水泥企业按政府文件规定实施错峰生产，但各成员企业统一停窑时间；针对部分报低价、抢客户情况，联合公司明确成员企业做到'销量不增加、价格不降低、用户不争抢'，确保各企业持续盈利能力。"这些水泥企业本来是同一产业内的竞争对手，但它们没有进行寡头竞争，而是通过协调产量和价格等合作行为来增加利润，这种行为通常被称为合谋。

从一般意义上说，合谋是企业统一协调行动的一种行为。它一般包括两个要素：第一，为了达成协议而进行的交流、讨论和信息交换的过程；第二，给定其他参与者遵守协议时，一定存在因背叛行为而获得的短期利润和随后为了强制实施协议而对背叛行为的惩罚。在寡头垄断市场上，合谋又可以分为公开合谋（Explicit or Overt Collusion）和默契合谋（Tacit or Implicit Collusion）。区别的关键在于企业间有没有明确的交流和协议。张伯伦（1929）指出，在生产同类产品的寡头垄断中，企业会认识到它们之间的相互依存性，因而不需要实施明显的勾结即可维持其垄断价格。弗里德曼（Friedman，1971）也指出，默契合谋描述了发生在真实世界的现象，这种现象并不包括协议。但无论是公开合谋还是默契合谋，惩罚机制总是存在的。在实践中，几乎所有与竞争有关的法律都明令禁止卡特尔（Cartel）和价格操纵协议，因此，合谋行为更多表现为默契合谋。

合谋的重要组织形式是卡特尔。卡特尔原意为协定或同盟，是生产同类产品的企业为了垄断市场、获取高额利润而形成的垄断性企业联合，它们共同遵守有关划分销售市场、规定产品产量、确定产品价格等方面的协议。垄断利益集团、垄断联盟、企业联合、同业联盟等都是卡特尔。迄今为止最著名的卡特尔是欧佩克（Organization of the Petroleum Exporting Countries，OPEC）。它是亚、非、拉石油生产国于1960年9月组建的国际组织，旨在协调和统一成员国石油政策，维持国际石油市场价格稳定，确保石油生产国获得稳定收入。

本章主要介绍寡头企业合谋的形成、影响合谋的因素、维持合谋的商业实践、合谋的识别与公共政策。

第一节　合谋的形成

合谋历来是产业组织理论研究的重要内容，但在传统的产业组织理论中，合谋研究是在静态框架下进行的，博弈论的发展使得合谋行为的研究动态化，尽管在一次博弈或有限次博弈中，竞争企业会选择非合作策略，进而陷入"囚徒困境"，但在无限次重复博弈中，每家企业都会在背叛合作获得高利润和保持合作获得长期稳定利润流之间进行选择。对时间偏好的贴现率和企业选择的策略都影响博弈的最终均衡。无名氏定理（Folk Theorem）表明，如果贴现率足够大，竞争企业之间就有可能达成合作均衡。①

在第三章的双寡头古诺模型和伯川德模型中，我们假定企业是进行一次博弈，而在现实中，寡头企业是不断调整决策、反复进行竞争的，因此，随着动态博弈分析方法的发展，经济学家开始关注时间序列和信息分布，研究企业合谋的形成和稳定性。

一、古诺动态博弈模型

我们保持静态古诺模型的大部分假定条件，如市场上只有两家企业，分别是企业1和企业2，两家企业生产相互完全替代的产品，边际成本皆为c，企业1和企业2进行产量竞争。不同的是，此时我们假定企业不是进行一次博弈，而是进行重复的各自独立的T次博弈（T为有限数或无限数）。在每一阶段，企业都可以观察到竞争对手过去的产量水平。如果两家企业都选择合作，则博弈会持续进行；如果单家企业背叛合作，则竞争对手会选择永久性地停止合作（冷酷策略）。

在上述假定下，企业1有两种策略：一是选择合作，设定合作的垄断产量和垄断价格，分享垄断利润；二是背叛合作，获得短期更高的垄断利润，但由于背叛合作会触发对手永远不合作，合作结束，恢复古诺博弈。

① 此定理在20世纪50年代已为博弈论研究者所知晓，只是未曾有人公开发表过，以致无法追溯到其原创者，于是以"无名氏"命名之。

（一）有限次重复博弈

假定企业 1 和企业 2 进行有限次重复博弈，即 $T<\infty$。动态博弈一般采用逆向归纳法进行求解。由于各个博弈阶段都是独立的，因此每家企业都力图在最后第 T 阶段实现静态利润最大化，每家企业都会选择不合作作为最优策略，即经典的古诺静态博弈策略，如第三章所述，此时最后一期的均衡利润为 $\pi_1^*=\pi_2^*=\frac{(a-c)^2}{9b}$。对于第 T 期以前的各阶段博弈来说，由于每一期独立，企业的产量选择不影响下一期的利润水平，所以企业都会选择当期个体利益最大化的不合作策略。这样，从第 1 期到第 T 期，企业都会像古诺静态博弈模型那样进行产量决策。有限次的动态博弈不改变一次性博弈的均衡结果。

（二）无限次重复博弈

假定企业 1 和企业 2 进行无限次重复博弈，即 $T\rightarrow\infty$。当企业进行无限次重复博弈时，虽然阶段博弈仍然是以不合作为结果的博弈均衡，但它不再是唯一的均衡，合作也成为博弈均衡结果。由于是无限期动态博弈，逆向归纳法无法使用，企业的策略选择会对均衡产生重大影响。在企业采取冷酷策略的条件下，任何企业的一次背叛，都会触发永远不合作策略。

如果企业 1 在第 1 期选择合作，其产量为垄断产量的一半（如第三章所述，市场垄断产量为 $\frac{a-c}{2b}$），即 $\frac{a-c}{4b}$，利润为垄断利润的一半［如第二章所述，市场垄断利润为 $\frac{(a-c)^2}{4b}$］，即 $\frac{(a-c)^2}{8b}$，因此企业 1 进行无限次合作博弈的利润为：

$$\frac{(a-c)^2}{8b}+\delta\frac{(a-c)^2}{8b}+\delta^2\frac{(a-c)^2}{8b}+\cdots \tag{4.1}$$

式（4.1）中的 δ 为贴现率，即未来某一个时期的 1 元钱的现值。

如果企业 1 在第 1 期选择背叛，则其是在假定企业 2 的产量为合作产量 $\frac{a-c}{4b}$ 的基础上进行个体的利润最大化决策，此时企业 1 的利润函数为：

$$\pi_1=pq_1-cq_1=(a-bQ)q_1-cq_1=\left[a-b\left(q_1+\frac{a-c}{4b}\right)\right]q_1-cq_1 \tag{4.2}$$

企业 1 利润最大化的一阶条件为：

$$\frac{\partial\pi_1}{\partial q_1}=a-2bq_1-\frac{b(a-c)}{4b}-c=0 \tag{4.3}$$

可得：

$$q_1^*=\frac{3(a-c)}{8b} \tag{4.4}$$

市场总产量为：

$$Q^*=q_1^*+q_2^*=\frac{3(a-c)}{8b}+\frac{a-c}{4b}=\frac{5(a-c)}{8b} \tag{4.5}$$

市场价格为：

$$p^*=a-bQ=\frac{3a+5c}{8} \tag{4.6}$$

把式（4.4）和式（4.6）代入式（4.2），可得企业 1 的利润为：

$$\pi_1^*=\frac{9(a-c)^2}{64b} \tag{4.7}$$

因此，在背叛时，企业 1 进行无限次博弈的利润为：

$$\frac{9(a-c)^2}{64b}+\delta\frac{(a-c)^2}{9b}+\delta^2\frac{(a-c)^2}{9b}+\cdots \tag{4.8}$$

企业 1 不偏离合作均衡的条件为：

$$\frac{(a-c)^2}{8b}+\delta\frac{(a-c)^2}{8b}+\delta^2\frac{(a-c)^2}{8b}+\cdots\geqslant\frac{9(a-c)^2}{64b}+\delta\frac{(a-c)^2}{9b}+\delta^2\frac{(a-c)^2}{9b}+\cdots \tag{4.9}$$

企业 2 不偏离合作均衡的条件同企业 1 一样。解式（4.9），可得 $\delta^*\geqslant\frac{9}{17}$。因此，只要企业对未来收益足够重视，它们在动态博弈中背叛的损失就会很大，企业之间的默契合谋就会成为一个策略均衡。一般来说，只要贴现率大于 $\frac{9}{17}$，任何介于古诺产量和垄断产量之间的产量水平，即 $q\in\left[\frac{a-c}{4b},\ \frac{a-c}{3b}\right]$，都可以持续成为均衡产量。

二、伯川德动态博弈模型

我们保持静态伯川德模型的大部分假定条件，如市场上只有两家企业，分别是企业 1 和企业 2，两家企业生产相互完全替代的产品，边际成本皆为 c，企业 1 和企业 2 进行价格竞争。不同的是，此时我们假定企业不是进行一次博弈，而是进行重复的各自独立的 T 次博弈。在每一阶段，企业都可以观察到竞争对手过去的价格水平。如果两家企业都选择合作，则博弈会持续进行；如果单家企业背叛合作，则竞争对手会选择永久性地停止合作（冷酷策略）。

在上述假定下，企业 1 有两种策略：一是选择合作，设定合作的垄断价格，分享垄断利润；二是背叛合作，获得短期更高的垄断利润，但由于背叛合作会触发对手永远不合作，合作结束，恢复伯川德博弈。

（一）有限次重复博弈

假定企业 1 和企业 2 进行有限次重复博弈，即 $T<\infty$。每家企业都力图在最后第 T 阶段实现静态利润最大化，每家企业都会选择不合作作为最优策略，即经典的古诺静态博弈

策略，如第三章所述，此时最后一期的均衡利润为 $\pi_1^*=\pi_2^*=0$。对于第 T 期以前的各阶段博弈来说，由于每一期独立，企业的价格选择不影响下一期的价格水平，所以企业都会选择当期个体利益最大化的不合作策略。这样，从第 1 期到第 T 期，企业都会像伯川德静态博弈模型那样进行价格决策。有限次的动态博弈不改变一次性博弈的均衡结果。

（二）无限次重复博弈

假定企业 1 和企业 2 进行无限次重复博弈。当企业进行无限次重复博弈时，虽然阶段博弈仍然是以不合作为结果的博弈均衡，但它不再是唯一的均衡，合作也成为博弈均衡结果。

如果企业 1 在第一期选择合作，设定垄断价格，其利润为垄断利润的一半，即 $\frac{1}{2}\pi^M$，因此企业 1 进行无限次合作博弈的利润为：

$$\frac{1}{2}\pi^M+\delta\frac{1}{2}\pi^M+\delta^2\frac{1}{2}\pi^M+\cdots \tag{4.10}$$

如果企业 1 在第一期选择背叛，则其可以获得所有的垄断利润①，但由于竞争对手会选择冷酷策略进行惩罚，也就是在后面的每一期博弈中都设定 $p=c$，企业 1 在后面每一期博弈中的利润都为零。

因此，企业 1 不偏离合作均衡的条件为：

$$\frac{1}{2}\pi^M+\delta\frac{1}{2}\pi^M+\delta^2\frac{1}{2}\pi^M+\cdots\geqslant\pi^M \tag{4.11}$$

企业 2 的不偏离合作均衡的条件同企业 1 一样。解式（4.11），可得 $\delta^*\geqslant\frac{1}{2}$。因此，只要贴现率大于等于 $\frac{1}{2}$，企业之间的默契合谋就会成为一个策略均衡。

三、贴现率的进一步讨论

贴现率衡量未来一个时期的一元钱在当前的价值。通常来说，$0<\delta<1$，这是由下述几个原因决定的：

首先，决定 δ 值的一个重要因素是时间的机会成本。在给定的时期里，投资者现在的 1 元可以在下一个时期获得（$1+r$）元，r 是每个时期的利率。因此我们可得：

$$\delta=\frac{1}{1+r} \tag{4.12}$$

在式（4.12）中，r 是由制定决策的时期给出的。如果假设 r 为年利率，企业改变产量或价格的频率为 f（次/年），可得：

① 企业 1 的精确利润值要比 π^M 小，因为它的价格要比竞争对手略低，但由于 ε 的数值很小，我们假定价格偏离后的利润等于 π^M。

$$\delta=\frac{1}{1+r/f} \tag{4.13}$$

其次，影响 δ 值的另一个因素是在下一期博弈期间获得全部收益的可能性。比如两个网络运营企业合谋。在下一期来到之前，它们必须考虑第三家企业推出一种更好的网络服务，从而减少合谋企业市场份额的可能性。假设 h 为该行业在下一期仍然存在的概率，则贴现率变为：

$$\delta=\frac{1}{1+r/f}h \tag{4.14}$$

最后，影响 δ 值的另一个因素是行业需求的增长速度。假定行业需求的增长速度是 g，保持其他条件不变，下一期的利润将较本期增长 $1+g$。如果利润函数不变，此时贴现率为：

$$\delta=\frac{1}{1+r/f}h(1+g) \tag{4.15}$$

式（4.15）表明，g 越大，合谋就越趋于均衡。

第二节　影响合谋的因素

随着中国法治化程度的不断提高，我们可以看到一系列关于垄断协议及合谋的相关处罚，如 2019 年 4 月，湖北省市场监管局对咸宁市 3 家机动车安全技术检测机构实施垄断协议做出处罚；2019 年 8 月，陕西省市场监督管理局对延安市 10 家混凝土生产企业联合涨价的行为做出处罚；2019 年 10 月，山东省市场监督管理局对菏泽市汽车行业协会组织本行业经营者实施垄断协议的行为做出处罚；2020 年 10 月，上海市市场监督管理局对上海市旅游行业协会组织上海浦江游览有限公司等游船公司达成并实施垄断协议案 11 家当事公司做出行政处罚；2020 年 11 月 30 日，江苏省市场监督管理局对兴化市公交机动车驾驶员培训有限公司等 9 家驾校达成并实施垄断协议做出行政处罚；2020 年 12 月，安徽省市场监督管理局对亳州市保险行业协会组织本行业经营者达成并实施垄断协议案做出行政处罚等。为什么在某些行业容易出现合谋行为呢？除了上述分析的影响 δ 值的因素之外，还有其他一些重要的因素也会影响到企业的合谋。我们把这些因素归纳为三个层面：企业层面、产品层面和市场层面。

一、企业层面因素

企业是合谋行为的主体，也是我们研究合谋行为的起点。企业数量、企业规模结构和企业成本不仅会影响到合谋的激励，而且会影响到合谋的形成和维持成本。因此，企业层面因素主要有企业数量、企业规模结构和企业成本。

（一）企业数量

企业数量越少，越容易形成合谋。假定某行业内有 n 个同质企业提供同质产品，所有企业参与合谋，设定垄断价格并平均分配利润，即每家企业获得垄断利润 π^M/n。很明显，该利润是 n 的减函数。企业数量的增加减少了每家企业合谋获得的利润，从而也减少了背叛合谋而受罚的损失。与之相反，背叛合谋的短期收益随 n 的增加而增加，因为每家企业原来占有的市场份额越少，通过降价而获得整个市场份额所带来的收益增加额越大。只有当$\frac{\pi^M}{n}(1+\delta+\delta^2+\cdots)\geqslant\pi^M$，即贴现因子 $\delta\geqslant 1-1/n$ 时，合谋才会形成。因此，企业数量越多，合谋带来的长期利润越少，而背叛的短期利润越大，因而越不利于合谋。

另外，企业数量的多少还影响到合谋的成本。首先，企业数量越少，合谋的组织成本越低。如果行业里只有少数几家企业，它们更容易集中协商产量或价格协议，而且企业之间成本不对称、信息不对称、产品异质性等问题也相对较少，需要协商的内容较少，组织成本就较低；其次，企业数量越少，合谋的监督成本越低。企业数量少，合谋后每家企业的市场份额就相对较多，一家企业市场份额的增加很容易被其他企业察觉，使得成员企业之间相互监督更加容易，监督成本较低；最后，企业数量越少，合谋越不容易被反垄断机构察觉，从这个意义上说越有利于合谋的持续。

（二）企业规模结构

在企业数量既定的情况下，企业规模结构分布越不均衡，市场集中度越高，越容易形成合谋，此时大企业就可能发挥价格领导者的作用，小企业只是价格跟随者。假定两个产业都有 12 家企业提供产品，但产业 1 的 CR_4 为 80%，产业 2 的 CR_4 为 20%，很明显，产业 1 中四个主导企业较容易就价格达成协议，而不需要关注其他竞争性跟随企业的反应。大量的实证研究也表明，集中度和有效合谋有明显的正相关关系。哈伊和凯利（Hay and Kelley，1974）的研究发现，大多数稳定的卡特尔是在集中度相当高的行业中形成的。康纳（Connor，2003）研究了全球赖氨酸、柠檬酸和维生素行业，发现较高的集中度与它们各自的有效卡特尔有关。赖氨酸行业和维生素行业的全球 CR_4 超过 95%，柠檬酸行业的全球 CR_4 超过 80%。

材料短析

市场集中度与合谋

在国际铁矿石市场，巴西的淡水河谷（Vale）和澳大利亚的力拓（Rio Tinto）、必和必拓（BHP）、FMG 四大矿业公司的铁矿石产量位列全球前四。据统计，2015 年四大矿业公司的供给量为 10.67 亿吨，占当年全球铁矿石总供给量的 77%；2016 年四大矿业公司市场供给量为 11.14 亿吨，其全球贸易占比较 2015 年进一步扩大。显然，从铁矿石贸易数据看，国际铁矿石市场的 $CR_4\geqslant 77\%$。

历史上，铁矿石定价方式几经演变，概括起来，主要有现货交易定价、年度协议定价和价格指数定价三种方式。现货交易定价流行于 20 世纪 60 年代之前。现货交易定价规则是：买卖双方通过一对一谈判，直接确定现货交易价格。年度协议定价也称为长期协议定价，始于 20 世纪 60 年代，终于 2010 年。年度协议定价规则是：任何一家主要铁矿石公司与主要钢铁企业进行价格谈判，最先达成并向外界发布的协议价格，即为“首发”价格，对于“首发”价格，其他铁矿石公司通常“跟风”接受。因此，“首发”价格即被确定为铁矿石年度市场交易价格。铁矿石价格指数定价发起于2000年以后。21世纪初期，因国际铁矿石市场需求量增大，市场一度供不应求，出现了现货价格高于年度协议价格的新情况。为寻求更大利润，自2010年起，必和必拓等铁矿石公司相继背弃了过去40余年所采用的年度协议定价方式，采用了季度、月度甚至每日定价的新模式。事实上，季度定价或月度定价的主要依据是铁矿石价格指数。目前，国际主要铁矿石公司普遍乐于采用普氏指数定价。但普氏指数因高估铁矿石价格而备受质疑。2011年9月，中国铁矿石价格指数（CIOPI）正式发布，但直到2015年9月才首次被国际铁矿石巨头采用。2013年10月中国大连商品交易所推出铁矿石期货，率先采用实物交割模式，但国际化程度和国际影响力还有待提高。

2011年之前的每年年初，力拓、必和必拓、淡水河谷等大型铁矿石供应商与欧洲、日本、中国的大型钢铁企业就本年度长协价格分别进行谈判，首先达成一致的供求双方会公布其成交价格，其他供应商和购买商按惯例接受这一价格并将其作为本年度统一遵守的长协价格。美国铁矿石已基本实现自给，价格由国内钢铁企业和矿山企业谈判决定，市场价格不受垄断因素影响。与美国铁矿石价格相比，历年的铁矿石国际长协价格都较高，2004—2010年铁矿石国际长协价格上涨了244%，单年度最大涨幅为65%，而美国铁矿石价格仅上涨了28%，单年度最大涨幅仅有11%。在全球经济危机爆发后，中国经济依然保持了较高的增长率，自2007年起，中国成为全球铁矿石市场最主要的需求者，也就是从这一年开始，铁矿石长协价格上涨幅度显著增加。

资料来源：徐广平，崔彬. 国际铁矿石价格形成的经济分析及对策建议[J]. 中国矿业，2019，28（2）：80-84；于左，闫自信，彭树宏. 中国进口铁矿石定价权缺失与反垄断政策[J]. 财经问题研究，2015（12）：30-37.

（三）企业成本

企业成本差异越小，越容易形成合谋。假定企业合谋设定统一的价格，如果企业间的成本差异较大，那么在合谋产量的分配上就可能产生冲突，增加合谋形成的难度。低成本企业要求较大的市场份额，获得较多的超额利润；高成本企业的市场份额会相对较少，只能获得较少的超额利润。因此，市场份额的协商成本会较高。如图4-1所示，假定市场上只有两家企业提供产品，企业1的边际成本为c_1，企业2的边际成本为c_2，且$c_1>c_2$，c_1+c_2为企业1和企业2的边际成本的加总。如果企业1和企业2实施合谋，行业利润最大化的原则是c_1+c_2等于边际收益MR，行业利润最大化的产量为Q^*，每家企业按照边际成本分配产量份额，企业1的产量和利润要低于企业2，因此，企业1会进行讨价还价甚至导致卡特尔崩溃。

从合谋的维持来看，企业边际成本的形状会影响到成员的背叛激励，边际成本曲线越陡峭，合谋成员背叛的激励就越小。极端情况下，如果企业的边际成本曲线几乎垂直，那么合谋产量就接近竞争产量，企业增加产量背叛合谋的可能性就非常小，因为增加产量的成本太高，得不偿失。在实践中，当企业的生产能力接近满负荷运转时，边际成本曲线就几乎垂直。另外，如果企业的固定成本占总成本的比例较大，那么当需求下降时，企业就有较大的闲置生产能力，因而有激励背叛合谋，通过降价来刺激销售。

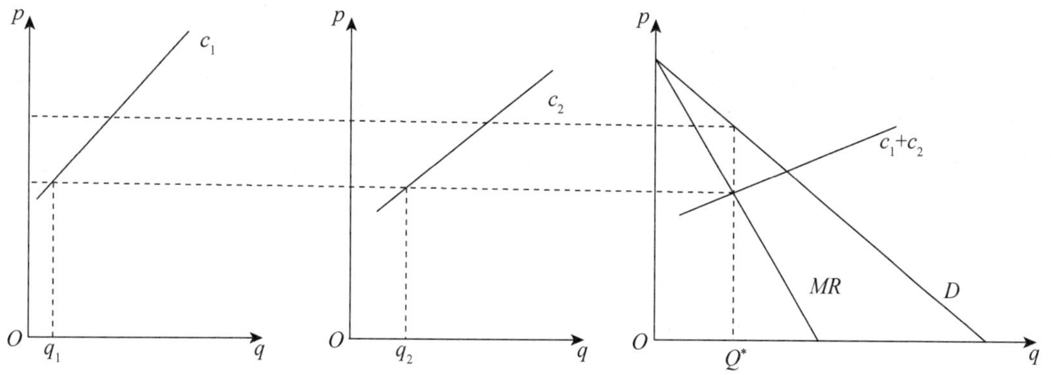

图 4-1　成本差异的企业联合利润最大化

二、产品层面因素

产品的性质不仅影响消费者的偏好，从而形成不同的需求弹性，而且影响订单签订的频次，进而影响到合谋的形成和维持。产品层面因素主要有产品的同质性、产品的需求弹性、产品的订单性质和产品的技术进步速度。

（一）产品的同质性

生产同质性产品的企业更容易形成合谋。一般来说，合谋产量要低于竞争性产量，价格要高于竞争性价格，因此，限制产量、设定价格是合谋的重要内容。产品同质时，合谋成员之间只要对一个产量或一个价格达成一致即可。而产品异质时，合谋成员需要协商每种产品的产量和价格，使用不同的单位度量销售数量，即企业需要就多个产量或多个价格达成一致，增加了协商的复杂性，导致达成协议的难度增大。

从合谋的维持来看，同质性产品只有一个合谋价格，合谋成员更容易对价格进行监督，及时察觉成员企业的背叛。而异质性产品合谋则存在诸多的价格协议，增加了察觉成员企业背叛的难度。即使只有一个价格协议，若引入产品异质性，也会使背叛难以被发现。假定成员企业可以在保持价格不变的情况下，通过增加研发投入、增加广告、优化支付条款、改进售后服务等提高产品质量或服务质量，这样当产品以同样价格进行销售时，无疑将吸引更多的客户。这些非价格竞争手段比单纯的降价或者增产更加隐蔽，达成关于非价格竞争手段的协议更加困难。

（二）产品的需求弹性

合谋的重要特征是通过减少产量来提高价格，合谋企业提高价格的能力在很大程度上受到需求弹性的影响。如果需求弹性较小，即需求曲线相对比较陡峭，则压缩较少的产量就会带来价格的较大提升，价格提升带来的利润增加大于产量减少带来的利润减少，最终利润增加。反之，如果需求弹性较大，即需求曲线相对比较平缓，较大的减产才能使价格小幅提升，产量减少带来的利润减少大于价格提升带来的利润增加，最终利润减少。因此，需求弹性小有利于形成合谋。在实践中，石油输出国组织之所以能够成功合谋，就是由于石油的需求相对缺乏弹性。

（三）产品的订单性质

如果市场上存在众多的买者，订单是频繁且小额的，如灯泡、化妆品等行业，成员企业就没有激励降价。因为如果降价而不公开信息，别的消费者就不知道降价，就不能扩大销售。而如果降价并且向外界公布，就会被别的合谋成员知晓，从而招致报复性惩罚。反之，如果订单金额很大，而且签订周期较长，如建筑写字楼、建设高速公路、建造大型电器设备等相关交易，成员企业背叛的激励就很大，因为大额订单意味着一次背叛的收益巨大，而且隔较长时间签订一次订单意味着惩罚也将滞后很久。此时，卡特尔会设计机制，让中标企业在合谋成员间轮换，而且在密封价格投标方式下，背叛行为较容易被察觉，因为购买者最终会宣布中标的标的，这是一个有利于合谋的条件。

案例分析

投标人收买竞争者 无锡首例串标案宣判

2005年10月9日，无锡土地收购储备中心通知无锡市金银拆房有限公司法定代表人张金银、无锡市生龙拆房有限公司法定代表人何生龙以及顾冠声、过新伟、苗晓强、谢鹤皓等人参加原TCL数码科技（无锡）有限公司房屋拆房招标会。此外，其他有意参与投标人员通过各种途径获悉此事后，以自己所在公司名义或者借用他人的资质以其他公司名义缴纳保证金后报名参加招投标。

为了使自己公司能够低价中标，同年10月9日晚，无锡市金银拆房有限公司法定代表人张金银伙同邢忠贵召集王明刚、苏日东、谢鹤皓、尤伟栋等人，采用向各参加投标单位支付人民币10万元到30万元不等的好处费的利诱手法，要求他们在填写标书报价时不得高于80万元。收取张某好处费的10名被告人当场允诺照办。投标时，其他单位标书中的报价均为81万元以下，无锡市金银拆房有限公司最终以92万元的低价如愿中标。中标后，张金银给了邢忠贵15万元，给了苗晓强、谢鹤皓各10万元。

法院审理认为，被告单位无锡市金银拆房有限公司、无锡市生龙拆房有限公司、无锡市长发拆房有限公司以及无锡市捷威物业管理有限公司，被告人张金银、邢忠贵、何生龙、顾冠声、过新伟、苗晓强、王明刚、苏日东、谢鹤皓、尤伟栋以非法手段相互串通投标报价，扰乱了招投标活动秩序，损害了招标人的利益，实属情节严重，其行为已构成了串通投标罪，并为共同犯罪，被告单位构成单位犯罪，依法均应负刑事责任。各被告单位、被告人在串通投标中相互商讨，对串通投标行为的实现均起着重要作用，不能区分主、从犯。各被告人归案后认罪、悔罪态度较好，所得赃款已经退出，并主动缴纳罚金，可酌情从轻处罚。

据此，法院判处上述被告单位犯有串通投标罪，并处罚金十万元至十五万元不等；以串通投标罪判处上述被告人有期徒刑十个月至二年，缓刑一年至二年不等，并处罚金十万元至十五万元不等。

资料来源：陈其生，胡建宪．投标人收买竞争者 无锡首例串标案宣判[EB/OL]．中国法院网，2007-01-11.

（四）产品的技术进步速度

技术进步会催生新产品或更低成本的生产方法。频繁的产品创新会引起企业间需求的变动，进而引发与需求曲线相关的一系列问题，而生产工艺的改变会引起成本的变化以及与成本相关的系列问题。在实践中，技术进步速度较快的产业很难达成合谋协议，如计算机行业的产品组合和生产成本变化得很快，当前达成的价格协议很可能短期内就面临着背叛，因为企业生产了新产品或生产成本下降了。反之，在技术相对稳定的行业更容易出现合谋，如石膏板行业的技术在过去几十年间变化较小，而且企业间的生产方法差异也较小，因此，企业达成定价协议相对容易。

三、市场层面因素

企业在市场上竞争与合作，因此，市场信息、市场性质、市场联系等因素都会影响到企业合谋的成本和收益。概括来说，主要有进入壁垒、市场信息、行业协会和多重市场联系等。

（一）进入壁垒

合谋的前提是企业能够通过合作影响市场产量和价格。要获得合谋利润，卡特尔必须能够通过构筑进入壁垒防止大规模进入。如果没有进入壁垒，高利润会吸引大量新企业进入市场，进而带来超额生产能力和大量产品供给，使价格下降，合谋失效。

案例分析

加利福尼亚州房地产交易业的进入壁垒与卡特尔

在20世纪40年代和50年代，加利福尼亚州75%的民用房地产交易均向房地产企业支付6%的佣金，这是因为加利福尼亚州房地产企业协会要求所有成员按固定佣金率出售。这个协会只允许专业房地产企业加入，成员企业可以享受协会的多项服务，如获得一个地区所有待售房屋的信息等。通过这种方式，协会有效地阻止了非成员的房产销售。

资料来源：Owen，B. M. Kickbacks，Specialization Price-Fixing，and Efficiency in Residential Real Estate Markets[J]. *Stanford Law Review*，1977（29）：931-967.

（二）市场信息

如果关于产品价格、成本或需求的信息只能为个别企业所掌握，它们就会利用这些信息，以产生对自己更为有利的结果。因此，当价格等信息不对称时，达成合谋就很困难。相反，价格信息的公开减少了企业秘密降价的可能性，增强了企业的相互监督，更容易达成合作的默契。

从合谋的维持来看，只有违反协议的行为能够被迅速地观察到并给予惩罚，惩罚的威胁才会起作用。如果信息长期滞后，则会延长察觉成员企业背叛并给予惩罚的时间。当企业认为背叛不易被察觉时，违反协议的动机会增强。

案例分析

丹麦混凝土市场的价格公开与合谋

丹麦的混凝土市场结构近似于地区性的寡头垄断市场，一些企业会对个别消费者给予秘密的大额价格折扣，很多产业经济学家和政策制定者认为该行业的定价要远高于完全竞争的水平。因此，丹麦竞争委员会在 1993 年 10 月决定收集并公布一个地区两种等级混凝土的实际交易价格。其目的是增加购买者所能获得的信息，激励销售者进行竞争，降低市场交易价格。但实际的实施效果表明，企业间价格的离散程度降低了，平均价格显著上升了。这说明价格的公开反而有利于企业进行合谋。之后，要求公开价格的政策很快被取消。

资料来源：Albaek. S.，Mollgaard P.，and P. B. Overgaard. Government-Assisted Oligopoly Coordination? A Concrete Case[J]. *Journal of Industrial Economics*，1997（45）：429-443.

（三）行业协会

行业协会通过行业规则实行自律管理，通过谈判、协商、妥协等方式，对行业内各家企业的权利和利益进行协调和平衡。行业协会的存在减少了企业同行之间交流和协商的成本，有利于合谋的形成和维持。一般而言，行业协会公布行业标准、发布行业信息、定期集会等，为成员企业提供了一个信息交换的平台，减少了彼此的信息不对称。成员之间的信息不对称越少，越容易达成一致，而且彼此信息的公开也便于发现背叛行为。弗拉斯和格瑞（Fraas and Greer，1977）的研究表明，36%的固定价格案例涉及行业协会，并且和全部案例的成员企业的中位数 8 相比，涉及行业协会的成员企业的中位数为 16。

案例分析

行业协会与统一价格

河北省衡水市网吧协会于 2007 年 5 月 29 日制定了全市网吧统一上网价格。会员每小时 1.5 元，非会员 2 元（统一之前各网吧的价格一般为每小时 1～1.5 元），并将统一价格张贴在每个网吧。

2007 年，湖北省荆州市豆制品经营户于 8 月 2 日集体串通，决定统一提高豆制品价格，并贴出公告称“因今年以来黄豆价格持续上涨，经豆制品商会讨论通过，从 2007 年 8 月 2 日起，上调豆制品价格”，决定提高香干子、豆腐等四种豆制品的市场销售价格，平均涨幅达 20%左右。

资料来源：衡水网吧串通涨价被通报 联盟价格最高曾涨 50% [EB/OL]. 搜狐网，2007-08-29；湖北荆州豆制品平均涨幅为 20% 串通涨价被查处 [EB/OL]. 搜狐网，2007-08-28.

（四）多重市场联系

合谋的一个重要前提是：在重复博弈中，企业可以在未来惩罚背叛的成员企业。当合谋企业在单个市场竞争时，企业的惩罚只能在单个市场进行，但当企业同时在多个市场进行竞争时，惩罚机制的触发会更快，惩罚力度也会增大，这都会提高合谋的稳定性。

假定两家企业同时在两个相互独立的同质性市场进行竞争。假设市场 1 比市场 2 的竞争周期更短（如订单签订得更为频繁、信息的时滞更短等），在市场 1 每期竞争一次，在市场 2 两期竞争一次。如果每期折现率都为 δ，那么市场 2 隐含的折现率为 δ^2。如果这两家企业进行价格合谋，单市场竞争的合谋条件为 $\delta \geqslant 1/2$，如果 $\delta^2 < \frac{1}{2} < \delta$，企业在市场 1 可以形成合谋，在市场 2 无法形成合谋。但如果存在多重市场联系，企业同时在两个市场上进行价格合谋的条件为：

$$\frac{\pi^M}{2}(1+\delta+\delta^2+\cdots)+\frac{\pi^M}{2}(1+\delta^2+\delta^4+\cdots) \geqslant 2\pi^M \tag{4.16}$$

式（4.16）的左边表示企业在两个市场上都维持合谋获得的利润；右边表示在两个市场上都背叛合谋获得的利润。化简式（4.16）可得：

$$\delta \geqslant 0.593 \tag{4.17}$$

式（4.17）表明，当 $\delta \geqslant 0.593$ 时，两个市场的合谋就可以维持下去。在单市场竞争下，市场 1 形成合谋，市场 2 无法形成合谋，因为市场 2 维持合谋要求贴现因子 $\delta^2 \geqslant \frac{1}{2}$，也就是 $\delta \geqslant 0.71$。而在多重市场联系的情况下，在市场 1 背叛合谋的损失非常大，会导致多个市场的利润损失，因此，多重市场联系提高了合谋的可能性。

案例分析

中国移动通信企业的多重市场联系

在中国移动通信市场中，中国移动、中国联通和中国电信这三大运营商在相对分离的多个省或区域电力市场进行竞争，并且它们的市场具有一定程度的重叠。从三大运营商 2019 年年度业绩看，中国移动市场份额超过一半，中国电信为 27%，中国联通为 21%。对于这三大寡头来说，虽然在某一个区域市场上降低价格会在短期内增加利润，但是这不仅会导致该区域市场上的“价格战”，也会导致其他区域市场上的“价格战”。

第三节 维持合谋的商业实践

在现实中信息不对称的情况广泛存在，因此，合谋的形成和维持都需要一定的成本。为增强合谋的稳定性，合谋企业会制定一系列的制度和规则，缓解卡特尔运行中的信息不对称状况，进而降低监督成本，缩短惩罚时滞。维持合谋的商业实践措施很多，我们可以按照其内容将其大致分为三类：价格设定基准、购买者价格一致条款、其他价格控制方式。

一、价格设定基准

卡特尔得以成功维持的一个基本前提是：合谋成员能够就价格达成一致并在实践中统一行动，因此，合谋企业会制定一系列规则来统一价格，如共同成本手册与多产品定价公式、基点定价等。而且由于反垄断机构的监管，企业还会通过预告价格变动来实现默契合谋。

（一）共同成本手册与多产品定价公式

如前所述，产品是否同质会在很大程度上影响企业的合谋成本，同质性产品更容易形成合谋。但在实践中，企业生产的产品即使功能相近，也常常是不能完全相互替代的。这种产品的异质性可以分为两种情况：一是企业所生产的产品具有不完全替代性，如配置基本一致的不同品牌的手机，尽管基本功能相似，但不同品牌仍在待机时长、屏幕分辨率、摄像头、音色音质等方面有自己明显的优势或特色，不同消费者会有不同的品牌偏好；二是产品有多种型号，如即使不同企业生产的纸板箱的材质完全一样，其尺寸也仍有差异。产品的异质性无疑会增加合谋的难度。

对于前者，合谋企业采用了共同成本手册来制定价格。产品是由零部件构成的，零部件一般是标准化的，企业通过制定共同成本手册，规定零部件的价格，并给出加总零部件价格的方法，保证了合谋企业价格基准的同一性。对于后者，则采用多产品定价公式来制定价格，如纸板箱行业可以规定每立方米的基本单元价格，只需用尺寸乘以基本单元价格就可以给不同型号的产品定价。

案例分析

美国大型汽轮发电机市场的定价

汽轮发电机是一种复杂的机器，主要生产企业是通用电气和西屋电气。一般来说，大型汽轮发电机都是按照客户订单要求生产，产品之间存在差异。1963 年 5 月，通用电气公布了其汽轮发电机的定价手册，这个手册包括了每一台汽轮发电机价格制定的基本准则。通用电气宣称，它将在发布之日按照公布的价格销售产品。通用电气还聘请了一家会计师事务所来监督该手册的执行情况。不到一年，西屋电气也效仿通用电气制定了价格手册。除了 1964 年的短期降价之外，直至 1975 年两家企业的价格都保持稳定且较为一致。1975 年，美国司法部认为通用电气和西屋电气的价格政策违反了反托拉斯法，这种做法被禁止。

资料来源：Porter，M. General Electric vs. Westinghouse in Large Turbine Generators[J]. Harvard Business School Case No. 9-380-129，1980.

（二）基点定价

基点定价是指客户支付的价格等于在某个基点的价格加上从该位置到客户位置的运费。运费不是按从企业位置到客户位置来计算的，而是按从一个基点到客户位置来计算的。例如，美国钢材销售常常将匹兹堡作为基点，如果俄亥俄的钢厂将钢材卖到芝加哥，那么客户支付的价格等于匹兹堡的钢材价格加上从匹兹堡到芝加哥的运费。

基点定价在那些产品运输成本相对于产品价值而言较高的产业中较为常见，如水泥、钢材、木材和食糖行业等。在这些行业，如果寡头企业在空间上是分散布局的，那么高昂的运输费用会增加企业达成和维持合谋的难度，因为成员企业可能会通过减少运费变相降价，基点定价解决了这个问题。在基点定价下，离产地较近的买家支付的价格通常要高于货品的价格加上实际运输成本之和，反之则相反。

（三）预告价格变动

在合谋中，预告价格变动的目的是减小率先进行价格变动所承担的风险。如果一家企业率先提价，而其他企业不跟进的话，则其市场份额就会大大减少。因此，先行提价的企业要比跟随而动的企业面临更大的风险，预告价格变动则是解决这个问题的一种方法。一家企业率先预告提价，行业内其他企业可以在提价生效前决定是否跟从。如果其他企业均决定不跟进，预告提价的企业就可以不实施提价。

案例分析

联合利华在华散布涨价信息被罚款200万元

2011年5月6日，中国国家发展和改革委员会（以下简称发改委）宣布，联合利华（中国）有限公司多次“散布涨价信息，扰乱市场价格秩序”，上海市物价局近日对其做出罚款200万元的行政处罚。这是中国政府价格主管部门针对“散布涨价信息，扰乱市场价格秩序”行为开出的首张高额罚单。

发改委称，3月下旬，联合利华（中国）有限公司有关负责人多次接受采访发表日化产品涨价言论，新闻媒体多次报道联合利华等品牌的日化产品将于4月份涨价，引起社会各界普遍关注，部分城市出现抢购日化产品的现象。这些行为导致日化产品涨价的信息广泛传播，增强了消费者涨价预期，引发部分城市日化产品抢购现象，个别超市联合利华的产品日销售额超过正常时期的几倍甚至十几倍，严重扰乱了市场秩序。

发改委指出，上述行为违反了《中华人民共和国价格法》等法律法规的规定，属于“散布涨价信息，扰乱市场价格秩序”的价格违法行为，情节较重，社会影响较大。但考虑到该公司在约谈后即公开宣布暂停调价并向消费者致歉，主动减轻违法行为的危害，根据相关法律法规的规定，上海市物价局决定对联合利华（中国）有限公司做出罚款200万元的行政处罚。

发改委有关负责人透露，发改委3月30日开始对康师傅公司展开调查。调查结果表明，康师傅公司作为具有市场优势地位、在行业内影响较大的企业，其被暂缓的调价幅度相对过高，是不妥当的。为此，发改委已经对康师傅公司予以提醒和告诫。

资料来源：联合利华在华散布涨价信息被罚款200万元[EB/OL]. 网易新闻，2011-05-06.

二、购买者价格一致条款

在实践中，为更快、更低成本地察觉背叛，合谋企业还以购买者获得一致价格的方式，制定一致-竞争条款（Meeting-Competition Clause）或“最惠国待遇”条款，把购买者作为察觉合谋背叛的监督者，维持合谋的稳定性。

（一）一致-竞争条款

企业与购买者签订的长期供货合同中，承诺其将与竞争对手的价格一致，若不一致，即如果市场上有其他企业提供较低价格，自己也将同幅降价，或者允许解除合同，购买者可以寻找更优惠的供应商。一致-竞争条款实质上是将购买者作为监督者，使其有激励去监督和报告竞争对手的价格。这样，某一企业的降价行为将很快通过购买者传播给其他企业，对价格偏离行为的察觉就容易多了，而且竞争对手率先降价的激励也没有了，因为这样做只会减少利润。

（二）“最惠国待遇”条款

“最惠国待遇”本来是国与国之间在规定彼此经济和贸易方面的权利和义务时所依据的一种法律原则。在这种原则下，缔约国双方在两国间的通商、航海、投资、关税以及其他方面，互相给予优惠待遇。如果缔约国一方现在和将来给予任何第三国（最惠国）优待，也应立即自动地同样给予缔约国的另一方。

与合谋相关的“最惠国待遇”条款则是指在销售合同中，销售商向所有购买者做出承诺，不会以更低的价格销售产品给其他购买者，否则，将向原先高价购买者补偿相同的价格差。“最惠国待遇”条款可以从两个方面降低背叛的激励：一是它等同于设定了背叛合谋协议的罚金，增加了惩罚的力度，如果某合谋成员违反协议降价出售产品，它也必须对此前所有的购买者降价，这将增加降价的成本，面临原先获得的利润被返还给购买者的风险；二是它无成本地把购买者作为了监督者，因为购买者一旦发现企业向别的买家提供折扣，就有追索的权利，这也降低了企业降价的激励。

三、其他价格控制方式

（一）分割市场与固定市场份额

某些卡特尔采取分割市场的办法维持合谋，即分配给每一个成员企业一定的购买者或者地理区域。在分割市场的情况下，成员企业在区域市场上就是垄断者，会按照边际成本等于边际收益的原则设定垄断价格，实现利润最大化，因而没有降价激励。波斯纳（Posner，1970）的研究表明，7.8%的反托拉斯案例涉及购买者的分配，14.6%涉及区域划分。

如果市场份额容易被观测到，卡特尔还会通过固定成员企业的市场份额来阻止和察觉背叛。因为如果有企业秘密降价，其市场份额将会上升，很容易被察觉并会招致惩罚，其他企业在察觉后会调整自己的产量以保持在行业中的适当份额。当所有企业都预期到这一反应时，就没有企业会背叛合谋。

材料短析

美国铁路联合委员会卡特尔

在19世纪80年代，美国铁路运输业建立了一个名为“铁路联合委员会”的铁路卡特尔。铁路联合委员会对成员协议分配市场份额，每条铁路自行订立它的费率，同时向铁路联合委员会办公室每周报告一次，这样，每条铁路都可以看到总运输量，每家企业的市场份额都取决于所有企业收取的价格和不可预测的市场波动。

资料来源：Porter. R. H. A Study of Cartel Stability：The Joint Executive Committee，1880－1886[J]. *Bell Journal of Economics and Management*，1983（14）：301－314.

（二）零售价格维持

零售价格维持（Retail Price Maintenance）又称纵向价格垄断，是指上游生产商通过协议形式，对下游零售商的最终零售价格进行限制。如果零售商不遵守，制造商就拒绝供货。这种机制既有利于上游生产商之间的合谋，也有利于下游零售商之间的合谋。

对于卡特尔生产商来说，尽管达成了价格协议，但其产品要通过零售商销售给消费者。由于不同零售商拥有不同的成本或采取不同的战略，因此可能导致零售价格的差异。在信息不对称条件下，这种差异可能来源于零售商的成本或战略，也可能是生产商背叛了价格协议，却拿零售商做挡箭牌。零售价格维持的实施则可以消除这种合谋不稳定因素。

对于卡特尔零售商来说，则是上游的生产商充当了监督者角色，一旦发现零售商背叛价格协议就停止供货，进行惩罚，以约束下游零售商遵守价格协议。

案例分析

转售价格维持的合谋效应与反垄断执法政策

2012年以来，面对市场需求的不利局面，作为高端白酒市场支配企业的茅台、五粮液同时实行最低转售价格限制，其目的是实现价格合谋，维持较高的零售价格和利润，防止由于市场需求波动导致企业收益下降。

2013年2月22日，贵州省物价局和四川省发展和改革委员会发布公告称，茅台和五粮液与经销商达成并实施了白酒销售价格的纵向垄断协议，违反了《反垄断法》第十四条关于禁止固定转售价格的规定，分别对茅台和五粮液处以2.47亿元和2.02亿元的罚款。

茅台和五粮液实行最低转售价格限制可以实现两种效应：一是通过实行最低转售价格限制，禁止各自的经销商降低零售价格，向竞争对手做出了不降价的可信承诺；二是通过实行最低转售价格限制，消除了零售价格的变化，有利于监督彼此的价格背叛行为。因此，两家企业在相同时间实行的相近幅度的最低转售价格限制就成为一种重要的默契合谋机制。

资料来源：唐要家. 转售价格维持的合谋效应与反垄断执法政策[J]. 财经论丛，2014（1）：85-91.

第四节 合谋的识别与公共政策

企业通过合谋，会把价格提高到边际成本之上，进而降低经济效率，因此，禁止公开价格协定是各个国家反垄断的重要内容。企业进行合谋时，可能会留下种种重要证据，如纸张、电子邮件或者电脑硬盘上永久的会议记录，以及定价协议、被录音的电话会议等。如果没有这些证据，要识别并在法律上证明卡特尔的存在是极其困难的，因此，反垄断机构也会设计政策以激励卡特尔成员主动提供证据（贝拉弗雷姆和佩泽，2015）。

一、合谋的识别困难

合谋的直接结果是价格高于边际成本，因此，直观上看，价格-成本加成应该是合谋的证据。但是这种方法可能是错误的，因为高价格-成本加成只是意味着存在市场势力，而这种市场势力可能来源于多种因素。回顾第三章中生产能力约束条件下的伯川德竞争可知，即使不存在合谋，生产能力约束也会使价格高于边际成本，存在正的价格-成本加成。另外，产品差异化、广告、搜寻成本与转换成本等也都会带来正的价格-成本加成。

虽然价格－成本加成水平不是识别合谋的唯一方式，但如果市场条件不变，却出现了价格－成本加成的急剧增长，此时就可以推断这种增长可能是合谋的结果。问题的关键是，怎样才能识别卡特尔？现有文献提出了四种方法：第一种方法是观察企业的现实行为是否与一系列广泛的竞争模型所预测的行为一致。第二种方法是检验企业行为的结构性变动，此方法的理论基础是企业定价函数的离散性变化有可能来自卡特尔的形成（或终止），但这两种方法都不能为合谋的存在提供证据，它们仅仅表明观察到的行为与竞争预期下的行为不一致，因此主要作用是进行筛选。第三种方法是考察作为怀疑对象的合谋企业的行为是否与竞争性企业的行为不同。如果行业中仅有部分企业合谋，并且能够识别这些企业，那么可以直接比较合谋企业与竞争性企业的行为。如果不是这种情况，则可以进行跨市场比较（企业在一些市场合谋，而在另一些市场没有合谋）或者跨期比较（被怀疑的卡特尔形成之前与之后）。第四种方法是比较合谋模型还是竞争性模型会更好地契合数据。

上述四种方法虽然可以相互印证，但在实践中还存在一个重要问题，即企业行为的一些必备数据很难获取，如成本通常是观察不到的，并且在许多情况下也没有公开的价格与产量数据。因此，反垄断机构往往需要找到被怀疑合谋的企业的相关数据，而企业有明确的激励谎报私有信息，扮演竞争性企业以掩盖合谋行为，所以反垄断机构处于信息劣势。

我们可以设想一个简单的例子。假定行业中有 n 个对称企业，它们以相同的边际成本 c 生产同质产品并面临线性需求曲线。如果企业进行古诺竞争，回顾第三章的内容我们知道，在 n 家企业的古诺竞争均衡中，每家企业的产量都为 $q_n=\frac{a-c}{n+1}$（为了方便，这里我们假定 $b=0$），市场价格为 $p_n=\frac{a+nc}{n+1}$。如果所有企业合谋，它们将联合生产垄断产量 $q_M=\frac{a-c}{2}$，市场的垄断价格为 $p^M=\frac{a+c}{2}$。现在假定反垄断机构可以估计需求的参数 a，但是不能精确地观察到企业的边际成本。反垄断机构知道真实的成本位于区间 $[c^-, c^+]$，并且 $c^+<a$。如果最低可行合谋价格 $p^M(c^-)$ 低于最高可行竞争性价格 $p^C(c^+)$，即$\frac{a+c^-}{2}<\frac{a+nc^+}{n+1}$，反垄断机构就不能分辨企业的行为了，因为企业能够谎报价格以掩盖合谋行为。我们可以设定一些具体的数值来进行验证，假定 $n=3$，$a=10$，$c^-=3$ 且 $c^+=7$。上面的不等式在这些赋值下成立。现在假设真实的成本为 $c=4$。因此，如果企业

合谋，可以观察到的价格为 $p^M(4)=14/2=7$。由于反垄断机构并不知道这一真实值，企业可以撒谎并人为提高成本使得观察到的价格符合竞争性行为。例如，企业可以虚报成本为 6（这是可信的，因为 $c^- < 6 < c^+$），企业可以误导反垄断机构相信观察到的市场价格是古诺竞争的结果 [$p^n(6)=28/4=7$] 而不是合谋的结果 [因为 $p^M(6)=8$]。

二、宽大处理与告密计划

对于反垄断机构来说，调查卡特尔组织的一个重要方面就是寻找卡特尔操纵价格并将价格设定在行业竞争水平之上的证据，欧盟及其他发达国家沿袭美国的案例，引入了企业宽大处理计划（Corporate Leniency Programme）。在此计划中，与反垄断机构合作并提供卡特尔及其内部活动证据的企业将获得减刑，这些企业宽大处理计划也适用于个人信息提供者，或者说告密者（Whistleblower），保护他们免于（包括牢狱的）刑事处罚。通过动摇卡特尔的稳定性，这些激励有助于实现法律实施的主要目的。

案例分析

美国司法部诉大卫·托普金斯利用算法固定商品销售价格案

2015 年 4 月 6 日，美国司法部指控亚马逊网站某商家的电子商务主管大卫·托普金斯（David Topkins）利用算法固定商品销售价格。2013 年 9 月至 2014 年 1 月，大卫·托普金斯与其他亚马逊网站卖家协商一致，对于同类海报设定同样的价格。该合谋行为利用特定的价格定价算法来实现，此种定价软件通过收集亚马逊网站上各商家关于特定商品的价格信息，为商家提供定价规则。大卫·托普金斯和合谋者同意使用特定的算法为特定的海报商品进行定价，从而固定、提高、维持、稳定商品价格，使得合谋者的商品价格及其变动能够保持一致。2015 年 4 月 6 日，大卫·托普金斯被司法部起诉至加利福尼亚州旧金山北部地区的美国地区法院，被指控其因固定价格而违反《谢尔曼法》第一条。

在此案例中，合谋通过协商达成，算法的作用实际上是合谋的工具。算法对该合谋行为的影响在于，合谋者无须通过一系列的协商以及沟通调整，即可达成价格的一致，并且利用算法根据事先设定的定价规则进行定价，根据市场变化统一进行价格调整。最终，亚马逊网站上的经营者通过协商达成了价格的一致，导致了海报产品的垄断价格。

资料来源：潘旭东．算法合谋的反垄断法分析[EB/OL]．南方财税法网，2020-07-19.

延伸阅读与思考

改革与规制并行，保障人民福利

为保障企业的生产积极性，使老百姓能够用上一些低价、安全、基本的常用药物，2014 年，我国进一步推进药价改革，放开低价药最高零售价，允许低价药企业在一定的幅度内自行定价。一些药企趁机联合涨价。根据举报，发改委对重庆青阳、重庆大同、江苏世贸天阶、上海信谊联合、商丘华杰等五家公司达成并实施别嘌醇片垄断协议案依法做出处罚，合计罚款399.54万元。

发改委指出，别嘌醇片是治疗因尿酸过高引起的高尿酸血症、痛风的常用药物。别嘌醇制剂属于国家基本医疗保险药品目录中的甲类药品，别嘌醇片还列入了国家基本药物目录和国家低价药目录，价格低廉，在临床上广泛使用。全国获得别嘌醇片批准文号的生产厂家有15家，2012—2013年实际有7家企业生产别嘌醇片；2014年以来实际只有重庆青阳、江苏世贸天阶、上海信谊联合3家企业生产别嘌醇片。

发改委表示，2014年4月至2015年9月，重庆青阳及其关联销售公司重庆大同、江苏世贸天阶、上海信谊联合及其别嘌醇片独家经销企业商丘华杰，作为生产销售青阳、世贸天阶、信谊品牌别嘌醇片的三方经营主体，先后四次召开会议，达成并实施垄断协议。

协议内容主要包括：一是协商统一上涨别嘌醇片价格。2012—2013年，别嘌醇片市场销售均价约为5.8元/瓶，2014年初因原料、人工、环保和技术改造导致成本增加，以及供应结构变化等因素，上涨至10元/瓶。2014年4月，当事公司经过协商，决定将别嘌醇片销售价格提高到不低于18元/瓶；2014年12月，当事公司协商并决定自2015年1月起将别嘌醇片的销售价格提高到23.8元/瓶。二是分割销售市场。三方协商划分了销售区域。重庆青阳一方负责四川、重庆、广东、云南、山东、安徽、陕西、甘肃、宁夏、新疆、西藏、内蒙古；上海信谊联合一方负责上海、浙江、北京、天津、河南、河北、海南、广西、江西、山西；江苏世贸天阶负责江苏、湖南、湖北、福建、贵州、吉林、辽宁、黑龙江。三是约定招投标工作。三方必须在划定区域内进行招投标，不得到其他区域投标或议价。同时强调，如违反约定，重庆青阳将取消合作并不予供应别嘌醇原料药。从当事公司别嘌醇片的实际经销情况和销售数据看，垄断协议得到了实质性实施。

重庆青阳及重庆大同、江苏世贸天阶、上海信谊联合及商丘华杰作为生产销售三个品牌别嘌醇片的独立市场主体，属于具有竞争关系的三方经营者，达成并实施统一上涨别嘌醇片价格、分割销售市场的垄断协议，违反了《反垄断法》第十三条的规定，严重排除、限制了别嘌醇片市场的竞争，对2014年4月以来别嘌醇片价格上涨具有重要推动作用，增加了广大高尿酸血症和痛风患者的药费负担，损害了消费者利益。

发改委表示，本案垄断协议涉及提高价格、分割销售市场两种行为，性质较为严重，特别是2014年以来全国只有当事公司生产三个品牌的别嘌醇片，垄断协议对别嘌醇片市场竞争的排除、限制程度较深。根据垄断行为的性质、程度、持续时间，以及当事公司在垄断协议中的不同作用，发改委依法责令当事公司立即停止实施垄断协议，并处罚款：(1) 对在达成并实施垄断协议过程中处于主导地位的重庆青阳及其关联销售企业重庆大同，处上年度销售额8%的罚款，计180.52万元。(2) 对能够积极配合调查、如实提供证据材料的江苏世贸天阶，处上年度销售额5%的罚款，计118.40万元。(3) 对能够积极配合调查、如实陈述相关事实的上海信谊联合、商丘华杰，分别处上年度销售额5%的罚款，各计49.56万元、51.06万元。

这是我国放开低价药价格以来查处的首例药品价格垄断案。改革与规制并行，才能在增强市场活力的同时，保障人民福利。发改委强调，发改委将继续加强医药行业价格监管，依法保障经营者自主定价权，发挥市场在资源配置中的决定性作用，同时加强对经营者生产销售活动和价格行为的事中、事后监管，严肃查处垄断协议、滥用市场支配地位等违法行为，维护有利于形成合理价格的公平竞争秩序，保护消费者合法权益。

资料来源：发改委查处别嘌醇片垄断协议案 5 公司被罚 399.54 万元[EB/OL]. 中国新闻网，2016-01-28.

思考题

1. 在什么情况下，非合作均衡不再是唯一的博弈均衡结果？
2. 结合现实中有关企业合谋行为的新闻报道，思考为什么某些行业容易出现合谋。
3. 在实践中，合谋企业会采取哪些措施来维持合谋的稳定性？
4. 新冠肺炎的外生冲击会对企业的合谋行为产生哪些方面的影响？
5. 在信息不对称条件下，如何对企业的合谋行为进行识别？

参考文献

1. 保罗·贝拉弗雷姆，马丁·佩泽. 产业组织：市场和策略[M]. 陈宏民，胥莉，等译. 上海：格致出版社，上海三联书店，上海人民出版社，2015.

2. 丹尼斯·卡尔顿，杰弗里·佩罗夫. 现代产业组织[M]. 黄亚钧，谢联胜，林利军，等译. 上海：上海三联书店，上海人民出版社，1998.

3. 刘易斯·卡布罗. 产业组织导论[M]. 胡汉辉，等译. 北京：人民邮电出版社，2002.

4. 唐·E. 瓦尔德曼，伊丽莎白·J. 詹森. 产业组织：理论与实践（第 4 版）[M]. 李宝伟，张云，武立东，译. 北京：中国人民大学出版社，2014.

5. 陈其生，胡建宪. 投标人收买竞争者 无锡首例串标案宣判 [EB/OL]. 中国法院网，2007-01-11.

6. 李停，崔木花. 产业经济学[M]. 合肥：中国科学技术大学出版社，2017.

7. 潘旭东. 算法合谋的反垄断法分析 [EB/OL]. 南方财税法网，2020-07-19.

8. 石奇. 产业经济学[M]. 北京：中国人民大学出版，2017.

9. 唐要家. 转售价格维持的合谋效应与反垄断执法政策[J]. 财经论丛，2014（1）：85-91.

10. 徐广平，崔彬. 国际铁矿石价格形成的经济分析及对策建议[J]. 中国矿业，2019，28（2）：80-84.

11. 于左，闫自信，彭树宏. 中国进口铁矿石定价权缺失与反垄断政策[J]. 财经问题研究，2015（12）：30-37.

12. Albaek. S.，Mollgaard P.，and P. B. Overgaard. Government-Assisted Oligopoly Coordination? A Concrete Case [J]. *Journal of Industrial Economics*，1997（45）：429-443.

13. Chamberlin E. Duopoly: Value Where Sellers are Few[J]. *Quarterly Journals of Economics*, 1929 (43): 63-100.

14. Fraas, A. G. and D. F. Greer. Market Structure and Price Collusion: An Empirical Analysis[J]. *Journal of Industrial Economics*, 1977 (26): 21-44.

15. Friedman, J. A Non-cooperative Equilibrium for Supergames [J]. *Review of Economic Studies*, 1971, 38 (113): 1-12.

16. Hay G. A. and D. Kelley. An Empirical Survey of Price Fixing Conspiracies[J]. *Journal of Law & Economics*, 1974, April (17): 13-38.

17. Conner J. M. Private International Cartels: Effectiveness, Welfare and Anticartel Enforcement[R]. Working papers, 2003.

18. Owen, B. M. Kickbacks, Specialization Price-Fixing, and Efficiency in Residential Real Estate Markets[J]. *Stanford Law Review*, 1977 (29): 931-967.

19. Porter, M. General Electric vs. Westinghouse in Large Turbine Generators[J]. *Harvard Business School Case No*. 9-380-129, 1980.

20. Porter. R. H. A Study of Cartel Stability: The Joint Executive Committee, 1880-1886[J]. *Bell Journal of Economics and Management*, 1983 (14): 301-314.

21. Posner R. A Statistical Study of Antitrust Enforcement [J]. *Journal of Law and Economics*, 1970, 13 (2): 365-419.

第五章

价格行为

在经济运行中，企业进行竞争的重要方式之一就是价格竞争，特别是在寡头垄断的市场结构中，寡头企业具有一定的市场势力，可以针对不同的市场竞争状况和消费者需求状况，在追求利润最大化的日标下，采取不同的价格行为。这些价格行为有些是针对不同类型消费者进行的差别定价，有些则是针对竞争对手实施的策略性定价。本章主要介绍企业的基本定价方法、价格歧视、策略性定价等价格行为。

第一节　定价的影响因素

《人民日报》海外网 2021 年 3 月 6 日报道，美国近期的一场雪灾天气，让得克萨斯州民众经历了长时间水电短缺，当地电网运营商在雪灾期间多收的电费高达 160 亿美元。得克萨斯州公共事业委员会 5 日表示，并不打算就超额电费进行重新定价。美国《华尔街日报》消息称，得克萨斯州公共事业委员会现任主席安德烈亚表示，很难给能源市场重新定价，会牵扯到太多不确定因素。他说道："有很多私下的转账交易在委员会的视线之外，如果采取旨在帮助消费者的行动可能会产生意料之外的后果……本以为是可以帮到消费者的行为，结果可能会让企业或城市破产。"上述新闻折射出了企业定价行为的复杂性，有诸多因素影响到企业的最终定价，我们可以把这些因素按照作用方式分为企业内部影响因素和企业外部影响因素。

一、企业内部影响因素

在寡头垄断市场结构下，企业具有一定的市场势力，可以在一定程度上设定和影响价格，但在定价时，需要综合考虑企业的产品成本、产品特征等，结合企业目标，进行合理定价。

（一）产品成本

产品成本是指企业为了生产产品而发生的各种费用。产品成本是企业定价的基础。产品成本有狭义和广义之分，狭义的产品成本是企业在工厂内为生产和管理而支出的各种费用，包括原材料的采购、燃料和动力的消耗、工人工资和各项制造费用等。广义的产品成本包括与生产经营有关的各项管理费用和销售费用等。在市场竞争中，产品成本低的企业在价格制定方面拥有较大的灵活性，在市场竞争中占据有利地位，能获得较好的经济效益。

（二）产品特征

产品的质量、规格、包装、品牌等决定了购买者对产品的价值判断，也是吸引消费者偏好的主要因素。另外，产品特征是决定购买者需求价格弹性和收入价格弹性的重要因素，而需求价格弹性和收入价格弹性又影响到产品的价格加成。

材料短析

数字产品的特征与定价

数字产品是基于计算机网络交易的数字编码，它们的生产和使用没有物理界限，许多产品仅仅是一个符号或象征。从本质上说，任何可以被数字化，可用计算机进行处理和储存，通过网络来传输的产品都可归为数字产品。

在经济学意义上，数字产品具有如下特征：(1) 依赖个人偏好。从传统意义上说，数字产品不是“可消费”的产品，被消费的是数字产品所代表的思想和用处。数字产品的销售者要更多地依赖消费者信息，根据消费者的评估意见或他们的边际支付意愿而不是边际生产成本来制定价格。(2) 短期效应和积累效应。很多数字产品的价值依赖于时间，如股票、气象信息以及有时间限制的凭证和票据。过时过期的数字产品可能是无用的。例如，昨天的天气信息不再有用，但可以归档用作长期分析，这种短期信息用作归档的价值在于积累效应。与其他产品相比，甚至“消费过”的数字产品也有价值，因此数字产品积累性的消费和生产过程增大了定价行为的难度。(3) 网络外部性。网络外部性是正外部性的一种。根据经济学原理，越稀缺的商品其价值越大。对数字产品来说，由于网络外部性的缘故，稀缺的产品其价值反而低。当然，也有反例说明排他性的数字产品更值钱，因为排他性会使其拥有者受益，用于投资和投机的市场信息就是一个典型例子。

资料来源：袁红清．数字产品特征与定价策略的经济学分析[J]．宁波大学学报（理工版），2003(2)．

（三）企业目标

在现实运营中，虽然企业的最终目标是利润最大化，但在短期内各有差异，有的企业追求市场份额最大化，有的企业追求市场满意的收益率，有的企业追求多目标效用最大化。因此，与差异化的运营目标相对应，企业定价所采取的策略与方法也不同。

二、企业外部影响因素

企业在市场中运营，市场环境是影响企业定价的重要外部因素，而市场环境又是复杂多变的，这进一步增加了企业定价的复杂性。

（一）收入水平

有效需求的前提是经济发展和收入增长。一般来说，经济高速发展，居民收入增长较快，总需求扩张也会较快，引起物价总水平上升。在经济调整时期，经济发展速度较慢，人们的收入增长速度也放慢，会出现有效需求不足，物价水平基本稳定或下降。社会经济的发展状况以及由此决定的居民收入和需求特征都会对企业的定价行为产生影响。

（二）市场结构与竞争对手行为

不同类型的市场有不同的运行机制和特点，对企业定价行为具有不同的约束力。而且定价是竞争行为，任何一次价格制定与调整都会引起竞争对手的关注，并导致竞争对手采取相应对策。因此，企业在制定与调整价格时，不仅要考虑行业的竞争状况和自身在行业中的地位，还要分析竞争对手的规模和优势，以及竞争对手的可能反应。

（三）政府规制

每个国家的政府都在不同程度上对经济运行进行干预，制定一系列与市场竞争有关的法律法规，在定价方面，这些法律法规主要涉及定价的种类、定价的水平和定价的产品品种等。企业的定价行为必须符合相应的政府规制，否则会被禁止或受到惩罚。

案例分析

长春天力旗下天朗地产违反价格法遭处罚

吉林省长春市市场监督管理局2020年9月发布行政处罚决定书，指出长春天朗地产有限公司违反了《中华人民共和国价格法》第十四条“经营者不得有下列不正当价格行为：……（四）利用虚假的或者使人误解的价格手段，诱骗消费者或者其他经营者与其进行交易”的规定。长春市市场监督管理局责令其停止该违法行为，并罚款50万元。

2020年3月，长春市市场监督管理局接到群体性投诉、举报，反映在“奥体玉园”购买房屋时，购房者要交纳1.5万元或2万元不等的“服务费”，才能享受到当事人给予最终房款3万～4万元不等的优惠，最终购房者发现在房屋总房款中未体现出优惠，要求地产公司履行合同约定，经执法人员初步核查，当事人在销售“奥体玉园”房屋时涉嫌存在不正当价格行为。为查清事实，2020年3月24日，经局领导批准，执法人员于当日立案调查。后查明长春天朗地产有限公司销售“奥体玉园”房源时，自行制作了房屋销售价格，且均高于房屋预售申报价格，并向消费者宣传，利用“1.5万元抵3万元并打9.9折、2万元抵4万元并打9.9折”的价格手段，诱导购房者购买房子，使购房者最终实际成交价格小于或等于预售申报价格。

资料来源：长春天力旗下天朗地产违反价格法遭处罚[EB/OL]．新浪网，2020-09-24.

第二节　基本定价方法

企业在定价时，需要考虑产品、市场、需求、竞争环境等多种因素，因此，实践中企业定价的依据和方式非常复杂，但究其本质，仍有一些普遍性的特征，我们称其为基本定价方法。这些基本定价方法是在不完全竞争市场结构下，企业在定价方面较普遍采用的一些做法。

一、成本加成定价法

成本加成定价法是指以企业成本为基础的一种定价方法，有时被用于企业的产品出厂定价，有时被用于市场销售定价。成本加成定价又可以具体分为完全成本加成定价法、变动成本加成定价法、加工成本加成定价法、平均成本加成定价法、边际成本加成定价法等，最常用的是完全成本加成定价法，即在生产或销售的总成本上，加上一定的目标利润和税金，再除以产品产量或销售总量。计算公式为：

$$单位产品价格=(完全成本+目标利润+税金)\div 产品产量$$

其中，完全成本等于固定成本和变动成本之和。

完全成本加成定价法有许多优点：一是计算简便。企业只需在产品成本基础上，加上预期的利润和税金即可。二是能缓和竞争。如果行业内各企业都采用成本加成定价法进行定价，则在生产条件基本相同的情况下，产品的价格大体一致，不会引发激烈的“价格战”。三是对买卖双方较公平，容易被双方接受。在完全成本加成定价法下，销售方“以本求利”，获得合理的收益，购买者也不至于因需求扩张而付出高价。因此，这种定价方法是企业定价的一种基本方法，被企业普遍采用。但这种方法也有明显的局限性，例如，它没有考虑市场需求的变化和竞争的影响，因而主要适用于卖方市场条件下的企业产品定价。

在实践中，大量企业使用成本加成定价法进行定价。霍尔（Hall）和希池（Hitch）对英国 38 家企业进行了调研，其中有 30 家企业使用了成本加成定价法进行定价。他们指出，企业之所以普遍使用成本加成定价法，一是因为企业难以准确估计需求函数和需求弹性；二是因为企业秉承“公平”理念，认为所有企业都应该只索取获得公平利润的价格；三是因为企业很难测算出准确的价格（Scherer，1970）。从 20 世纪 20 年代至 70 年代末，经济学家和美国政府先后对通用汽车公司的定价开展了系列研究。研究结果表明，在 60 余年间，通用汽车公司几乎一直采用成本加成定价法进行定价，其基本定价模型是：以 80%的开工率为标准，计算出单位产品成本后，加上一部分能够使税后投资回报率达到 15%的单位产品利润，再根据市场竞争、潜在竞争压力、长期战略目标、宏观经济形势以及其他相关条件，对各类产品价格进行适当的调整（Scherer and Ross，1990）。另外，企业采用成本加成定价法所获得的利润与最大可能利润之间也是颇为接近的，如鲍莫尔和夸德特（Baumol and Quandt，1964）的研究指出，企业采用成本加成定价法所获得的利润大约相当于最大可能利润的 80%。

二、收支平衡定价法

收支平衡定价法又称为损益平衡定价法、盈亏平衡定价法、临界点定价法等，它是以产品销售收入和产品总成本保持平衡为原则的定价方法。在已知产品销售量的情况下，收支平衡定价法的计算公式为：

单位产品价格＝固定成本÷收支平衡点销售量＋单位变动成本

在已知产品售价的情况下，收支平衡点的销售量计算公式为：

收支平衡点销售量＝固定成本＋(单位产品价格－单位变动成本)

在收支平衡定价法下，总销售收入等于总支出成本，企业利润为零，收支平衡。收支平衡法的优点是计算简便，可使企业明确在收支平衡时的产品价格和产品的最低销售量。

假定某产品固定成本为 20 万元，单位变动成本为 3 元，预计销售量为 5 万件，收支平衡点的单位产品价格为：

单位产品价格＝200 000÷50 000＋3＝4＋3＝7(元)

因此，当单位产品售价为 7 元时，企业的产品总成本和总销售收入都是 35 万元，实现收支平衡。

三、边际贡献定价法

边际贡献是指产品销售收入与产品可变成本之间的差额，即：

边际贡献－销售收入－可变成本

边际贡献定价法又被称为可变成本定价法、日标贡献定价法等，它是以能够弥补可变成本和获得一定的边际贡献为原则的定价方法。边际贡献定价法的具体计算公式为：

单位产品价格＝单位可变成本＋单位产品边际贡献

若边际贡献大于零，则其超过部分的收益可以补偿固定成本；若边际贡献能全部补偿固定成本，则企业收支平衡；若边际贡献大于固定成本，则企业盈利。反之，若边际贡献为正但小于固定成本，则企业只能补偿可变成本，不能补偿固定成本，企业就亏损。当然，如果边际贡献小于零，企业就应当停止该产品的生产，因为此时企业不仅不能够补偿固定成本，而且连可变成本也无法补偿。

边际贡献定价法是企业在产品供过于求、生产任务不足、承接临时生产任务或产品生命周期处于衰落期时所采用的一种临时性定价方法，其目的是保证开工、维持生存和保住既有的市场。

案例分析

企业定价与政府规制

据报道，有消费者称在北京西站南广场停车 56 小时，被收停车费 1 115 元，随后多位消费者表示在北京西站停车都曾遭遇“天价停车费”。北京西站南广场停车场管理方表示，该停车场不设“封顶价格”，1 000 多元停车费不算多，此前已出现过交 3 000 多元、8 000 多元的情况。北京物价局回应，地下或露天停车场收费标准由停车公司定价，只要明码标价，可不设上限。

虽然停车公司自主定价调节车位供需矛盾，鼓励和吸引社会资本参与城市停车设施建设，但机场、火车站等领域停车场资源稀缺，难以进行充分竞争，很大程度上处于垄断地位。车主们把车开到机场或火车站，往往只能开进停车场，无论停车收费标准高低，都只能被动接受。在此情况下，商家如果以“自主定价”为由肆意提高产品和服务价格，就是对自主定价权的滥用，将极大地损害消费者的利益，也容易导致这些场所在招商过程中滋生腐败和寻租行为。对于价格监管部门而言，如果对市场主体显失公平的定价行为放任不管，便是监管缺位。

因此，在设置停车场收费标准时，不仅要考虑成本收益、用好价格杠杆调节市场供需，也要充分考虑消费者的实际需求和承受能力，不能把缺乏议价能力的消费者当成“待宰的羔羊”。目前，北京西站南广场停车场已接受相关部门建议，设置 360 元的“单日”封顶定价。这一及时回应社会关切的做法值得肯定。停车场经营者在设置合理收费标准的同时，还应进一步提升服务质量和水平。机场、火车站等场所车流量大，经营者更应加大停车秩序管理，提升停车软件硬件设施设备，提高停车场的服务质量。

资料来源：林火灿. 定价要适当 服务要跟上[N]. 经济日报，2018-07-16.

第三节　价格歧视

国际在线 2018 年 9 月 27 日报道：为进一步丰富银滩旅游活动，北海银滩从 2018 年 5 月开始举办“北海银滩嘉年华”系列活动，活动实行一票制收取入场费，价格为 100 元/人，北海市民优惠价为 10 元/人。这种“杀生”现象在生活中很常见，当游客对当地不是很熟悉的时候，商家会在销售产品时故意抬高价格。在大数据时代，“杀熟”又登上历史舞台。中国新闻社 2021 年 1 月 7 日报道：中消协指出，有些经营者利用算法进行价格歧视。一是对新老用户制定不同的价格，会员用户反而比普通用户价格更贵。二是对不同地区的消费者制定不同的价格。三是对多次浏览页面的用户提高价格。四是利用烦琐复杂的促销规则和算法，实行价格混淆设置，吸引难以计算真实价格的消费者。这类算法造成选择性目标伤害。无论是“杀生”还是“杀熟”，其本质上都是价格歧视。

价格歧视（Price Discrimination）是一种价格差异，通常是指企业在提供成本相同的无差异产品或服务时，向不同的购买者收取不同的价格或对购买不同数量的产品收取不同的价格。如航空公司同一航班的经济舱对不同的购买者收取不同的机票价格；商场销售同样的衬衫，对购买一件的消费者收取原价，对购买第二件的消费者打五折等。

这里需要说明的是，理解价格歧视概念的核心是消费者面对不同的价格-成本边际，不同消费者对成本相同的同样产品支付了不同的价格，获得了不同的价格-成本边际。因此，当不同消费者对成本不同的同样产品或服务支付相同的价格时，也是价格歧视，因为此时不同消费者也获得了不同的价格-成本边际。反之，当消费者购买成本不同的产品或服务时，即使支付的最终价格不同，但只要面临相同的价格-成本边际，也不是价格歧视。比如本土市场和国外市场的产品价格不同，但如果关税和运输成本能够解释这种差异，此时就不是价格歧视。

一、价格歧视的条件

虽然价格歧视在现实生活中比较普遍，企业通过价格歧视也能增加利润，但并不是所有的企业都能够实施价格歧视，其成功需要具备一些前提条件。

（一）企业具有市场控制力

在完全竞争市场上，有大量的企业出售同质的产品或服务，所有的消费者都具有完全信息，如果某家企业索取的价格高于现有市场价格，将没有消费者购买它的产品。而在不完全竞争的市场结构下，企业具有一定的市场势力，有能力根据消费者的需求弹性制定不同的价格。

（二）消费者对相同产品的支付意愿或需求价格弹性不同

这里的支付意愿既包括不同消费者的支付意愿，也包括同一消费者在不同购买数量下的支付意愿。此时，企业就可以根据消费者不同的支付意愿索取不同的价格。需求价格弹性不同时，企业则可以对需求价格弹性大的消费者索取相对低价，对需求价格弹性小的消费者索取相对高价，以获得更多利润。

（三）没有套利行为

套利是指通过买卖从价格差中获利的行为，购买产品不是为了消费而是为了再出售获得利润。如果存在套利的可能性，则支付较低价格的消费者会把产品转卖给愿意支付较高价格的消费者，这样企业就流失了支付意愿较强的那部分消费者，无法成功实施价格歧视。在下列几种情况下，消费者不容易实现套利：（1）有些交易品天然就无法转卖，如理发、美容等服务，因此，企业销售服务比销售产品更容易实施价格歧视。（2）有些产品转卖存在高昂的交易成本，有效阻止了转卖。如同样的产品在不同的国家售价不同，但关税、运输成本的存在使得转售很难实现。再如超市销售的日常消费品"买二送一"，购买三件产品的消费者虽然支付的价格较低，但其把产品转卖出去所需要付出的成本很高，以至于通过套利所得到的收益难以弥补交易成本。（3）实施价格歧视的企业会刻意采取一些手段来阻止套利。如只对初次购买产品的消费者提供质量保证，或者改变产品的成分，如限制软件的某些功能，然后以较低的价格销售低级版的软件。由于高端用户对产品性能要求较高，因此可以有效阻止高端用户以较低价格购买产品。

二、价格歧视的类型

英国经济学家庇古（Pigou）于 1920 年最早提出了价格歧视的分类，他把价格歧视分为三类，分别是一级价格歧视、二级价格歧视、三级价格歧视。

（一）一级价格歧视

一级价格歧视又称为完全价格歧视，它是指企业根据消费者对每一单位产品所愿意支付的最高价格进行销售。要达到此目的，企业不仅要了解市场出清价格，还要知道每一位消费者对每一单位产品的支付意愿，即企业要完全了解每一位消费者的需求曲线，这在实践中是非常困难的。在多数情况下，企业不能准确了解消费者愿意支付的最高价格，即使知道，向每一位消费者索取不同的价格也很困难，因此，一级价格歧视很少存在，只有当面临一对一的交易谈判时，企业才有可能使用一级价格歧视，比如在国库券拍卖市场中，投标者在不同的数量上每次都要提交他们对投标的整个需求表，再比如在基于互联网平台的交易中，企业可以根据消费者以往行为的大数据，推断消费者的支付意愿。

1. 一级价格歧视均衡

在一级价格歧视下，消费者愿意支付的最高价格就是企业的边际收益，当消费者为每一单位产品愿意支付的价格高于边际成本 MC 时，对于企业来说就是边际收益大于边际成本，即 $MR>MC$，此时，企业增加产量就可以增加利润，企业会一直增加产量，直到 $MR=MC$，即 $P=MC$。因此，一级价格歧视下的均衡价格和均衡数量完全等同于完全竞争的情况，其资源配置是有效率的，但企业获取了全部的消费者剩余。

2. 一级价格歧视的福利效应

图 5-1 阐明了垄断企业是否实施一级价格歧视时的生产者剩余和消费者剩余。没有价格歧视时，企业收取高于边际成本的单一价格。在图 5-1 中，D 为需求曲线，MR 为边际收益曲线，MC 为边际成本曲线，q^M 和 p^M 分别为单一价格下的垄断产量和垄断价格，q^C 为完全竞争产量，q^{PD} 为一级价格歧视下的垄断产量。对于 q^M 和 q^C 之间的产品数量，消费者愿意支付的价格高于企业提供产品的边际成本，但企业没有进行生产，市场产量低于最优产量，垄断带来了无谓损失（deadweight loss），即图中三角形 DBE 的面积。此时消费者剩余为三角形 ADp^M 的面积，生产者剩余为四边形 p^MDEC 的面积。当企业实施价格歧视时，每一位支付意愿高于边际成本的消费者都按照自己的支付意愿买到了产品，市场产量等于最优产量，市场的全部剩余（即三角形 ABC 的面积）都以利润的形式归于企业，消费者福利减少。

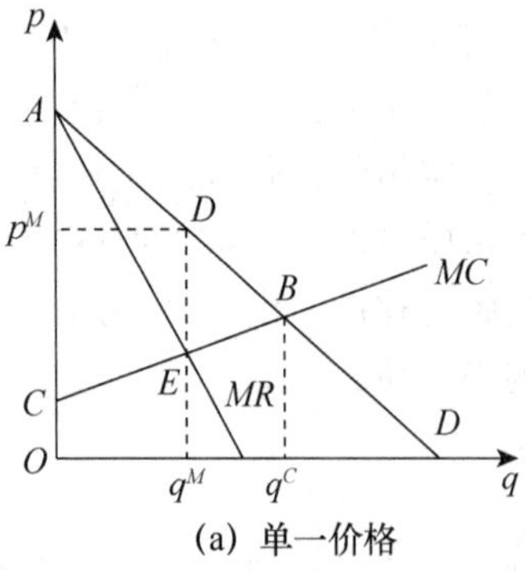

(a) 单一价格

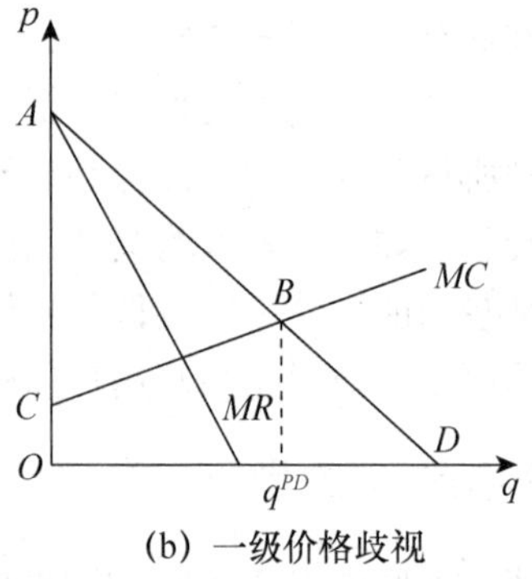

(b) 一级价格歧视

图 5-1 一级价格歧视的社会福利

上述分析表明，与单一垄断价格相比，一级价格歧视可以使社会福利达到最大，能够带来帕累托最优的有效率产量，但影响了分配，使消费者剩余转化为生产者剩余。

案例分析

携程被指大数据杀熟：手机越贵房间价格越高

随着移动应用的普及，关于“手机越贵打车越贵”的消息，一度成为社会热议的话题之一，当网友还在吐槽互联网公司大数据杀熟的行为时，某平台又被指出订酒店“手机越贵房间价格越贵”。

据央视报道，河北张先生在某平台订酒店时意外发现，同样的房间，贵的手机显示的价格会比便宜的手机高。对此，有记者找来三部手机进行验证，一部是价格约 1 000 元的普通手机，另一部是 3 000 多元的中档手机，还有一部是价格更贵的苹果手机。按照同一家酒店、房型、入住时间等相同条件进行搜索后发现，第一部手机上普通会员显示房间价格为 1 158 元，第二部手机上普通会员显示房间价格为 1 258 元。而开通更高级会员的苹果手机按条件应享受更优惠的价格，但结果却与中档手机显示的房间价格相同，也是 1 258 元。

资料来源：携程被指大数据杀熟：手机越贵房间价格越高［EB/OL］. 齐鲁晚报网，2021-03-17.

（二）二级价格歧视

二级价格歧视是企业为消费者提供同样的价格类别，不同价格类别的产品或服务的单位价格不同，但同样价格类别中产品或服务的单位价格相同。消费者选择不同的价格类别，就支付了不同的价格。

1. 二级价格歧视的性质

在二级价格歧视下，企业知道消费者有不同的需求曲线，但无法准确识别消费者的类型或者是识别的成本太高。因此，企业会提供不同的价格类别供消费者进行选择。消费者的自我选择是二级价格歧视成功的关键，产品价格与消费者的身份无关，只与消费者对不同价格类别的选择有关。

2. 二级价格歧视的主要形式

(1) 数量折扣。

数量折扣是二级价格歧视的典型形式，即企业给予购买数量较多的消费者不同程度的价格折扣，以致不同购买量的消费者所支付的价格也各不相同。如麦当劳的某些甜品和饮料的定价模式是第一份全价，第二份半价。数量折扣常见于购买者一次性购买量较大的产品市场。一般来说，企业会将基于不同购买量的价格组合公开发布，由购买者自行选择，所有购买数量相同的消费者支付的价格也相同。如图 5－2 所示，D 为需求曲线，MR 为边际收益曲线，MC 为边际成本曲线，q^M 和 p^M 分别为单一价格下的垄断产量和垄断价格，q^C 为完全竞争产量。企业实施数量折扣的价格歧视，当消费者购买数量为 q_1 时，销售价格为 p_1；当消费者购买数量为 q_2 时，销售价格为 p_2；当消费者购买数量为 q_3 时，销售价格为 p_3。购买数量越多，价格越低。在数量折扣的二级价格歧视下，消费者购买不同数量产品的总支出虽然还是购买量的增函数，但并不是呈线性变化的，通常是一条随购买量增加而每一点上的切线斜率逐步减小的上凸的曲线，因此，二级价格歧视也被称为非线性定价。

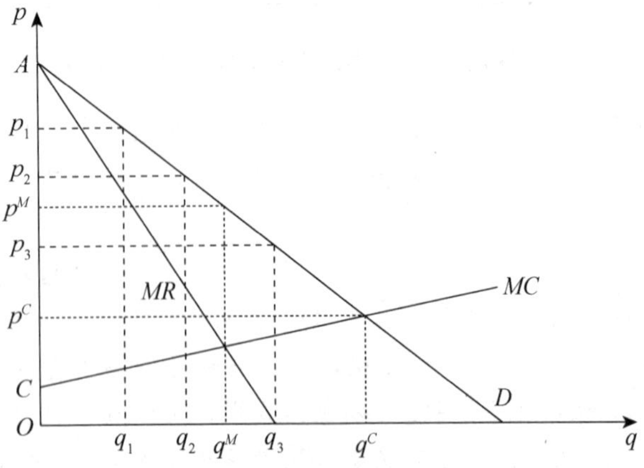

图 5-2　数量折扣的二级价格歧视

现实中公用事业的阶梯式收费也是典型的二级价格歧视，如阶梯水价、阶梯电价、阶梯燃气价等。只不过与数量折扣正好相反，使用数量越多，支付的价格越高，也被称为“逆向二级价格歧视”。如有的城市对居民的生活用水价格设定两个水量的分界点，从而形成不同的收费标准：用水 15 吨以内为人民币 0.6 元/吨，15～20 吨为 1.4 元/吨，20 吨以上为 2.1 元/吨。

案例分析

拼多多的拼团销售

拼多多是上海寻梦信息技术有限公司旗下主要产品，成立于 2015 年。从成立之初，拼多多就以社交拼团为其核心运营模式。拼多多以微信为基础，通过用户邀请分享拼多多的方式，聚集更多的需求，获得优惠的产品价格。从 2015 年 10 月推出到 2018 年初，拼多多月活跃用户已经超过 1 亿，在电子商务领域仅次于移动淘宝和京东。至 2020 年，拼多多又超越了京东，成为中国第二大主流购物平台。2018 年 7 月，拼多多在纳斯达克上市。至 2021 年，拼多多平台已汇聚 7.313 亿年度活跃买家和 510 万活跃商户，平台年交易额达人民币 14 576 亿元，产品品类覆盖快消、3C、家电、生鲜、家居家装等多个领域。

资料来源：从“拼多多”的模式里，我看到了一个如此真实的国人［EB/OL］. 中国质量万里行公众号，拼多多官网，2020-04-24.

（2）两段收费。

两段收费是指企业向消费者收取一笔使用权费后，再收取每单位产品的使用费。使用权费是和消费量无关的固定费用，每单位产品的使用费则是消费者实际消费时支付的产品价格，因此，消费者支付的总价格里包括了固定费用和可变费用两个部分。这种收费方式在电力、电话、健身俱乐部等行业使用比较普遍，如电力公司对大客户收取的容量电价和电量电价，电信公司对顾客收取的月租费和通话费等。

两段收费可用公式表示为：

$$TP=F+pq \tag{5.1}$$

式（5.1）中，TP 为总价格费用，F 为固定费用即使用权费，p 为产品的单位使用费，q 为产品数量。

在两段收费下，单位产品的平均价格为：

$$ATP=\frac{F+pq}{q}=\frac{F}{q}+p \tag{5.2}$$

式（5.2）表明，消费者为每单位产品或服务支付的平均费用会随着购买量的增加而减少。购买量越多，平均每单位产品或服务所需要支付的费用就越少，当购买量足够大时，就接近于每单位使用费 p。

在两段收费下，企业面临一个抉择问题：是制定一个高固定费用和低使用费用的定价类型还是相反？怎样做才能获得更多利润？这取决于消费者的类型。

假设市场上只有一家垄断企业，其边际成本为常数 c，市场上有两类数量相等的消费者，这两类消费者有着不同的需求曲线。垄断企业知道市场上有两类消费者，但它不能区分这两类消费者。

图 5－3 是这两类消费者的需求曲线。D_1 和 D_2 分别为第一类消费者和第二类消费者的需求曲线，p 为单位产品使用价格。S_1 和 S_2 分别为第一类消费者和第二类消费者的剩余，第二类消费者的每一个价格水平上的需求数量都多于第一类消费者。只要两类消费者都购买产品，第二类消费者的剩余 S_2 就大于第一类消费者的剩余 S_1。

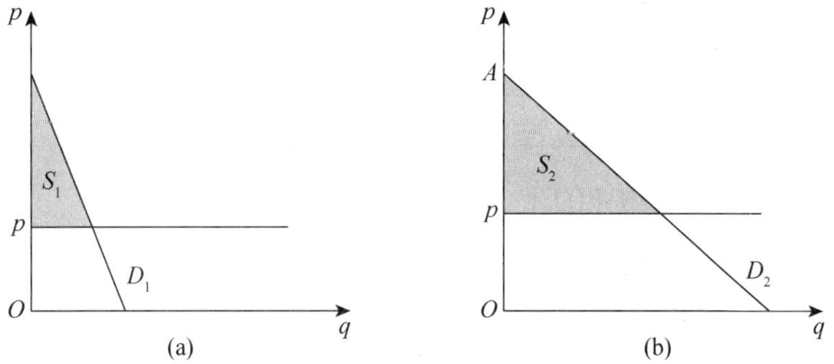

图 5－3　两类不同消费者的需求曲线

假设企业实施单一的两段收费，即针对两类不同的消费者收取同样的 F 和 p。如果 p 大于平均可变成本，企业销售的产品数量越多，净收益就越多。此时固定费用 F 有两种可能：一是 $F\leqslant S_1$，这时两类消费者都会购买；二是 $S_2\geqslant F>S_1$，这时只有第二类消费者会购买。这样，企业就会陷入一个两难选择：如果选择 $F\leqslant S_1$，则只能获得第二类消费者的部分剩余；如果选择 $S_2\geqslant F>S_1$，则会失去第一类消费者。

为解决这种困境，企业可以提供两种不同的两段收费供消费者进行选择，即（S_1，p_1）和（S_2，p_2）。这里的 S_1 和 S_2 表示固定费用，且 $S_1<S_2$，p_1 和 p_2 表示边际价格，且 $p_1>p_2$。企业通过向购买数量多的消费者提供低价 p_2 而产生较大的消费者剩余，再通

过索取固定费用 S_2 获得这部分剩余，而且较高的固定费用 S_2 会阻止第一类消费者选择 p_2，他们会选择支付较高的边际价格和较低的固定费用。这样，企业就能够从两类消费者中获得最大限度的消费者剩余。

3. 二级价格歧视的社会福利

二级价格歧视的福利影响非常复杂，它取决于消费者的偏好和支付意愿。但从产量视角看，二级价格歧视的社会福利与总产量正相关，只要价格歧视下的总产量大于垄断产量，与单一定价相比，二级价格歧视就会增进社会福利。威尔森（Wilson，1993）指出，与任何一个价格高于边际成本的单一定价相比，非线性定价在增加企业收入的同时，都能够增加部分消费者的消费者剩余，并且不会减少任何消费者的消费者剩余。维克斯和阿姆斯特朗（Vickers and Armstrong，2001）指出，一个好的非线性定价策略，可以在提升企业利润的同时，提高消费者剩余，从而使整个社会福利得到改善。

虽然在大多数情况下，二级价格歧视相对于单一定价来说确实存在福利改善，但在某些情况下，也会带来福利损失。王冰（2004）通过对中国移动公司两种不同的消费套餐"全球通"和"神州行"的定价方案的分析，发现在非线性定价模式下，消费者进行消费量选择时，会存在一个"陷阱"区域，没有哪个消费者会在该区域内进行消费量的选择，这将导致福利损失。

从社会总剩余的分配来看，二级价格歧视对生产者剩余的影响是正向的，对消费者剩余的影响是负向的。也就是说，随着消费者需求价格弹性等影响因素的作用不断增强，生产者对消费者剩余的侵占就不断增大（Vickers and Armstrong，2006）。而且不同类型的消费者之间的剩余分配也存在差异，一些研究表明，在数量折扣或者质量折扣等非线性定价行为中，能享受较大折扣的消费者往往可以通过占有仅能享受较小折扣的消费者的剩余来扩大自身的效用（Mussa and Rosen，1978；Goldman and Sibley，1984）。

案例分析

德国和日本下游燃气企业的两部制定价

德国联邦燃气价格管理条例要求区分价目表和非价目表两类用户。价目表用户一般指家庭用户和小型用户，条例规定对这部分用户予以优惠，采用两部制定价，其账单包括测量费和商品费（标准合约），还规定对该类用户基于消费量定价的部分不能超过单位价格的 60%。非价目表用户一般是指用气量较大的工业用户，即合同用户，其价目表包括需求费和商品费（非标准合约），合同用户年用气量在 7 000GJ/a 以下的采用阶梯定价，在 7 000GJ/a 以上（含 7 000GJ/a）的采用两部制定价。另外，对大型工业用户和发电用户则采用一部制，其价格采用市场定价，与重油和轻油价格相关。

日本按阶梯定价的原则设计两部制定价。为了解决全成本定价难以提升企业运行效率的问题，日本采用"标准评定"方法。根据城市规模、建设周期、地理特征等因素将全国 247 家燃气公司划分为 16 个组，每个组内对各个燃气公司的服务质量和价格打分，然后进行排序，对成本状况做出评价，并要求每组按最低成本标准来制定统一的价格水平，这就使得运营水平低的企业必须提升效率。这种方法对于没有形成全国网络且城市差异较大的日本来说很有效，它的核心是通过间接竞争来降低价格。

资料来源：程鹏，张洪军，张凤伟，陈淳柽，陈斌. 两部制定价的理论与实例[J]. 燃气与热力，2008（9）：B52-B56.

（三）三级价格歧视

三级价格歧视是企业根据消费者的需求弹性将他们分成不同的类别，并对每类消费者收取不同的价格。在同一类消费者内部，消费者支付的价格相同。三级价格歧视是日常生活中最常见的一种价格歧视方式，并且大多采取公开标价的方式实施。企业通常为不同消费者类别设定一系列支付条件，符合其中某些条件的消费者支付相应的价格。如旅游景区以身份为条件的老人和学生优惠价格，零售企业以优惠券为条件的折扣价格等。

1. 三级价格歧视均衡

假设企业在两个具有不同需求价格弹性的消费者类别中或市场销售产品，企业的边际成本为 c，其利润函数为：

$$\pi=[p_1(q_1)-c]q_1+[p_2(q_2)-c]q_2 \tag{5.3}$$

式（5.3）中，p_1 是企业对第一类消费者销售 q_1 单位产品时索取的价格，p_2 是企业对第二类消费者销售 q_2 单位产品时索取的价格，p_1 取决于 q_1，但与 q_2 无关。同样，p_2 也只与 q_2 有关。企业的总利润是来自第一类消费者和第二类消费者的利润总和，而且由于两个市场分割，只有当两个市场分别达到利润最大化时，企业的总利润才实现最大化。由利润最大化的条件 $MR=MC$ 可得：

$$MR_1=\frac{\mathrm{d}[p_1(q_1)q_1]}{\mathrm{d}q_1}=\frac{p_1\mathrm{d}q_1+q_1\mathrm{d}p_1}{\mathrm{d}q_1}=p_1+\frac{\mathrm{d}p_1}{\mathrm{d}q_1}q_1=p_1\left(1+\frac{\mathrm{d}p_1}{\mathrm{d}q_1}\cdot\frac{q_1}{p_1}\right) \tag{5.4}$$

而且

$$e=-\frac{\mathrm{d}q}{\mathrm{d}p}\cdot\frac{p}{q} \tag{5.5}$$

因此

$$MR_1=p_1\left(1-\frac{1}{e_1}\right)=c \tag{5.6}$$

$$\frac{p_1-c}{p_1}=\frac{1}{e_1} \tag{5.7}$$

同理

$$MR_2=p_2\left(1-\frac{1}{e_2}\right)=c,\ \frac{p_2-c}{p_2}=\frac{1}{e_2} \tag{5.8}$$

因此，企业对不同消费者类别的价格加成比率与该类消费者的需求价格弹性成反比。消费者的需求价格弹性越大，企业索取的价格就越低，越接近于边际成本；反之，消费者的需求价格弹性越小，企业索取的价格就越高。

图 5-4 中，第一类消费者的需求曲线和边际收益曲线分别为 D_1 和 MR_1，第二类消

费者的需求曲线和边际收益曲线分别为 D_2 和 MR_2，第一类消费者的需求弹性小于第二类消费者。企业的边际成本曲线为 c。在利润最大化时，企业对第一类消费者索取的价格为 p_1，对第二类消费者索取的价格为 p_2，均衡时 $p_1>p_2$。

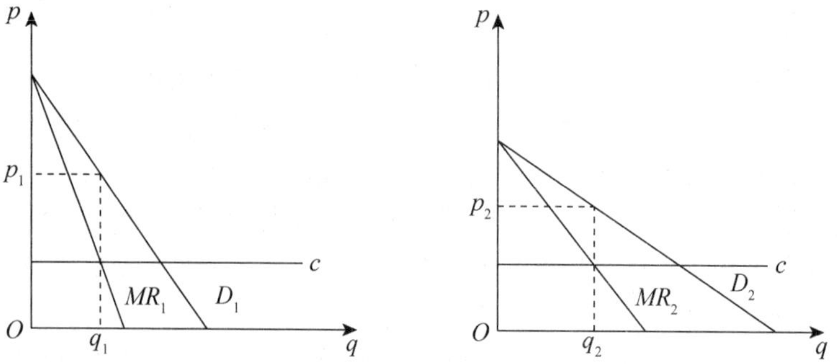

图 5-4　三级价格歧视

2. 三级价格歧视的社会福利

在三级价格歧视下，消费者支付的价格要高于边际成本，因此，其效率不如完全竞争或完全价格歧视。但与单一定价的完全垄断相比，三级价格歧视的效率可能优于也可能劣于完全垄断，这取决于成本曲线和需求曲线的形状。

图 5-5 中，左边的图（a）是垄断企业在两个弹性不同的分割市场实施三级价格歧视的社会福利。在第一类消费者市场的价格和产量分别是 p_1 和 q_1，在第二类消费者市场的价格和产量分别是 p_2 和 q_2，第一类消费者市场的社会福利净损失是区域 A，第二类消费者市场的社会福利净损失是区域 B，因此，企业在两个市场实施价格歧视的社会福利净损失是 $A+B$。右边的图（b）是垄断企业实施单一价格的社会福利，此时市场价格和产量分别是 p^M 和 q^M，社会福利净损失是区域 C。如果 $A+B>C$，则企业实施价格歧视的社会福利要优于单一价格，反之则相反，而 A、B、C 的大小则取决于需求曲线和成本曲线的形状。

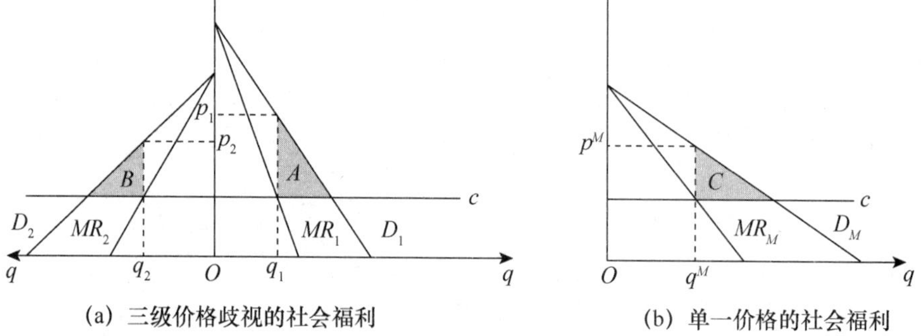

图 5-5　三级价格歧视与单一价格的社会福利比较

三级价格歧视的低效率主要来源于以下三个方面：一是垄断的低效率。在三级价格歧视均衡中，虽然不同消费者类别所支付的价格不同，但其价格都高于边际成本，社会产量低于竞争性产量。二是消费的低效率。不同消费者类别的边际支付意愿不同，而他们为同一产品支付的产品单价不同，无法转卖限制了消费者通过交易进一步改善福利的机会。三是资源的浪费。消费者为得到低价，可能不得不花费资源，而企业从这种花费中又得不到好处。比如，消费者可能不得不排队等候购买低价产品，可以视之为垄断企业逼迫消费者先购买一种“负产品”（如浪费时间），然后再以低价向其供应产品。

总体来说，价格歧视的福利效应非常复杂。当企业不实施价格歧视，某些产品或劳务就不可能生产出来时，价格歧视的存在无论对生产者还是消费者来说都是可以增加社会福利的；当规模经济显著时，企业还可以通过价格歧视增加销量，进而扩大产量，降低成本，增加社会福利。从分配上看，价格歧视把低需求价格弹性群体的部分收入再分配给了高需求价格弹性群体和经营者，相对提高了低收入者的购买能力，促进了社会公平，并顺应消费者心理差异，满足了消费者的多层次需求。一般来说，只要实施价格歧视能够增加销量和产量，社会福利就会增加。

三、其他消费者分类方式

在上述的价格歧视中，企业都是通过区分消费者来制定不同的价格，进而增加利润，但消费者所购买的是同样的产品。除了上述三种价格歧视方式之外，企业还会通过提供一系列不同产品组合、不同价格与质量组合的价格类别来实施价格歧视。前者是搭配销售（Tie-in Sale），后者是版本定价（Versioning）。

（一）搭配销售

搭配销售是企业要求消费者购买某件产品时必须一起购买另一件产品。比如消费者购买微软的 Windows 操作系统时必须同时购买 IE 浏览器。搭配销售又可以分为两种类型：捆绑搭配销售（Binding）和必要品搭配销售。

1. 捆绑搭配销售

捆绑搭配销售也称为捆绑销售。它是将两种或多种产品捆绑起来销售的定价方式。捆绑销售又可以分为纯粹捆绑销售和混合捆绑销售两种。

（1）纯粹捆绑销售。

纯粹捆绑销售要求消费者以固定比例购买两种产品或多种产品。如汽车销售中的保险捆绑销售。捆绑销售同样是为了增加利润，前提同样是消费者间的需求意愿差异和支付意愿差异。假设企业生产和销售两种垄断产品 A 和 B，市场上有两类消费者，这两类消费者对产品 A 和产品 B 的支付意愿不同。第一类消费者对产品 A 和产品 B 的最大支付意愿分别是 100 元和 20 元，第二类消费者对产品 A 和产品 B 的最大支付意愿分别是 70 元和 50 元（见表 5-1）。

表 5-1　纯粹捆绑销售与利润

用户类型	用户数量	支付意愿		
		产品 A 的支付意愿	产品 B 的支付意愿	产品 A 和 B 捆绑的支付意愿
第一类消费者	50	100	20	120
第二类消费者	50	70	50	120

假设企业生产产品 A 和产品 B 的成本都为 10 元，此时如果企业对两种产品分开销

售，则产品 A 的最优定价为 70 元，利润为 6 000 元；产品 B 的最优定价为 50 元，利润为 2 000 元。因此，企业分开销售产品 A 和产品 B 的总利润为 8 000 元。

现在假设企业把产品 A 和产品 B 捆绑在一起进行销售，即消费者要么购买产品 A 和产品 B 的捆绑包，要么就什么都不买。两类消费者对产品捆绑包的支付意愿都是 120 元，此时企业按照 120 元定价，利润为 10 000 元，捆绑销售比分开销售的利润增加了 2 000 元。在捆绑销售中，第一类消费者对产品 A 支付了更高的价格，第二类消费者对产品 B 支付了更高的价格，这也意味着企业向不同消费者销售同一产品时索取了不同的价格。

在上述例子中，企业之所以可以通过捆绑销售增加利润，是因为两类消费者对产品 A 和产品 B 的相对支付意愿存在差异。尽管两类消费者对产品 A 的支付意愿都大于产品 B，但第一类消费者对产品 A 的支付意愿大于第二类消费者，而第二类消费者对产品 B 的支付意愿大于第一类消费者。此时，不同产品的需求是负相关的，即消费者对一种产品愿意支付的越多，对另一种产品愿意支付的就越少。如果需求是正相关的，那么消费者将会对两种产品同时支付更多，在这种情况下，捆绑销售将不会增加利润。

案例分析

车行捆绑销售车险案

2018 年 5 月 31 日，温州市洞头区市场监督管理局受理了消费者林先生要求华亿汽车服务有限公司退还保险履约保证金的投诉。林先生诉称：2018 年 2 月在华亿汽车服务有限公司通过分期贷款方式购买了一辆众泰汽车。购车时，经营者要求林先生在指定的保险公司购买车辆相关保险，签订 3 年保险续约合同并支付 2 000 元保险履约保证金。2018 年 5 月，消费者还清车辆贷款并将该车辆出售后，与经营者协商退回履约保证金时被拒。接诉后，市场监督管理局依法对华亿汽车服务有限公司开展调查并于调查结束后组织双方进行调解，在调解中经营者主动退还消费者 2 000 元履约保证金。洞头区市场监督管理局根据《中华人民共和国消费者权益保护办法》第九条和《侵害消费者权益行为处罚办法》第十二条、第十五条规定，决定责令当事人改正违法行为，并处罚款人民币 1 000 元。

资料来源：案例分析：车行捆绑销售车险案[EB/OL]. 温州市市场监督管理局网站，2018-07-20.

（2）混合捆绑销售。

混合捆绑销售是一种菜单式销售，企业既提供捆绑销售的选择，也提供单独购买其中某种产品的选择。如大多数的餐厅都提供随意点餐和捆绑的固定价格套餐菜单，很多景区提供单独景区门票和包含缆车的捆绑套票。

我们可以用回味鸭血粉丝汤店铺的例子来对混合捆绑销售进行详细说明。该店铺主要出售鸭血粉丝汤和鲜肉汤包两种食品，消费者可以直接购买鸭血粉丝汤和鲜肉汤包的捆绑包，也可以单独分别购买两种食品。

假设市场有三类消费者。第一类消费者对鸭血粉丝汤的最高支付意愿是 5 元，对鲜肉汤包的最高支付意愿是 30 元；第二类消费者对鸭血粉丝汤的最高支付意愿是 20 元，对鲜肉汤包的最高支付意愿是 15 元；第三类消费者对鸭血粉丝汤的最高支付意愿是 30 元，对鲜肉汤包的最高支付意愿是 5 元。

如果该店铺对每碗鸭血粉丝汤和每笼鲜肉汤包都定价 20 元，那么第一类消费者将只购买鲜肉汤包，则第二类消费者和第三类消费者都将只购买鸭血粉丝汤。如果该店铺提供单独定价 20 元的鸭血粉丝汤和鲜肉汤包，也提供定价 35 元的包含了鸭血粉丝汤和鲜肉汤包的套餐。第二类消费者会购买套餐，第一类消费者只购买鲜肉汤包，第三类消费者只购买鸭血粉丝汤，则第二类消费者购买套餐的消费者剩余要大于其单独购买鸭血粉丝汤或鲜肉汤包的剩余。第一类消费者单独购买鲜肉汤包和第三类消费者单独购买鸭血粉丝汤的剩余都为 10，大于其购买套餐的消费者剩余（购买套餐的消费者剩余为 0）。

假定提供一碗鸭血粉丝汤和一笼鲜肉汤包的平均成本都是 10 元，每一类消费者的消费单位都为 1。则该店铺在各种定价方案下的利润如下。

①单独定价。该店铺对鸭血粉丝汤和鲜肉汤包分别定价 20 元和 30 元，可以实现利润最大化。此时可以售出两碗鸭血粉丝汤（第二类和第三类消费者）和一笼鲜肉汤包（第一类消费者），利润总和为：

$$\pi=(2\times20+1\times30)-(2\times10+1\times10)=70-30=40(\text{元})$$

②只提供套餐（纯粹捆绑销售）。该店铺对鸭血粉丝汤和鲜肉汤包的捆绑套餐定价 35 元，可以售出三份套餐（三类消费者都购买），利润总和为：

$$\pi=3\times35-3\times20=105-60=45(\text{元})$$

③混合捆绑销售。该店铺对套餐定价 35 元，单独出售鸭血粉丝汤和鲜肉汤包的价格都为 29.9 元。该店铺可以售出一份套餐给第二类消费者，售出一碗鸭血粉丝汤给第三类消费者，售出一笼鲜肉汤包给第一类消费者，利润总和为：

$$\begin{aligned}\pi&=(1\times35+1\times29.9+1\times29.9)-(1\times20+1\times10+1\times10)\\&=94.8-40=54.8(\text{元})\end{aligned}$$

比较上述三种情况下的利润，混合捆绑销售的利润最大，套餐销售的利润次之，单独定价的利润最少。当然，如果企业的生产成本和需求发生变化，定价方案所带来的利润也会相应改变。在经济实践中，大多数餐饮连锁店尤其是快餐连锁店都采用了混合捆绑销售策略，说明该策略可以使其利润最大化。

2. 必要品搭配销售

必要品搭配销售是指企业以不同的比例销售两种产品。典型的必要品搭配销售形式是对某种产品具有垄断势力的企业要求买方购买该种产品的同时必须购买其销售的其他互补品。如 IBM 要求购买其计算机的客户同时购买其生产的制表卡，联合制鞋机器公司要求购买其制鞋机的客户同时购买其生产的钉子、大头针，迪克油印机公司要求购买其油印机的客户同时购买其生产的油墨，国际制盐公司要求购买其制盐机器的客户同时购买其生产的盐。

一般来说，必要品搭配销售都是企业在某种产品的生产上占据垄断地位，我们可以把其称为基础品，而在互补品的生产上面临市场竞争，通过实施搭配销售，企业对互补品索取一个高于竞争水平的价格，进而增加利润。当不同客户购买不同数量的互补品时，其使用基础品的价格就有所差异。如 IBM 销售计算机搭售制表卡，客户购买的制表卡越多，给 IBM 带来的利润就越多，购买 100 张制表卡的客户比购买 10 张制表卡的客户为计算机的使用多支付 9 倍的金额。因此，要使必要品搭配销售带来最大利润，关键的前提是客户对互补品的需求不同。

（二）版本定价

版本定价是企业提供不同价格与质量组合的价格类别，通过消费者的自我选择来实施价格歧视，如平装书与精装书、飞机的商务舱与经济舱、软件的企业版与家庭版等。在版本定价里，虽然不同价格的产品质量不同，但质量所内含的成本差异不能完全解释价格的差异，即企业通过提供不同的价格质量组合，从不同消费者那里获得不同的成本加成。

在实践中，还会出现版本定价的极端情况，即企业为了实施价格歧视而降低产品的质量。如学生版软件和企业版软件在价格上存在较大差异，但学生版软件会通过特别的处理被禁止使用某些功能。在某些情况下，企业甚至需要支付额外的成本来生产低质量产品。如 1990 年 5 月，IBM 宣布推出 E 激光打印机，该型号的激光打印机比 IBM 原来流行的激光打印机成本低。实际上，前者与后者的唯一区别在于 E 型打印机每秒打印 5 页，而原来的打印机每秒打印 10 页……两种打印机使用同样的“引擎”和相同的零部件，仅有一点区别：加入一个固件，插入一种等待状态，降低打印速度（卡布罗，2002）。

在版本定价下，虽然企业实施价格歧视的目的是增加利润，但也可能带来一个严格意义上的帕累托改进，同时增加高支付意愿和低支付意愿消费者的福利。如果没有低质量的受损产品（Damaged Goods），低收入消费者将没有能力购买和消费，而对于高收入者来说，企业为了诱使高收入者购买高价格高质量产品，也不会对高质量产品索取太高的价格，否则高质量产品和低质量产品之间过大的价格差将使高收入者转向购买低质量产品。

案例分析

微软 Office 的版本定价

2019 年 1 月 22 日，微软中国宣布，面向消费者及小型企业的 Office 2019 正式上市。面向消费者及小型企业的 Office 2019 包括 Office 家庭和学生版 2019 及 Office 小型企业版 2019，Office 2019 在 Office 2016 的基础上进行了全面更新，是新一代 PC 端永久使用零售版。现在微软公布了 Office 2019 国行版的价格，Office 家庭和学生版 2019 售价 748 元、Office 小型企业版 2019 售价 1 998 元、Office 专业版 2019 售价 5 298 元。

资料来源：微软 Office 2019 消费者及小型企业版在中国正式上市[EB/OL]. IT 之家网，2019-01-22.

第四节　策略性定价

企业在追求利润最大化的过程中，在设置产品价格时，不仅要考虑到产品成本和消费者需求，还要考虑到市场上的竞争对手。为达到长期利润最大化目标，企业会利用策略性定价手段，影响市场环境，提高自身竞争地位，阻止潜在竞争对手进入市场或者是将现有竞争对手驱逐出市场。企业通常采用的策略性定价手段主要有限制性定价和掠夺性定价。

一、限制性定价

追求短期利润最大化的垄断企业会按照边际成本等于边际收益的原则确定产量和价格。但追求长期利润最大化的在位企业为改变潜在进入企业对市场的预期，会制定一个较低的价格水平，使潜在进入者进入市场后不能获利，从而阻止新企业进入市场，此时在位企业就实施了限制性定价策略。

（一）静态限制性定价

早期的限制性定价模型主要由莫迪利安尼（Modigliani，1958）、索罗斯－拉比尼（Sylos-Labini，1962）等提出和发展，他们研究的主要是静态限制性定价模型。

1. 静态限制性定价模型

在静态限制性定价模型中，一个关键的假设是在位企业会保持产量不变，即使潜在进入企业已经进入市场，在位企业也不会改变产量。基于这一假设，潜在进入企业预期其进入市场后，行业的总产量是新企业和在位企业现有产量之和，超出需求的产量将导致价格下降。

（1）在位企业具有成本优势的限制性定价。

假设企业 1 为在位企业，企业 2 为潜在进入企业。潜在进入企业相对于在位企业具有成本劣势，企业 1 的边际成本为 c_1，企业 2 的边际成本为 c_2，$c_1 < c_2$。如图 5－6 所示，在没有限制性定价时，企业 1 按照边际成本等于边际收益的原则确定利润最大化的产量 q_1^M 和价格 p_1^M。此时需求曲线上 E 点以下的需求即 EB 没有得到满足。对于企业 2 来说，这就是它所面临的剩余需求曲线 D_2。企业 2 会进入市场，按照边际成本等于边际收益的原则确定利润最大化的产量 q_2^M 和价格 p_2^M。由于 $p_2^M < p_1^M$，在位企业也必须降价销售，进而利润下降。因此，企业 2 的进入使得在位企业的利润下降。

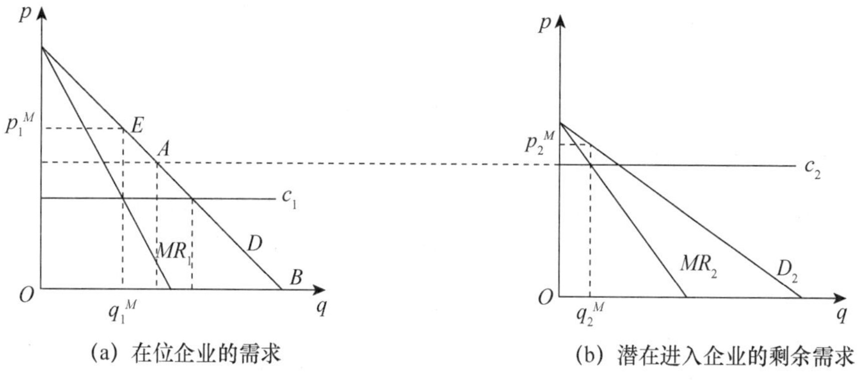

图 5－6 在位企业和潜在进入企业的需求和成本

为了阻止企业 2 进入市场，在位企业必须把价格降到足够低的水平，使得企业 2 所面临的剩余需求曲线位于其边际成本曲线之下。在图 5－6 中，如果在位企业索取任何一个高于 c_2 的价格，企业 2 就会有剩余的需求。如果在位企业索取的价格等于 c_2，企业 2 所面临的剩余需求曲线就是线段 AB，其边际成本高于需求曲线，如果进行生产，企业 2 将亏损。因此，当企业 1 把价格设定为等于企业 2 的边际成本时，可以有效阻止企业 2 进入市场。需要注意的是，此时的限制性定价是在位企业将潜在进入企业阻止在市场之外所能索取的最高价格。

在限制性定价模型中，一个主要的假定是在位企业产量不变，这样的假定与企业追求利润最大化的行为相悖。利润最大化行为要求在位企业减少产量以对潜在进入企业的进入做出反应。在完全信息条件下，即使在位企业宣称保持产量不变，如果潜在进入企业进入市场，在位企业的短期最优策略也仍然是减少产量。因此，产量不变的宣称是不可信的，潜在进入企业会进入市场，限制性定价策略无法有效发挥作用。为使产量不变的宣称可信，在位企业必须事先采取某种策略，使得新企业进入市场后自身保持产量不变是最优的选择。比如在位企业采用了某种生产设备，这种生产设备投资规模巨大，而且只有一个最优的产量水平，即在既定的产量水平上平均成本最低，产量的任何改变都会增加平均成本。如果潜在进入企业得知在位企业采用了这样的生产设备，它就不会进入市场。一般情况下，在位企业若能事先做出承诺（虽然承诺限制了未来行动的可变性，但却令其威胁可信），反而能够阻止新企业进入市场，增加利润。

（2）在位企业不具有成本优势的限制性定价。

如果在位企业与潜在进入企业的边际成本相同，此时限制性价格就等于边际成本，在位企业的经济利润为零。因此，在位企业就没有动机来实施限制性定价。在这种情况下，在位企业会按照边际成本等于边际收益的原则进行定价，获得短期的经济利润。当然，这里假定不存在规模经济，如果存在规模经济，即使缺乏成本优势，在位企业的限制性定价也能够发挥作用。

2. 静态限制性定价的影响因素

静态限制性价格的高低主要取决于三个因素（Martin，1988）：（1）初始市场规模。市场规模大，在位企业就必须提供较大的产量才能完全阻止潜在进入企业的进入，因此限制性价格相应较低。（2）进入者的平均成本。如果潜在进入企业在某一产量水平的平均成本较高，则潜在进入企业进入市场后需要制定较高的价格才能获得经济利润，因此限制性价格也相应较高。（3）非价格进入壁垒。如果在位企业所在市场存在不同类型的进入壁垒，则进入壁垒越高，潜在进入企业的进入就越困难，因此限制性价格也越高。

（二）动态限制性定价

动态限制性定价考虑了时间因素，如果在位企业在长期内通过设定价格以减少或消除潜在进入企业进入市场的动机，则企业的行为就是动态限制性定价。

1. 动态限制性定价模型

动态限制性定价的主要模型是主导企业模型。主导企业是指在行业内占据较大的市场份额，制定行业价格的企业，行业内其他规模较小的企业则是价格的接受者。与静态限制性定价模型相比，动态主导企业模型放松了在位企业产量不变的假定。在位主导企业不再单纯地为了阻止跟随企业壮大或新企业进入而制定价格，而是根据自己的利润最大化条件来确定价格。在这种情况下，由于跟随企业的存在，主导企业为了使其长期利润最大化，必须考虑到跟随企业的产量。在没有潜在进入威胁且主导企业具有明显的成本优势时，主导企业会设定一个低于跟随企业的最小平均成本的垄断价格，使自己实现利润最大化。

（1）无进入的主导企业定价模型。

假定一个行业里有一家主导企业和 n 家竞争性跟随企业，没有其他企业进入。主导企业具有较低的生产成本和较大的规模，能够制定行业价格，跟随企业则是价格的接受者。

图 5－7（a）画出了跟随企业的市场供给和需求曲线，跟随企业的市场供给曲线 $S(p)$ 是单家跟随企业的供给曲线的水平加总，是在其平均成本曲线的最小点 $\bar{p}$ 之上的边际成本曲线。当价格高于 $\bar{p}$ 时，每家跟随企业都获得经济利润；当价格等于 $\bar{p}$ 时，每家跟随企业都获得零利润；当价格低于 $\bar{p}$ 时，每家跟随企业都会停产，主导企业成为完全垄断者。

市场需求曲线减去跟随企业的供给曲线是主导企业的剩余需求曲线。在图 5－7（b）中，当价格低于 $\bar{p}$ 时，主导企业是垄断者，其面对的需求曲线就是市场需求曲线（$\bar{p}$ 之下的虚线）；当价格高于 $\bar{p}$ 时，其面对的是剩余需求曲线（实线）。此时主导企业的边际收益曲线不再连续，而成为两个具有不同斜率的部分。主导企业的边际收益曲线在剩余曲线部分要相对平坦。由于有两条边际收益曲线，因此在主导企业按照边际收益等于边际成本确定利润最大化的产量和价格时，就有两种可能的均衡，到底会形成哪一种均衡取决于主导企业的成本曲线。

当主导企业的成本优势不是太明显时，主导企业会索取高价，获得经济利润，同时跟随企业也能获利或保本。在图 5－7（b）中，主导企业的边际成本曲线 MC_{d1} 与边际收益曲线 MR_d 的上半部分相交，此时主导企业利润最大化的产量和价格分别为 p_1 和 Q_{d1}。跟随企业的供给为市场需求和 Q_{d1} 的差额。

当主导企业具有明显的成本优势时，其边际成本曲线 MC_{d2} 与边际收益曲线 MR_d 的下半部分相交，此时主导企业利润最大化的产量和价格分别为 p_2 和 Q_{d2}。由于 $p_2<\bar{p}$，跟随企业停产，行业产量等于主导企业产量。

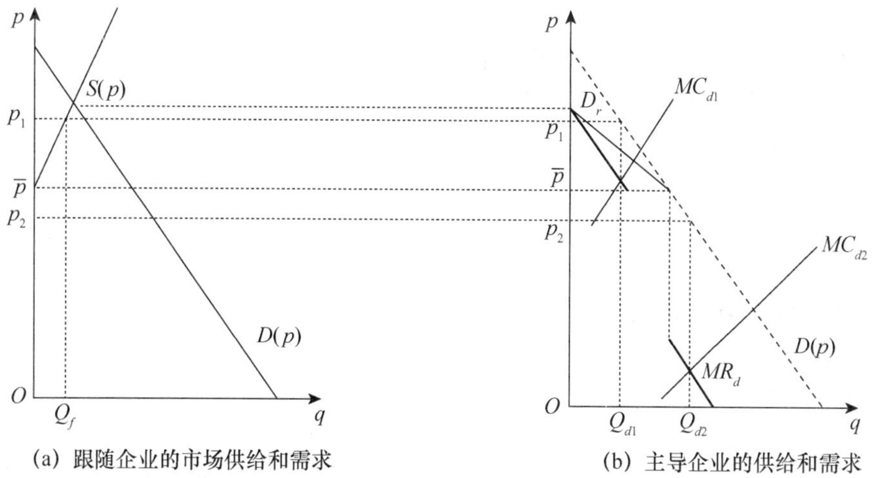

图 5－7　主导企业和跟随企业

（2）进入不受限制的主导企业定价模型。

如果进入是自由的，主导企业制定高价，就会吸引大量跟随企业进入市场。假定跟随企业的成本曲线与前述相同，但由于跟随企业数量的增加，跟随企业的市场供给曲线变得越来越平坦，如图 5－8 所示，随着跟随企业数量的增加，跟随企业的市场供给曲线基本变成了水平线。只要价格不低于 $\overline{p}$，跟随企业就能够并且愿意供给任意产量。

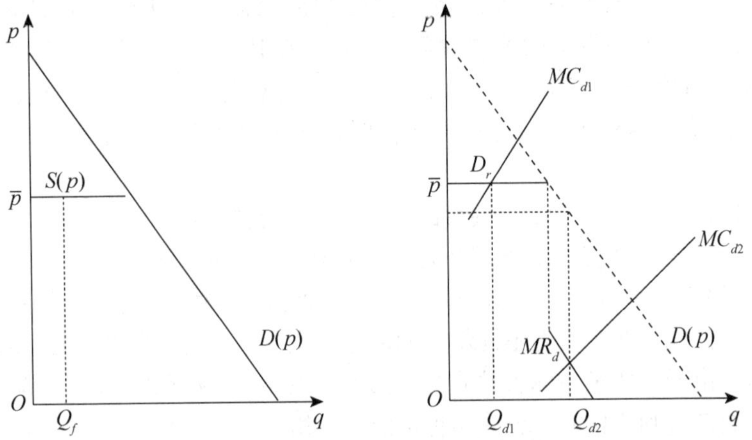

(a) 跟随企业的市场供给和需求　　(b) 主导企业的供给和需求

图 5－8　进入不受限制的主导企业和跟随企业

在价格等于 $\overline{p}$ 时，主导企业面对的剩余需求曲线是水平的，相应的边际收益曲线也是水平的。在价格低于 $\overline{p}$ 时，剩余需求曲线和边际收益曲线都向下倾斜。此时同样存在两个均衡点。

如果主导企业的边际成本较低，则其边际成本曲线与边际收益曲线向右下方倾斜的部分相交，价格低于跟随企业的成本，主导企业成为垄断者。

如果主导企业的边际成本较高，则其边际成本曲线与边际收益曲线的水平部分相交，价格是 $\overline{p}$，跟随企业满足部分市场需求，利润为零，其产量取决于主导企业的成本结构。如果主导企业制定高价格获得经济利润，就会引致跟随企业进入市场，引起市场价格下降。如果主导企业为阻止进入制定较低的价格，其在短期和长期内的利润就会减少。因此，当新企业逐渐进入时，主导企业的最优策略就是开始设定高价格，然后慢慢降低价格。随着跟随企业数量的增多，主导企业就把价格降至 $\overline{p}$ 以下，这样跟随企业就会逐步退出市场。在最后一家跟随企业退出后，主导企业就将价格提高并维持在 $\overline{p}$ 水平，以防止新的企业进入。

2. 动态限制性定价的影响因素

与静态限制性定价相比，决定动态限制性价格高低的因素更加复杂，概括起来，主要有以下几种（干春晖，2006）：（1）贴现率。贴现率越高，则推迟当前收入到未来获益的机会成本就越高，降低了未来利润的现值。在位企业更愿意获取较高的短期利润，而放弃长期市场份额，因而会提高最优限制性价格。反之亦然。（2）风险偏好。限制性定价决策的利润存在不确定性。尽管在位企业的最优限制性定价行为可以降低进入的可能性，但是不同风险偏好的在位企业对同一最优限制性价格下的进入概率有不同的估计，从而影响最优限制性价格的确定（Baron，1973）。如果在位企业是一个风险厌恶者，那么在其他条件不变的情况下，它宁愿降低当前的最优限制性价格，以换取较低的进入可能性。相反，如果在位企业是一个风险偏好者，则会提高最优限制性价格。（3）非价格进入壁垒。非价格进入壁垒包括政策壁垒、法律制度壁垒等。巴若（Baron，1973）从风险偏好的角度出发进行研究，认为较高的进入壁垒会增加在位企业的预期效用，在风险下降的条件下，最优限制性价格会提高。卡米恩和施瓦茨（Kamien and Schwartz，1971）认为，非价格进入壁垒与最优限制性价格之间存在正相关关系。（4）进入决策与实际进入的时滞。德帮特（Debondt，1976）认为，潜在进入企业从做出进入决策到实际进入存在一定的时滞。进入时滞越长，在位企业设定的最优限制性价格越高，因为在位企业即使设定垄断价格，潜在进入企业也很难在短时期内进入市场。因此，当进入时滞足够长时，即使非价格进入壁垒非常低，最优限制性价格也会处在较高水平。（5）市场需求增长率。卡米恩和施瓦茨（1971）、德帮特（1976）的研究表明，市场增长率越高，对潜在进入企业就越有吸引力，因此它们进入的可能性越大，最优限制性价格也会相应降低；（6）相对成本优势。一般来说，在位企业的相对成本优势越明显，就越能够设定较高的限制性价格，从而获取更多的利润。除了上述因素外，限制性价格水平的高低还与初始竞争的激烈程度、潜在进入企业的价格敏感性、调整成本以及产业内企业的数量等因素有关。

（三）限制性定价的福利效应与规制

从理论上讲，限制性定价阻止了潜在进入企业的进入，维持了在位企业的垄断地位和市场势力，不利于竞争效应的发挥，但同时，限制性定价又低于完全垄断定价，产品价格降低，消费者获益，因此，限制性定价的净福利效应是不确定的。

在实践中，要区别竞争性行为和限制性定价行为非常困难。因为企业的降价行为可能是在位企业为了阻止新企业进入市场而采取的策略性行为，也可能是在位企业因成本下降而相应降价，但政府规制部门很难把这两种行为区别开来。对限制性定价行为的规制过于宽松将催生不健康的竞争方式和垄断力量，规制过于严格则又会妨碍企业进行正当竞争，因为它们可能担心正当竞争被曲解为限制性定价行为而遭制裁。

案例分析

施乐公司的限制性定价

复印机行业的施乐公司采用了复杂的定价策略。在1959年引入普通纸复印机时，施乐公司的静电照相纸技术在行业的低容量段就已经失去了显著的成本优势，因此其按照短期利润最大化原则制定了一个高价格，获得高利润。高利润吸引了新企业进入市场，在1961—1967年间至少有25家企业进入该行业的低容量段；在中等容量段市场，施乐公司具有相对的成本优势，因此其定价低于短期利润最大化水平，但高于严格意义上的限制性价格水平。在中等容量段市场，有10家企业先后进入；在高容量段市场，施乐公司具有显著的成本优势，其制定的价格十分接近限制性价格，并且只有3家企业进入市场。

资料来源：Erwin A. B. Limit Pricing and Entry in the Copying Machine Industry[J]. *Quarterly Review of Economics and Business*, 1972（12）：57-65.

二、掠夺性定价

垄断企业为保持市场优势地位和获得长期垄断利润，除了通过限制性定价阻止新企业进入之外，还会通过设定低于成本的价格来排挤竞争对手或者阻止新企业进入。具体来说，如果在位企业在一定时期内以低于成本[①]的价格销售产品，当竞争对手退出市场或者成功阻止新企业进入市场后再提高价格，我们就说在位企业实施了掠夺性定价策略。掠夺性定价策略实施的前提是在位企业拥有市场优势地位。可以设想，如果市场上竞争的企业实力相当，即使是双寡头垄断竞争，掠夺性定价也很难成功。因为在掠夺性定价下，市场价格低于企业成本，企业面临亏损，如果企业实力相当，则实施掠夺性定价的企业并不能比竞争对手更长期地忍受亏损，自然也无法成功实施掠夺性定价。

（一）掠夺性定价模型

掠夺性定价的分析是建立在不完全信息博弈的基础上的，即掠夺者利用竞争对手或潜在进入企业的不完全信息，通过定价行为，操纵竞争对手或潜在进入企业的信念，使得它们相信继续经营或者进入不会带来高利润，从而选择退出市场或者放弃进入。在掠夺性定价理论中，主要有三个代表性模型：声誉模型、信号模型和“深钱袋”模型（唐要家，2005）。

1. 声誉模型

声誉模型主要来自连锁店悖论（Chain-store Paradox）理论（斯蒂芬，2003）。在连锁店模型中，居于市场支配地位的企业通过连锁形式在多个区域性市场经营，每个区域性市场都面临潜在进入企业的竞争威胁。如果在位企业在某一个或某几个区域性市场中实施掠夺性定价，排挤竞争对手或吓退潜在进入企业，建立一种强硬的声誉，就会阻止新企业进入其他区域性市场。

声誉模型认为，在位企业排挤现有竞争对手的掠夺性定价行为会对其未来的潜在竞争对手产生影响。企业通过在当前制定低价格而建立起具有攻击性特征的声誉，可以有效阻止新企业进入市场。

米尔格罗姆和罗伯茨（Milgrom and Roberts，1982）认为，在位企业在单个市场实施掠夺性定价是非理性的，但在多市场、多进入企业和信息不确定的情况下，潜在进入企业不清楚在位企业掠夺的成本和收益，当在位企业通过掠夺建立声誉时，潜在进入企业根据在位企业的过去行为进行判断，会做出不进入的选择，因此在位企业的掠夺性定价策略是理性的。克雷普斯和威尔森（Kreps and Wilson，1982）也指出，在多个市场上经营的企业，通过在某个市场上实施掠夺性定价建立一种攻击者的声誉，使原本打算进入其他市场的企业相信自己进入会遭到同样下场而放弃进入。

① 关于成本的确定，经济学家和法学家进行了大量研究，有的认为应当是长期边际成本，有的则认为应当是平均成本。但在实践中，大多数方法都难以具体实施，一是因为用来确定短期边际生产成本或平均可变生产成本的数据常常难以获取；二是因为其他与价格掠夺无关的因素会对检验标准产生干扰。

案例分析

美国航空公司的掠夺性定价

美国航空公司面对低运费航空公司的竞争，改变传统策略，在达拉斯市始发的四条核心航线上策略性地增加航班，同时，在这四条航线以及其他已确立了掠夺性定价声誉的航线上实行降价。由于这些竞争手段所需成本高于美国航空公司的利润，因此，美国司法部指控其构成掠夺性定价。

资料来源：胡甲庆．论美国掠夺性定价的认定标准［J］．国际经贸探索，2010（10）：67-73.

2. 信号模型

信号模型认为，在不完全信息条件下，潜在进入企业不了解在位企业的成本高于自己还是低于自己，如果在位企业的成本高于自己，进入将有利可图；如果在位企业的成本低于自己，进入将会亏损。在此情况下，高成本在位企业会有动机通过掠夺性定价显示自己是低成本的信号，使得潜在进入企业放弃进入。而低成本的在位企业则无此激励。

信号模型与声誉模型都是基于不完全信息进行分析，但声誉模型分析的是企业通过掠夺性定价阻止潜在进入企业进入，而信号模型则不仅能阻止潜在进入企业进入，而且可以诱使现有企业退出。萨罗纳（Saloner，1987）认为，在不完全信息条件下，在位企业有充分的激励和可能性实施掠夺性定价，它能够通过传递低成本信号来获取掠夺性收益，这种收益可以来自竞争对手的退出，或者竞争对手不退出但减少产量，或者在预期的兼并中以优惠的条件接管竞争对手。

案例分析

美国烟草公司的掠夺性定价

19 世纪末 20 世纪初，美国烟草公司运用了掠夺性定价来打击和并购竞争对手。在1881—1906 年间，美国烟草公司收购了 40 个竞争对手。在收购之前，美国烟草公司往往引入一个与并购对象竞争的品牌，并且以低于成本的价格进行销售。1901 年，美国烟草公司销售的“美国丽人”香烟，与北卡罗来纳州温斯顿的威尔斯白头烟草公司的相似产品进行竞争。“美国丽人”的价格是 1.5 美元/千克，恰好等于政府要求缴纳的税金额。很明显，这个价格是低于生产成本的。1903 年，美国烟草公司收购了威尔斯白头烟草公司。

资料来源：Tenant，R. B. *The American Cigarette Industry：A Study in Economic Analysis and Public Policy*［M］. New Haven，Conn：Yale University Press，1950：63.

3. “深钱袋”模型

“深钱袋”模型是基于金融市场的信息不对称和不完全进行分析的。在不完全信息条件下，银行等贷款方和借款企业之间存在信息不对称。在位企业经过多年经营，已经积累了大量的资源（“深钱袋”），其面临着较松的融资约束，而潜在进入企业则没有资源积累（“浅钱袋”），需要通过借款进入市场或维持运营。当潜在进入企业试图进入市场时，在位企业实施掠夺性定价，会降低潜在进入企业进入市场后的盈利可能性，降低其资产的价值，从而降低潜在进入企业获得贷款的可能性，最终将潜在进入企业阻止在市场之外。因此，“深钱袋”模型的核心思想是在位企业通过掠夺性定价使潜在进入企业无法获取必需的资金，从而阻止其进入。

即使在掠夺者和被掠夺者同时存在融资需求的情况下，两者的融资情况也是不同的。掠夺者是市场上具有支配力量的在位大企业，有着较长时间的经营历史和资本市场声誉，银行等贷款方对其了解较多，而作为被掠夺者的新企业，没有经营的历史数据，贷款方对其资源和管理能力了解较少，同等条件下贷款方就更倾向于给掠夺者提供融资，而不愿意给新企业提供融资。即使有贷款方给新企业融资，考虑到风险因素，也会收取较高的利率。因此，资本市场不完全信息下的理性运作使掠夺者拥有了融资优势，使其在掠夺期能够更长时间地承受亏损（Benoit，1984）。

案例分析

微软的掠夺性定价

1997 年 10 月，WPS97 上市，这是首款运行在 Windows 平台上的国产中文处理软件。凭借 2 000 万的用户基础，WPS97 两个月内就售出了 13 000 多套，名列当时办公类软件销量排行榜的榜首，最后销量为 3 万套，当时的售价是每套 480 元（家庭版 168 元）。“WPS 复出”还被评为当年中国电脑界的 10 件大事之一。1998 年，WPS97 也被列入国家计算机模拟考试的内容之一。几乎在 WPS97 上市的同时，微软中国推出了 97 元的 Word97 入门版。这个版本在世界其他国家和地区绝无仅有，其目的只是为了阻击金山 WPS 东山再起。

资料来源：金山 WPS 与微软 Office 20 年之争[EB/OL]. 新浪网，2008-11-24.

案例分析

William Inglis and Sons 的掠夺性定价

William Inglis and Sons 是一家大型的全国性面包批发商。原告声称 William Inglis and Sons 利用在面包市场的优势实施了掠夺性定价，导致其在面包市场上遭受了大额损失，最终停止了运营。在审判中，原告表示，被告已经在所谓的“掠夺期”削减了每条面包的价格——先是从 0.19 美元降到 0.18 美元，然后降到 0.172 美元，最后逐渐提高了价格。原告认为，这些价格低于被告的成本，它证实了被告在这段时间内遭受了重大损失，并引入了专家证据，证明被告的价格在这段时间内低于其平均可变成本。

资料来源：Edlin A. S. Stopping Above-cost Predatory Pricing[J]. *Yale Law Journal*, 2001, 111 (4): 941-991.

（二）掠夺性定价行为的判定标准

掠夺性定价会给市场竞争带来不利影响，因此，有些国家的法律规定这种行为是非法的，但关键的问题在于如何确定企业是否采用了掠夺性定价策略。在现实的竞争中，企业可能会因为正常竞争而合法降价，也可能会因为排挤竞争对手而实施掠夺性定价。如果执法不当，拥有市场势力的企业担心被反垄断诉讼而将价格维持在较高的水平，并可能鼓励低效率的企业进入市场，从而带来福利损失。

1. 成本标准

在美国，《罗宾逊-帕特曼法》认为，不合理的定价可以低于成本，也可以高于成本，这种具有很大弹性的规定造成了法官在判定掠夺性定价时的意见差异。早期关于掠夺性定价行为的检验是以成本为基础的阿瑞达-特纳检验（Areeda and Turner，1975）。阿瑞达和特纳认为低于短期边际成本的价格是非法的，短期边际成本可以通过平均可变成本近似地估计。阿瑞达-特纳检验在多起反托拉斯诉讼中被美国法院采用。

迄今为止，共有五种不同的成本标准出现在国内外的法律法规中，并成为其判案的依据，它们分别是掠夺方边际成本、掠夺方平均成本、掠夺方平均可变成本、行业平均成本和被掠夺方平均可变成本。

2. 主观意图标准

掠夺性定价与开拓市场的正当竞争行为以及其他限制性竞争行为的关键区别是，掠夺性定价具有主观上的故意性，具有排挤竞争对手的目的，也就是"动机"（Intent）标准。在1911年美国标准石油公司案中，最高法院裁定，根据《谢尔曼法》，有充分的证据证明企业试图通过掠夺性定价实施垄断，即企业具有垄断的动机。在1985年欧共体的ECS/AKZO案中，法院判定大企业AKZO在局部市场通过降低价格来排斥小的新进入者——ECS公司。法院在判决中主要关注在位企业排斥竞争对手的动机，即是否试图消除或损害共同市场的竞争（唐要家，2005）。但多数经济学家认为动机是一种不可靠的标准，因为掠夺者的主观动机极少会客观地显示，必须借助推测加以判断，而推测是不可靠的。

3. 损失补偿标准

美国最高法院在判案中对掠夺性定价提出了"损失补偿"（Recoupment）标准，认为需要考虑掠夺企业将来提价获取高额利润以补偿低价损失的可能性。这一标准将新企业和小企业为开拓市场而采取的促销等行为排除在掠夺性定价行为之外。基于此标准，法院一般是根据以下几个要素来具体判定：企业实力、行业竞争情况、定价变化趋势、低价销售行为的持续时间和效果、企业生产情况、企业决策信息等。但其也有两个缺陷：一是被掠夺企业只有在被驱逐出市场以后才能提出诉讼，在竞争过程中无法得到法律的保护；二是企业调整价格是一种经常性的行为，掠夺者会提出诸如需求增加、成本上升、产品更新换代等理由为自己的提价行为辩解（尹莉，2004）。

案例分析

法兰克福—柏林航线的掠夺性定价

2001年11月12日，小规模、低成本的日耳曼尼亚航空公司（Germania）进入了法兰克福—柏林航线市场，其单程票价为99欧元（没有特别限制）。在日尔曼尼亚航空公司进入之前，德国汉莎航空公司（Lufthansa）是这条航线的垄断者，最低往返票价为485欧元。日尔曼尼亚航空公司进入后，德国汉莎航空公司在此航线推出了单程100欧元的票价。德国竞争局（Competition Authority）判定德国汉莎航空公司实施了掠夺性定价，它认为德国汉莎航空公司是一家提供全部服务的运营商，机票价格不仅包括飞行服务，还包括提供报纸、软饮料等其他服务，而日尔曼尼亚航空公司仅仅提供飞行服务，因此乘客对德国汉莎航空公司评价更高。德国竞争局认为，对更高价值的产品收取同一价格实际上就是降价，而且德国汉莎航空公司只在法兰克福—柏林这一条航线提供这样的低票价，暗含了掠夺动机。德国竞争局还对德国汉莎航空公司的票价进行了成本分析，认为这一票价低于其平均成本。

资料来源：Zwick D. R. Anti-competitive Behaviour in the Airline Industry：The Case of Predatory Pricing [R]. GARS-Workshop：Research in Aviation，June 27，2003.

材料短析

低价的合理性

在许多情况下，低于成本的定价行为不一定具有“掠夺”性质。我国《反不正当竞争法》第 11 条第 2 款规定的可以依法降价处理的商品包括鲜活商品、季节性商品、积压商品和因清偿债务、转产、歇业降价销售的商品，这些情况被视为正常降价的商业行为。

在实际生活中，存在短期内以低于成本价格销售的现象，但这与掠夺性质并没有必然联系。在下述情况下，即使厂商没有掠夺意图也可能以低于成本价销售：(1) 当市场萧条或对市场需求估计错误时，对于厂商来说只要继续生产和销售能弥补可变成本，即使价格低于平均成本也比停止销售可取，这样就可以维持生产并避免破产损失。(2) 厂商生产多种产品或将其中某种产品的零售价格定得较低甚至低于成本，以吸引消费者购买其他能获利的产品，是一种变相的广告策略，其亏本损失相当于间接的广告费用。(3) 对于只有在销量扩大时生产成本才能迅速下降的产品，即具有规模经济或“学习曲线”的产品，开始所定的低价有助于厂商扩大产品销量，而销量增大所要求的产量增大能使它积累生产经验，这样反过来能降低厂商在未来的生产成本。(4) 在技术进步迅速的行业，技术进步越快，原有产品的无形贬值速度也就越快，原有的实际成本支出无法衡量现在的市场需求导致的价格水平，此时低于原有生产成本的定价行为也可能与掠夺和驱逐对手无关。

在上述情况下，通过暂时的或部分产品的亏本销售保证长期的或其他产品的获利，应属于完全正常的商业行为。况且，在现实中，由于国际市场的扩大、产品差异化的发展和相同产品生产厂商的增多等原因，掠夺性定价已经越来越难以实现。

资料来源：尹莉. 对掠夺性定价的再认识[J]. 产业经济研究，2004 (4)：46-70.

延伸阅读与思考

中国医药价格改革的试点与创新

规范医药价格改革管理是贯彻落实深化医药价格改革体制的重要内容，是推进医疗服务价格改革、完善基本医疗保险体系、维护病患合理合法权益的重要举措，对完善医疗机构补偿机制、减轻病患医疗负担、保障民生和提高社会福利程度具有十分重要的意义。为适应建立社会主义市场经济体制的要求，促进药品市场竞争，国家计划委员会（现为国家发展和改革委员会）于2000年印发《关于改革药品价格管理的意见的通知》（计价格〔2000〕961号）。同年，上海市物价局和卫生局率先探索医药价格约束性改革，发布《关于改革上海市药品价格管理的实施办法》（沪价商〔2000〕331号），要求："药品价格的制定与调整，要符合国家的产业政策和宏观调控政策，兼顾国家、企业、医疗单位和患者的利益，保持药价的基本稳定。实行政府定价的药品，原则上依据社会平均成本定价。对供大于求的药品，则依据社会先进成本定价。"一方面，在此阶段，虽然卫生计生部门与医疗卫生政策领域事务最为直接相关，是理所当然的卫生领域政策主管机构和核心部门，但由于缺乏实质性的政策工具、财政支撑与协调能力，该部门在医疗、医药和医保领域事实上处于较弱势地位，没有足够的政策话语权。另一方面，这期间中央顶层设计没有对医药价格监管和改革发出明确的行政指令，仅仅给出了指导性、模糊性的意见导向。因此，尽管随后有湖北省、甘肃省政府根据国家卫生计生委相关指导意见，借鉴上海经验推广医药价格改革，但收效不够显著，医药价格改革政策并未大幅度迅速扩散。直到2009年，中央印发《关于深化医药卫生体制改革的意见》（中发〔2009〕6号）、《改革药品和医疗服务价格形成机制的意见》（发改价格〔2009〕2844号），明确指出医药价格改革是其中合力攻坚的重要部分。

由于医药价格改革缺乏地方试点成功经验的借鉴与鼓舞，以及2009年陕西"神木模式"、2010年广东"高州模式"的昙花一现，这一阶段的政策扩散仍十分缓慢。直到2012年，福建省三明市自发进行创新医药价格改革并卓有成效后，中央迅速吸纳其成功经验，组织专家组实地考察学习，制定顶层设计并明确要求其余医改试点城市大力推广，由国家发展和改革委员会同年发布《全国医疗服务价格项目规范（2012年版）》及《关于规范医疗服务价格管理及有关问题的通知》（发改价格〔2012〕1170号），指出各地要在2013年年底前完成本地区已实施的医疗服务价格项目清理规范工作，政策扩散进程逐步加速。

通过试点推进创新，是马克思主义认识论的重要实践，也是中央政府基于中国国情的改革举措。作为一个有14亿人口的大国，中国绝不能在重大问题上出现错误，一旦出现就会影响社会稳定和人民生活，但也不能因此就停步不前。医药价格改革试点就是坚持"治国有常，而利民为本"的精神，不断试点和创新，取得良好成效。

资料来源：王洛忠，杨济溶. 地方政府医药价格改革的时空演进机理［J］. 北京行政学院学报，2020（1）：1-13.

思考题

1. 麦当劳早餐时段的现煮咖啡是可以免费续杯的，但麦当劳设置了小杯9元和大杯10.5元两个价格。既然能续杯，为什么还设置大杯价格？

2. 应用价格歧视理论分析"大数据杀熟"现象。

3. 对于数字产品来说，企业应该如何进行定价？

4. 影响静态限制性价格和动态限制性价格高低的因素有哪些？如何判断限制性定价

的社会福利？

5. 掠夺性定价会给市场竞争带来不利影响，在实践中，如何判定企业是否采用了掠夺性定价策略？

参考文献

1. 丹尼斯·卡尔顿，杰弗里·佩罗夫. 现代产业组织[M]. 黄亚钧，谢联胜，林利军，译. 上海：上海三联书店，上海人民出版社，1998.

2. 刘易斯·卡布罗. 产业组织导论[M]. 胡汉辉，等译. 北京：人民邮电出版社，2002.

3. 马丁·斯蒂芬. 高级产业经济学[M]. 2版. 史东辉，等译. 上海：上海财经大学出版社，2003.

4. 唐·E.瓦尔德曼，伊丽莎白·J.詹森. 产业组织：理论与实践（第4版）[M]. 李宝伟，张云，武立东，译. 北京：中国人民大学出版社，2014.

5. 程鹏，张洪军，张凤伟，陈淳桎，陈斌. 两部制定价的理论与实例[J]. 燃气与热力，2008（9）：B52-B56.

6. 干春晖. 产业经济学教程与案例[M]. 北京：机械工业出版社，2006.

7. 胡甲庆. 论美国掠夺性定价的认定标准[J]. 国际经贸探索，2010（10）：67-73.

8. 史东辉. 产业组织学[M]. 上海：格致出版社，上海人民出版社，2015.

9. 唐要家. 策略性掠夺性定价及反垄断规则[J]. 财经问题研究，2005（8）：53-57.

10. 王冰. 公共事业规制中的非线性定价及福利改进——以全球通和神州行为例[J]. 数量经济技术经济研究，2004（6）：53-63.

11. 王丙毅. 产业经济学教程[M]. 北京：北京大学出版社，2016.

12. 王黎黎，杨建磊，罗斌. 掠夺性定价行为的异化及其竞争策略研究[J]. 经济与管理，2007（3）：78-81.

13. 王洛忠，杨济溶. 地方政府医药价格改革的时空演进机理[J]. 北京行政学院学报，2020（1）：1-13.

14. 尹莉. 对掠夺性定价的再认识[J]. 产业经济研究，2004（4）：46-70.

15. 袁红清. 数字产品特征与定价策略的经济学分析[J]. 宁波大学学报（理工版），2003（2）：149-153.

16. Areeda P. and D. F. Turner. Predatory Pricing and Related Practices under Section 2 of the Sherman Act[J]. *Harvard Law Review*，1975（88）：697-733.

17. Armstrong M.，C. Simon and V. John. Nonlinear Pricing and Price Cap Regulation[J]. Working Paper，University of Oxford，Applied Economics，1992，No. 152.

18. Baron D. P. Limited Pricing，Potential Entry，and Barriers to Entry [J]. *American Economic Review*，1973（63）：666-674.

19. Baumol W. and R. Quandt. Rules of Rhumb and Optimally Imperfect Decisions

[J]. *American Economic Review*, 1964 (54): 23-46.

20. Benoit J. P. Financially Constrained Entry in a Game with Incomplete Information[J]. *Rand Journal of Economics*, 1984, 15 (4): 490-499.

21. Creps and Wilson. Reputation and Imperfect Information[J]. *Journal of Economic Theory*, 1982 (27): 253-279.

22. Debondt R. Limited Pricing, Uncertain Entry, and the Entry Lag[J]. *Econometrica*, 1976, 44 (5): 939-946.

23. Edlin A. S. Stopping Above-cost Predatory Pricing [J]. *Yale Law Journal*, 2001, 111 (4) : 941-991.

24. Erwin A. B. Limit Pricing and Entry in the Copying Machine Industry [J]. *Quarterly Review of Economics and Business*, 1972 (12): 57-65.

25. Gaskins D. W. Dynamic Limit Pricing: Optimal Pricing under Treat of Entry [J]. *Journal of Economic Theory*, 1971 (3): 306-322.

26. Goldman M. H. and D. Sibley. Optimal Non-uniform Pricing[J]. *Review of Economic Studies*, 1984 (51): 305-320.

27. Hall R. and C. Hitch. Price Theory and Business Behavior[J]. *Oxford Economic Papers*, 1939 (2): 12-45.

28. Kamien K. I. , Schwartz N. L. Limit Pricing and Uncertain Entry[J]. *Econometrica*, 1971, 39 (3): 441-455.

29. Martin S. *Industrial Economics: Economic Analysis and Public Policy* [M]. New York: Macmillan Publishing Company, 1988.

30. Milgrom P. and Roberts J. Predation, Reputation, and Entry Deterrence[J]. *Journal of Economic Theory*, 1982 (27): 280-312.

31. Modigliani F. New Developments on the Oligopoly Front[J]. *Journal of Political Economy*, 1958 (66): 215-232.

32. Mussa M. and S. Rosen Monopoly and Product Quality[J]. *Journal of Economic Theory*, 1978 (18): 301-317.

33. Tenant, R. B. *The American Cigarette Industry: A Study in Economic Analysis and Public Policy*[M]. New Haven, Conn: Yale University Press, 1950.

34. Saloner G. Predation, Mergers and Incomplete Information[J]. *Rand Journal of Economics*, 1987 (18): 165-186.

35. Scherer F. M. *Industrial Market Structure and Economic Performance* [M]. Chicao: Rand McNally & Company, 1970.

36. Scherer F. M. , and D. Ross. *Industrial Market Structure and Economic Performance* [M] . 3rd edition. Boston, Massachusetts: Houghton Mifflin Company, 1990.

37. Sylos-Labini P. *Oligopoly and Technical Progress* [M]. Cambridge, Mass: Harvard University Press, 1962.

38. Vickers J. and M. Armstrong. Competitive Price Discrimination [J]. *Rand*

Journal of Economics, 2001, 32 (4): 579-605.

39. Wilson R. *Nonlinear Pricing* [M]. UK: Oxford University Press, 1993.

40. Zwick D. R. Anti-competitive Behaviour in the Airline Industry: The Case of Predatory Pricing [R]. GARS-Workshop: Research in Aviation, 2003, June 27th.

第六章

产品差异化

竞争机制是市场经济最基本的运行机制，竞争是市场经济运行的灵魂。充分的竞争可以保证整个经济系统的资源配置效率处于较高水平，也就是实现“人尽其才、物尽其用”。那么微观企业应该如何与同类型的其他企业展开竞争呢？具体而言，企业之间可以开展“价格战”，比谁的价格更低；可以开展“技术研发竞赛”，比谁的产品功能更先进；可以开展“广告战”，比谁的品牌知名度和消费者认可度更高；或者采取违反《反垄断法》《反不正当竞争法》的违法手段，拉帮结伙，恶意设置行业或地区进入壁垒，垄断一部分市场以获取超额利润等。哈佛大学商学院的波特（Michael E. Porter）教授总结了微观企业一般会采取的三大竞争战略，分别是：产品差异、集聚、总成本领先。在本章中，我们主要学习微观企业之间彼此竞争的主要战略之一：产品差异。

第一节　产品差异

一、产品差异化的意义

企业要想在激烈的市场竞争中占有一席之地，就必须通过研发创新、产品定位、广告宣传等策略标新立异，努力使自己的产品或服务在消费者心理上产生强烈的偏好，让消费者认为本家产品或服务与别家不同。企业一旦成功实现产品差异化，就有机会将价格提高到边际成本之上，获得超额利润。

我们可以从不同市场结构的需求曲线和边际成本曲线的相对位置关系，来直观地对比产品差异对企业的意义。

在图 6－1(a)中我们可以看到：当所有企业都生产无差异产品时，市场结构是完全竞争的，企业面临的需求曲线是水平的，企业与竞争对手相比没有任何优势，要想生存下去就必须接受市场统一价格，以“价格＝边际成本”的方式定价，企业没有超额利润。

在图 6－1(b)中我们可以看到：当企业生产的产品与同行业其他企业之间有差异的时候，市场结构是垄断、寡头或者垄断竞争的。在这种情况下，企业面临的需求曲线是向右下方倾斜的，且不同企业之间产品差异越大，企业面临的需求曲线就越陡峭。越多消费者偏爱本企业生产的产品所独有的特色，本企业就越有能力制定一个超过边际成本的高价，获取超额利润。

从这两幅图示的对比，我们可以总结出：“产品差异化策略”可以帮助企业把市场结构由完全竞争转变为垄断竞争、寡头或垄断，增强企业获取超额利润的能力。

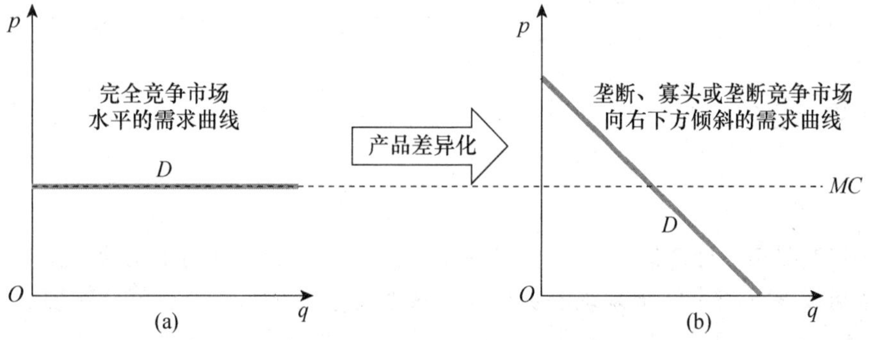

图 6－1　产品差异化的意义

二、产品差异的定义与类型

既然产品差异化能够帮助企业获取更高的利润，那么到底什么才是“产品差异”呢？宽泛地讲，只要消费者认为两种产品之间存在差别，彼此之间不能完全替代，那么这两种产品就是异质的，或者说存在产品差异。产品差异的概念本质上是从消费者角度定义的。不管两种产品之间是否存在真实的产品特征差异，只要消费者认为两者是不同的，产品差异就存在。而企业一般可以从横向差异、纵向差异、服务差异和信息差异四个维度，来塑造自己产品的特色。

1. 横向差异

横向差异是指产品的功能性差异或外表设计差异。企业可以通过技术研发、创新设计，赋予产品特殊的功能或外观。在给定价格下，横向差异与消费者个人的审美、消费习惯、价值观有关，不存在“好”与“坏”的判断。

案例分析

宝洁公司的横向差异策略

宝洁公司是全球日化产品行业的龙头企业，它在洗发水市场上就很巧妙地运用了产品的横向差异策略。宝洁在中国市场主推的洗发水品牌有5个，且每一个都有独特的功能性定位：海飞丝主打"去屑专家"的卖点，潘婷主打"损伤修复"的卖点，飘柔主打"柔顺护发"的卖点，沙宣主打"专业级美发沙龙效果"的卖点，伊卡璐主打"天然草本精华"的卖点。通过在洗发水市场推进产品差异化战略，宝洁公司在主要的细分洗发水市场都推出了自己的王牌产品，常年占据中国洗发水市场的行业龙头地位。

资料来源：根据宝洁中国官网公开资料整理得出。

2. 纵向差异

纵向差异是指产品的质量或价格差异，存在明确的"好"与"坏"的区别。一方面，即使是生产功能完全相同的产品，企业也可以在质量上下功夫，消费者通常愿意为质量更好的产品支付更高的价格；另一方面，企业若能在保证产品达到一般质量水平的同时，将价格降到最低，那么这也是一种纵向差异竞争策略。对于普通消费者而言，产品的质量和价格因素往往都需要考虑，即消费者在选购纵向差异化产品的时候，追求的往往是最优性价比。

案例分析

二手车市场上的纵向差异

在产品的"纵向差异"方面，最典型的例子就是二手车交易市场，即使是同一品牌、同一型号的汽车，由于其存在新旧程度的差异，价格自然也不同。图6-2中的两辆车均为瓜子二手车（南京）直卖的2015款红旗H7 2.0T豪华版车型，二者的唯一差异就是已行驶里程数的差异，显然已行驶里程数越小的车，磨损越小、质量越好，售价也越高。

图6-2　二手车的纵向差异

资料来源：瓜子二手车直卖网（南京）2021年5月报价。

3. 服务差异

服务差异是指在产品的售前、售中和售后过程中，企业所提供的配套服务内容与质量上的差异。企业在销售产品的过程中往往会提供很多附加服务，比如线上咨询和线下体验服务、《消费者权益保护法》规定的三包服务、购买家电时的送货上门+安装服务、购买家具时的定制设计服务等。

案例分析

海底捞的服务差异策略

在产品服务差异策略方面，海底捞是一个非常成功的案例。作为一家餐饮企业，海底捞销售的核心产品是食物，按常理来说，它应该在不断提升菜品的口味上下功夫，进行"纵向差异化竞争"，或者在不断推出新的创意菜品上下功夫，进行"横向差异化"竞争。但海底捞却另辟蹊径，凭借细致入微的特色就餐服务，颠覆了国内消费者对于餐饮服务的认知。例如，海底捞会为等候位置的顾客提供免费的美甲、擦鞋等服务，会为独自用餐的顾客安排一个布偶陪伴，会连锅带菜一起将火锅送货上门，让消费者足不出户就能吃到海底捞火锅。海底捞凭借"服务差异化"策略，用短短20余年的时间，就已成长为市值超3 000亿元的跨国餐饮企业。①

资料来源：根据海底捞官网公开资料整理而得。

4. 信息差异

信息差异是指消费者与企业之间的信息不对称导致消费者对相同产品的主观认识存在差异。企业可以通过广告宣传、明星代言、产品命名及包装设计等方式，向消费者传达与产品功能、品质、形象等相关的附加信息差异，引导消费者对自身产品做出好的评价。

案例分析

水的信息差异

我们都知道水的化学分子式就是H_2O，它从化学结构上本身不具备进行差异化改造的可能，而且水本身就是人类最重要的营养物质，无论是弱碱性水、矿物质水还是磁化水、富氢水、小分子水等都不能使水更有利于人的健康②，但是聪明的企业家们还是通过铺天盖地的广告宣传，成功地向消费者传达了与水相关的保健概念，利用消费者追求健康生活的心态，让消费者对"水"这种简单的产品形成完全不同的主观评价，并自愿支付高价格。如表6-1所示，我国市面上普通的包装饮用水售价基本不会超过0.5元/100ml，但来自斐济的进口矿泉水售价却能达到2.86元/100ml，来自法国的雅漾（Avene）喷雾护肤水的售价更是高达33元/100ml（该款喷雾护肤水的成分只有水，没有任何护肤添加剂）。

---

① 2021年1月8日海底捞在香港的收盘市值为3 614.60亿港元，折合人民币超3 000亿元。

② 这些有关水的谣言，别信！[J]. 发明与创新（大科技），2020（4）：50.

表 6-1 水的产品差异

品牌	容量（ml）	价格（元）	单价（元/100ml）	水产地	差异化点
农夫山泉天然矿泉水	535	1.50	0.27	长白山等地	诗歌瓶包装
康师傅喝开水	550	1.64	0.30	未知	无菌凉白开
百岁山天然矿泉水	570	2.16	0.38	百岁山等地	富含偏硅酸
西藏冰川矿泉水	500	7.46	1.49	西藏冰川水	弱碱小分子水
斐泉（FIJI）天然矿泉水	500	11.58	2.32	斐济群岛	斐济群岛进口
依云（evian）矿泉水	330	9.45	2.86	法国	法国进口玻璃瓶
雅漾舒泉喷雾	300	99.00	33.00	法国	喷雾水

资料来源：根据天猫超市 2021 年 1 月 7 日公开报价整理而得。

三、产品差异的测度

虽然我们可以从理论上对产品之间的差异按照横向差异、纵向差异、服务差异、信息差异等维度划分，但在现实商业世界中，产品之间的差异往往是同时结合了多维度差异的综合体。例如，A 品牌手机的处理器、摄像镜头等核心部件性能（纵向差异）更好，但机身外形和颜色（横向差异）过时；B 手机是与某豪华品牌跑车联名设计的限量版（信息差异），外观更新潮（横向差异），但手机的处理器、摄像镜头等核心部件性能（纵向差异）却较差。那么，消费者应该如何在 A 和 B 两款手机中进行选择呢？为了解决消费者可能存在的“选择困难症”，一种对比产品综合差异优劣的方法——“特征方法”（characteristic approach）应运而生。特征方法为比较产品综合差异提供了新思路：消费者可以把不同产品之间的比较转化为产品主要特征之间的比较。

案例分析

特征方法在选车决策过程中的应用案例

为了理解“特征方法”的运用，我们可以考虑一个“公司基层文员”和“公司 CEO”购买新能源电动车的简化案例。对于新能源电动车而言，其主要产品特征可以简化为：豪华品牌、续航里程、最高车速、车长和价格 5 个方面。为了简化案例分析，我们假设其他难以量化的产品特征不影响消费者的选择。

假定只存在两种不同的新能源电动车：A 和 B。表 6-2 列出了两款车的主要特征。可见 A 属于典型的豪华汽车，产品设计注重豪华感的营造；而 B 属于典型的经济型汽车，产品设计注重经济适用。表 6-3 列出了公司基层文员和公司 CEO 对新能源电动车各主要特征性能的评价打分，反映了车的各种特征对其到底有多重要。例如，公司基层文员对“最高车速”打 1 分，而公司 CEO 对“最高车速”打 5 分，表明公司 CEO 更看重车的“最高车速”；公司基层文员对汽车“价格”打－10 分，而公司 CEO 对汽车“价格”打－5 分，表明公司 CEO 对汽车“价格”更不敏感。

表 6-2 新能源电动车的主要特征

汽车型号	豪华品牌	续航里程（km）	最高车速（km/h）	车长（米）	价格（万元）
A	1	414	230	4.963	88.80
B	0	520	150	4.765	19.90

资料来源：懂车帝 App 2021 年 1 月 8 日数据。

表 6-3 消费者对新能源电动车主要特征的评分

汽车型号	豪华品牌	续航里程（km）	最高车速（km/h）	车长（米）	价格（万元）
公司基层文员	100	1	1	10	−10
公司 CEO	500	1	5	20	−5

对于理性的消费者而言，其会选择购买能给他带来最大效用的车。在特征方法下，消费者 i 购买车型 k 的净效用可以表示为：

$$U_{ik}=\sum_{j=1}^{J}s_{ij}\cdot c_{kj}-p_k$$

其中，U_{ik} 为消费者 i 购买产品 k 的效用，s_{ij} 为消费者 i 对产品特征 j 的评分，c_{kj} 为产品 k 所拥有的特征 j 的度量，p_k 是产品 k 的价格。

公司基层文员和公司 CEO 购买 A 和 B 的净效用分别为：

公司基层文员购买 A 的净效用：

$$1\times100+414\times1+230\times1+4.963\times10-88.8\times10$$
$$=100+414+230+49.63-888=-94.37$$

公司基层文员购买 B 的净效用：

$$0\times100+520\times1+150\times1+4.765\times10-19.90\times10$$
$$=0+520+150+47.65-199=518.65$$

公司 CEO 购买 A 的净效用：

$$1\times500+414\times1+230\times5+4.963\times20-88.80\times5$$
$$=500+414+1\,150+99.26-444=1\,719.26$$

公司 CEO 购买 B 的净效用：

$$0\times500+520\times1+150\times5+4.765\times20-19.90\times5$$
$$=0+520+750+95.30-99.5=1\,265.80$$

因此，公司基层文员会选择购买 B，因为 518.65＞−94.37；而公司 CEO 会选择购买 A，因为 1 719.26＞1 265.80。

需要注意的是，在使用特征方法时存在两方面的困难：

第一，产品特征的多元性、复杂性和难以测度性。对于汽车、手机等复杂产品而言，其产品特征的维度可能包含数十个甚至上百个，且并非所有特征都可以简单地使用数值度量，比如主流的汽车悬挂减震类型包括双叉臂、多连杆、麦弗逊等多种类型，不同消费者对悬挂舒适度的体验又缺乏客观标准，导致各种类型悬挂之间的性能差异较难用具体的数字测度。

第二，消费者评分的主观不确定性。事实上，消费者不仅在比较不同产品时可能存在“选择困难”，而且在比较产品的具体特征时也会存在“选择困难”的问题，一般消费者都不可能满足“理性人假设”，其对产品特征的评分可能存在高度不确定的特征。

第二节　产品差异的线性城市模型

霍特林（Hotelling，1929）设计了一个经典的线性城市模型来刻画双寡头垄断市场结构下企业产品差异对企业竞争决策的影响，该模型也被称为“霍特林模型”。

一、模型假设

（1）假设存在一座线性城市，该城市由一条长度为 1 的线段街区组成。

（2）城市存在大量消费者，以密度 1 均匀分布在［0，1］区间内。

（3）在街区的 0 和 1 处各有一家商店，分别记作商店 1 和商店 2。

（4）两家商店进行价格竞争，同时定价且只能定价一次，分别记作 p_1、p_2。

（5）每一个消费者都要购买 1 单位产品，不会多买也不会不买。因此，线性城市的每一个点都代表 1 单位产品的需求。

（6）两家商店均以不变的单位成本 $c(c>0)$，提供完全相同的产品。

（7）由于两家商店出售的产品只是在位置上有所不同，所以消费者所要做出的选择仅仅是使其总成本（产品价格＋交通成本）最小。

（8）对于一个处于位置 x 的消费者而言，其与商店 1 和商店 2 的距离分别为 x 和 $1-x$。假定消费者单位距离的交通成本为 t，那么 x 消费者从商店 1 购买产品所花费的总成本函数为 p_1+tx，同理 x 消费者从商店 2 处购买产品的总成本函数为 $p_2+t(1-x)$。

二、模型求解

由于线段上的每个点都是 1 单位的产品需求，因此，只要我们找出无差异消费者 x^*，就能写出两个商店的需求函数。对于无差异消费者 x^*，有：

$$p_1+tx^*=p_2+t(1-x^*) \tag{6.1}$$

解得：

$$x^*=(p_2-p_1+t)/(2t) \tag{6.2}$$

显然，由图 6-3 可知，在 x^* 左侧的消费者都会去商店 1 购买 1 单位产品，在 x^* 右侧的消费者都会去商店 2 购买 1 单位产品，由此我们可以得到两家商店所面临的需求函数：

$$D_1(p_1,p_2)=x^*=(p_2-p_1+t)/(2t) \tag{6.3}$$

$$D_2(p_1,p_2)=1-x^*=(p_1-p_2+t)/(2t) \tag{6.4}$$

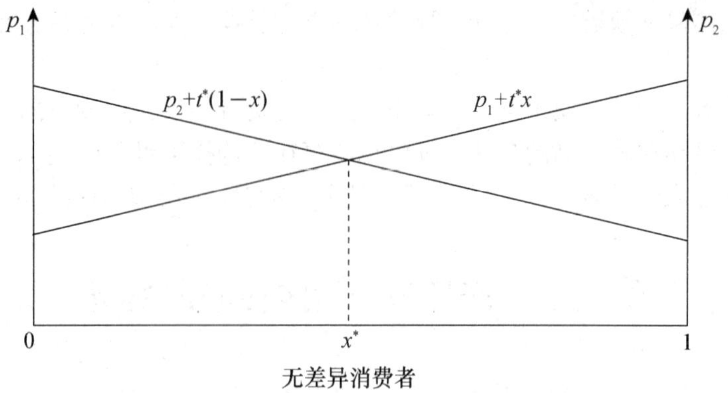

图 6-3　消费者购物成本示意图

进一步地，我们可以得到两家商店的利润函数，分别为：

$$\pi_1(p_1,p_2)=(p_1-c)D_1(p_1,p_2)=(p_1-c)[(p_2-p_1+t)/(2t)] \tag{6.5}$$

$$\pi_2(p_1,p_2)=(p_2-c)D_2(p_1,p_2)=(p_2-c)[(p_2-p_2+t)/(2t)] \tag{6.6}$$

两家商店如何决定价格呢？根据假设（4），两家商店同时定价，这就意味着在商店 1 定好价格 p_1 的同时，商店 2 的价格 p_2 也就确定了。因此，商店 1 在定价的时候可以将商店 2 的定价 p_2 视为一个具体的数值而不是变量。给定竞争对手商店 2 的定价 p_2，商店 1 要选择价格 p_1，以实现自身利润最大化，即：

$$\max \pi_1(p_1,p_2)=(p_1-c)[(p_2-p_1+t)/(2t)] \tag{6.7}$$

由一阶条件等于 0 容易得到①，企业 1 的反应函数是：

$$R(p_2)=p_1=(p_2+t+c)/2 \tag{6.8}$$

因为商店 1 和商店 2 在模型中是镜像对称的，模型没有假设两家商店除了位置以外有任何区别，从而根据对称性可得企业 2 的反应函数为：

$$R(p_1)=p_2=(p_1+t+c)/2 \tag{6.9}$$

联立式（6.8）和式（6.9）两个反应函数可以得到霍特林模型设定下的利润最大化价格、需求和利润：

$$p_1^*=p_2^*=t+c \tag{6.10}$$

$$D_1=D_2=x^*=1-x^*=1/2 \tag{6.11}$$

$$\pi_1=\pi_2=t/2 \tag{6.12}$$

线性城市模型求解思路：

第一步：找出无差异消费者；

第二步：根据无差异消费者的位置写出两家商店的需求函数；

第三步：根据需求函数写出利润函数；

第四步：根据利润函数求解利润最大化一阶条件；

第五步：得出两家商店的利润最大化定价、需求和利润。

① 易验证二阶导数小于零的条件也满足。

三、模型结论

由式（6.3）可知：即使商店 1 的价格高于商店 2，它仍能获得正的需求（只要 $p_1 < p_2 + t$ 即可），因此商店 1 和商店 2 都面临一条向下倾斜的需求曲线，这与伯川德模型的结论不同。在伯川德模型中，企业只能制定与竞争对手相同的价格，任何高出竞争对手的价格都会导致企业市场份额降至 0。线性城市模型和伯川德模型的本质区别在于线性城市模型中存在交通成本，在消费者眼中企业出售的产品是“产品＋交通成本”的综合体，两家商店销售的同质产品已不再是同质的了。由此我们可以得出：

推论 1：*产品差异的存在使企业获得了一定的市场势力，其定价可以高于竞争对手。*

由式（6.10）可知，商店 1 和商店 2 的产品均衡价格均严格高于边际成本。且当 $t=0$ 时，得到的就是伯川德竞争模型的结果，产品差异消失，企业定价等于边际成本；反过来，t 越大，即交通成本对于消费者而言越难以承受，两家商店出售的产品对消费者而言存在的产品差异就越大，商店也越容易定出一个高于边际成本的价格。由此我们可以得到：

推论 2：*产品差异越大，企业的市场势力就越强，定价越容易高于边际成本。*

四、模型推广

上述线性城市模型是通过“商店位置差异带来的交通成本差异”来引入产品异质性的。事实上，该模型可以推广至更一般的情形，即以产品的某一特征差异来引入产品异质性。例如，自动售货机中同时陈列了两款可乐，品牌、容量、口感、包装等特征均相同，唯一的区别在于一款含糖，热量为 215 大卡；另一款使用了甜味剂作为代糖，热量为 0 卡。同时假设消费者对热量的偏好为 [0，1] 区间内的均匀分布，0 为处于减脂期间的消费者（如健身达人），他们极度厌恶热量；1 为处于增脂期间的消费者（如低血糖患者），他们极度偏爱热量。那么在这一例子中，消费者对热量的厌恶程度便是前述线性城市模型中的“交通成本”。两款可乐都会有自己的受众，即使无糖可乐的售价略高于含糖可乐，也会有部分消费者选择购买无糖可乐；同理，如果含糖可乐的定价略高于无糖可乐，也会有部分消费者仍然选择含糖可乐。综上，线性城市模型中关于空间产品差异化的观念可推广至许多其他特征差异化的分析。①

五、产品定位

在前述分析中，我们假设了商店 1 和商店 2 分别固定在 0 和 1 两个位置，这也就相当于固定了两家企业之间产品的差异度（交通距离代表产品差异）。更一般的情况应该是两家商店先选择自己的位置，即到底要与竞争对手的产品多不同（位置离竞争对手越近，对于消费者而言两家商店的产品就越相似），然后再进行定价决策，以最大化自己的利润。

也就是说，一般而言企业面临的产品定位问题可以抽象为一个两阶段博弈问题：在第

① 政治学中“中间选民理论”的逻辑也与线性城市模型非常类似，只不过其模型假设并不要求选民在 [0，1] 区间上服从均匀分布。

一阶段（选址博弈）：两家商店选择企业的产品定位，即 a_1 和 a_2 的值；在第二阶段（定价博弈）：两家商店在给定对方产品定位的情况下，选择自己的利润最大化价格，即确定 p_1 和 p_2 的值。

上述两阶段博弈问题蕴含了一个比较贴近经济现实的假设，即对于企业而言，产品定位一般是一个相对长期的变量，企业决定生产某件产品（商店选取了某个位置）之后，在短期内通常难以改变；但价格对于企业而言是个短期变量，易于灵活调整。因此，企业一般会先做产品定位决策，再做价格决策。

那么，企业应该如何做出这个两阶段博弈决策呢？企业必须考虑两方面的问题：

第一，在第一阶段选址博弈中，如果我们假设企业 1 和企业 2 的价格策略既定不变，那么企业 1 在选址时距离企业 2 越近，位于企业 1 左侧的消费者就越多，这部分消费者都是企业 1 的顾客，企业 1 能获得的需求和利润就会越高。同理，企业 2 也会选择靠企业 1 更近的位置。我们把这种情况称为产品定位的"直接效应"。

第二，在第一阶段博弈中，假设企业 1 和企业 2 的价格策略既定并不正确，正确的情况是企业 1 和企业 2 的价格策略是基于第一阶段选址博弈的结果决定的，即价格是关于位置选择的函数。已知第一阶段博弈的"直接效应"会让两家企业在选址时靠近对方，那么两家企业靠得越近，两家企业的产品在消费者看来就越相似，企业只能选择降低价格来争夺消费者，这显然会降低企业的利润。在两家企业选择同一位置的极端情况下，就会发生标准的伯川德价格竞争，两家企业均以边际成本定价，利润为零。因此，考虑到第二阶段的价格博弈，两家企业为了规避激烈的价格战，必然会在第一阶段选址时尽量远离对方，我们把这种情况称为产品定位的"策略效应"。

综上，在产品定位博弈中，"直接效应"促使企业相互靠近（产品差异化程度低），而"策略效应"促使企业相互远离（产品差异化程度高）。那么在实践中到底哪种效应占主导地位呢？这一问题没有统一的答案，哪种效应占主导地位主要取决于交通成本和消费者分布。

在前文中我们已经讨论过一个简单的"策略效应"占主导地位的霍特林模型（商店 1 和商店 2 分别位于 0 和 1 两个位置上，产品差异最大化），也已经知道了当"直接效应"占主导时霍特林模型就会退化为伯川德价格竞争模型。下面我们将考虑一个更一般的情况，商店 1 和商店 2 在第一阶段选择自己的位置，在第二阶段选择自己的价格，且价格是位置的函数。

假设在街区的 a_1 和 a_2 处各有一家商店，分别记作商店 1 和商店 2，假设商店 1 位于商店 2 的左侧，即 $a_1<a_2$。由于两家商店是对称的，所以 $a_1+a_2=1$。如图 6-4 所示，对于一个处于位置 x 的消费者而言，其距商店 1 和商店 2 的距离分别为 $x-a_1$ 和 a_2-x。假定消费者单位距离的交通成本为 t，那么 x 消费者从商店 1 购买产品所花费的总成本函数为 $p_1+t(x-a_1)^2$，消费者从商店 2 处购买产品的总成本函数为 $p_2+t(a_2-x)^2$。[①] 其他假设维持前述霍特林模型的假设不变。

按照前文求解霍特林模型的过程，我们首先还是要通过联立两家商店的消费者的成本

① 注意：这里我们假设消费者的交通成本函数是二次型的，这主要是为了避免模型求解的复杂性。如果消费者的交通成本函数是线性的，商店面临的需求函数就会是非连续的，数学上的处理将会非常复杂。

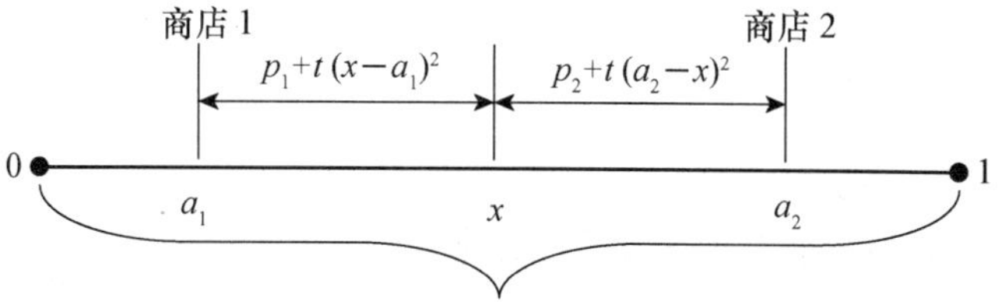

图 6-4　线性城市示意图

函数，寻找无差异消费者 x^* 的位置，来写出两家商店的需求函数。由

$$p_1+t(x^*-a_1)^2=p_2+t(a_2-x^*)^2 \tag{6.13}$$

解出 x^*，得到商店 1 和商店 2 的需求函数分别为：

$$D_1(p_1,p_2)=x^*=a_1+\frac{a_2-a_1}{2}+\frac{p_2-p_1}{2t(a_2-a_1)} \tag{6.14}$$

$$D_2(p_1,p_2)=1-x^*=1-a_2+\frac{a_2-a_1}{2}+\frac{p_1-p_2}{2t(a_2-a_1)} \tag{6.15}$$

式（6.14）和式（6.15）表明：在价格 p_1、p_2 下，商店 1 控制着自己的领地（a_1），同时吸引着处在两家商店之间靠近商店 1 的半数消费者 $(a_2-a_1)/2$，而需求函数第三项则反映了消费者对价格差别的敏感程度。具体来说，给定商店 2 的位置 a_2 和价格 p_1、p_2，商店 1 选择靠近商店 2 时（a_1 增大），会扩大自己的领地，增加自己产品的需求（直接效应）。然而，当 a_1 增大时，随着两家商店位置的接近，两者之间的竞争加剧，商店 2 可能会把价格降至 p_1 之下（$p_2<p_1$）来争夺市场份额，由此会造成对商店 1 的产品需求的下降（策略效应）。

此外，式（6.14）还告诉我们产品差异化策略能够降低消费者的需求价格弹性。将市场需求价格弹性 e_{q_1,p_1} 对产品差异参数 t 求一阶导数可以发现：

$$e_{q_1,p_1}=-\frac{\partial D_1}{\partial p_1}\frac{p_1}{D_1}=\frac{p_1}{t(a_2^2-a_1^2)+p_2-p_1}，且\frac{\partial e_{q_1,p_1}}{\partial t}=\frac{-p_1(a_2^2-a_1^2)}{[t(a_2^2-a_1^2)+p_2-p_1]^2}\leqslant 0 \tag{6.16}$$

可见，产品差异越大，市场的需求价格弹性就越小，商店调节价格的余地就越大，从而拥有的市场势力也越大。

要求解商店的位置均衡，需要使用逆向归纳法，具体分为两个步骤：

第一步：（求解第二阶段价格博弈的均衡结果）假定商店 1 的位置 a_1 和商店 2 的位置 a_2 已经确定，求解企业利润最大化的价格 p_1 和 p_2（p_1 和 p_2 是关于 a_1 和 a_2 的函数）；

第二步：（求解第一阶段选址博弈的均衡结果）根据企业的利润最大化定价 p_1 和 p_2，确定企业的最优选址决策，即 a_1 和 a_2 的具体值。

第二阶段博弈均衡结果求解：

给定两家商店的位置 a_1 和 a_2，以及商店 j 的价格 p_j（$j=1，2$），商店 i（$i=1，2$）要选择定价 p_i 以最大化自身利润：

$$\max_{p_i} \pi_i(p_i, p_j, a_1, a_2) = (p_i - c)\left[a_1 + \frac{a_2 - a_1}{2} + \frac{p_j - p_i}{2t(a_2 - a_1)}\right],\ i, j = 1, 2, i \neq j \tag{6.17}$$

商店 1 和商店 2 的利润最大化一阶条件分别为：

$$2p_1 - p_2 - c = t(a_2 - a_1)(a_1 + a_2) \tag{6.18}$$

$$2p_2 - p_1 - c = t(a_1 - a_2)(a_1 + a_2 - 2) \tag{6.19}$$

联立式（6.18）和式（6.19），我们可以解出商店 1 和商店 2 的价格的纳什均衡解：

$$p_1^c(a_1, a_2) = c + t(a_2 - a_1)\frac{2 + a_1 + a_2}{3} \tag{6.20}$$

$$p_2^c(a_1, a_2) = c + t(a_1 - a_2)\frac{a_1 + a_2 - 4}{3} \tag{6.21}$$

式（6.20）和式（6.21）即为第一阶段博弈的均衡解，它告诉我们：商店定价决策是选址位置的函数。

第一阶段博弈均衡结果求解：

我们可以写出商店 1 在第一阶段选择地址时所面临的利润函数：

$$\pi_1(a_1, a_2) = [p_1^c(a_1, a_2) - c]D_1(a_1, a_2, p_1^c(a_1, a_2), p_2^c(a_1, a_2)) \tag{6.22}$$

在第一阶段选址博弈中，给定商店 2 的位置 a_2，商店 1 选择 a_1 以实现 $\pi_1(a_1,\ a_2)$ 最大化；商店 2 也面临同样的问题。根据包络定理（Envelope Theorem）：商店 1 在第二阶段总是选择最优价格，因而 $\partial\pi_1/\partial p_1 = 0$，这样我们只需注意 a_1 对 $\pi_1(a_1, a_2)$ 的需求效应（直接效应）以及商店 2 价格变动的间接效应（策略效应）。即：

$$\frac{\partial\pi_1(a_1, a_2)}{\partial a_1} = \frac{\partial\pi_1}{\partial p_1}\frac{\mathrm{d}p_1}{\mathrm{d}a_1} + \frac{\partial\pi_1}{\partial D_1}\frac{\partial D_1}{\partial p_1}\frac{\mathrm{d}p_1}{\mathrm{d}a_1} + \frac{\partial\pi_1}{\partial D_1}\frac{\partial D_1}{\partial a_1} + \frac{\partial\pi_1}{\partial D_1}\frac{\partial D_1}{\partial p_2}\frac{\mathrm{d}p_2}{\mathrm{d}a_1}$$

$$= (p_1^c - c)\left(\frac{\partial D_1}{\partial a_1} + \frac{\partial D_1}{\partial p_2}\frac{\mathrm{d}p_2}{\mathrm{d}a_1}\right) \tag{6.23}$$

将式（6.20）、式（6.21）代入式（6.14）可以得到：

$$\frac{\partial D_1}{\partial a_1} = \frac{2 - 5a_1 + a_2}{6(a_2 - a_1)},\ \frac{\partial D_1}{\partial p_2}\frac{\mathrm{d}p_2}{\mathrm{d}a_1} = \frac{a_1 - 2}{3(a_2 - a_1)} \tag{6.24}$$

从而得出：

$$\frac{\partial\pi_1(a_1, a_2)}{\partial a_1} = (p_1^c - c)\frac{a_2 - 3a_1 - 2}{6(a_2 - a_1)} < 0 \tag{6.25}$$

因为 $\partial\pi_1(a_1, a_2)/\partial a_1 < 0$，所以商店 1 为了追求利润最大化，应该向左方移动（$a_1 = 0$）；同样我们可以证明商店 2 应该向右方移动（$a_2 = 1$）。即在这个案例中，商店产品定位选择的最终均衡结果为最大化空间差异：商店 1 位于 0 点，商店 2 位于 1 点。

上述推导过程再一次展示出产品定位选择过程中“直接效应”和“策略效应”两种作

用的冲突。首先，$\partial D_1/\partial a_1=(2-5a_1+a_2)/6(a_2-a_1)$ 表明，如果 a_1 不太大（特别是，如果 a_1 不超过 1/2），因为 $a_2-a_1\geqslant 0$，易知 $2-5a_1+a_2=a_2-a_1+2(1-2a_1)>0$，所以 $\partial D_1/\partial a_1>0$，这意味着在给定两家商店的价格策略下，两家商店都愿意向中心位置移动，以增加其市场份额。然而，两家商店也意识到，随着两家商店位置的接近，两家商店的产品差异化程度在下降，这将会迫使对方商店降低产品价格，这反过来会减少对自己产品的需求。在这个例子中，策略效应占主导地位，从而最终决定了产品区位选择的均衡结果是产品差异最大化。

第三节　产品差异的圆形城市模型

线性城市模型分析了双寡头企业的产品差异化竞争问题，萨洛普（Salop）进一步放松了双寡头企业的假设，分析了自由进入市场情况下的企业市场进入和差异化产品定位问题。萨洛普设计的这个理论模型建立在一个圆形城市上，因此也常被称为“圆形城市模型”。

一、模型假设

（1）存在一个周长为 1 的圆形城市，消费者以概率密度 1 均匀分布在圆周上，消费者的所有行动都沿着圆周进行。① 每一个消费者都要买 1 单位产品，单位距离的交通成本为 t。

（2）存在大量潜在进入市场的同质企业，也沿着圆周分布（如图 6－5 所示）。因为企业在技术上是同质的，而消费者又是均匀分布的，所以产品空间中的所有位置都是同质的。

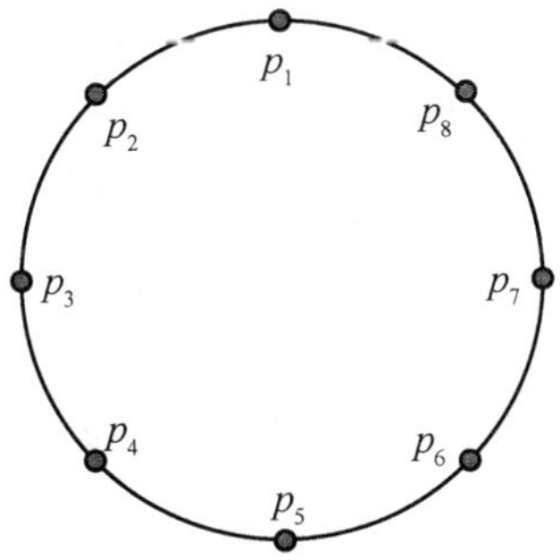

图 6－5　圆形城市

（3）对于消费者而言，不同企业销售的产品之间唯一的差异就来自交通成本。

（4）假设企业进入市场的固定成本为 f，一旦进入就定位在一个点上生产，边际成本为 c。

① 可以近似想象圆周城市中心是一个湖泊，城市是沿着湖周分布的。

(5) 市场可自由进入，除了固定成本或进入成本以外不存在其他进入壁垒。[①] 假设市场上存在足够多的企业（相对来说 f 不太高），从而企业间存在相互竞争。

(6) 企业 i 若进入市场，其利润为$(p_i-c)D_i-f$[②]；不进入的话利润为 0。

二、模型求解

圆形城市模型是一个典型的两阶段动态博弈问题，求解有限步动态博弈问题需要使用逆向归纳法：

第一阶段博弈：潜在的进入企业同时决定是否进入圆形城市。因为圆形城市上的每个位置都是相同的，所以这些企业并不选择它们的地址，而是自动等距离地坐落在圆上。这样，企业所销售产品之间的差异就通过企业空间位置的差异（消费者离不同企业的距离不同）而外生决定了。

第二阶段博弈：在地址给定的情况下，各家企业进行价格竞争。与线性城市模型逻辑相同，圆形城市模型上的企业也有能力将价格定在边际成本之上，由于企业销售的是同质产品，所以其需要选择最优的价格以实现利润最大化。

运用逆向归纳法的思路求解圆形城市模型时，我们需要：

第一步：（求解第二阶段博弈的均衡结果）假定进入市场的企业数量已经确定了，在此基础上确定企业价格竞争的纳什均衡解[③]，并求解企业利润最大化问题；

第二步：（求解第一阶段博弈的均衡结果）根据企业的利润最大化定价和圆形城市长期均衡的零利润条件，确定进入市场的企业数量。

第二阶段博弈均衡结果求解：

在第二阶段，我们假设在第一阶段有 n 家企业进入了圆形城市。由于模型假设企业之间除了位置之外没有任何差异，且位置也是等距自动分配的，因此最终竞争的结果一定是所有企业都制定一个相同的价格。也就是说，我们只要分析一个代表性企业的竞争决策，就能知道所有企业的竞争决策结果。实际上，对于代表性的企业 i 而言，其真正的竞争对手只有两个，即位于它左右两侧的邻居企业 $i-1$ 和 $i+1$。由于企业 $i-1$ 和 $i+1$ 的位置是以企业 i 为中心对称分布的，因此我们只要分析企业 i 与企业 $i-1$ 之间的竞争结果，即可根据对称性得出企业 i 与企业 $i+1$ 的竞争结果。

如图 6－6 所示，假设企业 i 选择了价格 p_i，对于离企业 i 的距离为 $x\in[0,1/n]$的消费者，在满足式（6.26）的情况下，其选择企业 i 和企业 $i-1$ 购买产品无差异[④]：

$$p_i+tx=p+t(1/n-x) \tag{6.26}$$

由式（6.26）可以解得无差异消费者 x^* 的位置为：

---

① “自由进入”这一假设实际上暗含着“零均衡利润条件”，即只有圆形城市上的企业利润都为零的时候，才不会有企业进入或退出。

② 其中 p_i 为企业定价，D_i 是企业 i 面对的市场需求。

③ 纳什均衡是指在 n 人参与的博弈中，若在某种情况下没有哪个人可以通过单独行动改善自己的福利，则该结果即为纳什均衡结果。

④ 因为所有企业最终都会定一个相同的价格，因此不失一般性，我们可以将企业 $i-1$ 的价格 p_{i-1} 记为 p。

$$x^*=(p+t/n-p_i)/(2t) \tag{6.27}$$

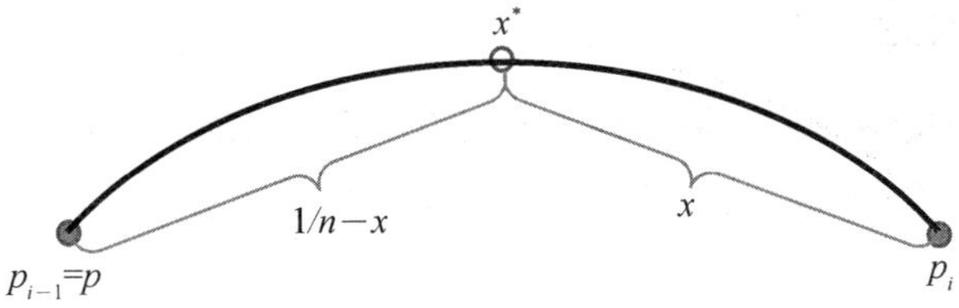

图 6-6　圆形城市上的无差异消费者

如图 6-6 所示，x^* 左侧的消费者都会去商店 $i-1$ 购买产品，x^* 右侧的消费者都会去商店 i 购买产品。由于圆形城市上的每个点都是 1 个消费者，且每个消费者都会购买 1 单位产品，因此，企业 i 面临的需求是：

$$D_i(p_i, p)=2x=(p+t/n-p_i)/t \tag{6.28}$$

根据式（6.28），企业 i 选择最优价格谋求利润最大化，即：

$$\max_{p_i}[(p_i-c)(p+t/n-p_i)/t-f] \tag{6.29}$$

用式（6.29）对 p_i 求一阶导数等于 0，然后令 $p_i=p$（所有企业都是镜像对称的，必然会定出相同的价格），则可得到：

$$p=c+t/n \tag{6.30}$$

式（6.30）即为第二阶段博弈的均衡结果，但式（6.30）中 n 的大小仍未确定，需要继续求解圆形城市模型的第一阶段博弈均衡结果才能确定 n 的值。

第一阶段博弈的均衡结果求解：

在圆形城市模型中企业数量是内生的，由市场"在位"企业的零利润条件决定，令式（6.29）等于 0 可得：

$$(p-c)/n-f=t/n^2-f=0 \tag{6.31}$$

因此，在企业自由进入的情况下，均衡的企业数量为：

$$n^c=\sqrt{t/f} \tag{6.32}$$

相应地，第二阶段博弈的均衡价格为：

$$p^c=c+\sqrt{tf} \tag{6.33}$$

三、模型结论

式（6.32）表明：企业进入一个圆形城市的固定成本 f 越小，或产品差异化程度 t 越大，均衡时的企业数量 n 越多。

推论 1： 进入门槛越低、产品差异程度越大，圆形城市能容纳的企业越多。

式（6.33）表明：进入一个产业的固定成本 f 越高，或产品差异化程度 t 越大，均衡时的价格 p 也越高。

推论 2：进入门槛越高、产品差异程度越大，企业的垄断势力越强，价格加成越高。

四、社会福利分析

上述对圆形城市模型的求解是基于城市中的企业利润最大化视角推理的，那么企业利润最大是否等价于社会福利最优？从社会福利最优的角度看，式（6.32）中 n^c 这一均衡企业数量是太多还是太少？

如果将社会福利成本分解为企业固定投资成本和消费者交通成本两部分，那么圆形城市模型中的社会福利最优厂商数量问题就可以简化为：选择一个厂商数量 $n=n^*$，以使企业固定投资成本和消费者交通成本最小化，如式（6.34）所示：

$$\min_n\left[nf+t\left(2n\int_0^{1/2n}x\mathrm{d}x\right)\right] \tag{6.34}$$

求解式（6.34），根据一阶条件可以解得：

$$n^*=\sqrt{t/f}/2=n^c/2 \tag{6.35}$$

由式（6.35）可知，社会福利最优的厂商数量仅为自由进入条件下实际厂商数量的一半。也就是说：允许企业自由进入市场导致了过多的企业进入，市场提供了太多种类的产品。

那么，为什么市场自由竞争机制下的均衡结果并不等价于社会福利最优的结果？政府应该怎么做才能解决这一没有效率的现象？这是由于企业得到了过多的进入市场的激励（能获得正的经济利润），而从社会福利的角度看，最优企业数量应该以节约固定成本（避免重复建设带来的浪费）和运输成本（避免无谓浪费）为准。一般而言，政府可以考虑使用设置企业最低规模限制的方式，防止过多企业同时涌入一个行业。例如，《中华人民共和国商业银行法（2015 修正）》规定："设立全国性商业银行的注册资本最低限额为 10 亿元人民币，设立城市商业银行的注册资本最低限额为 1 亿元人民币，设立农村商业银行的注册资本最低限额为五千万元人民币，注册资本应当是实缴资本。"

第四节　产品差异化策略的应用

我们已经学习了什么是产品差异、产品差异的类型以及产品差异与企业市场势力之间的关系，知道了企业可以在横向差异、纵向差异、服务差异和信息差异四个主要维度打造自身产品与其他同类产品之间的差异，并且企业生产的产品与同类产品之间的差异越大，企业的市场势力就越大，企业也就越有能力获得超额垄断利润。那么，对于具体的微观企业而言，它应该如何强化自身产品与其他同类产品之间的差异呢？我们通常能想到的答案就是加大科研投入，开发产品的新功能（横向差异化）；加强产品质量管理，提升产品的品质（纵向差异化）；丰富产品周边服务，优化产品的用户体验（服务差异化）等。但很少有人会想到企业还可以通过"创造和利用产品的信息差异"这一方式，来引导消费者对自身产品做出更好的评价并支付更高的价格，进而获取超额利润。在本节中，我们将介绍企业利用信息差异化策略的两种常见方法。

一、利用“先发优势”塑造产品的信息差异

中国有一句俗话是“买的没有卖的精”，即作为一个“理性”消费者，我们应该认识到自己作为“买方”对产品的了解大概率不如生产和销售产品的“卖方”透彻。因此，在缺乏商业信用的市场中，消费者买东西的过程更像一个“抽奖行为”，买到的产品是否物有所值有时全凭运气。也正是因为这样的原因，一般消费者一旦认可了某个商家的信誉，就会倾向于在固定的消费渠道购买固定的产品，降低自己上当受骗的概率。

具体到我国而言，虽然法制化营商环境建设近年来取得了突出成绩，但“假冒伪劣”产品仍然存在。在这样的消费环境下，消费者在亲自试用产品之前，显然不会轻易对企业关于产品的任何宣传产生信任，这种消费者信任的缺失其实也给企业创造了一个制造产品信息差异的机会：对消费者而言，试用过的产品要远比没有试用过的产品更加值得信赖，这就使得优先进入市场，产品已被消费者试用过的企业获得了基于信息差异的“先发优势”。那么，基于信息差异的先发优势可以给先行企业带来哪些好处呢？

第一，有先发优势的企业可以制定更高的产品价格。由于消费者对先行企业产品的主观评价更高，这使得先行企业的产品定价可以高于后进入者，从而获得垄断利润。

第二，有先发优势的企业可以遏制潜在竞争者进入。先行企业也可以采取盯住后进入者产品价格的策略，利用消费者对自己产品主观评价更高的优势，把竞争对手挤出市场。

材料短析

“先发优势”的应用案例

假定某一产品市场上有1个在位企业（即先行企业），其产品售价为100元，消费者对其产品的支付意愿也为100元。现在，有数个潜在竞争者也进入市场，它们均能获得与在位企业相同的技术，并以相同的成本生产相同的产品。但是由于消费者没有试用过其产品，消费者对新进入企业的产品质量的主观评价不可能与在位企业生产的“老牌”产品一样好，所以消费者抱着试试看的心态，可能只愿意支付80元的价格购买其产品。此时，如果该产品的生产成本不足80元，新进入企业仍能获得正的利润，成功进入该市场，只是其利润率低于先行企业。但是，如果先行企业采用价格竞争策略，在新进入企业进入该市场后降价销售自己的产品，新进入企业就有可能被驱逐出市场。我们假设消费者由于对新企业产品不信任，因此愿意为先行企业“老牌”产品的质量信誉支付20元的信息溢价，那么先行企业只要采取在价格上比新进入企业高19元的定价策略，就能成功地阻止新企业进入该市场。

从这个例子我们还可以总结出：一般而言，单价越高、存在隐蔽瑕疵可能性越高的耐用品，获取“先发优势”对企业塑造产品的信息差异而言就越重要。例如，如果是10元一件的产品，消费者可能很容易就接受新企业的产品，买来试一试。但如果是10万元一件的产品，消费者基本不太可能会选择在价格差异不大的情况下购买新企业的产品。

二、利用“广告”塑造产品的信息差异

“先发优势”要求企业必须是行业内的先行者，这对于企业而言“可遇而不可求”。除

此之外，企业还可以利用广告向消费者传达产品信息，让消费者相信自己的产品比其他同类产品更符合消费者的偏好，从而制造产品的信息差异。与“先发优势”相比，显然“广告”的可操作性更强。

在分析企业应该如何利用广告来塑造产品的信息差异之前，我们需要了解一下广告的作用以及广告的类型。广告是企业向消费者传递关于产品差异信息的重要渠道。广告传达的产品差异信息既可能是客观存在的，也可能是主观虚构的。比如饮用水广告宣传自己的产品可以在酷暑中清凉解渴，这就是对产品客观存在的特征进行宣传，但是弱碱性饮用水的广告宣传自己可以中和人体内酸性毒素，调节体液的酸碱度平衡，这就是主观虚构的、没有科学依据的产品特征，这类广告虽然宣传的内容是伪科学，但只要消费者选择相信，企业就还是可以成功地塑造自身产品的差异特征。具体而言，广告一般可以分为两种类型：一类是信息性广告，它们通常详细描述产品的存在、特征和销售条件等；另一类是劝说性广告，它们通常不涉及产品细节，而是更重视品牌形象的塑造。

案例分析

信息性广告与劝说性广告

华为和苹果这两家企业设计的手机平面广告分别很好地演示了信息性广告和劝说性广告（见图 6-7）。华为 Mate40E 手机广告中有很多关于这款手机的技术细节介绍的内容，如使用了麒麟 990E 5G SoC 芯片、超感知徕卡影像等，是典型的信息性广告，试图向消费者传达自身产品使用了诸多前沿科技等信息；而苹果 iPhone 12 Pro 手机广告的设计则非常简明，并没有写明产品的任何技术细节，只有一句“自我再飞跃”的广告语表示新一代 iPhone 是对自我的再度赶超，这显然是典型的劝说性广告。

图 6-7　华为 Mate40E 和苹果 iPhone12 Pro 手机平面广告图

资料来源：根据华为和苹果中国官网公开图片及资料整理而得。

从华为和苹果两款手机广告的对比案例我们可以看出，即使是销售同一类产品，企业的广告策略也可能会有很大差异。选择信息性广告的理由很直接，因为信息性广告可以非常直接地帮助企业向消费者传达产品的特征，有效降低消费者与厂商之间的信息不对称程度，让消费者更加了解企业生产的产品，从而激发其购买欲。那么，劝说性广告存在的意义又是什么呢？它向消费者传递了什么信息？劝说性广告能成功发挥作用的关键又是什么？一般而言，只有在一个行业内部处于引领地位的企业才会选择使用劝说性广告，消费者对其产品并不陌生，所以与其在广告中宣传一些普通消费者可能看不懂的技术细节，不如更专注于塑造品牌的高端形象，让消费者把企业的品牌与“高端、奢华、时尚、健康、环保、高科技”等正面评价联系起来，从而使消费者对产品价格变得不敏感。对于苹果公司而言，其每年发布的新款 iPhone 的技术细节必然是各大媒体的头条新闻，消费者已经有充分的渠道了解，因此苹果公司与其在广告中宣传自身新产品的技术细节，不如强化消费者对于 iPhone 品牌的“高端”印象。

在了解了广告的作用和基本类型以后，我们就可以分析企业利用“广告”塑造产品信息差异的具体策略了。一方面，对于普通企业而言，利用“信息性广告”向消费者传达自身产品的“卖点”十分必要，企业进行广告宣传的核心目标是让消费者知道自己的产品，并且记住自身产品的核心特征。另一方面，对于行业领军企业而言，企业需要通过“劝说性”广告让消费者相信自身产品代表着行业领军水平。因此，在广告宣传上花最多的钱，聘请最红的明星代言，租用最贵的广告位，冠名最受欢迎的电视节目等是这类广告的常用手段。

延伸阅读与思考

国潮复兴：“花西子”的产品差异化策略

国研网数据显示：2020 年中国化妆品消费市场规模高达 3 400 亿元人民币，国内获得化妆品生产许可证的企业已经有 4 000 多家，国产化妆品种类接近 50 万种。然而在这一庞大的消费市场中，国产化妆品品牌相对于欧美日韩等发达国家品牌而言却一直处于“鄙视链”的底端，这既有国产品牌起步晚、技术和资金实力差的原因，也有国产品牌在产品定位和广告宣传上盲目跟风模仿西方跨国公司巨头、缺乏独特卖点的原因。我国市面上国产化妆品“起洋名”，东施效颦的现象并不罕见。然而，随着中国经济和科技实力的快速崛起，近年来越来越多的中国消费者逐渐树立起了文化自信，开始摒弃崇洋媚外的消费观念，这给本土化妆品企业通过挖掘东方传统美学，打造西方跨国巨头没有的独特产品卖点提供了市场机会，花西子就是成功代表。

花西子品牌名中的“花”字取自其“东方彩妆，以花养妆”的品牌理念，“西子”二字则来自苏东坡《饮湖上初晴后雨》中的“欲把西湖比西子，淡妆浓抹总相宜”，东方传统美学韵味浓厚。花西子成立于 2017 年，同年入驻天猫；2018 年全网销售额突破 4 000 万元；2019 年全网销售额突破 11 亿元，位列天猫彩妆 TOP10；2020 年 618 购物节力压阿玛尼位居全网美妆行业销售额第 4，全年全网销售额预估将突破 30 亿元。该品牌仅用 3 年时间就实现了从 0 到行业翘楚的飞跃，其成功的秘诀主要归功于杰出的“差异化定位”和独到的“广告策略”。

花西子的差异化定位

花西子重押东方美学这条线，打国民荣誉感和情怀这张牌，投入财力和时间去做“东方美学彩妆”品牌建设和文化内容价值塑造。花西子在品牌功效上主打以花养妆、妆养合一；在品牌情感上借力东方美学的荣誉感；在产品开发上引用中国古方、中草药提取物做结合（例如，空气蜜粉和唐朝太平公主的桃花红肤膏相关联，并提到桃花、珍珠粉、蚕丝粉等成分作为支撑；眼线笔则和三国时期制墨家仲将的故事结合，并将松烟药墨作为主要成分来完成和品牌线的结合）。花西子的产品功能、功效和品牌故事、定位完全相辅相成。

花西子还开展了中国文化传承的一系列话题动作。花西子的所有官方微博从代言、跨界、礼盒、单品、节日、周边等都在很努力地紧扣东方美学的主题。除了产品上和东方美学结合外，花西子在明星代言上走的也是传统东方美学派，而不是流量偶像派。不仅如此，花西子在节日营销上也做得非常到位。从 2017 年起，花西子在某几个中国传统节日都会做特别宣传，每年七夕，花西子都会做一系列话题和互动来呼应这个东方的情人节。

总结

花西子的成功案例表明：中国企业在与西方跨国公司巨头开展竞争时不应该仅是追随和模仿西方的技术与风格，一味地模仿不可能超越竞争对手，最终往往会沦落成“不中不洋”的山寨品牌，难以获得消费者的认可。中国企业可以考虑从中华传统文化等特色资源入手，将中国文化和中国消费者的特殊需求融入产品设计之中，深入挖掘产品差异化卖点。这不仅能帮助“中国风”产品获得中国市场上消费者的认可，而且能使它们在海外市场上越来越受欢迎，尤其是在中国综合国力和中华文化国际影响力日益提升的当下。中国企业应该抓住国潮复兴的时代潮流，在提升企业自身产品竞争力的同时为继承和弘扬中华传统文化贡献自己的力量。

资料来源：刀姐 doris. 成立 3 年销售额近 30 亿 花西子怎么做增长[J]. 中国商人，2020 (12)：44-48.

思考题

1. 在第二节的线性城市模型中，我们假设两家商店的产品完全是同质的，具有相同的边际成本 c，两家商店销售的产品的差异仅仅通过商店位置不同带来的消费者交通成本差异引入。现在，我们可以改变这些假设，将两家商店分别固定在线段城市的两端，即 0 和 1 两个位置。进一步假设两家商店销售的产品不同，商店 1 和商店 2 销售的产品的边际成本分别为 c_1 和 c_2，且 $c_1>c_2$，即商店 1 销售的产品的质量更好。其他假设不变。请求解：

（1）商店利润最大化的纳什均衡价格 p_1、p_2 和对应的利润 π_1、π_2；

（2）对比 p_1、p_2 和 π_1、π_2 的大小，分析为什么会存在这种大小差异。

2. 在线性城市模型中，我们将消费者的运输成本函数修改为二次函数 tx^2，并假设存在一个社会规划者为两家商店的选址进行规划以实现消费者的总运输成本最小化。请求解：两家商店的最佳选址位置应该位于何处（下图供参考）。

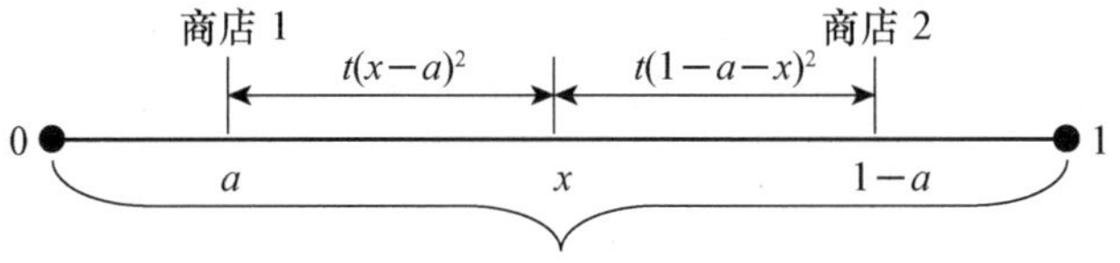

3. 在圆形城市模型中，我们保留其他假设不变，仅仅放松线性交通成本的假设，运输成本为 tx^2，x 代表消费者到他选定的商店的距离。请求解（下图供参考）：

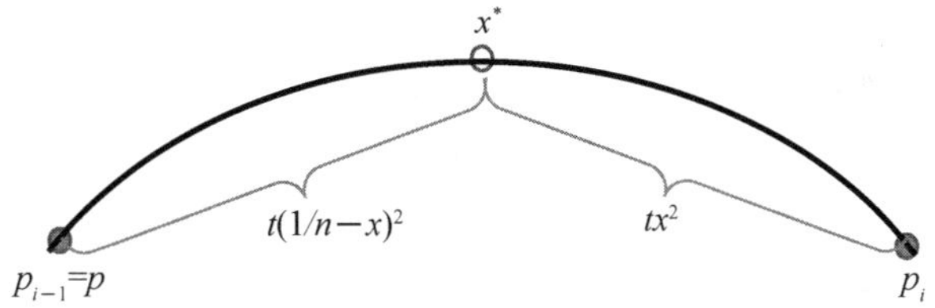

（1）均衡价格；

（2）均衡企业数量；

（3）社会最优企业数量。

4. 假设某垄断企业想通过投入广告的方式提升企业利润，消费者需求函数为

$$Q(A,p)=\beta A^{\eta}p^{\varepsilon}$$

其中：$\beta>0$，$0<\eta<1$，$\varepsilon<-1$，$\eta=\dfrac{\partial Q(A,p)}{\partial A}\cdot\dfrac{A}{Q}$，$\varepsilon=\dfrac{\partial Q(A,p)}{\partial p}\cdot\dfrac{p}{Q}$。

A 表示广告费用，Q 和 p 分别为消费者购买量和价格，假设企业生产的产品的单位成本为 c，试证明企业利润最大化的广告投入强度应该为需求广告弹性与需求价格弹性之比（该结论被称为“多夫曼-斯坦纳条件”），即：

$$\frac{A}{pQ}=-\frac{\eta}{\varepsilon}$$

5. 相对于西方发达国家的知名跨国企业而言，中国制造业企业起步晚，在家电、汽车、医药、化妆品等绝大多数行业中都没有先发优势，这在一定程度上也是中国制造业品牌在国际市场上的地位不如西方国家跨国公司品牌的原因。结合本章第四节的内容，试分析中国制造业企业应该如何在国际市场上突破这一障碍，提升中国品牌的国际影响力。

参考文献

1. 刘易斯·卡布罗. 产业组织导论［M］. 胡汉辉，等译. 北京：人民邮电出版社，2002.

2. 刘志彪，等. 产业经济学［M］. 2 版. 北京：机械工业出版社，2020.

3. 迈克尔·波特. 竞争战略［M］. 陈丽芳，译. 北京：中信出版社，2014.

4. 石奇. 产业经济学[M]. 3版. 北京：中国人民大学出版社，2015.

5. 于立宏，孔令丞. 产业经济学[M]. 北京：北京大学出版社，2017.

6. Baumol W. J. and E. A. Ide. Variety in Retailing [J]. *Management Science*, 1956, 3 (1): 93-101.

7. Berger J., M. Draganska, and I. Simonson. The Influence of Product Variety on Brand Perception and Choice [J]. *Marketing Science*, 2007, 26 (4): 460-472.

8. Hotelling H. Stability in Competition [J]. *The Economic Journal*, 1929, 39 (153): 41-57.

9. Huffman C. and B. E. Kahn. Variety for Sale: Mass Customization or Mass Confusion? [J]. *Journal of Retailing*, 1998, 74 (4): 491-513.

10. Hui K. Product Variety under Brand Influence: An Empirical Investigation of Personal Computer Demand [J]. *Management Science*, 2004, 50 (5): 686-700.

11. Kahn B. E. and B. Wansink. The Influence of Assortment Structure on Perceived Variety and Consumption Quantities [J]. *Journal of Consumer Research*, 2004, 30 (4): 519-533.

12. Phlips L. and J. Thisse. Spatial Competition and the Theory of Differentiated Markets: An Introduction [J]. *The Journal of Industrial Economics*, 1982, 31 (1/2): 1-9.

13. Rosen S. Hedonic Prices and Implicit Markets: Product Differentiation in Pure Competition [J]. *Journal of Political Economy*, 1974, 82 (1): 34-55.

14. Salop S. C. Monopolistic Competition with Outside Goods [J]. *Bell Journal of Economics*, 1979, Vol. 10 (1): 141-156.

第七章
研发与创新

本章主要介绍研发与创新的基本概念、市场结构与创新、创新的激励和阻碍以及中国的创新政策。本章的学习重点是掌握创新的基本类型和研发的经济特征，市场结构类型对创新的激励作用，以及知识产权保护等创新激励机制；学习难点是理解市场结构对创新的影响和知识产权保护激励创新的经济学逻辑。

第一节　研发与创新的基本概念

研发与创新不仅在单个产业的分析中占有重要地位，而且从更大的经济范围看也是如此。从 19 世纪到 21 世纪初，人类的生活状况发生了巨大的变化，这主要归功于技术进步引起的经济增长。索罗（Solow，1957）对美国从 1909—1949 年的经济增长数据进行经济计量研究后发现，在此期间美国经济增长中有 87.5%来自技术进步，只有 12.5%是由资本和劳动力投入量的增加引起的。各国学者的长期研究发现，发达国家的经济增长有 40%～90%可以归功于技术进步。

许多技术变革始于旨在获得知识的基础研究（Basic Research），然后是旨在用于商业目的的应用研究（Applied Research）；成功的应用研究导致发明（Invention）或者值得研究的新想法的出现，然后是完善发明并开发出市场产品的创新（Innovation）阶段，最后是创新产品普及的扩散（Diffusion）或模仿（Imitation）阶段。概略地讲，新的商品或方法的发展包括研究和开发与技术创新两大阶段。研究和开发本质上是一个知识的创造过程，是为了创造知识，进而应用知识而进行的创造发明活动；而技术创新是企业以获取利润为目的，将有关新工艺、新产品的知识商业化的过程。研究和开发为技术创新提供基础和可能性，而技术创新将这种可能性变为现实。二者之间实际上也没有清晰的界限。

一、研究和开发

（一）研究和开发的含义和类型

研究和开发（R&D）简称研发，是指为了进行知识创造和知识应用而进行的系统的创造性工作，是不断探索、发现和应用新知识的连续过程。研发活动主要包括三类：①基础研究，主要是揭示事物的客观本质和发展规律以增加人类的知识总量，包括那些不一定会有特定应用，但是在一定程度上有助于随后一系列活动的基础知识的研究，例如激光理论的推导和证实。这类研究主要是由大学和政府资助的科研机构承担，企业一般很少从事基础研究。②应用研究，主要是利用基础研究发现的知识，探索新工艺或新产品的技术基础，与基础研究相比更追求实践和特定用途。第一台牙科用激光钻孔机的发明就是应用研究的例子。③开发，主要是利用基础研究、应用研究和实际经验获得的知识，建立新的工艺或产品或者改进现有工艺或产品，其目的是把样品转变为消费者可以使用，并且可以大批量生产的产品。第一台激光钻孔机变成很多牙医买得起且用得上的小型手持产品就是开发阶段的例子。

（二）研究和开发的经济特征

研究和开发具有不确定性和溢出效应，这是它有别于其他投资的两个重要特征。

研究和开发的不确定性主要来自两个方面：①知识生产过程的不确定性。由于研究和开发是新知识的生产过程，其结果有着很大的不可预测性，即使是长期的高额投入也会存在失败的风险，因此这一投入产出过程充满了高度的不确定性。②市场实现过程的不确定性。由于将研究和开发的产出——新产品或新工艺——商业化的过程中，企业无法预测新产品或新工艺的市场效果和未来可能给企业带来的收益，因此这一实现过程也是不确定的。

研究和开发活动的产出主要是知识或信息，而知识或信息具有公共物品的特征：①非竞争性。一方信息获取不会减少另一方信息获取，信息一旦生产出来，再生产的成本极低甚至为零。②非排他性。信息不容易确立产权，特别是在缺乏可行的技术或制度限制的情况下，其他使用者可以很小的代价或无代价地进行复制。因此，研究和开发活动具有显著的外部性或溢出效应，表现为研究和开发活动的收益通过企业之间的经济技术联系或研究人员的流动等方式，由研发者向模仿者转移。

如果缺乏必要的制度保障，研究和开发的不确定性和溢出效应特征将会导致研发投资与创新激励的不足。后面会具体介绍激励研发和创新的相关制度。

案例分析

新药研发的成本和成功率

新药研发通常需要支付高昂的成本。根据塔夫茨中心（Tufts Center）对 1995—2007

年间来自10家公司的106种（1 442个化合物）研究性新药和生物制剂研发费用的统计数据分析，成功研发一种药物，药企实际支出的花费为13.95亿美元，按照名义利率（资本成本）为12%～14%来算，弥补资本时间和机会成本后研发一种新药的成本为25.58亿美元。根据保罗等（Paul et al.，2010）的研究，药企研发出新药的实际花费为8.73亿美元、资本化后的研发费用为17.78亿美元。他们还对不同研发阶段的成本构成进行了分解，结果显示：临床前过程中，化合物结构优化阶段花费巨大，约为1.46亿美元（共14.6个化合物）；临床研发过程中临床Ⅲ期研发花费巨大，平均每种药物花费1.5亿美元。资本化后的研发费用中，临床前结构优化阶段（14.6种药物）花费4.14亿美元，其实比临床Ⅲ期试验（1.6种药物）的花费3.14亿美元还大。药物研发周期从临床前靶点筛选到最终上市，所用时间平均至少为13.5年（不包括靶点确认阶段），临床前研发所需时间为5.5年，临床平均研发时间为8年。根据艾昆纬（IQVIA）人类数据科学研究所（IQVIA）在2019年发布的研究报告《不断变化的研发前景：创新、变革的动力和临床试验产出率的演变》中的数据，一种药物从临床Ⅰ期试验开始到研发结束的平均研发时间在过去10年里增加了26%，2018年增加了6个月，达到12.5年。

随着时间的推移，新药的研发成本也在不断攀升，大约每隔十年翻一倍。根据摩根等（Morgan et al.，2011）对近半个世纪以来所报道的新药研发成本变化的综述，20世纪60年代药物的平均研发成本只有0.92亿美元，而到2000年，药物的平均研发成本已经高达6亿～8亿美元。

新药研发不仅成本高昂，成功率一般也比较低。根据IQVIA人类数据科学研究所的研究报告：2018年，从临床Ⅰ期试验到监管提交阶段的综合成功率（药物成功进展到下一研发阶段的百分比）下降到11.4%。在不同的治疗领域，综合成功率也各不相同，为6%～15%不等。罕见疾病、消化系统疾病（旅行者腹泻、慢性特发性便秘、溃疡性结肠炎和克罗恩病）/非酒精性脂肪性肝炎（GI/NASH）领域药物研发成功率超过平均水平。

二、创新

（一）创新的基本含义

熊彼特（Schumpeter）是最早对创新进行研究的经济学家，他在1912年的《经济发展理论》这一著作中就将创新的概念引入经济学，首次提出了创新理论。熊彼特把创新界定为一种新的生产函数，是企业家对生产要素的“新组合”，包括引进新产品或提供一种产品的新质量、采用新技术和新生产方法、开辟新市场、获得新的原材料来源、实现新的企业组织形式五种形式，即把一种从来没有过的生产要素和生产条件的新组合引入生产体系，从而形成一种新的生产能力，获取新的价值。

熊彼特提出的“创新”是广义上的创新，包括技术创新、市场创新和组织创新等。产业经济学对创新的研究主要集中在技术创新上。关于技术创新，目前并没有统一的定义，被较广泛接受的观点是指技术发明的首次商业化应用。1999年颁布的《中共中央、国务院关于加强技术创新，发展科技，实现产业化的决定》（中发〔1999〕14号）对“技术创新”给出了较有代表性的定义：“技术创新是指企业应用创新的知识和新技术、新工艺，采用新的生产方式和经营管理模式，提高产品质量，开发生产新的产品，提供新的服务，占据市场并实现市场价值。”

广义的技术创新是一个动态的过程，一般分为三个阶段：①发明，即创造新思想和新知识。发明活动分为两类：一类是自发性发明（Autonomous Invention），即不以获取经济利益为目的，主要是具有创造能力的人出于好奇心、热衷于创造新知识而进行的发明活动。另一类是引致性发明（Induced Invention），即受经济利益驱动的发明活动，也就是如果无法从发明成果中获取经济利益则不会发生，至少发生速度会减慢的发明活动。②创新，即狭义的技术创新，是成功实现新知识的首次商业化应用。创新者需要建立必要的生产设施，把新产品或新工艺成功地引入市场，以实现创新的价值。③模仿，即其他企业对创新的复制，通过模仿可以促进创新技术在产业内、产业间和国家间的扩散。

（二）创新的类型划分

在考虑研究和开发的产出时，通常将其分为工艺创新和产品创新。工艺创新又称流程或过程创新，是指引进新的生产方法或改进现有生产方法，从而降低生产成本，如数控机床对传统机床的技术改进。工艺创新使创新企业获得了成本优势，从而在市场竞争中处于有利的地位。产品创新是指在市场中首次引入新产品或对现有产品进行比较显著的改进，而产品的生产工艺没有发生变化，如不断升级换代的手机、电脑等。产品创新通过创造新的市场使企业获得垄断势力，或者通过产品差异化影响市场的需求。

对于工艺创新，根据创新后的生产成本降低程度，可进一步分为突破性创新或重大创新（Drastic or Major Innovation）和非突破性创新或小型创新（Nondrastic or Minor Innovation）。突破性创新能使企业的边际成本降低到即使在此低成本下采用利润最大化的垄断价格，该价格仍然低于所有竞争者的程度。如图 7－1 所示，MC_1 是创新前所有企业的边际成本，MC_2 是某一企业实现创新后的边际成本。创新后的边际成本要低于创新前的边际成本，并且在创新后的 MC_2 下，该企业的价格为 p^*，也低于其他企业的边际成本。因此，突破性创新可以创造出一个垄断者，它至少在一段时间里不受任何进入威胁和竞争者价格竞争的约束。

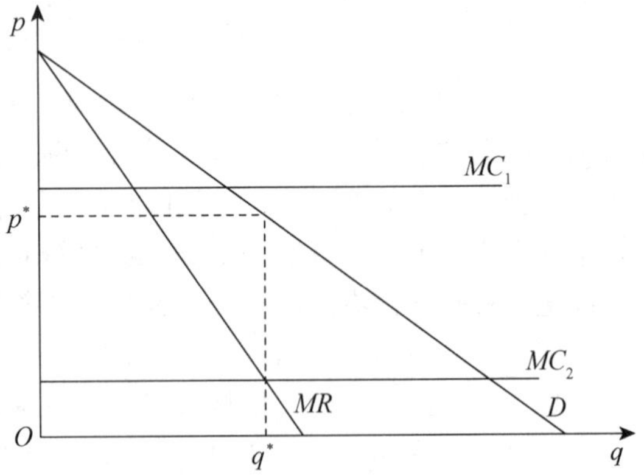

图 7－1　突破性创新

对于非突破性创新，它可能会使创新企业取得一定的成本优势，但是该创新没有大到可使创新企业像不必担心竞争的垄断者那样定价。如图 7－2 所示，MC_1 是创新前所有企业的边际成本，MC_2 是某一企业实现创新后的边际成本。创新后的边际成本低于创新前的边际成本，但在创新后的 MC_2 下，该企业的价格为 p^*，高于其他企业的边际成本。

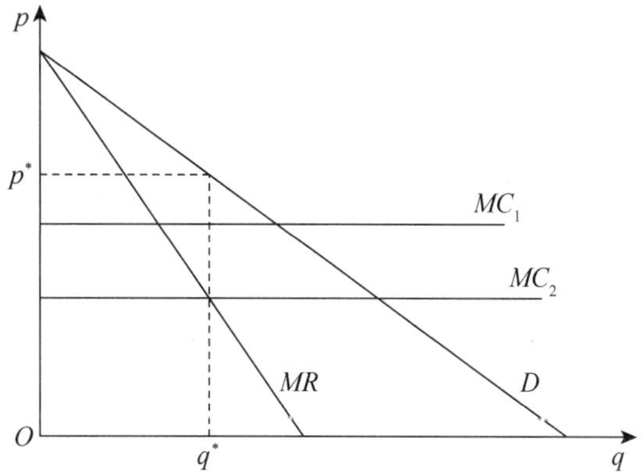

图 7－2　非突破性创新

第二节　市场结构与创新

一、"创造性破坏"与熊彼特假说

在大多数章节中，我们讨论了市场势力的成因和结果。简言之，市场势力意味着部分配置效率的损失。从这个意义上说，最优的市场结构是市场势力最小化，即完全竞争，或者是在不完全竞争情况下由政府采取规制措施降低市场势力。但是，当考虑到技术进步因素时，问题会变得更为复杂，结论也会有所不同。

1942 年，熊彼特在《资本主义、社会主义和民主主义》(*Capitalism*, *Socialism*, *and Democracy*) 这一著作中研究了马克思主义和社会主义，并提出了以下问题："资本主义能永远存在吗?"对于这个问题，熊彼特认为："不，我不认为它能永远存在。"他在定义创造性破坏 (Creative Destruction) 时指出，资本主义通过不断破坏旧的工业和生产方式并代之以新的工业和生产方式而不断发展。根据熊彼特的理论，因为创造性破坏驱使资本主义向前发展，从而达到更高水平的生活，因此考虑静态的经济表现（市场在某一时点的价格是否等于边际成本）是毫无意义的，而动态效率比静态效率更重要。正如熊彼特所言："（价格的）竞争是没有价值的，有价值的竞争是新产品、新技术、新供应源、新组织类型的竞争……控制决定性成本或者质量优势的竞争，以及不是企图打破现有企业的产出和利润差额现状而是意在打破它们的基础和特有发展进程的竞争。"

在讨论资本主义是动态效率而非静态效率后，熊彼特继续研究了达到动态效率的市场结构。他提出的一个重要问题是：什么样的市场环境有助于进行研究和开发活动？熊彼特推测，相比于只拥有很小的市场势力或者没有市场势力的企业，垄断或寡占企业更可能积极地从事创新活动。在以既定的技术生产既定的产品和服务的过程中，主要由小企业构成的竞争性市场的资源配置效益是比较有限的，而由拥有相当大市场势力的大企业掌控的市场，通过开发新的产品和技术可获得更大的动态效益。因此，熊彼特认为垄断是较优的市场结构，只有垄断市场的大企业才能生产好的产品、试用先进的生产方法，从而推动资本主义不断向前发展。如熊彼特强调的："一个令人震惊的模糊想法出现在我们的脑海中，相比于降低我们的生活水平，大企业可能在提升我们的生活水平上做得更多。"垄断而非完全竞争"是这一过程的最强大动力，完全竞争不仅不现实而且也不是最优的，不是一个理想的效率模型"。熊彼特的观点显然是革命性的，在新古典主义世界中，完全竞争促进经济的长期发展，而在熊彼特的世界中，垄断促进经济的长期发展。

熊彼特的这些想法后来被称为"熊彼特假说"。更大的企业会做更多的研究和开发吗？相比竞争性的市场结构，集中的市场结构能为研发和创新提供更好的环境吗？本节的重点内容就是讨论这些关键问题。

二、垄断、竞争与创新

市场结构能否提供更强的创新激励，主要取决于是否存在专利竞赛（Patent Race）和实现创新的类型。如果企业不担心其他企业首先实现创新，那么竞争性企业比垄断企业有更强的创新激励。如果企业担心潜在竞争对手通过创新进入市场，那么竞争的威胁使垄断企业比竞争性企业具有更强的创新激励，但是这种情况下垄断企业的突破性创新激励有所不足。

（一）无专利竞赛的创新激励

在无专利竞赛的情形下，假定在竞争或垄断市场中，单家企业为降低成本而进行研发和创新，而且可以完全防止被模仿。在竞争市场例子中，创新者有足够的能力；在垄断市场例子中，进入被完全阻止。

1. 非突破性创新

首先考虑一个非突破性创新的例子，创新能使企业的边际成本从 MC_1 降至 MC_2。对于一个竞争性企业而言，在实现创新前，因为处于一个完全竞争市场中，其利润为 0。而在实现创新后，创新企业可将价格 p^c 定在略低于 MC_1 的水平，从而占领整个市场（其他企业都不愿意制定这一价格）。此时，创新企业的利润近似为 $\pi^c=(p^c-MC_2)q^c$，即图 7-3 中的阴影部分面积，这也是竞争性企业进行创新可获得的收益。

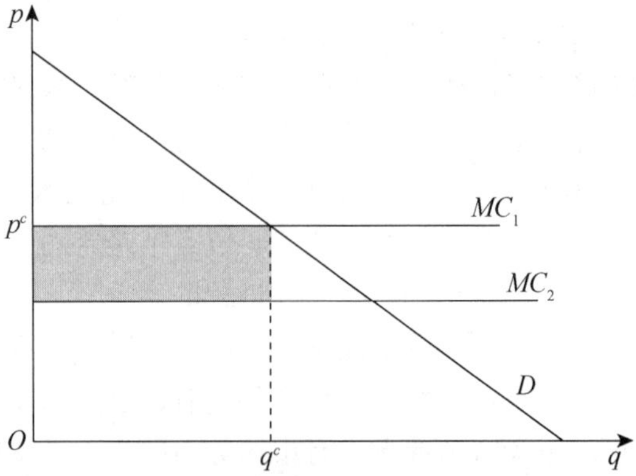

图 7-3　非突破性创新下竞争性企业的创新收益

对于一个垄断企业而言，在实现创新前，可获得的垄断利润为 $\pi_1^m=(p_1^m-MC_1)q_1^m$；而在实现创新后，它仍然是市场垄断者，此时的垄断利润为 $\pi_2^m=(p_2^m-MC_2)q_2^m$。因此，垄断企业进行创新可获得的收益为 $\pi_2^m-\pi_1^m$，即图 7－4 中的阴影部分面积。可见，创新对垄断者来说只不过是用新的垄断利润替代原来的垄断利润，这被称作更新效应（Replacement Effect）。

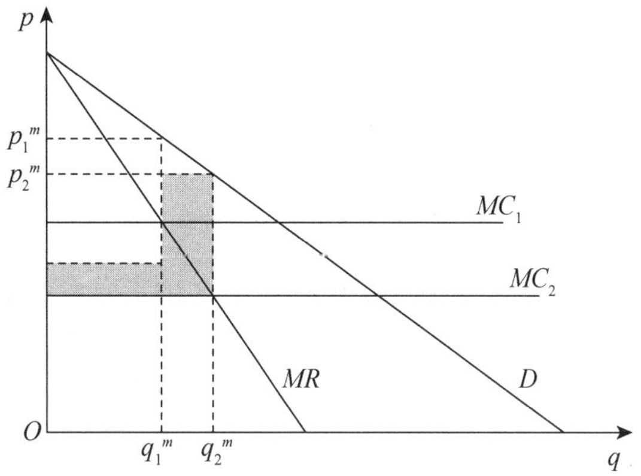

图 7－4　非突破性创新下垄断企业的创新收益

比较竞争和垄断结构下企业的创新收益结果可以看出，在无专利竞赛情形下，竞争性企业进行创新的收益比垄断企业进行创新的收益高，因此竞争性市场的创新激励更强。其中的表层原因是竞争性企业由于使用了新工艺，可以比垄断者销售出更多的产品，并从中获益（Arrow，1962）。其内在原因是：垄断市场和竞争市场的一个重要区别在于，垄断者在创新前的垄断利润引起了"惰性"，而这种创新前利润在竞争市场中并不存在。换言之，这种更新效应意味着拥有较强市场势力的企业的创新动机更弱。因为与拥有较小市场势力的企业相比，它们在创新中可能遭受的损失更大，而后者在创新中损失很小或基本没有损失。

2. 突破性创新

现在考虑一个突破性创新的例子。不同于非突破性创新，突破性创新将使创新后价格降至创新前的边际成本以下。在实现创新之前，如非突破性创新的例子中那样，假设竞争市场的价格为 p^c，产量为 q^c，而垄断市场的价格为 p_1^m，产量为 q_1^m。实现创新后，创新者将成为市场的垄断者，不论是在竞争市场还是在垄断市场，垄断者都将选择价格 p_2^m 和产量 q_2^m。因此，竞争市场中创新可获得的收益为 $(p_2^m-MC_2)q_2^m$（创新前利润为零），即图 7－5 中较大矩形的阴影面积。而在垄断市场中创新可获得的收益为 $(p_2^m-MC_2)q_2^m-(p_1^m-MC_1)q_1^m$，即图 7－5 中较大矩形的阴影面积减去较小矩形的阴影面积。

比较竞争和垄断结构下企业的创新收益结果可知，在无专利竞赛的突破性创新情况下，同样是由于更新效应，竞争市场比垄断市场的创新激励更强。

（二）专利竞赛的创新激励

在有专利竞赛的情形下，考虑市场中有两家企业的简单模型：一家为在位企业（垄断

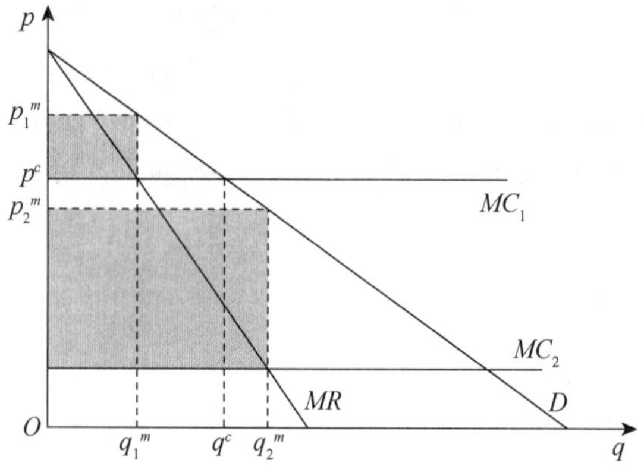

图 7-5　突破性创新下企业的创新收益

企业），另一家为潜在竞争企业。另外假设有一个研究和开发实验室刚完成一项创新并申请了专利。研究和开发实验室不能直接将创新成果投向市场，因而想将专利卖给一家出价最高的企业。尽管在这个假设的例子中，两家企业都没有直接参与研究和开发，但这个例子可以很好地说明在专利竞赛情形下哪家企业的创新积极性更大。

1. 非突破性创新

首先考虑一个非突破性创新的例子。在位的垄断企业获得专利前的垄断利润为 π^M。如果垄断企业获得专利，它将保持垄断企业的地位，获得同样的垄断利润 π^M，而竞争企业的获益为零；如果竞争企业获得专利，那么它就可以进入市场与垄断企业进行竞争，此时，两家寡头企业获得的利润均为 π^D。

因此，垄断企业购买专利愿意支出的最高价格是 $\pi^M-\pi^D$，即垄断企业是否购买专利的获利差额。而竞争企业购买专利愿意支付的最高价格是 $\pi^M-0=\pi^M$，即竞争企业是否购买专利的获利差额。据此，垄断企业愿意比竞争对手出价更高的条件是 $\pi^M-\pi^D>\pi^D$，即 $\pi^M>2\pi^D$。也就是说，当且仅当垄断利润大于双寡头垄断利润的两倍时，垄断企业才会比竞争对手出价更高。显然，在古诺竞争的情况下，这个条件是恒成立的。这就意味着，在有专利竞赛的情形下，垄断企业的创新激励比竞争企业更强。

该结论的基本含义就是，垄断企业由于未能获得专利而导致的损失（垄断利润与双寡头垄断利润之间的差别）要比竞争企业成功购买专利所获得的收益（双寡头垄断利润）高。无论在位的垄断企业所从事的创新活动能否保持垄断地位，在位企业对创新的估值都高于潜在进入企业。因此，更新自己总比被新进入企业替代要好，这一特征称为效率效应（Efficiency Effect）。

实际上，在这里所述的专利竞赛中，不输是垄断企业的主要目标，它并不是特别在意自己是否能成功实现创新，只关注自己的竞争企业是否实现创新。如果垄断企业首先成功创新并获得专利，那么它可能会选择"专利搁置"（或称"专利休眠"），即垄断企业先为自己的创新成果申请专利，但不使用这一专利成果，目的主要是防止其他企业通过创新申请类似的专利，迫使竞争企业退出竞赛，以此维持自己的垄断地位。从这个角度讲，专利竞赛可能会导致过多的研发投入和过快的创新速度，这也是许多垄断企业拥有大量专利的原因之一。

2. 突破性创新

现在考虑突破性创新的例子，即创新产品将使得现有产品退出市场。在这种情况下，如果竞争企业获得专利进入市场，垄断企业的利润将变为零，而竞争对手将获得垄断利润。这里我们同时考虑另外一个因素：竞争企业不参加专利竞赛的可能性为 ρ（也可理解为竞争者创新失败的概率）。

假设如果垄断企业参加专利竞赛并获得专利，那么它仍然获得利润 π^M。如果垄断企业不参与专利竞赛，那么竞争企业参与专利竞赛的可能性为 $1-\rho$，此时垄断企业的利润将为零，但竞争企业仍有 ρ 的可能性不参加专利竞赛，此时垄断企业继续获得垄断利润 π^M。那么，垄断企业购买专利愿意支付的最高价格为 $\pi^M-[(1-\rho)\cdot 0+\rho\pi^M]=(1-\rho)\pi^M$。而竞争企业购买专利愿意支付的最高价格仍为 π^M，显然大于 $(1-\rho)\pi^M$。由此可见，在存在专利竞赛的情况下，不同于非突破性创新例子的结论，垄断企业的突破性创新激励要小于竞争企业。

综上，竞争性市场或潜在竞争往往会给企业的研发和创新以更大的激励，从而刺激企业从事更多的研发和创新。因此，创造一个良好的市场竞争环境（包括现有市场和新市场竞争）将使社会从更多的创新中获益。

三、企业规模、市场结构与创新激励

如前所述，熊彼特比较赞成垄断市场和大型企业对研发和创新的积极作用。那么，“熊彼特假说”与竞争性市场或潜在竞争对创新的激励更大的观点是否相互矛盾呢？实则不尽然。竞争性市场或潜在竞争更能激励研发和创新的观点更侧重于研发和创新的动机，而不是研发和创新的能力。从有关支持或反对大型企业有利于创新的论证观点也可以看出这一点。支持大企业有利于创新的观点主要集中于其研发和创新能力：（1）大型企业比小企业有更好的资源进行研发，只有大型企业才可以建立大型研发实验室；（2）大型企业可以购买高度专业化设备，也可以雇用专业化人才进行研发和创新，从而产生规模经济；（3）大型企业将风险分散到许多项目上，可以降低研发的风险；（4）大型企业往往是高度多元化的，一项科技进步可能对其许多领域有利用价值，可以产生范围经济；（5）大型企业可以将更多的时间用于研发。而反对大型企业的论点主要是：大型企业存在 X 非效率问题，成功的大企业常常自满，而且拒绝新项目或更大的发展。

熊彼特创新理论提出的一个更重要的观点是：最优的市场结构并非完全竞争，而是涉及一定垄断势力的动态竞争。这种竞争并非来自在位企业，而是来自新产品或新工艺的潜在竞争。新产品或新工艺可能取代现有垄断者产品或工艺的竞争威胁，是激励研发和创新的动力所在。或者说，在这种竞争中，短期内始终有一定的市场势力，不过该市场势力只是暂时的。用熊彼特的话来说就是创造性破坏的过程。

因此，对于企业规模、市场结构和创新的关系，存在一定的规律特征，但并没有完全一致的结论。综合考虑研发和创新的能力和动力，最具研发和创新活力的市场结构往往既不是完全垄断也不是完全竞争，而是寡头垄断。

表 7-1 总结了完全竞争、寡头垄断和垄断情况下研发与创新的能力和动力。从研发和创新的能力角度看，完全竞争市场的经济利润是正常的，因此研发和创新能力较低，只

有少数企业会投入时间和资金进行研发和创新；在垄断市场中，利润长期大于零，这使得企业有更强的能力进行研发和创新；而寡头垄断市场的情况介于二者之间，寡头企业可能有也可能没有足够的利润去投资研发和创新。

从研发与创新的动力角度看，垄断企业的动力弱于中等水平，因为垄断企业拥有全部市场份额，并且没有竞争，它不用关心失去市场份额或从对手那儿掠夺市场份额，所以垄断企业不用关心什么时间推出新产品，因此也就不会有很强的动力去研发新产品。根据无专利竞争的创新激励模型的结论，完全竞争企业有强大的投资研发动力。但该模型没有说明的问题是：在完全竞争市场中，技术的传播是迅速的，利润很快就下降到正常水平，这导致完全竞争企业的研发动力降弱。比较而言，寡头垄断市场中的企业有较强的研发动力，因为寡头企业在率先实现创新并获得先行优势后，会有层出不穷的模仿产品激励寡头企业不断进行研发和创新。

表 7-1　不同市场结构下研发与创新的动力和能力比较

	研发能力	研发动力
完全竞争	低，利润=0	中等
寡头垄断	中等，利润≥0	强
垄断	高，利润>0	弱

案例分析

中国移动支付市场的创新

随着移动互联网的深入发展，我们现在已经进入了无现金社会，出门基本上不用携带现金，借助手机等移动电子终端或设备即可全部搞定。虽然移动支付不可能让现金消失，但是确确实实比现金支付方便很多。移动支付有多种方式，比较主流的主要有两种：一种是线上支付，如平时用手机在淘宝、京东等 App 上在线购物；另一种是线下通过智能手机终端支付，这种情况最常见的就是平时我们去超市买东西然后扫二维码付款。

其实，移动支付在智能手机出现之前便已经出现，国内最早的移动支付出现在 1999 年。当年，中国移动与中国工商银行、招商银行等金融部门合作，在广东等省市开始进行移动支付业务试点。2002 年，银联推出第一代手机支付模式，通过短信互动完成交易，可提供手机话费查询和缴纳等多种服务。早期的移动支付主要通过 NFC（近距离通信技术）实现，飞利浦、索尼、诺基亚在 2004 年共同发起了 NFC 论坛，开始推广 NFC 技术的商业应用。2005 年，成立刚满 3 年的中国银联设立了一个专门的项目组，负责跟踪、研究 NFC 的发展。很快在 2006 年，中国银联便推出一项基于金融 IC 卡芯片的移动支付方案。2009 年 4 月，中国联通推出内置 NFC 芯片的定制刷卡手机。但是随着 3G 网络的兴起，加之当时 POS 终端并未普及以及 NFC 技术标准分歧等原因，NFC 技术支付逐渐沉寂。

时间来到 2011 年，截至 10 月底，我国 3G 用户总数已达 1.1 亿户，比上年同期增长 7 136 万户，我国移动电话用户达 9.64 亿户，庞大的潜在客户群为移动支付带来了巨大的潜力和发展空间。而且这一年还发生了一件极具历史意义的事件：央行在 6 月下发第一批 27 张第三方支付牌照，银联、支付宝、银联商务、财付通、快钱等获得第三方支付牌照。

在此阶段，三大运营商也纷纷成立了移动支付公司：中国移动于 2011 年 7 月成立中国移动电子商务有限公司，中国联通于 2011 年 4 月组建了联通沃易付网络技术有限公司，中国电信于 2012 年 3 月成立了天翼电子商务有限公司。2011 年 12 月，三大运营商移动支付子公司同时获得央行颁布的支付业务许可证。

2011 年，支付宝推出条码付款业务，标志着扫码支付时代的开启。事实上，二维码支付并不是一件新鲜的事情，早在 20 世纪 90 年代，二维码支付便已经出现，日本、韩国是较早使用二维码支付的国家。2013 年 8 月 9 日，微信 5.0 版本发布，新增了微信支付功能，正式向支付宝发起挑战。随后便是大家记忆深刻的 2014 年的春节红包大战，凭借这一战，微信支付的份额迅速逼近支付宝。在这一年的“双 12”，支付宝实施了一次大规模的线下推广，联合约 2 万家线下门店推出支付宝钱包付款打 5 折的活动。支付宝在“双 12”下午 3 点半的交易数据显示，支付宝钱包全国总支付笔数超过 400 万笔。

由于早期的二维码支付没有识别与拦截恶意网址的能力，这给了手机病毒极大的传播空间。正因为如此，央行于 2014 年 3 月发布《关于暂停支付宝公司线下条码（二维码）支付等业务意见的函》，要求全面评估线下条码（二维码）支付、虚拟信用卡的合规性和安全性。2014 年 7 月，支付宝低调重启二维码支付，并采用补贴的办法在上海进行推广。对此，监管保持了默许的态度。8 月，微信支付也推出“面对面收钱”的功能，重启二维码支付。但是支付方式从原来的客户扫描商户的二维码，变为由客户生成二维码，再由商家手持 POS 终端扫描读取，安全性相对更高。2016 年 8 月 3 日，支付清算协会向支付机构下发《条码支付业务规范》（征求意见稿），明确指出了支付机构开展条码业务需要遵循的安全标准，这是官方首次承认二维码的支付地位。随后的 2016 年 10 月 13 日，支付宝推出收款二维码。

随着二维码支付的应用场景的扩大，用户逐渐习惯了这种移动支付方式。2017 年 5 月，中国银联联合 40 余家商业银行正式推出银联云闪付二维码产品，京东金融、美团点评等非银行机构也宣布加入其中，持卡人通过银行 App 可实现银联“云闪付”扫码支付。而此前，中国银联是 NFC 支付的绝对支持者，它曾在 2015 年 12 月与 20 余家商业银行联手推出“云闪付”产品，对二维码支付予以反击。一周之后，银联又宣布与苹果和三星达成合作。中国银联对手机支付方式的态度的转变也显示了扫码支付在手机支付中的优势地位。

自此，我国移动支付市场的竞争变得愈加激烈。未来，移动支付如何发展非常令人期待，尤其是无人超市、无人货架的出现，令购物和支付方式发生着新的变化，未来支付将不仅仅涉及支付安全的问题，而且涉及人的信用问题，或许信用支付时代离我们不远了。

资料来源：手机支付的发展历程. 百度官网，2018-01-18.

第三节　创新的激励和阻碍

一、知识产权保护

1. 专利、版权和商标

由于知识产品具有公共物品特征，如果其他企业可以无偿获得有关新产品或新工艺的知识，并对企业的创新进行模仿，那么从事研究和开发活动的企业将无法从中获益，从而减少甚至不会从事研究和开发。因此，保护知识产权（Intellectual Property Right，IPR）对激励创新是十分必要的。知识产权保护通过增加潜在模仿者的成本，使知识所有者具有一定的排他性权利（外部性内部化）和市场势力，由此得到的利润可以激励企业进行研发和创新。当预期边际收益至少等于边际成本时，理性的企业就会参与有成本的研发和创新。

专利、版权和商标是知识产权保护的三种重要类型，它们在适用范围和持续时间上存在差异。专利（Patent）赋予发明者对一项新型实用的产品、工艺、物质和设计的排他性权利。其中，新产品包括设备或者生产部件，新工艺包括处理金属或生产药品的化学工艺、生产产品的机械工艺或电气工艺，新物质包括化学合成物或混合物，新设计包括服务于功能目的的有形产品外形等。版权（Copyright）也称著作权，它授予创作者对艺术、戏剧、文学和音乐作品进行排他性生产、出版和销售的权利。商标（Trademark）是将一个企业提供的产品或服务与其他企业所提供的产品或服务区别开来的词语、标记或其他符号。还有一类知识产权保护方式是商业秘密（Business Secret），比如可口可乐的配方就是以商业秘密的形式来保护创新。

本节余下部分将主要介绍专利，对版权可以采用同样的逻辑进行分析。专利和版权的主要区别是：版权保护创意的特定表达，而专利保护创意本身的任何有形表达。同一个故事采用不同叙述方式形成的两个版本（如《罗密欧与朱丽叶》和《西部故事》）都可以获得版权，但是专利禁止他人在其产品中使用已申请专利的创意。因此，专利具有更大的排他性，而且可能具有更强的垄断势力，但它也更难获得。对商标也可以进行类似的分析，它鼓励企业树立可以传递信息给消费者的声誉，使得消费者可以区分喜欢或者不喜欢的产品，以此为企业提供保护。

2. 专利制度的效应

专利是一项所有权证明，是政府依法向发明者（创新者）授予的，在一定期限内对某项实用新型产品、工艺、物质或设计的独占权利。为了获得专利，发明者必须证明自己的发明成果具备新颖性、创造性和实用性。专利承认发明者对自己提出并公布的，而且能够用来从本质上改进产品或工艺的那种知识所享有的排他性权利。专利权本质上是对知识和信息所享有的垄断性权利。专利制度通常会产生以下效应：

（1）专利制度可以提高模仿成本，从而限制模仿和鼓励创新。如果没有专利制度或者专利制度没有很好地执行，那么任何人都可以免费使用新信息或发明来生产和销售仿制品。这样就会产生“搭便车”问题，每家企业都希望模仿其他企业的发明，而不是自己投资于研发和创新。理性的企业根据边际成本和边际收益进行成本高昂的研发活动，若企业研发和创新的收益低于研发和创新的社会收益，从社会福利最大化角度看企业的研发和创新就会明显不足。在专利制度下，如果企业（没有获得授权的情况下）剽窃他人的发明，就会因为侵犯他人的专利权而受到制裁，通过惩罚或赔偿等方式将研发和创新的外部性内部化。

（2）专利赋予所有者一定的垄断权利，使其获得垄断利润，从而鼓励创新。如果没有专利制度或者专利制度没有很好地执行，仿制品的竞争就会使价格降低到竞争性水平。此时，消费者可在竞争性价格下获得新产品，但发明者会预期无法收回成本，因而不会投资于研究和开发，故很少会有新发明。专利通过使发明者享有对专利知识的垄断权利，允许其获取与专利知识生产有关的大部分利润，可以鼓励企业更多地投资于研发和创新，并展开专利竞争以争取让自己成为第一个发明者和市场垄断者。

（3）专利鼓励发明信息披露，加快了创新的步伐。专利制度鼓励发明者将自己的发明告诉其他人，各国的专利法都有关于发明信息披露的规定，发明者要获得专利保护就必须披露发明信息。这样专利制度在对研发和创新产生更强激励的同时，也可以通过发明信息披露促进创新。一个发明者可以基于另一个发明者披露的发明信息来提高发明的速度。另外，发明信息披露使企业在进行研发活动时，可检索了解国内外发明信息，避免重复研究和低水平研究，提高研发资源的配置。当然，有的企业为了对重要发明成果进行保密也可以不申请专利，以防止竞争对手从披露的发明信息中获益。

（4）专利限制了技术扩散。从静态的配置效率角度看，因为知识信息生产的边际成本几乎为零，所以信息的获取都应是无偿的，这样才能保证信息的最佳使用。也就是说，技术的快速扩散有利于社会福利的改善。然而，由于专利制度承认发明者对发明拥有垄断权，所以专利技术的推广会受到限制或者过于缓慢。当然，专利拥有者不一定独自使用其发明，其他人在支付双方同意的专利使用费并获得许可后也可使用其发明。

3. 专利期限与专利范围

从专利制度的效应可以看出，赋予发明者对发明的排他性权利的专利既具有正面作用，又具有负面作用。专利的正面作用是可以获得垄断利润，从而鼓励更多的创新行为。如果没有专利或其他相似的激励，就不会产生足够的创新活动。专利的负面作用主要是如果没有近似替代品，新产品会在很高的（垄断）价格上出售，从而限制了新产品的使用，不利于配置效率的提升。专利制度的这种双重影响使专利制度的制定面临一种困境，即必须在信息的有效利用和激励更多的发明之间进行权衡。

最早探讨发明活动对市场的作用的阿罗（Arrow，1962）指出：产品的发明活动是一种新知识，或者是一种信息。例如，一个医药企业在花了 2 亿美元的研究经费后，才提出一种重要新药的化学结构。这一信息有极高的价值，其未来的收益将大大超过 2 亿美元。问题是，产品的研发只是一种关于化学构成的简单知识，这一知识或者信息常常用 5～10 页的篇幅就能描述得很清楚。阿罗进一步分析道："信息是一种具有特殊性质的商品，特别在达到最优配置方面较为难堪和麻烦。任何获得的信息，比如说一种新的生产方法，从福利观点来看，自由交易是有益的（信息传播成本除外）。这确保了信息的最佳使用，但是这当然不会对投资研究产生激励。在一个自由的商业经济中，通过将发明成果作为发明者的独占权利来支持创造发明活动。在这种意义上它正好是成功的，但还是存在对信息的利用不足。"①

为解决专利权导致的垄断与创新激励之间的困境，专利制度可以从专利期限（专利权扩展的时间长度）和专利范围（专利适用的产品范围）两个维度在信息占有和使用之间进行平衡，下面依次介绍。

（1）专利期限。

专利期限不同，对研发的激励就不同，发明的数量也不同，信息的使用状况也不同。

① Arrow K. J. Economic Welfare and the Allocation of Resources for Innovation [A] //Universities-National Bureau Committee for Economic Research & Committee on Economic Growth of the Social Science Research Council. *The Rate and Direction of Inventive Activity* [M]. Princeton University Press, 1962: 609-625.

专利期限变化的交易影响表现为：长的专利期限（给发明者一个长时间的垄断权）是在损害使用的情况下保证占有。也就是说，因为价格高于边际成本，在专利期限内没有达到最优使用。而短的专利期限则是在损害占有的情况下来保证使用，其结果是投资水平过低。因此，“次优”的专利期限居于二者之间。

为了理解和分析专利期限变化的交易影响，可参考图7-6。在专利期限内，收益为矩形面积Ⅰ，它是通过发明者专利获得的利润，同时也代表着资源和成本的节约。而在专利终止后，价格由 p_1 降低至 p_2，产量由 q_1 增至 q_2，收益为矩形面积Ⅰ和三角形面积Ⅱ的加总。两种情况的矩形面积Ⅰ是一样的，只是在专利终止后由生产者剩余转为消费者剩余，而三角形面积Ⅱ来自专利导致的垄断净损失。

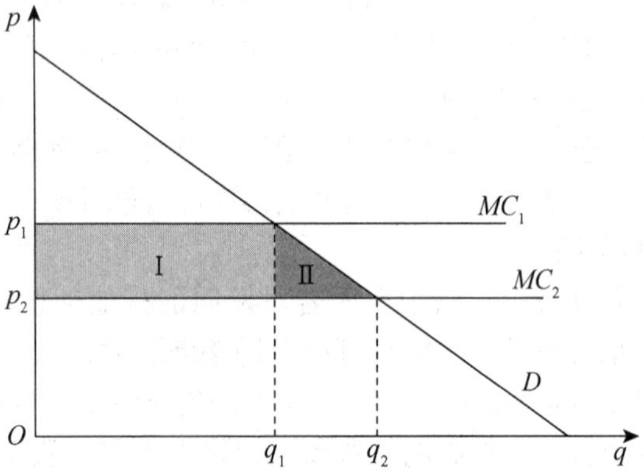

图7-6 专利期限的损失与收益

当专利期限延长时，发明的数量增加，成本下降，这将增加面积Ⅰ。但是面积Ⅱ是只有在专利期限届满后消费者才能获得的收益，如果专利期限非常长，那么收益的现值将变得很小（或者说垄断的净损失很大）。最优专利期限需要最大化面积Ⅰ和面积Ⅱ的现值，因为数学分析比较复杂，这里仅仅指出边际成本和边际收益曲线相交的结果。如图7-7所示。因为随着专利期限的延长，专利造成的损失会更为明显，边际成本曲线不会像边际收益曲线那样陡峭。最优的专利期限由边际收益和边际成本曲线的交点决定，即为 T^*。

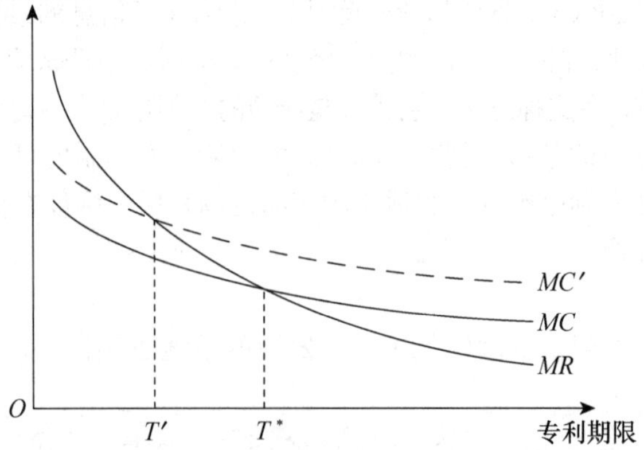

图7-7 最优专利期限

最优专利期限随着市场需求弹性的变化而变化。例如，在图 7－6 中，高市场需求弹性意味着三角形面积Ⅱ将增大，图 7－7 中的边际成本曲线将上移，此时最优专利期限将缩短至 T'。各国的专利法规定的专利期限有所不同，一般在 20 年以内不等。另外，技术变化速度对专利期限也有影响，如果技术变化非常迅速，那么对专利保护的年限规定将失去意义。

（2）专利范围。

最优专利范围问题比专利期限问题更加复杂，因为相对于以时间作为期限度量来说，范围没有被普遍认可的度量标准。从概念上讲，专利范围是指设定新创新与现有产品或工艺的最小差异程度。要求的最小差异程度越大，其他企业围绕专利进行发明的难度就越大。如何确定最优专利范围与最优专利期限的思路基本一致，但是由于缺少明确衡量范围的方法，所以确定最优专利范围非常困难。每个专利申请时都被要求详细说明所有相关的现有专利，并且要指出申请的专利与现有专利的不同，还要说明新发现具备的新颖性、创造性和实用性。这些词汇或标准使得知识产权局或专利局在处理个案时有很大的自由裁量权。在综合考虑专利范围与专利期限两个维度时，专利机构需要在“矮胖”型（短期限、宽范围）或者“瘦长”型（长期限、窄范围）之间进行权衡，使得确定最优专利范围和制定专利制度变得更加困难。

二、政府奖励和研发补贴

研究和开发的不确定性意味着，如果没有适当的风险转移机制，市场经济中对研发和创新的投资就处于低水平状态。除了专利制度外，政府还可以采取对研究和开发进行奖励或补贴等措施来激励研发和创新。

1. 政府奖励

政府可以设立奖金，以奖励那些成功的发明者。这对政府而言风险是很小的，因为如果企业的研发失败，政府就不会有任何付出；而一旦成功，政府在支付奖金后便可扩大这项创新成果的应用，从而使新知识发挥最大的社会效应。政府设定的奖金数额越高，企业进行研发和创新的激励就越大。如果政府设置恰当的奖金数额，就会吸引最优数量的企业进行竞赛来赢得奖金。

如果企业是风险中性的，那么当它预期的奖励至少等于从事研发的成本时，企业将选择进行研发来获得奖金。政府的奖励力度会影响进行竞争以赢得奖金的企业数量，假定从事研发的最优企业数量为 n^*，其中至少有一家企业发明成功的概率为 $\rho(n^*)$，研发的成本为 m，政府设立的奖金为 x。如果每家企业都认为自己有平等的机会在竞赛中获胜，那么最优奖金数额 x^* 由公式 $x^*\rho(n^*)=m$ 决定。

如果同时有几家企业都取得成功，则奖金可平均分配或随机地分配给其中一家。当政府提供的奖金小于最优数额时，参与竞赛的企业数量就会不足；而政府设立的奖金过高时，就会吸引太多的企业参与竞赛。从社会福利的角度看，尽管较高的奖金意味着更高的研发成功概率，但是过量的研发会提高社会成本。

材料短析

中国国家科学技术奖

为奖励在科技进步活动中做出突出贡献的公民、组织，中华人民共和国国务院设立了五项国家科学技术奖：国家最高科学技术奖、国家自然科学奖、国家技术发明奖、国家科学技术进步奖和中华人民共和国国际科学技术合作奖。

国家最高科学技术奖于2000年由国务院设立，是五个国家科学技术奖中最高等级的奖项，授予在当代科学技术前沿取得重大突破或者在科学技术发展中有卓越建树、在科学技术创新、科学技术成果转化和高技术产业化中创造巨大经济效益或者社会效益的科学技术工作者。国家最高科学技术奖每年评选一次，每次授予不超过两名（可空缺），由国家主席亲自签署、颁发荣誉证书、奖章和800万元奖金，不分等级。截至2020年1月，共有33位杰出科学工作者获得该奖，详见表7-2。

表7-2　历届国家最高科学技术奖获得者

年度	获奖人	描述
2000	袁隆平	杂交水稻之父
	吴文俊	世界著名数学家
2001	王选	汉字激光照排系统创始人
	黄昆	物理学家
2002	金怡濂	高性能计算机领域著名专家
2003	刘东生	地球环境科学家
	王永志	航天技术专家
2004		空缺
2005	叶笃正	气象学家
	吴孟超	肝脏外科学家
2006	李振声	遗传学家
2007	闵恩泽	石油化工催化剂专家
	吴征镒	植物学家
2008	王忠诚	神经外科专家
	徐光宪	化学家
2009	谷超豪	数学家
	孙家栋	运载火箭与卫星技术专家，“两弹一星”元勋
2010	师昌绪	金属学及材料科学家
	王振义	内科血液学专家
2011	吴良镛	建筑与城市规划学家
	谢家麟	加速器物理学家
2012	郑哲敏	著名力学家、爆炸力学专家
	王小谟	雷达工程专家
2013	张存浩	物理化学家
	程开甲	核武器专家，“两弹一星”元勋
2014	于敏	核物理学家，“两弹一星”元勋
2015	空缺	
2016	赵忠贤	超导物理学家
	屠呦呦	中药学家（诺贝尔医学奖）
2017	王泽山	火炸药专家，含能材料专家
	侯云德	医学病毒学专家
2018	刘永坦	雷达与信号处理技术专家
	钱七虎	防护工程专家
2019	黄旭华	核潜艇专家
	曾庆存	大气专家

国家自然科学奖授予在基础研究和应用基础研究中阐明自然现象、特征和规律，做出重大科学发现的公民。国家技术发明奖授予运用科学技术知识做出产品、工艺、材料及其系统等重大技术发明的公民。国家科学技术进步奖授予在应用推广先进科学技术成果，完成重大科学技术工程、计划、项目等方面做出突出贡献的公民、组织。中华人民共和国国际科学技术合作奖授予对中国科学技术事业做出重要贡献的外国人或者外国组织。这些奖项同样每年评审一次，由国务院颁发证书和奖金。其中，中华人民共和国国际科学技术合

作奖不分等级，其他三个奖项分为一等奖、二等奖两个等级。对做出特别重大科学发现或者技术发明的公民，对完成具有特别重大意义的科学技术工程、计划、项目等做出突出贡献的公民、组织，可以授予特等奖。

2. 研发补贴

政府可通过补贴研发成本来鼓励更多的创新。政府可以给予研发支出一定的税收减免等优惠政策，也可以直接付款给企业以资助其进行研究。根据经济合作与发展组织（OECD）的统计数据，全球研发总投入由2009年的1.2万亿美元增长到2018年的2.1万亿美元，增幅达75%。从研发经费的来源部门看，企业是最大的研发经费来源部门，日本、韩国、中国等亚洲国家企业经费占比最高，分别为79.06%、76.64%、76.63%；其次是德国、美国，法国、英国相对较低。而政府是第二大研发经费来源部门，法国政府经费占比达32.41%，其次是德国、英国、美国，分别为27.72%、26.26%、22.96%，日本（14.56%）、中国（20.22%）、韩国（20.53%）的政府经费占比要低于法国（如图7-8所示）。

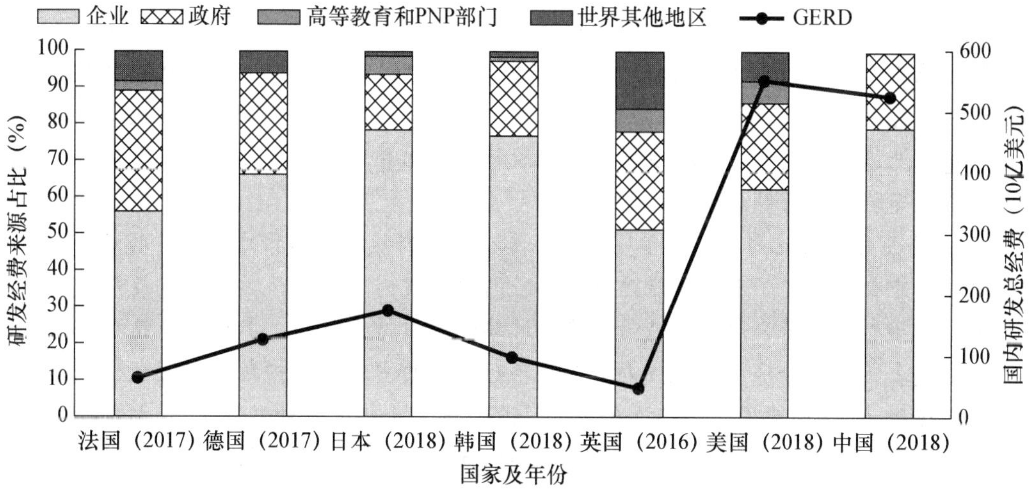

说明：GERD是指国内研发总经费（Gross Domestic Expenditure on R&D）。
资料来源：OECD Science and Technology Indicators.

图7-8　世界主要国家2017年/2018年研发经费来源

如果政府拥有研发成本和预期收益的真实信息，那么就可以选择最优数量的企业，同它们签订合同来资助研发活动。但是，政府通常只拥有有限信息，它无法确定最优的资助额度和研发合同。政府奖金也存在同样的问题。因此，专利制度是世界各国普遍采取的创新激励。另外，在政府资助的研发中，如何处理研发过程中产生的知识产权是一个重要问题。一种观点认为，政府应当获得相关创新的知识产权，并由政府免费对公众开放，以保证公众投资所产生的创新成果能最大限度地扩散使用。另一种观点则认为，政府应允许研发合同的合约人（即研发活动的主体）拥有知识产权或者持有独占性许可，以激励其创新。

案例分析

新能源汽车骗补事件

新能源汽车产业是国家确定的战略性新兴产业，发展新能源汽车产业是促进汽车工业转型升级的重要举措。“十二五”期间，财政部会同科技部、工业和信息化部、国家发展和改革委员会等有关部门出台了支持新能源汽车推广应用和充电基础设施建设等政策措施，鼓励企业生产销售和用户购买使用新能源汽车。自 2009 年起，中央财政对新能源汽车推广应用予以补助，截至 2015 年底中央财政累计安排补助资金 334.35 亿元。在财税扶持政策的推动和各方的共同努力下，我国新能源汽车发展取得了明显成效，产销量均快速增长。截至 2015 年底，我国新能源汽车累计生产 49.7 万辆，销售约 44 万辆，已成为全球新能源汽车保有量最大的国家。

随着产业规模的不断扩大和推广数量的快速增加，个别企业受利益驱动，违反相关法律法规骗取和违规牟取财政补贴，对我国新能源汽车的推广应用造成了恶劣影响，引起了社会的广泛关注。为此，国务院办公厅组织了督查，财政部于 2016 年初组织了对 90 家主要的新能源汽车生产企业的专项检查，共涉及 2013—2015 年已获得和已申报中央财政补助资金的新能源汽车 40.1 万辆，抽查 13.3 万辆已销售的新能源汽车的运营状态。检查发现，一些企业涉嫌违反相关法律法规骗取财政补贴，部分车辆未销售给消费者就提前申报补贴，不少车辆领取补贴后闲置。

2016 年 9 月，财政部在《关于地方预决算公开和新能源汽车推广应用补助资金专项检查的通报》中公开曝光了五个新能源汽车骗补的典型案例。其中，骗补情节最严重的是苏州吉姆西客车制造有限公司。该公司主要通过编造虚假材料采购、车辆生产销售等原始凭证和记录，上传虚假合格证，违规办理机动车行驶证的方式，虚构新能源汽车生产销售业务，虚假申报 2015 年销售新能源汽车 1 131 辆，涉及中央财政补助资金 26 156 万元。其余被曝光的 4 家企业主要涉及部分车辆未完工就提前办理机动车行驶证，多申报财政补助资金，涉及金额从 5 亿多元到 5 000 多万元不等。财政部同时公布了对上述五个典型案例的处理结果，包括取消中央财政补贴资格、追回 2015 年度预拨的全部中央财政补贴资金等。

可见，新能源补贴对国内新能源汽车产业的发展确实起到了一定的作用，但是，由于补贴过程中缺乏相应的监督机制，导致了部分企业骗补现象。针对检查发现的问题，财政部表示，下一步将对相关企业报送的 2015 年度中央财政补助资金申报数据进一步审查核实，并积极稳妥做好资金清算工作。对此次检查未涉及的企业，将由地方开展进一步核查。同时，财政部将会同有关部门加快修订完善产业扶持政策，及时提高准入门槛，引领技术进步，适时采取补贴退出办法。随着国家财政对新能源领域的补贴力度逐步减弱，补贴对新能源行业的引导作用也会逐步弱化，而市场将成为新能源产业发展的决定性因素。

三、合作研发

若发明者不能获取一项新发明的所有收益，就会存在外部性和“搭便车”问题，每家企业都可能等待和模仿其他企业的研发成果，最终导致企业进行的研发活动很少。如果没有政府的专利制度和奖励补贴等激励措施，研发活动就会很少。但是，如果市场中的企业都同意通过合作研发来分担研发成本，也可避免研发的外部性问题。合作研发就是指在进行研发的企业间，围绕研发投资水平、方向、开发成果的利用以及普及的方法等问题，事前以某种形式缔结契约的行为。因为企业在达成有关合作协议时，可能涉及合谋将新产品价格设定在垄断水平，所以合作研发企业经常担忧遭受反垄断调查或诉讼。为了促进研发和创新，各国反垄断政策对合作研发行为多采取比较宽松的态度。

合作研发不仅能够促进研发，而且有利于改善创新资源的配置效率，主要表现在以下几个方面：(1) 合作研发能够实现研究和开发的规模经济性。多家企业合作可以实施因人员、资金等资源制约而不能由单家企业单独实施的研究项目，因为研发项目的实施高度依赖于科学家、工程师等人力资本，由于这些人力资本的稀缺性，单家企业很难拥有足够的人力资本来实施一些重大的研究项目。(2) 合作研发能有效分散研发过程中的风险。一些研发项目具有规模大、风险高的特点，如开发新型飞机、设计新的微型芯片或开发新型药物等。在这种情况下，企业间的合作可以分散投资和技术产生的研发风险。(3) 合作研发能够避免在研发上的重复投资。在非合作研发中，专利竞赛使许多企业投资于同样的研发项目，会造成研发上的重复投资和资源浪费。而在合作研发中，通过预先在企业之间有效地分配研究内容，可将研究和开发的相关资源引向有利于社会福利的水平。(4) 合作研发能将研发的外部性部分内部化。通过合理地分担研发成本，在合作伙伴之间共享研发成果，可以使创新收益内部化。但是，合作研发中存在的一些问题也可能影响企业之间的合作关系，比如合作过程中因道德风险引起的个别企业的“搭便车”行为会导致合作研发的低效率；当存在“局外企业”或潜在进入企业时，可能会极大地损害内部化的效果。

第四节　中国的创新政策

一、中国的国家创新体系

国家创新体系通常是指，参加新技术发展和扩散的企业、大学、研究机构及中介组成的创造、储备及转让知识、技能和新产品的相互作用的网络系统。中国的创新发展是和中华人民共和国的成长同步的，特别是改革开放以来，中国的创新体系不断发展演化。从总体上看，在中国的现代化建设中，国家创新体系不断完善和加强，主要经历了以下几个发展阶段。

1. 萌芽阶段（1949—1977 年）

这一阶段的主要特征是建立各类科研机构，制订国家科技发展计划。这个时期的科技计划主要有《1956—1967 年科学技术发展远景规划纲要》等。为了国防安全的需要，中国在这一阶段的高新技术发展倾向于军事方面，在高能物理、化学物理、近地空间海洋科学等方面进行了不懈努力，“两弹一星”的研制成功是其重要的标志。此时的国家创新模式主要是政府主导型，由政府直接控制，相应的组织系统按照功能和行政隶属关系严格分工；创新动机来源于政府认为的国家经济的社会发展和国防安全需要等；政府是资源的投入主体，资源严格按计划配置，创新的执行者或组织者进行创新是为了完成政府任务，其不直接受益于创新成果，同时也不承担创新失败的风险和责任。

2. 探索阶段（1978—1997 年）

这一阶段主要是探索国家创新体系的发展模式和创新政策，出台了改革政策和措施。在这一时期，创新模式主要是计划主导模式，即制订国家科技计划，在国家科技计划中引入竞争机制，逐步突出和强化企业的创新动能。1993 年，党的十四届三中全会通过的《中共中央关于建立社会主义市场经济体制若干问题的决定》为这一阶段的经济体制改革运用市场机制提供了重要依据。1993 年，八届人大二次会议通过《中华人民共和国科学技术进步法》，首次以法律的形式明确了科研机构和科技人员的权利与义务，强调要保障科技发展，发挥科技促进经济、社会发展的作用。1995 年党中央、国务院召开了全国科技大会，发布了《中共中央、国务院关于加速科学技术进步的决定》，正式确立了科教兴国战略，并再次提出要深化科技体制改革，建立适应社会主义市场经济体制和科技自身发展规律的新型科技体制。1996 年，国家决定启动“技术创新工程”，重点是提高企业的技术创新能力。

3. 发展阶段（1998—2005 年）

该阶段是中国科学院启动并全面推进知识创新试点工程的重要阶段，为我国进一步深化科技体制改革积累了经验，也产生了一系列深远的影响。1998 年 6 月，党中央、国务院做出建设国家创新体系的重大决定，由中国科学院开展知识创新工程试点，形成高效运行的国家知识创新体系及运行机制。1999 年，党中央、国务院颁布的《关于加强技术创新发展高科技 实现产业化的决定》提出要推进国家创新体系建设。2003 年，党的十六届三中全会通过的中共中央《关于完善社会主义市场经济体制若干问题的决定》更是明确指出要改革科技体制，加快国家创新体系建设。2005 年制定的《国家中长期科学和技术发展规划纲要（2006—2020 年）》将全面推进中国特色国家创新体系建设作为一项重要的任务，并提出了五个子体系，即以企业为主体、市场为导向、产学研相结合的技术创新体系，科学研究与高等教育有机结合的知识创新体系，军民融合、寓军于民的国防科技创新体系，各具特色、优势互补的区域创新体系四类创新体系，以及社会化、网络化的科技中介服务体系。

4. 全面发展阶段（2006—2012 年）

这一阶段是国家实施自主创新战略的起步与完善阶段，中国科技体制以《国家中长期科学和技术发展规划纲要（2006—2020 年）》（简称《规划纲要》）的颁布与实施为标志，实现了重大战略转变，进入自主创新与全面建设国家创新体系阶段。《规划纲要》强调要以自主创新为基点，增强国家创新能力。

5. 新时期阶段（2013—2018 年）

2012 年党的十八大提出实施创新驱动发展战略以后，我国推行了系统、全面、深入的科技体制改革。2015 年，中共中央、国务院制定出台的《关于深化体制机制改革加快实施创新驱动发展战略的若干意见》强调市场在资源配置中起决定性作用，形成“人才、资本、技术、知识自由流动，企业、科研院所、高等学校协同创新”的新格局。2016 年颁布的《“十三五”国家科技创新规划》更是从创新主体、创新基地、创新增长极、创新网络、创新治理结构、创新生态六个方面提出了建设国家创新体系的要求。

二、中国的知识产权立法

2008 年 6 月 5 日，国务院颁布了《国家知识产权战略纲要》，该纲要明确指出到 2020 年，中国将成为在知识产权创造、利用、保护和管理方面较为先进的国家。在此背景下，知识产权立法进程不断加快，2020 年之前均对旧法完成了修正。

1. 专利法

中华人民共和国成立后不久，中央人民政府颁布了《保障发明权与专利权暂行条例》等发明奖励条例，对技术发明实行奖励政策。当时是对发明创造给予奖励而不是确认权利，发明的所有权属于国家，而且全国各单位都可以无偿使用。1984 年 3 月 12 日，第六届全国人民代表大会常务委员会第四次会议通过了中国第一部《中华人民共和国专利法》（简称《专利法》），该法于 1985 年 4 月 1 日颁布实施，并于 1992 年、2000 年、2008 年和 2020 年进行了四次修正。

最近一次修正主要是针对新形势下专利领域出现的一些新情况、新问题，主要对加强外观设计专利的保护力度、增加不丧失新颖性的适用情形、进一步保护职务发明人的权益、新增专利开放许可制度、加大专利侵权的赔偿力度、新增药品专利特殊保护规定等几个方面的内容进行了修改。

中国的《专利法》是为了保护专利权人的合法权益，鼓励发明创造，推动发明创造的应用，提高创新能力，促进科学技术进步和经济社会发展而制定的法律。《专利法》将发明创造分为发明、实用新型和外观设计三类，对授予专利权的条件，专利的申请，专利申请的审查和批准，专利权的期限、终止和无效，专利实施的特别许可，专利权的保护等内容进行了规定。其他关于专利的法律、法规和司法解释主要有《中华人民共和国专利法实施细则》（2010 修订）、《最高人民法院关于审理专利纠纷案件适用法律问题的若干规定》（2020 修正）、《最高人民法院关于审理侵犯专利权纠纷案件应用法律若干问题的解释（二）》（2020 修正）等。

2. 商标法

中国的第一部《中华人民共和国商标法》（简称《商标法》）于 1982 年通过实施，并于分别 1993 年、2001 年、2013 年、2019 年进行了四次修正。最近一次修正是为了贯彻落实党中央、国务院决策部署，适应经济社会发展形势，加强知识产权保护，进一步优化营商环境，解决实践中出现的突出问题，更有效地遏制商标恶意注册，加大商标专用权保护力度，根据 2019 年 4 月 23 日第十三届全国人民代表大会常务委员会第十次会议《关于修改〈中华人民共和国建筑法〉等八部法律的决定》进行的，自 2019 年 11 月 1 日起施行。

中国的《商标法》是为了加强商标管理，保护商标专用权，促使生产、经营者保证商品和服务质量，维护商标信誉，以保障消费者和生产、经营者的利益，促进社会主义市场经济的发展而制定的。《商标法》将商标分为商品商标、服务商标和集体商标、证明商标，分为总则，商标注册的申请，商标注册的审查和核准，注册商标的续展、变更、转让和使用许可，注册商标的无效宣告，商标使用的管理，注册商标专用权的保护，以及附则，共八章、73 条。其他相关的法律、法规和司法解释主要有《中华人民共和国商标法实施条例》(2014 修订)、《最高人民法院关于审理商标民事纠纷案件适用法律若干问题的解释》(2020 修正) 等。

3. 著作权法

中国的第一部《中华人民共和国著作权法》(简称《著作权法》) 于 1990 年颁布，并于 2001 年、2010 年和 2020 年进行了三次修正。最近一次修正的内容主要涉及解决实践中的突出问题特别是新技术发展带来的问题、完善权利制度以更好地平衡作品传播中的利益关系、完善执法手段和加大对侵权行为的打击力度、与我国加入的国际公约和其他法律法规做好衔接等几个方面。

中国的《著作权法》是为保护文学、艺术和科学作品作者的著作权，以及与著作权有关的权益，鼓励有益于社会主义精神文明、物质文明建设的作品的创作和传播，促进社会主义文化和科学事业的发展与繁荣而制定的，其主要内容涉及著作权、著作权许可使用和转让合同、与著作权有关的权利、著作权和与著作权有关的权利的保护等方面。其他相关的法律、法规和司法解释主要有《中华人民共和国著作权法实施条例》(2013 修订)、《信息网络传播权保护条例》(2013 修订)、《著作权集体管理条例》(2013 修订)、《最高人民法院关于审理著作权民事纠纷案件适用法律若干问题的解释》(2020 修正) 等。

延伸阅读与思考

中国知识产权保护发展简史

中国的知识产权保护制度虽然起步较晚，但经过几十年发展，知识产权保护工作取得了显著成就，全社会尊重和保护知识产权的意识明显提升，知识产权在现代经济社会发展和全球治理中发挥着越来越重要的作用。

从无到有：知识产权保护体系逐步建立

中国的知识产权保护工作从中华人民共和国成立后就开始了，其中商标注册工作先后由中央私营企业局和中央工商行政管理局主管。1978 年，国家恢复工商行政管理机关后，内设商标局主管全国商标注册和管理工作。1980 年，经国务院批准成立中国专利局。1985 年，文化部建议设立国家版权局，国务院批复同意。中国知识产权保护法律法规体系的建立与完善是在 20 世纪 80 年代以后。以 1982 年的《商标法》、1984 年的《专利法》为开端，陆续于 1987 年通过《技术合同法》、1990 年通过《著作权法》。这些法律法规构建起中国知识产权保护的基本体系。1993 年，北京市高级人民法院、原北京市中级人民法院率先成立知识产权审判庭。随后，上海、广东、天津、福建、江苏等地的高级人民法院以及部分城市的中级人民法院和基层法院也相继成立知识产权审判庭。最高人民法院在 1996 年成立了知识产权审判庭，同时还制定了相应的司法解释，为统一裁判尺度提供了专业指导。中国在有序加强国内知识产权保护工作的同时，也注重将知识产权保护工作融入国际规则体系。1980 年，中国加入世界知识产权组织 (WIPO)、1985 年加入《保护工业产权巴黎公约》、1989 年加入《商标国际注册马德里协定》、1992 年加入《保护文学艺术作品伯尔尼公约》等，均表明中国的知识产权法律保护进入国际知识产权保护的体系。

加入 WTO：中国知识产权保护制度进一步完善

2001 年，中国正式加入世界贸易组织（WTO），成为该全球最大的多边贸易组织的第 143 个成员。加入世界贸易组织后的 2004 年，中国国家保护知识产权工作组成立，建立了跨部门的知识产权执法协作机制。1994 年，《与贸易有关的知识产权协议》（TRIPs）签署，该协议是第一个涵盖了绝大多数知识产权类型的多边条约，既包括实体性规定，也包括程序性规定，构成了世界贸易组织成员必须达到的最低标准。适应加入世界贸易组织的需求，我国根据《与贸易有关的知识产权协议》的相关原则要求和最低保护标准，于 2001 年修改了《商标法》和《著作权法》等知识产权法律，而此前已于 2000 年修改了《专利法》。上述法律的修改进一步提升了我国知识产权保护的强度和水平。

内生动力：中国知识产权保护制度的新阶段

2008 年国务院发布《国家知识产权战略纲要》之后，可以说中国知识产权保护进入了依靠内生动力主动保护的新发展阶段。该纲要是中国运用知识产权制度促进经济社会全面发展的重要国家战略，是将知识产权保护提升到战略高度的重要纲领性文件。该纲要实施以来，中国知识产权保护事业实现了由被动接受到主动保护的转变，知识产权创造、运用、保护、管理各方面取得了长足进步，知识产权执法保护工作也取得了新突破。2013 年全年中国专利申请量超过 237 万件，通过《专利合作条约》提交的国际专利申请超过 2 万件，位居世界第三，华为、中兴、腾讯、京东方等公司在全球专利格局中处于领先地位的企业开始出现，中国逐步转型成为全球知识产权大国。从司法审判领域来看，知识产权案件的数量迅猛增长，全国法院审结的各类知识产权案件数量由 2008 年的 3 万余件增长到 2013 年的 9 万余件，知识产权逐步融入企业的生产和人们的生活中。

完善提升：中国知识产权保护制度的新进展

党的十八大以来，党中央把知识产权保护工作摆在突出位置。2016 年，中共中央、国务院印发的《国家创新驱动发展战略纲要》明确了中国到 2050 年建成世界科技创新强国的战略目标。2018 年，中共中央办公厅、国务院办公厅印发《关于加强知识产权审判领域改革创新若干问题的意见》，为知识产权司法事业的进一步发展描绘了宏伟蓝图。2019 年，中共中央办公厅、国务院办公厅印发了《关于强化知识产权保护的意见》，明确加强知识产权保护是完善产权保护制度最重要的内容，也是提高中国经济竞争力的最大激励。2020 年，中央政治局第二十五次集体学习时进一步强调了知识产权保护“关系国家治理体系和治理能力现代化，关系高质量发展，关系人民生活幸福，关系国家对外开放大局，关系国家安全”，将知识产权保护工作提升到新的战略高度。

当前，中国正处在深入实施创新驱动发展战略，加快经济发展方式转变的关键时期，这在客观上需要良好的知识产权保护环境。2018 年，中共中央印发《深化党和国家机构改革方案》，使中国相关知识产权行政保护和管理职能得到充分整合，重新组建国家知识产权局，由国家市场监督管理总局管理。2014 年，根据《全国人民代表大会常务委员会关于在北京、上海、广州设立知识产权法院的决定》，北京、上海和广州知识产权法院相继成立。2019 年，最高人民法院知识产权法庭正式成立，负责统一审理全国专利等专业技术性较强的技术类知识产权民事和行政上诉案件，在全国形成了较为完善的知识产权专门化审判布局。

资料来源：张晓津．我国知识产权保护发展简史．法律与生活，2021（4）：17-21.

思考题

1. 分别举出两个突破性和非突破性创新的例子，试析它们是如何实现创新的。
2. 对技术进步来说最优的市场结构是什么？
3. 专利期限设定是否应视不同产业或不同类型的发明而不同？说明理由。
4. 比较分析专利与政府奖励的利弊，哪些情况下哪类创新激励措施更有效？
5. 近年来中国对专利和版权的法律保护是加强了还是减弱了？解释原因。

参考文献

1. [美]布朗温·H. 霍尔，[美]内森·罗森伯格．创新经济学手册［M］．上海市科学学研究所，译．上海：上海交通大学出版社，2017.

2. 陈立．中国国家战略问题报告［M］．北京：中国社会科学出版社，2002.

3. 冯泽，陈凯华，陈光．国家创新体系研究在中国：演化与未来展望［J］．科学学研究（网络首发），DOI：10.16192/j.cnki.1003-2053.20210412.004.

4. 干春晖．产业经济学：教程与案例［M］．2版．北京：机械工业出版社，2017.

5. 刘志彪．产业经济学［M］．2版．北京：机械工业出版社，2020.

6. 张凤，何传启．国家创新系统：第二次现代化的发动机［M］．北京：高等教育出版社，1999.

7. Arrow K. J. Economic Welfare and the Allocation of Resources for Innovation [A]. //Universities-National Bureau Committee for Economic Research&Committee on Economic Growth of the Social Science Research Council. *The Rate and Direction of Inventive Activity* [M]. Princeton University Press，1962：609-625.

8. Cabral L. M. B. *Introduction to Industrial Organization* [M]. 2nd Edition. Massachusetts Institute of Technology，2017.

9. Carlton D. W.，and J. M. Perloff. *Modern Industrial Organization* [M]. 4th Edition. Pearson Education，Inc.，2005.

10. Morgan S.，P. Grootendorst，J. Lexchin，et al. The Cost of Drug Development：A Systematic Review [J]. *Health Policy*，2011，100（1）：4-17.

11. Pepall L.，D. Richards，and G. Norman. *Industrial Organization：Contemporary Theory and Empirical Applications* [M]. 4th Edition. Thomson/South-Western，2008.

12. Schumpeter J. A. *Capitalism，Socialism，and Democracy* [M]. Harper &

Brothers Publishers，1942.

13. Solow R. M. Technical Change and the Aggregate Production Function[J]. *Review of Economics and Statistics*，1957 (39)：312－219.

14. Tirole J. *The Theory of Industrial Organization* [M]. Massachusetts Institute of Technology，1988.

15. Paul S. M.，D. S. Mytelka，C. T. Dunwiddie，et al. How to Improve R&D Productivity：The Pharmaceutical Industry's Grand Challenge[J]. *Nature Reviews Drug Discovery*，2010，9 (3)：203－214.

16. Viscusi W. K.，J. M. Vernon，and J. E. Harrington，Jr. *Economics of Regulation and Antitrust* [M]. 4th Edition. Massachusetts Institute of Technology，2005.

17. Waldman D. E.，and E. J. Jensen. Industrial Organization：Theory and Practice [M]. 4th Edition. Pearson Education，Inc.，2013.

第八章

进入与退出

企业作为最重要的市场主体，也跟人一样，避免不了生老病死的命运。中国社科院城市与竞争力研究中心和企查查大数据研究院联合发布的《2020 中国企业发展数据年报》显示：截至 2021 年 2 月，我国共有在业/存续的市场主体 1.44 亿个，其中企业 4 457.2 万个，个体工商户 9 604.6 万个；2020 年，我国新增注册市场主体 2 735.4 万个，平均每天新增 7.49 万个。正所谓“长江后浪推前浪，世上新人赶旧人”，新企业的设立、成长必然伴随着老企业的衰退、倒闭。虽然缺少官方发布的权威数据，但中国企业联合会研究部研究员刘兴国 2016 年曾在《经济日报》上撰文指出：中国民营企业平均寿命不足 5 年，中小企业平均寿命不足 3 年，大企业的平均寿命为 7～9 年。[①] 企业的进入和退出活动为何如此频繁？在本章中我们将一起探讨企业为什么会进入或退出某一行业，以及企业在进入或退出某一行业时会面临哪些障碍。

第一节　企业进入的动因与方式

一、企业进入的动因

1. 预期利润的激励

企业为什么会选择进入一个行业？直观地看，诱使企业进入一个行业的主

① 刘兴国．中国企业平均寿命为什么短［N］．经济日报，2016-06-01．

要动因必然是“预期利润的激励”。只有当企业认为进入一个行业能够在未来给其带来正的净利润流时，企业才会选择进入一个行业。即预期利润的激励是企业进入新行业的“充分条件”，但它是“必要条件”吗？即如果企业预期自己进入一个新行业后不会盈利，企业就一定不会选择进入一个行业吗？

事实上，在某些情况下，即使明知自己会亏损，企业也还是会选择进入一个行业。一种典型的情况是：有些时候企业在新进入行业的亏损可以为企业在其他行业带来更大的利润流入。例如，对于一个处于产业链下游的生产企业而言，如果它的正常经营严重依赖上游某一种核心原材料的稳定供应，那么它就有可能设立一个新的子公司，进入这个核心原材料生产行业，至于这个子公司是否会盈利，可能并不是它所考虑的主要因素。另一种常见的情况是有些创业企业虽然在产品市场长期亏损，但它的原始投资方和管理团队却可以在资本市场通过引导公众形成企业未来会盈利的预期，从而通过股票和债券获得源源不断的资金流，不管未来二级市场上股票和债券的投资者们是否会得到回报，反正在企业成功上市以后，原始投资方就可以套现离场，而管理团队也可以领到每年数百万元甚至上千万元的高薪。

2. 其他原因

除了预期利润的激励以外，促进企业进入一个行业的原因还有很多，市场需求增长、在位企业退出、经济制度改革等都可能会诱使大量新企业进入。例如，对电动汽车技术在未来良好的市场需求预期，促使小米、美的等家电企业集中资金进军“电动汽车”领域；2010 年市场份额高达 26%的 Google 搜索退出中国，使得搜狗、有道、360、腾讯 SoSo 等纷纷在该行业开疆拓土；中国加入 WTO 之后，随着国内金融行业管制的逐渐放开，大量外资银行纷纷进入中国市场，银监会数据显示，2017 年底中国的外资银行机构总数就已突破 1 000 家。

二、企业进入的方式

在决定好要进入一个新行业以后，企业面临的下一个问题是应该如何进入这一新行业。一般而言，企业进入新行业的方式主要有三种：

第一种是“跨行进入”，即其他行业或市场上的在位企业进入该行业或该市场。例如，乐视集团原本的主营业务是网络视频平台，但后来随着业务线的扩展，乐视进入了手机行业，推出了乐视手机。

第二种是“全新进入”，即创业者白手起家建立一家全新的公司，开展某项业务或在某个市场上经营。例如，罗永浩原本是新东方做英语培训的老师，后来辞职创业，最终于 2012 年创立了锤子科技进军手机生产领域，并于 2014 年发布了首款锤子手机。

第三种是“并购进入”，即其他行业的企业通过收购、兼并方式来进入一个新行业。例如，微软为了进入手机行业，于 2013 年 9 月以 37.9 亿欧元的价格收购诺基亚旗下的大部分手机业务，并最终推出了 Microsoft Lumia 手机。

上述三种进入方式之间不存在优劣之分，企业应该根据自己的现实情况选择最适合自己的进入方式。但事实上，在残酷的商业世界里，不管企业选择哪一种进入方式，其成功的概率都远远低于失败的概率。从前面所举的三个智能手机的例子来看，到目前为止，乐视手机和锤子手机在市面上已经难觅踪迹，而微软已经将诺基亚的手机业务出售给了富士康，并宣布退出手机市场。

案例分析

格力多元化经营的坎坷路——手机、汽车、芯片三部曲

珠海格力电器股份有限公司成立于1991年，产业覆盖空调、高端装备、生活品类、通信设备等领域。据日经社2019年统计，格力家用空调全球市场占有率达20.6%，连续14年稳定保持全球第一。格力拥有国家重点实验室、国家工程技术研究中心、国家级工业设计中心、国家认定企业技术中心、机器人工程技术研发中心各1个。在2020年国家知识产权局发布的排行榜中，格力电器排名全国第六，家电行业第一，现拥有31项“国际领先”技术，获得国家科技进步奖2项、国家技术发明奖2项、中国专利奖金奖4项。

手机

2010年，随着安卓系统的流行和3G通信的快速普及，国产智能手机开始进入百花争艳的新时代。此时，格力已经坐稳了空调领域的领军企业之位，当然也想进军发展最为红火的智能手机行业，不过从生产空调转行到生产智能手机，对格力来说难度不小。2015年3月18日，董明珠第一次公开对外展示格力手机，称自己正在使用。2015年6月1日，格力手机1代对外开卖，售价为1 600元，不过缺乏竞争力的产品设计和性能并没能打开销路；2016年6月，格力手机2代上市，也未能掀起大的水花；2017年6月，格力上线第3代格力手机“色界”，定价3 200元，市场依旧不买单。在手机滞销的情况下，格力电器甚至多次要求内部员工和空调领域的合作商购买格力手机，试图内部消化。2020年12月，格力再次推出“大松5G手机”，售价2 699元起，不过董明珠店官网两天仅卖出75台，这与小米10手机新品发布1分钟预售破2亿台的销量对比，显得无比惨淡。

汽车

在进军智能手机领域碰壁之后，董明珠寄希望于在新能源汽车领域重新开始格力的多元化之路。2016年8月19日，格力电器宣布拟以130亿元的价格购买银隆新能源全部股权，进军新能源汽车行业，但在10月召开的格力电器股东大会上，收购银隆新能源案遭到否决。2016年12月，董明珠个人联合银隆新能源原始股东、北京燕赵汇金、万达、京东等知名企业增资30亿元，获得珠海银隆22.388%的股权。2017年，董明珠的出资份额则增至1.93亿元，持股份额达17.46%，成为银隆新能源第二大股东。2017年一整年，银隆新能源卖出不到7 000辆新能源汽车。2018年，银隆新能源陷入负面消息旋涡难以自拔：年初，银隆新能源被终止上市辅导，IPO梦碎；7月，南京产业园因工程欠款被法院查封；2018年银隆新能源大规模裁员8 000人，占员工总数的44%；2019年4月，银隆新能源官微发布声明称，包括该公司董事、原公司总裁孙国华在内的六人已被刑拘，涉及侵占公司利益总计超过14亿元。

芯片

中国空调高端芯片主要供货商来源于以意法半导体、美国德州仪器、日本瑞萨等为代表的国际芯片巨头。格力电器副总裁望靖东曾透露：格力一年的芯片进口量逾1亿块，约

需 5 亿美元。2016 年，格力电器在年报中首次披露要“研发自主知识产品的芯片”。2018 年 4 月，格力电器发布的 2017 年年报显示其 2017 年净利润为 224.02 亿元，同比增长 45%，创历史新高，但本期利润不分红，要留存资金用于“生产基地建设、智慧工厂升级，以及智能装备、智能家电、集成电路等新产业的技术研发和市场推广”。2018 年 8 月，格力电器注资设立全资子公司珠海零边界集成电路有限公司（注册资金达 10 亿元），正式开启“造芯”之旅。目前，有关格力造芯的最新进展的公开信息不多，据格力自己的说法：“珠海零边界集成电路有限公司设计开发的芯片已有数千万颗的使用量，获得格力系用户的认可”。

总结

格力电器是当之无愧的中国家电领域领军企业，然而即使是对格力这样的优秀企业而言，“跨行进入”的多元化经营之路也是荆棘密布。格力的案例也提醒其他中国企业，在自己擅长的领域站稳脚跟后，应该谨慎选择进入哪些新领域以及如何进入新领域。企业在设计多元化经营战略时应该通盘考虑自身的资金、技术、人才、公共关系等多方面的优势与劣势，选择自身具有独特优势的新产业领域进行开拓和探索，不宜盲目跟风追逐社会热点投资领域。

资料来源：根据格力电器公开资料整理。

三、企业获取新技术的方式

如果一家企业已经决定要进入一个新行业，那它怎样才能获得进入这个新行业所需要的技术呢？一般而言，企业可以通过两种方式获得进入一个新行业所需要的技术：

第一种方式是“模仿”，即新进入者全部或部分复制在位企业的技术和生产模式。这种方式的优点是学习已经成功的技术风险低，而且更省钱；这种方式的缺点是只能在技术上追随他人，永远都成不了领军者，而且产品面临与已在位企业的同质化竞争，可能会深陷“价格战”的泥潭，此外企业还有可能会陷入被模仿对象发起的知识产权诉讼，需要支付高额赔偿金。

案例分析

New Balance 诉 NEW · BARLUN 不正当竞争案

2021 年 4 月 16 日上午，上海市浦东新区人民法院判决：“NEW · BARLUN”品牌方纽巴伦（中国）有限公司停止对“New Balance”品牌方新百伦贸易（中国）有限公司的不正当竞争行为，并公开声明消除影响，赔偿经济损失 1 000 万元及维权合理开支 80 万元。New Balance 是一个全球知名运动品牌，该公司先后在我国商标局注册了 New Balance、NB、N 字母等系列商标。New Balance 运动鞋有一项标志性设计，即在鞋两侧中央位置靠近鞋带处使用大写的英文字母 N 装潢（见下图左边的运动鞋）。

此案中的被告方纽巴伦公司虽然也对斜杠 N 字母商标（见下图右边的运动鞋）进行了登记注册（第 4236766 号注册商标），但上海浦东法院经审理后认为，通过长期宣传和反复使用，已经足以使相关公众将运动鞋两侧使用 N 字母装潢的商品与 New Balance 运动鞋

相联系，使该装潢具有了识别商品来源的显著特征，故新百伦公司主张的鞋两侧N字母装潢属于“有一定影响的商品装潢”。从相关宣传报道、司法判决等来看，该装潢在纽巴伦第4236766号注册商标申请日之前已经“有一定影响”。法院认为，在处理不同市场主体基于商标或装潢等标识的冲突时应遵循诚实信用原则，既要保护在先权益，又要防止市场混淆。在后的标识与他人在先有一定影响的商品装潢构成近似，造成混淆的，即便该标识系注册商标，但因其侵害在先权益违背诚实信用原则，不论其是否已经通过行政程序予以撤销，均不得妨害在先有一定影响的装潢业已形成的市场利益。

资料来源：傻傻分不清！New Balance 告 NEW・BARLUN 侵权，法院判了［EB/OL］. 新华网，2020-04-16.

第二种方式是“创新”，即潜在进入企业采取区别于在位企业的方式，以产品差异化为基础，向消费者提供不同于现有产品的新产品。这种方式的优点是通过产品差异化竞争，企业进入新行业后存活下来的概率可能会更高，因为它没有必要与已在位企业进行“价格战”，甚至还可能会获得超额利润。这种方式的缺点是需要较大的资金投入、较强的研发能力、充分的技术积累、优秀的营销能力和完整的人才队伍。

案例分析

茶颜悦色的差异化创新

国内的茶饮行业竞争异常激烈，喜茶、奈雪の茶、一点点、COCO等大型连锁茶饮店开遍全国，留给小型茶饮店的市场空间并不大，但在这种激烈的市场竞争下，茶颜悦色却凭借出色的差异化创新策略，迅速成长为“长沙旅游新地标”，吸引了无数年轻人排队打卡。茶颜悦色的差异化创新策略主要就是两大秘籍：

迎合国风潮流：茶颜悦色将其品牌logo打造成江南女子的形象，团扇与佳人，展现了中式古风的高贵和典雅，与时下的奶茶品牌标志相比，让人眼前一亮，从而形成消费者对品牌的第一印象。茶颜悦色的门店装修设计，都是以各种样式的中国风概念作为主题，而且每个店铺的主题都不相同，如“竹林煮茶、活字印刷、江枫渔火”等。而在产品的命名上，该品牌也是别出心裁，如绿茶名为浣沙绿，红茶名为红颜。茶饮上增加了坚果、巧克力等配料的奶盖茶系列，也被命名为“豆蔻”“声声乌龙”“烟花易冷”“筝筝纸鸢”等。

独一家的特色服务：茶颜悦色能够赢得消费者的好感，还离不开它“独一家”的售后服务条款——一杯鲜茶永久求偿权。如果消费者对产品或服务有任何不满意，都可行使这个权利。而且，消费者在任何时间，走进任意一家店，都可以要求免费重做一杯茶饮。

资料来源：茶颜悦色密码［J］. 国企管理，2020（20）：68.

第二节　进入壁垒

在上一节中我们已经知道了企业进入一个新行业的时候，等待它的结果可能是失败，而不是成功。企业进入新行业失败的概率之所以很高，其中一个重要的原因就是每一个行业都有“进入门槛”，很多企业都是因为自身实力不足，或者没有提前做好充分的准备就莽撞地闯进一个新行业，最终被这个行业的“高门槛”给绊倒了。进入壁垒是在位企业相对于新进入企业的一种优势，可使在位企业的价格高于竞争价格，却不会引起新企业的进入。行业进入壁垒可以分为两大类：结构性进入壁垒和行为性进入壁垒。

一、结构性进入壁垒

结构性进入壁垒是指在一个行业中长期存在的稳定的结构特征所导致的进入壁垒，这主要是来源于在位企业和潜在进入企业之间由于要素价格和技术差异所导致的成本差异，它涉及技术、消费者偏好、规模经济和市场容量等多方面因素，与在位企业特定的抵御进入的行为无关。一般而言，结构性进入壁垒主要包含六大类型，分别是：规模经济壁垒、绝对成本壁垒、必要资本量壁垒、信息壁垒、网络外部性壁垒以及行政制度壁垒。

1. 规模经济壁垒

微观经济学课程告诉我们：企业的长期平均成本曲线（也就是 *LAC* 曲线）是短期平均成本曲线的下包络线，一般是一个先降后升的 U 形曲线，对企业而言，在长期最佳的生产位置应该是处于长期平均成本 U 形曲线底部附近的点。与此相关的一个经济学概念叫“最小有效规模”，是指长期平均生产成本最低时，企业能生产的最小产量。那么，如果一个行业的总市场需求量较小，而这个行业内企业的最小有效规模又很大，那这个行业可以容纳的企业数量会很多吗？

图 8－1 清晰地展示了企业最小有效规模和最大市场容量的关系：图中的 *A* 点对应 *LAC* 曲线的最低点，代表最小有效规模；*B* 点是市场需求曲线和企业 *LAC* 曲线的交点，

代表最大市场容量。如果 A 点离 B 点很近，那么一旦有新企业进入，其面临的选择就只有两种：一是新进入企业以 $B-A$ 的产量进行生产，这明显小于最小有效规模，新进入企业的长期平均成本处于较高的位置，无法与在位企业竞争，面临亏损；二是新进入企业同样以最低有效规模的产量生产，这会导致整个行业供过于求，新进入企业与在位企业一起面临亏损。所以，一般而言，最小有效规模越接近最大市场容量，这个行业所能容纳的企业数量就越少，行业的进入壁垒就越高。

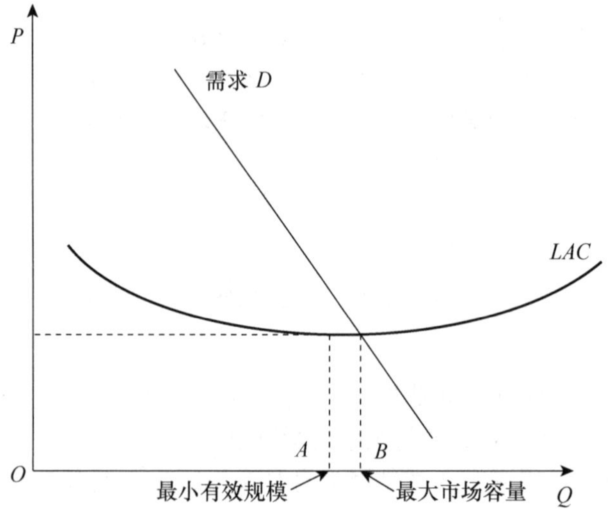

图 8-1　规模经济壁垒

案例分析

水、电、燃气供应业的规模经济壁垒

水、电、燃气供应业存在规模经济壁垒的特征。这些行业需要大量的固定资产投入(如管道和线路的铺设)，为了摊薄这些固定资产，控制水、电、燃气价格，就必须让少数企业拥有大量用户，即这些行业的最小有效规模很大，非常接近最大市场容量，以至于现实中一般都是一个城市只有一家水、电、燃气供应企业。

2. 绝对成本壁垒

与新进入企业相比，在位企业可能会在任一产量水平下的平均成本都低于新进入者。从图 8-2 中我们可以看出，如果在位企业的平均成本曲线在任一产量上都低于潜在进入企业，那么只要在位企业定价在 p_1 和 p_2 之间，就不会有新的企业进入这一行业。

在位企业的绝对成本优势可能来源于多个方面，比如，在位企业可能拥有最新的生产工艺、专利和技术秘诀，或拥有特殊的经营能力及专业人才；在位企业可能控制了特殊的高质量或低成本投入品供应渠道；在位企业可能拥有特殊的产品销售渠道、有更好的政商关系和公共关系、有成本更低的融资渠道、有历史更久的驰名商标；等等。

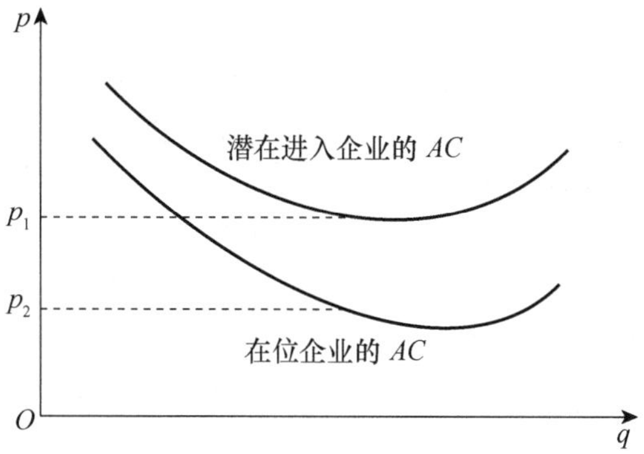

图 8－2　绝对成本壁垒

案例分析

贵州茅台的绝对成本壁垒

贵州茅台作为国内最具声望、历史悠久的驰名商标，在高档白酒消费市场的地位无人能够撼动。其他白酒品牌需要花费高昂成本才能卖掉自己的产品，而贵州茅台却长期限量销售、供不应求，市面上甚至有二手商贩蹲守在茅台专卖店门口高价收购茅台酒转卖。可见，历史悠久的驰名商标使得贵州茅台的销售成本远低于任何新兴白酒品牌，这一绝对成本优势在一定程度上构成了贵州茅台在高端白酒市场的进入壁垒。

资料来源：根据贵州茅台公开资料整理。

3. 必要资本量壁垒

必要资本量是指新企业进入市场必须投入的资本。一般而言，金融市场缺乏鉴别失败进入者和成功进入者的能力，而在位企业的声誉可使金融市场估计出它们发生破产的概率。已有的经验研究证明：新企业进入后的失败率比在位企业的失败率高，因此新进入者就比在位企业面临一个更高的资本成本，两者之间在融资成本上存在的不对称性就成了新企业的进入壁垒。显然，一个行业的技术复杂度越高，进入者需要投入的启动资金就会越多，这个行业的必要资本量壁垒就越高。

案例分析

大型民航客机的必要资本量壁垒

大型民航客机生产就是典型的必要资本量过高导致行业高度垄断的例子。目前，全球商用大飞机的供应基本被美国波音和欧洲空客两家企业垄断，我国自 2008 年正式启动国产大型民航客机研发项目 C919，2017 年首次试飞成功。该项目的初始总投资预算高达 2 000 亿元，后续追加投资规模未知，这种高额投资和长回报周期必然会将绝大多数企业拦在门外。

资料来源：根据中国商飞公开资料整理。

4. 信息壁垒

由于消费者和企业之间普遍存在信息不对称，因此消费者必然会更偏爱那些其使用过或听说过的“老牌”产品，这就使得在位企业相对于新进入企业而言能够获得更多的消费者青睐，占有更多的市场份额。对于新进入企业而言，为了打破这种与消费者之间的信息壁垒通常只能采取两种做法：一是投入大量广告快速提高品牌知名度，并向消费者传达更多的产品细节，降低消费者对本企业品牌和产品的陌生感；二是相对于在位企业的“老牌”产品向消费者提供大幅折扣，吸引消费者试用本企业产品，消除消费者与企业之间的信息不对称。然而，不管是哪种方法都需要新进入企业投入巨额资金，这无疑会将很多资金实力不够强的企业拦在本行业之外。

材料短析

互联网行业烧钱补贴攻破信息壁垒

在我国互联网创业行业，为了吸引消费者下载本公司 App、体验本公司的产品和服务，各大创业企业都在采用赔钱补贴的方式获取顾客。近年来的滴滴、快的、曹操等打车 App，ofo、摩拜、哈啰等共享单车 App，美团、饿了吗、瑞幸咖啡等外卖 App，拼多多、小红书、抖音直播、得物等购物 App，都是采取烧钱补贴用户的方式获取流量。站在消费者的角度来看，试用任何新的互联网产品往往都需要花费新的时间注册账号、学习 App 使用方法、承担犯错风险，如果企业不提供性价比超高的补贴，顾客为什么要选择它呢？

5. 网络外部性壁垒

消费的网络外部性是指购买某种商品的消费者数量的增加将提高消费者的效用水平，从而增加消费者对该商品的需求。在具有网络外部性的市场上，在位企业拥有更大的用户基数，网络外部性的正反馈机制会让其用户规模越来越大，新进入企业在同等条件下不可能获得用户青睐。

案例分析

短视频平台行业的网络外部性壁垒

短视频行业就存在典型的网络外部性，一个短视频平台的用户越多，就有越多种类和高质量的视频资源上传到平台端，用户使用该平台的体验就越好，进入该行业的新用户和新从业者也就越倾向于选择该平台。艾媒咨询的调查数据显示，在 2018 年短短一年的时间内，中国短视频平台月活跃用户数排名前五的企业就出现了明显的强弱分化：抖音和快手的月活跃用户跃升到 2 亿以上，而西瓜、火山、美拍与第一梯队的差距则越拉越大（见图 8-3）。所以，网络外部性强的市场最终往往会形成“赢者通吃、高度垄断”的市场格局。

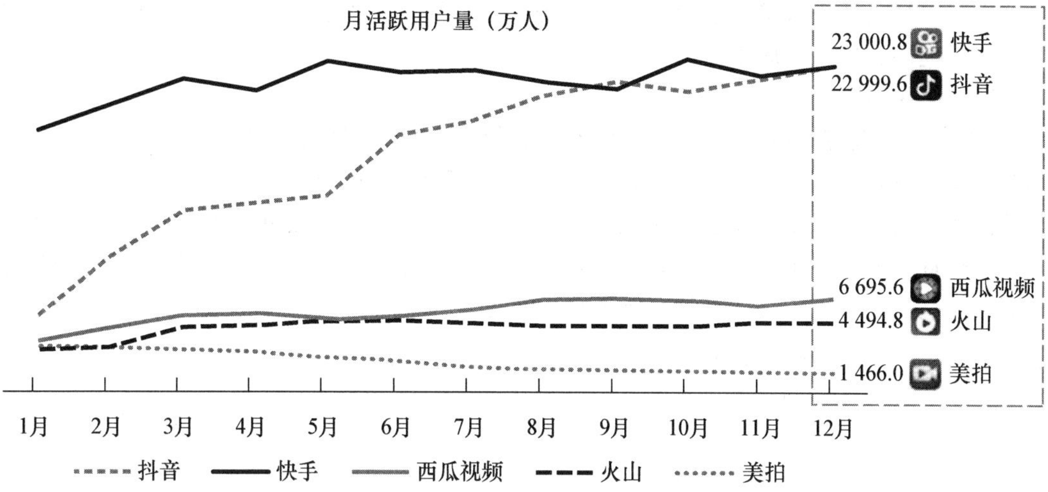

图 8－3　2018 年中国主流短视频平台月活跃用户对比

资料来源：艾媒北极星互联网产品分析系统。

6. 行政制度壁垒

政府部门的行政管制措施也是一种非常常见的市场进入壁垒。例如，政府一般对有自然垄断属性的公用事业行业，如自来水、电网、煤气、铁路等限制进入企业的数量，以帮助在位企业达到最低有效规模，降低成本。此外，对于涉及国家安全的军工、稀有资源开采、信息安全、粮食安全等特殊产业，政府通常也会限制进入企业的数量，并严格筛选企业资质。知识产权保护制度其实也是一种行政制度壁垒，在位企业的核心专利可能就是阻碍新企业进入某一行业的最主要障碍。

材料短析

外资进入的行政制度壁垒

为了保障国民经济的稳定和安全，世界各国基本都会在部分敏感领域禁止外资企业投资进入，我国也制定了《外商投资准入特别管理措施（负面清单）（2020 年版）》，其中对“农、林、牧、渔业”的外资企业投资限制措施如下：

（1）小麦新品种选育和种子生产的中方股比不低于 34%、玉米新品种选育和种子生产须由中方控股。

（2）禁止投资中国稀有和特有的珍贵优良品种的研发、养殖、种植以及相关繁殖材料的生产（包括种植业、畜牧业、水产业的优良基因）。

（3）禁止投资农作物、种畜禽、水产苗种转基因品种选育及其转基因种子（苗）生产。

（4）禁止投资中国管辖海域及内陆水域水产品捕捞。

二、行为性进入壁垒

行为性进入壁垒是指在位企业为了阻止潜在进入企业的进入而采取的各种策略行为。

一般而言，行为性进入壁垒主要包含四大类型，分别是："干中学"、产能过剩、品牌扩散，以及提高竞争对手成本。

1. "干中学"

"干中学"效应是指随着企业累计产量的增加，生产经验的积累会使企业的生产效率不断提高，平均生产成本下降（见图8-4）。在位企业先进入市场，在学习效应上具有天然的优势。为达到阻止潜在进入企业进入的目的，在位企业会充分利用"干中学"，进行策略性投资。在许多生产技术复杂的产业中（如半导体、飞机制造等），都存在这种学习效应，而且生产过程越复杂，学习效应通常也就越明显。

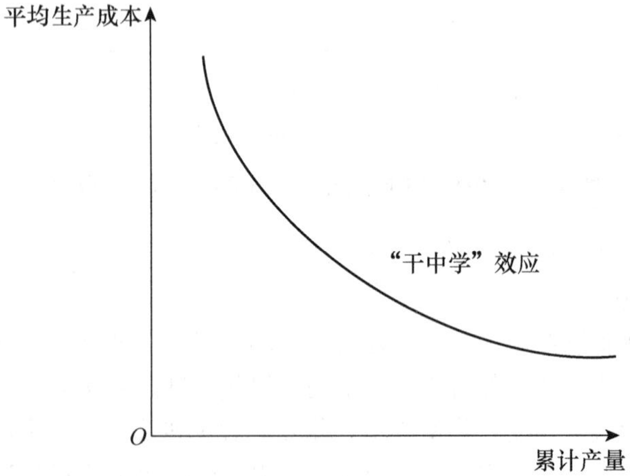

图8-4　"干中学"效应

我们可以用一个简单的两阶段分析来说明"干中学"效应发挥进入壁垒作用的过程：假设在第一阶段，市场上只有在位企业；在第二阶段，潜在进入企业可能进入市场。在位企业通过第一阶段的"干中学"，可以降低第二阶段的成本，从而获得相对于潜在进入企业的成本优势。那么，为了获得更多的生产经验和学习效应，在第一阶段在位企业会降低产品的价格以增加销量，它在第二阶段的成本将随着第一阶段累计产量的大幅增加而明显降低。如果"干中学"形成的成本优势足够大，潜在进入企业可能选择放弃进入，而在位企业可以在以后阶段获得较高利润以弥补第一阶段的利润损失。

案例分析

特斯拉的"干中学"效应

在全球明星科技企业中，把"干中学"策略发挥到极致的当属特斯拉。得益于上海超级工厂产量提升带来的规模经济效应，特斯拉的生产成本快速下降，使得特斯拉能够通过大幅调降产品售价刺激消费者购买，在实现薄利多销的同时，遏制潜在竞争对手进入电动汽车领域。从2019年10月至2020年10月，特斯拉Model 3在一年时间内接连5次降价，2021年元旦Model Y上市更是直降16万元，预定官网直接崩溃。特斯拉之所以能实现大幅降价，一方面是因为上海超级工厂的生产能力大幅提升，Model 3年产能已增加至25万辆；另一方面是因为产品生产的本土化也在逐渐完善，特斯拉 CEO 马斯克曾公开表示，到 2020 年底上海超级工厂的零部件国产化率可以达到 80%，甚至更高。特斯拉通过发挥“干中学”效应疯狂降价给全球其他电动汽车企业带来了非常大的竞争压力，也使得那些想要进入电动汽车领域的潜在投资者变得更加谨慎。

资料来源：根据特斯拉中国公开资料整理。

2. 产能过剩

在位企业可在潜在进入企业进入前进行过度生产能力投资，一旦进入者进入，在位企业可利用已投资的闲置生产能力迅速扩大产量，进行“价格战”，使进入者蒙受损失。潜在进入企业在观察到在位企业所做的过度生产能力投资后，理性预期到自己进入后将招致在位企业激烈的“价格战”，自己无法从进入中获利，因此会放弃进入。在现实商业实践中，很多企业是通过积累一定的库存商品，并主动对外宣传自己的产能扩张能力等方式，来恐吓潜在进入者。

案例分析

瑞幸咖啡的产能过剩策略

对于制造业企业来说，产能过剩策略的重点是积累一定的库存或保留较强的产能扩张能力；对于生活服务类企业而言，产能过剩策略则表现为保持较强的门店扩张能力，吓退竞争对手。艾媒数据中心的数据显示，在 2020 年中国市场主流咖啡品牌门店数量统计中，瑞幸咖啡以 4 507 家门店位居榜首，成功超越星巴克的 4 292 家门店。瑞幸咖啡的第一家门店于 2017 年 10 月在北京试营业，三年时间展店 4 500 余家，门店扩张速度创下行业纪录。出色的门店扩张能力使得目前国内咖啡行业没有新企业敢于挑战瑞幸咖啡的行业龙头地位，在一定程度上构筑起了该行业的进入壁垒。

资料来源：咖啡行业数据分析：2020 年瑞幸咖啡门店数量为 4 507 家[EB/OL]. 艾媒网，2021-03-16.

3. 品牌扩散

在位企业可以通过推出多个定位不同的同类商品品牌的方式，占领更多的细分市场，这会使想进入这个行业的其他企业找不到市场空缺机会。在这方面，最典型的案例就是日化用品行业。

案例分析

宝洁和联合利华的品牌扩散策略

宝洁和联合利华是全球日化用品巨头，也都是品牌扩散策略的成功践行者，它们在一条产品线上一般会同时推出多个定位不同的产品品牌，以占满超市货架的方式来宣示自己的行业霸主地位。例如，宝洁公司在中国大陆地区经营的个人护理产品品牌有 SKII、Olay 玉兰油、舒肤佳三种，分别定位于高、中、低端消费群体，美发护发产品品牌有海飞丝、潘婷、飘柔、沙宣四种，分别定位于去屑、修复、柔顺、专业美发四种功能［见图

8－5（a）]。类似地，联合利华在中国大陆地区经营的个人护理品牌有凌仕、凡士林、力士、庞氏四种，美发护发产品品牌有夏士莲、炫诗、多芬、清扬四种，也是定位于不同功能或不同消费层次[见图8－5（b）]。

（a）宝洁

（b）联合利华

图8－5　宝洁和联合利华在华销售的主要品牌

资料来源：根据宝洁中国公司和联合利华中国公司官网资料整理。

4. 提高竞争对手成本

除了上述三种行为性壁垒之外，其他一些抵御竞争对手进入的策略性行为基本都可以被归类为“提高竞争对手成本”。例如，在位企业可以通过垂直一体化策略进入原材料生产阶段，或进入销售领域，使自己的市场控制力得到延伸，从而提高竞争对手购买原材料或销售产品的成本。此外，在位企业还可以游说政府对新进入企业执行更严格的环保要求或产品技术要求，提高新企业进入的技术难度和投资门槛。再比如，在位企业可以利用自己的产品在市场份额上所占据的优势，拒绝与竞争对手的产品兼容，借助网络外部性的力量把潜在进入企业拦在门外。比如，360和腾讯曾经就上演过不兼容大战，逼迫用户卸载对方企业的软件。最后，在位企业还可以利用自己在市场上的主导地位，影响行业的劳动力工资成本等投入品价格，使新进入企业处于不利地位。

案例分析

格力电器的人才公寓

在位企业相对于新进入企业而言，最大的优势就在于在位企业经过多年资本积累，资金实力更强。因此，在位企业可以充分发挥资本优势为行业内稀缺人才提供高薪和丰厚的员工福利，只要行业内的稀缺人才都被自己聘用，潜在竞争对手就必然面临无人可用的局面，从而被阻止在行业之外。例如，2017 年 2 月，格力电器 CEO 董明珠在做客“人民直播”时提到“要让每一名格力员工享受到两室一厅的待遇”。2018 年 8 月，珠海格力自费投资 20 亿元建设的人才公寓“格力明珠广场”正式破土动工。据悉，首批将建设 3 180 套公寓，预计 2021 年建成，住宅精装交楼，配套全屋家具，员工拎包入住。格力电器这一做法非常聪明地利用了当前房价高、年轻人买房难的社会痛点。格力给员工解决住房，这就会使得行业内的优秀青年人才更倾向于选择投身格力电器，其他企业若想跟格力抢人，势必也要投资建房，然而这一成本可能不是新进入企业所能承受的。

资料来源：根据格力电器公开资料整理。

除上述常见行为性进入壁垒以外，捆绑搭售、掠夺性定价、限制性定价等行为也属于企业为了排除竞争而采取的主动防御策略，在本教材的其他章节已经涉及这部分内容，在此就不予重复介绍。最后，需要强调的是，行为性进入壁垒有可能会违反《中华人民共和国反垄断法》和《中华人民共和国反不正当竞争法》，企业在制定类似的策略时应充分了解潜在的违法风险。另外，如果企业发现竞争对手做出了类似行为，就要考虑对方的行为是否触犯了法律，并用法律的武器维护自己的正当权益。

第三节　退出壁垒

通过本章前两节的学习，我们已经非常充分地了解到企业要想进入一个新行业是一件非常困难的事，但是，如果企业想从一个行业里退出，是不是就很容易呢？答案可能也是否定的。企业如果想退出某个行业，可能也会面临重重壁垒，这些“退出壁垒”可能来自经济、政治、法律、社会等多个方面，一般而言，可以将其概括为五大类型。

一、资产专用性壁垒

企业在进入某一新行业时大多需要投资一系列的专用资产，这类资产往往具有行业专用性甚至是企业专用性，如果本企业弃之不用，可能就会一文不值。具体而言，企业的专用性资产可分为“有形资产”和“无形资产”两大类，有形资产一般包括企业的厂房、机械设备和工具、原物料、零部件、产成品库存等，无形资产则包括企业的商誉、品牌价值、知识产权、人力资本经验、社会关系等。从专用资产的处理方便性角度看，无形资产显然处理成本更低，企业弃之不用不会带来额外的成本，但是有形资产的处理可能还需要企业支付额外费用，以避免企业废弃资产占用土地或造成环境污染等。

案例分析

比特币矿机

比特币是近年来热度最高的虚拟货币之一，由于没有主权国家的信用支持，其币值波动非常大。比特币家园网数据显示：在2017年11月11日，比特币价格为6 764.98美元，但在随后的一个月内，比特币价格迎来了前所未有的暴涨，于2017年12月27日站上20 089美元高点。狂热的币市带火了比特币挖矿设备，大量投资者在这段时间投资矿机，企图赶上比特币的市场红利期。好景不长，随着市场上大量比特币玩家套现退场，比特币价格暴跌。到2018年2月6日，比特币价格已经跌至7 850.70美元。根据腾讯新闻报道，连番下跌中的比特币价格已经击穿多个矿机成本价格。国内部分中小型矿场已经无奈将矿机二手转卖清盘。一位拥有超过2 000台矿机的矿工表示，在这几天的行情中，他总共挖到了30多个比特币，按照目前的价格，收入260万元，但是同期电费高达280万元，“这相当于越挖越赔，干脆关机算了”。另外一位拥有超过20 000台M3矿机的矿工表示，这些矿机在一年多前市场报价超过10 000元，但在如今的价格和算力下，这些矿机因为已经到达关机价格，因此二手转卖也无人问津，“基本相当于一堆破铜烂铁，单是20 000多台矿机，就相当于亏损超过1亿元”。

资料来源：比特币“闪崩”之后：矿机按斤甩卖，有人10万元只剩2 000元 [EB/OL]. 中国经济网，2018-11-21.

二、长期合同壁垒

现代企业的运营不可避免地会涉及各种合作关系的建立，企业与员工、合作对象、客户等建立起来的民事合作关系可能并不都是短期的，一旦企业决定退出某一行业，就必然会面临单方面解除长期合作关系的赔偿问题。如果企业的规模较大且经营时间较长，这种赔偿有时候可能是一笔巨大的支出。

材料短析

劳动合同壁垒

《中华人民共和国劳动合同法》规定：

第三十六条　用人单位与劳动者协商一致，可以解除劳动合同。

第四十一条　有下列情形之一，需要裁减人员二十人以上或者裁减不足二十人但占企业职工总数百分之十以上的，用人单位提前三十日向工会或者全体职工说明情况，听取工会或者职工的意见后，裁减人员方案经向劳动行政部门报告，可以裁减人员：

（一）依照企业破产法规定进行重整的；

（二）生产经营发生严重困难的；

（三）企业转产、重大技术革新或者经营方式调整，经变更劳动合同后，仍需裁减人员的；

（四）其他因劳动合同订立时所依据的客观经济情况发生重大变化，致使劳动合同无法履行的。

裁减人员时，应当优先留用下列人员：

（一）与本单位订立较长期限的固定期限劳动合同的；

（二）与本单位订立无固定期限劳动合同的；

（三）家庭无其他就业人员，有需要扶养的老人或者未成年人的。

用人单位依照本条第一款规定裁减人员，在六个月内重新招用人员的，应当通知被裁减的人员，并在同等条件下优先招用被裁减的人员。

第四十六条　有下列情形之一的，用人单位应当向劳动者支付经济补偿：

（一）劳动者依照本法第三十八条规定解除劳动合同的；

（二）用人单位依照本法第三十六条规定向劳动者提出解除劳动合同并与劳动者协商一致解除劳动合同的；

（三）用人单位依照本法第四十条规定解除劳动合同的；

（四）用人单位依照本法第四十一条第一款规定解除劳动合同的；

（五）除用人单位维持或者提高劳动合同约定条件续订劳动合同，劳动者不同意续订的情形外，依照本法第四十四条第一项规定终止固定期限劳动合同的；

（六）依照本法第四十四条第四项、第五项规定终止劳动合同的；

（七）法律、行政法规规定的其他情形。

第四十七条　经济补偿按劳动者在本单位工作的年限，每满一年支付一个月工资的标准向劳动者支付。六个月以上不满一年的，按一年计算；不满六个月的，向劳动者支付半个月工资的经济补偿。

劳动者月工资高于用人单位所在直辖市、设区的市级人民政府公布的本地区上年度职工月平均工资三倍的，向其支付经济补偿的标准按职工月平均工资三倍的数额支付，向其支付经济补偿的年限最高不超过十二年。

本条所称月工资是指劳动者在劳动合同解除或者终止前十二个月的平均工资。

依照《中华人民共和国劳动合同法》的规定，企业如因经营不善决定以破产的形式退出某行业，则应对解聘的劳动者支付经济补偿，企业雇用员工数量越大、资深员工越多，需要支付的经济补偿也就会越高。

三、结合生产形成的退出壁垒

结合生产是指在工业生产过程中，生产主产品（目标产品）的过程可能会产生其他有经济价值的副产品。对于企业而言，只要主产品的盈利能够覆盖全部产品的生产成本，副产品的市场行情波动就不会影响企业的生产决策。

案例分析

石油精炼过程中的结合生产

在石油精炼产业中，从汽油到煤油、沥青等多种石油产品，都使用石油作为原料进行结合生产（见图 8-6）。例如，即使沥青的市场需求显著下降，但只要汽油、煤油等其他产品的需求没有下降，那么企业也很难单独降低沥青的产量，对企业而言最佳的选择可能仍是维持正常产量。

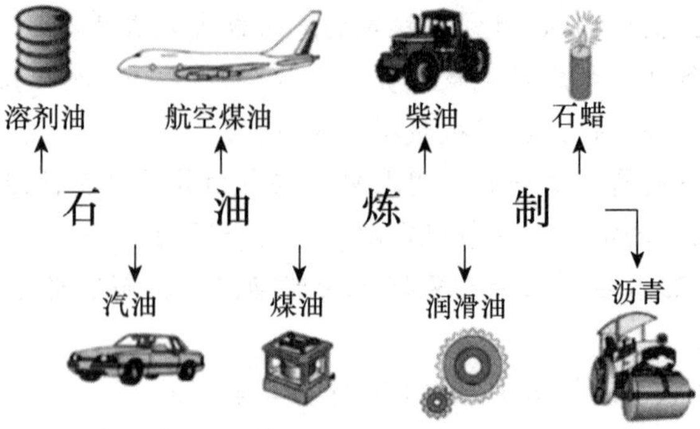

图 8-6　石油炼制

四、管理者声誉壁垒

现代公司管理体系中的管理者与所有者相分离的模式必然会导致管理者与所有者的利益不一致。当一家公司决定退出某一行业时，最直接受损的就是公司的管理层，他们可能会因此失业，并且由于这一段失败的管理经历，他们可能也很难找到下一份待遇相似的管理工作。所以，一般而言，公司的管理层会千方百计地阻挠所有者想要退出某一行业的决定。

案例分析

甲骨文中国裁员引发员工抗议

2019 年 5 月 7 日，甲骨文下发了裁撤中国区研发中心 1 600 人的通知，这意味着自 1989 年正式进入中国 30 年后，甲骨文将陆续关闭其在深圳、北京、上海、苏州、南京和大连等地相继成立的研发中心，只留下以销售为主的业务体系。突然裁员给公司管理层和员工带来了重大损失：一方面，国内互联网行业技术人员存在 35 岁职业危机，被辞退的中年员工将很难再就业；另一方面，突然失业带来的损失也不仅局限于收入下降层面，对于非北京户口的员工来说，社保的断缴将会严重影响到落户、贷款以及孩子入学资格等诸多方面。甲骨文公司为安抚员工提出了“N＋6”[①] 的解聘赔偿方案，远高于国内互联网、科技企业常用的“N＋1”赔偿方案，但仍引发了不少员工的抗议。

资料来源：甲骨文大败局：中国区大裁员 错失云计算机会[EB/OL]. 时代周报，2019-05-14.

五、行政性制度壁垒

一方面，政府为了一定的目的，往往通过制定政策和法规来限制生产某些产品的企业从产业内退出。例如在电力、邮电、煤气等提供公共产品的产业中，各国政府都制定了相应的政策和法规来限制企业的退出。另一方面，政府担忧规模较大的企业退出会影响地方经济稳定，导致大量失业，也可能会补贴和扶持经营不善的大企业，阻止其退出。

① “N”是指《中华人民共和国劳动合同法》规定的经济补偿金，“6”是指 6 个月工资。

案例分析

美国联邦政府接管房地美和房利美

美国联邦政府于2008年9月7日宣布接管陷入困境的美国两大住房抵押贷款融资机构房利美和房地美。时任美国财政部长保尔森强调，考虑到房利美和房地美的庞大规模和对金融体系的重要性，两公司中任何一个倒闭，“都可能在美国乃至全球金融市场引发巨大震荡”，因此，接管两公司是当前保护市场和纳税人的“最佳手段”。房利美和房地美是美国住房抵押贷款的主要资金来源，它们所持有或担保的住房抵押贷款总额约为5.3万亿美元，几乎占了美国住房抵押贷款总额的一半。根据接管方案，美国财政部将通过购买优先股向房利美和房地美各注入1 000亿美元资金。房利美和房地美首席执行官被限令离职，2008年7月经国会批准成立、专门负责监管两公司的联邦住房金融署接管两公司的日常业务，并任命两公司的新高管。

资料来源：美国政府为何接管房利美和房地美[EB/OL]. 搜狐网，2008-09-08.

需要强调的是，高效率的市场经济运行需要实现“人尽其才、物尽其用”，让所有资源在最需要的地方发挥最大的价值。显然，如果社会中各行业的退出壁垒都较高，就必然会导致大量资源沉积在低效率的“僵尸企业”中，无法发挥其应有的价值。所以，近年来，打破不合理的行业退出壁垒，清理僵尸企业，一直受到党中央和国务院的高度重视。李克强总理在2015年就提出了要以“创新发展一批、重组整合一批和清理退出一批”的方式，加快推进“僵尸企业”重组整合或退出市场，促进企业效益和资源配置效率回升。

延伸阅读与思考

从模仿到创新：华为手机的艰难崛起之路

序幕

早在“小灵通”时代，华为就通过与电信运营商合作，使用日本京瓷公司技术，加入了手机生产的大军。2003年7月，华为手机业务部正式成立，华为开始利用自身在3G通信技术上的优势，大规模生产3G手机。直到2011年，华为手机基本都是以定制形式销售给运营商。定制的商业模式有两种：一种是客户承诺销售量，手机上只打客户的LOGO；第二种是手机上打客户和华为双LOGO，每台华为手机都要给客户宣传补贴。在定制的商业模式下，华为手机业务的盈利能力与其通信设备业务相比不值一提。2008年10月，华为曾试图出售手机业务49%的股份，但恰逢全球金融海啸，最后不了了之。

模仿

2011年，余承东接任华为手机公司CEO，不再跟随运营商做定制手机，坚定地打响自己的品牌。2011—2013年，小米的互联网运营使得小米手机爆红。华为于2013年底推出华为荣耀这一手机品牌，盯住小米，大规模开展互联网营销，利用微博、腾讯、迅雷等合作方为荣耀手机引流，成功做出了爆款。荣耀系列从华为手机中独立出去负责盯住小米之后，华为手机则盯住苹果和三星。2014 年 9 月 3 日三星 NOTE 4、4 日华为 MATE 7、10 日苹果 iPhone 6 接连发布。华为 MATE 7 结合了苹果和三星手机的优点，恰逢苹果爆发用户信息泄露危机，大获成功，发行 6 个月累计出货 400 万台，成为华为手机前所未有的爆款。

创新

“缺芯”是中国手机行业的“短板”，谁能攻克自主生产手机芯片的难关，谁就能以“国产芯片”的旗帜获得国内消费者的青睐。然而，“造芯”的技术不可能通过模仿得来，发达国家的技术封锁使得我们必须依靠自主创新。2004 年，华为设立海思半导体有限公司。2008 年，华为发布首款手机芯片 K3V1（华为未自用）。2012 年，华为推出四核处理器 K3V2 实现千万级商用。2013 年，华为开始推出麒麟 9 系列处理器，在旗舰机型上大规模商用。2018 年 8 月，华为正式发布了其与台积电合作研发的全球第一款 7nm 工艺手机系统级芯片——海思麒麟 980。2019 年 9 月，华为发布全球首款基于 7nm 和极紫外光刻工艺的 5G 系统级芯片麒麟 990。凭借在手机芯片上的突出创新能力，华为手机在 2019 年成功做到了全球智能手机市占率第二（16%），仅次于三星（20%）。

危机

华为在 5G 通信技术和芯片领域的快速进步让美国感到了其在通信技术和半导体领域的科技霸权地位恐将不保，因此开始动用国家力量打击华为这样一家中国企业。2018 年 4 月，美国司法部认为华为涉嫌违反美国对伊朗的出口禁令，启动针对华为的调查。2019 年 5 月，美国将华为列入“实体清单”，禁止美企向华为出售相关技术和产品，但在多方游说下，美国政府多次给华为及其合作伙伴颁发和延长临时许可。2020 年 9 月 15 日，美国对华为新禁令正式生效，包括台积电、高通、三星、SK 海力士、美光等将不再供应芯片给华为。2020 年 11 月 17 日，华为正式宣布出售“荣耀”品牌，华为将不占“荣耀”任何股份，也不会参与经营管理和决策。独立后的“荣耀”手机可以绕开美国制裁，采用联发科或者高通的芯片。

总结

华为从模仿到创新的艰难崛起之路表明：企业获取进入一个新行业所需技术的起点可以是“模仿”，但如果企业想成长为行业中的佼佼者，必然需要从“模仿”转向“创新”，只有自主创新才能塑造本企业产品的独特竞争优势。此外，在当前中美科技竞争愈发白热化的背景下，“自主创新”不仅仅是中国企业追赶与发达国家领先企业之间的技术差距的需要，也是中国从科技上突破美国等西方国家技术封锁，建设“科技强国”的战略需要。企业开展“自主创新”的过程必定是艰辛的，但只要企业能够向华为一样坚持投资研发，其收获也必然是巨大的。如今，华为已位居 2020 年《财富》世界企业营收 500 强的第 49 位，成为唯一入选美国《福布斯》杂志 2020 年全球品牌价值 100 强的中国品牌，这正体现了“自主创新”的力量。

资料来源：根据华为公司官网公开信息整理。

延伸阅读与思考

三胞集团的流动性危机

三胞集团是南京市影响力仅次于苏宁集团的民营龙头企业。三胞集团现拥有宏图高科、南京新百、金鹏源康、富通电科等多家上市公司，以及宏图三胞、广州金鹏、安康通、以色列纳塔力（Natali）、美国丹瑞（Dendreon）等国内外重点企业。集团旗下“宏图”“宏图三胞”“金鹏”“新百”商标系“中国驰名商标”。

流动性危机

2014年前后，我国处于货币宽松时期，国家鼓励企业依靠低成本贷款“走出去”，三胞集团董事长袁亚非希望通过海外并购来推动三胞集团的转型升级。2014年，三胞集团开始了大规模海外并购，在这一时期完成了对美国上市公司麦考林、以色列最大养老公司纳塔力、英国百年老店弗雷泽（House of Fraser）、美国最大新奇特产品连锁企业布鲁克斯通（Brookstone）等的并购，各种并购累计耗资超过300亿元，三胞集团的资产负债率迅速飙升至70%以上。[①] 2017年国家出台去杠杆政策，银行信用收缩，三胞集团大量便宜负债到期。2018年5月，三胞集团旗下上市公司南京新百有超过90%的股份被其控股股东三胞集团质押，南京新百股价暴跌。随后，三胞集团又被曝出融资资管计划公开违约，甚至被法院列入被执行人名单等负面消息，三胞集团陷入了流动性危机。

救助计划

2018年6月25日，三胞集团与工行南京分行、中行江苏省分行、中信南京分行、江苏银行、南京银行、紫金农商银行在南京签订全面战略合作协议，6家银行同意以合计160亿元的授信规模支持三胞集团转型发展。2018年7月4日，江苏省金融办、南京市政府会同多家银行在南京召开了“三胞集团联合授信机制工作推进会”，南京市政府和金融监管部门出面协调银行机构加大对三胞集团的支持力度。2020年5月13日，中国信达资产管理公司江苏省分公司与三胞集团在南京签署战略合作协议，中国信达将向三胞集团提供规模近100亿元的流动性支持。2020年12月22日，三胞集团金融债权人会议在该集团南京总部举行。三胞集团正式宣布了“地方政府+央企战投”的债务重组方案。中国华融江苏省分公司作为“纾困资金方”介入，为三胞集团提供增量纾困资金80亿元以支持其流动性。

总结

目前，三胞集团仍没有完全渡过这场流动性危机，不过地方政府和金融机构的携手纾困至少避免了三胞集团直接破产导致大量人口失业和金融机构贷款全部转变为坏账，这相当于给处于垂死时刻的三胞集团注入了一剂保命良药，未来三胞集团能否从困境中重生仍取决于企业自身的经营能力。在世界范围内，只要政府有救助能力，就会尽量帮助大型企业渡过短暂的流动性危机，例如美国联邦政府在2008年金融海啸中直接接管了房利美、

① 一般上市公司的资产负债率保持在50%比较合理，一旦资产负债率超过70%的“警戒线”，就说明公司有资产负债率过高的危险。

房地美这两个美国最大的房贷公司。在我国，中央和地方政府也会尽可能动用可支配资源帮助那些大型企业渡过短暂的难关，与西方国家相比，我国中央和地方政府的可支配资源更多、救助能力也更强，但这并不意味着企业可以指望政府为自己的经营失败兜底。一方面，政府和金融机构的救助不是无偿的，企业在短期内获得的流动性支持需要用长期利益置换；另一方面，在中国特色社会主义市场经济体系下，在资源配置上起决定性作用的是市场竞争，政府调控仅仅起辅助性作用。对于那些已经失去长期竞争力的"僵尸"企业，政府只会引导其顺利退出市场，而不会强行给它们续命。

资料来源：根据三胞集团官网公开信息整理。

思考题

1. 诱使企业进入一个新行业的原因有哪些？搜集并整理网络信息，分析小米为什么会宣布进入电动汽车制造行业。

2. 请列举真实商业案例说明企业获取新行业技术的方式有哪些？各自有什么优缺点？

3. 结合你了解的真实商业案例，说明企业如何利用"进入壁垒"将潜在的竞争对手阻拦在行业之外。

4. 经典的斯坦克尔伯格模型假设"领导者"企业 1 允许"跟随者"企业 2 进入市场与自己共享市场利润，如果企业 1 想要通过"产能过剩"的方式阻止企业 2 进入该行业，那么企业 1 应该如何设定自己的产量目标呢？[假设市场反需求函数为 $P=a-b(q_1+q_2)$，企业 1 和企业 2 的边际成本分别为 c_1 和 c_2。]

5. 搜集新闻及文献资料，简要总结我国清理僵尸企业的最新进展，并分析该项工作的推进面临哪些主要困难。

参考文献

1. 让·梯若尔. 产业组织理论[M]. 张维迎，译. 北京：中国人民大学出版社，2018.

2. 刘易斯·卡布罗. 产业组织导论[M]. 胡汉辉，赵震翔，译. 北京：人民邮电出版社，2002.

3. 刘志彪，等. 产业经济学[M]. 2 版，北京：机械工业出版社，2020.

4. 石奇. 产业经济学[M]. 3 版，北京：中国人民大学出版社，2015.

5. 于立宏，孔令丞. 产业经济学[M]. 北京：北京大学出版社，2017.

6. Carlton D. W. Barriers to Entry[J]. *Issues in Competition Law and Policy*, 2008 (1): 601-617.

7. Demsetz H. Barriers to Entry[J]. *American Economic Review*, 1982, 72 (1): 47-57.

8. Dixit A. The Role of Investment in Entry-deterrence [J]. *The Economic Journal*, 1980, 90 (357): 95-106.

9. Harrigan K. R. Barriers to Entry and Competitive Strategies [J]. *Strategic Management Journal*, 1981, 2 (4): 395-412.

10. Karakaya F. and R. A. Kerin. Impact of Product Life Cycle Stages on Barriers to Entry [J]. *Journal of Strategic Marketing*, 2007, 15 (4): 269-280.

11. Lieberman M. Excess Capacity as a Barrier to Entry: An Empirical Appraisal [J]. *The Journal of Industrial Economics*, 1987, 35 (4): 607-627.

12. Lutz C., R. Kemp and S. G. Dijkstra. Perceptions Regarding Strategic and Structural Entry Barriers [J]. *Small Business Economics*, 2010, 35 (1): 19-33.

13. McAfee R. P., H. M. Mialon and M. A. Williams. What Is a Barrier to Entry? [J]. *American Economic Review*, 2004, 94 (2): 461-465.

14. Niu Y., L. C. Dong and R. Chen. Market Entry Barriers in China [J]. *Journal of Business Research*, 2012, 65 (1): 68-76.

第九章
网络与平台经济

本章主要介绍网络与平台经济领域的相关内容，包括网络外部性的基本含义，以及由此引起的标准竞争和兼容问题、平台企业的竞争问题等。本章的学习重点是理解网络外部性的含义和类型及其对经济分析的主要影响，网络外部性对标准竞争和兼容性策略的影响，双边市场中平台型企业基于交叉网络外部性影响的竞争策略等；学习难点是标准竞争和兼容性问题，平台企业的价格竞争策略和非价格竞争策略。

第一节　网络外部性

一、网络外部性的含义及分类

通常情况下，消费者在购买某种产品或服务时，他的购买决策和支付意愿仅仅取决于个人偏好以及产品特征，并不会受到该种产品用户数量的影响，比如食品、办公用品等。但是，还有一些产品，消费者从中获得的收益受该产品使用人数的影响，此类产品的这种特性被称为网络外部性（Network Externality）[①]，此类产品最常见的例子就是电话（手机）、软件等。网络外部性有正负之分，正（负）网络外部性是指，消费者从产品或服务中获得的收益随着使用

① 与网络外部性相关的一个概念是网络效应（Network Effect），二者经常通用，但严格地讲也有所差别。网络外部性强调网络中消费者行为产生的溢出影响，多与市场失灵相关；而网络效应强调网络市场参与者通过直接协调或借助中介组织所实现的好处。如无特别说明，本书将两者等同。

该产品人数的增加而增加（减少）。正网络外部性的例子比较常见，如一台电话的价值随着其他人所用电话数量而递增；即时通信软件 QQ 或微信的用户越多，就越能吸引新用户加入。道路拥堵是负网络外部性的例子，越多司机在特定时刻选择某条道路，该路段该时刻的交通行驶速度就越慢，导致每个司机的效用下降。网络外部性也经常被分为直接网络外部性（Direct Network Externality）和间接网络外部性（Indirect Network Externality），下面依次介绍这两种类型的网络外部性。

（一）直接网络外部性

直接网络外部性的思想最早可追溯到 1908 年时任美国电话电报公司（AT&T）主席的西奥多·维尔（Theodore Vail）。当时维尔在他向股东提交的年度报告中指出，AT&T 的价值大部分是基于自己的网络而非他人的电话技术；更好的电话技术不足以弥补网络损失带来的价值损失；新的进入者必须实现可比的网络才能有效地为用户提供可比的价值。法雷尔和萨络纳（Farrell & Saloner，1985）以及卡茨和夏皮罗（Katz & Shapiro，1985）较早界定了直接网络外部性的概念：使用相同产品的市场主体的数量规模导致的直接效果。直白地讲，就是指消费者从产品中获得的效用会直接受产品用户规模的影响。

基于直接网络外部性的网络被称为现实网络（Actual/Real Network）或有形网络（physical network）。此类网络主要是基于有形的转换设施建立的，比如交通运输和物流网、公共事业网、传统金融交易网络，以及提供文字、声音和视频等数据服务的通信网络等。以网络通信市场为例，任何一个消费者的获益都源自通过网络联系到其他消费者的能力，而且这里的网络外部性是直接的。因而，直接网络外部性的典型代表是所有通信交流设备和形式，包括电话、传真机及其交流标准、E-mail 甚至万维网等，还包括微信和 QQ 等即时通信软件等。更为抽象些的网络实例还包括语言（如国际范围的英语和国内范围的普通话等），以及传统习俗（如靠右边行车）等。

（二）间接网络外部性

网络经济学研究大多侧重从产品兼容性和互补性角度来界定间接网络外部性：某产品使用者的数量对其互补品的数量和价格产生的影响。间接网络外部性不是直接来源于做出相同选择的经济主体，而是间接地通过另外一群经济主体的引致性决策来实现的。也就是说，用户数量提升不会直接带来更多的收益，但是消费者可以从用户规模扩大的过程中间接获得收益（Katz & Shapiro，1994）。

基于间接网络效应的网络被称为虚拟网络（Virtual Network），多表现为共享一个通用技术平台的可兼容产品集及其关系，典型代表就是系统市场。在系统市场里，产品由一系列组件（如一些硬件和各式各样的应用软件）组成，组合使用才能发挥特定功能。为一个硬件开发的应用软件越多，消费者越有动力购买由这个硬件和软件组成的系统，也会有越多的应用软件开发商愿意为此硬件开发应用软件。可见，系统市场中的网络外部性是间接的。基于互补性或兼容性的间接网络外部性，会在硬件或软件市场促使消费者购买与硬件系统互补的部件，并组装成一个系统产品。相应地，购买硬件-软件系统的用户也就组成了一个虚拟网络。硬件-软件系统在电子消费领域的典型实例是个人电脑、手机、操作系统（如微软的 Windows、苹果的 OS 和 IOS 以及谷歌的 Chrome OS 和 Android）、电动游戏操控台（如微软的 Xbox、索尼的 PlayStation 和任天堂的 Wii）。

案例分析

微软和网络外部性

近年来，尽管微软在个人电脑操作系统市场的份额稍有下滑，但是仍然较大。除此之外，微软的 Word 和 Excel 等应用软件占领了文字处理和电子表格市场。在微软帝国中，网络外部性扮演了什么角色？首先是操作系统和应用软件之间的关系：为了能在操作系统中运行，文字处理或者电脑游戏等应用程序的编码必须包含应用编程接口（API）。因为 Windows 统治了操作系统市场，所以对于开发可供选择的其他操作系统和应用软件的人来说，使用 Windows 的应用编程接口很关键。操作系统和应用软件之间的互补性使得微软的应用软件相比其他竞争软件具有优势。因此 Lotus 1－2－3（一个为 IBM 的 OS/2 操作系统编写的、在 20 世纪 80 年代中期很受欢迎的电子表格）随着 Windows 在操作系统市场的兴起逐渐落后于 Excel。

应用软件和 Windows 之间的互补性反而作用于 Windows 在操作系统市场的支配地位。硬件和软件厂商为了获得大量使用 Windows 的消费者，都会使自己编写的程序与 Windows 兼容。为 Windows 编写的应用程序的数量的持续增长也巩固了 Windows 在操作系统市场的支配地位。如果一个和 Windows 竞争的操作系统想争取市场份额，那么它必须有能和 Windows 的应用软件抗衡的应用软件。但是谁会为一个没有稳定的市场份额的操作系统编写应用软件呢？另外，重要的网络外部性很有效。当消费者选择一个文字处理程序或者电子表格软件时，会考虑能否方便地与其他使用者共享文献和资料。某种特殊的应用软件的使用者越多，就会有越多的人选用这种软件。

微软从网络外部性中获得了巨大的收益，同时也引发了一些关于垄断问题的争议。在著名的微软垄断案中，间接网络外部性是一个核心问题。微软被指控将网络浏览器 IE 和 Windows 操作系统捆绑销售，将其主要的浏览器竞争对手网景的 Navigator 驱逐出市场。这种推理背后反映的经济学逻辑是：诸如文字处理、电子表格和播放器等应用软件与操作系统之间有高度互补性关系，这种互补性让使用应用软件和操作系统的消费者之间的需求通过正反馈得到拓展和强化，也让微软在应用软件市场构建了一个很高的“进入壁垒”。

资料来源：Don E. Waldman and Elizabeth J. Jensen. *Industrial Organization: Theory and Practice*. 4th Edition. Pearson Education, Inc., 2013；于立. 互联网经济学与竞争政策. 北京：商务印书馆，2020.

二、网络外部性的影响

（一）需求法则局部失效

网络外部性的存在使得刻画需求量与价格的反向关系的需求法则（law of demand）局部失效。在网络外部性的作用下，每个消费者从产品或服务中获得的效用会随着用户规模的扩大而增加。从这个意义上讲，当产品或服务价格给定时，用户规模会对消费者的需求产生影响。这里介绍一个简化版的罗尔夫斯模型（Rohlfs，1974）。

假设一个垄断者，比如电信公司，对消费者索要使用费但并不要求按量付费，即消费者支付价格 p 来连接网络，但每个电话都是免费的。再假定市场存在的最大规模为 N（比如 200 万人），即当使用费足够低甚至为零时愿意购买产品的最大消费者数量。由此，可以交互讨论实际服务的消费者人数和服务的市场份额。也就是说，如果市场最大规模为 200 万人，我们可以将 40 万人购买服务的市场结果描述为比例为 $f=0.2$ 的市场得到了服务。

消费者对连接网络的需求取决于他对产品的价值评估和已订购的市场份额。对于正网络外部性，消费者都认为，订购服务的市场份额 f 越大，该服务的价值就越高。但是，每个消费者对产品的价值评估都有所不同。将每个消费者都订购（$f=1$）时第 i 个消费者的评价设定为 v_i，假设这些评价值均匀分布在 0 和 200 元之间。为分析网络外部性对消费者的影响，一种简单的处理方式是令第 i 个消费者对任意 f 的效用为 $U_i=fv_i$，这表明消费者的效用不仅取决于个人价值评估，还取决于实际订购该服务的市场份额。由此可知，消费者 i 的效用大于等于市场价格（$fv_i \geqslant p$）时便会订购该服务，而当 $fv_i<p$ 时，消费者的需求为零。即消费者对连接网络的需求为：

$$q_i^D=\begin{cases}0,\text{如果 } fv_i \geqslant p \\ 1,\text{如果 } fv_i<p\end{cases} \tag{9.1}$$

由式（9.1）可以计算在任意价格 p 下订购服务的市场份额。首先关注保留评价为 $\tilde{v}_i$ 的边际消费者，订购服务加入网络和不订购对他们来说是无差异的，所以他们的评价值为 $fv_i=p$ 或 $\tilde{v}_i=p/f$。所有评价值小于 $\tilde{v}_i$ 的消费者都不会订购服务，而其余消费者都会订购服务。因为 $\tilde{v}_i$ 均匀分布在 0 和 200 元之间，所以评价值小于 $\tilde{v}_i$ 的消费者所占的比例为 $\tilde{v}_i/200$。因此，评价值大于 $\tilde{v}_i$ 的获得服务的消费者所占的比例 f 为：

$$f=1-\frac{\tilde{v}_i}{200}=1-\frac{p}{200f} \tag{9.2}$$

例如，假设边际消费者的评价值为 50 元，此时市场中有比例为 $50/200=0.25$ 的消费者的评价值会低于 50 元，并不会订购该服务，而有比例为 $1-0.25=0.75$ 的消费者会加入该网络。由式（9.2）可得出用实际订购的消费者数量占最大潜在消费者数量的比例 f 来表达的垄断者的逆需求函数为：

$$p=200f(1-f) \tag{9.3}$$

式（9.3）的函数可用图 9-1 表示，图中需求曲线的形状是消费者在网络外部性下做选择所特有的。超过 f^*（即最高订购价格对应的网络市场容量）时，任何产品价格与消费者数量之间呈反向关系，供给者不得不通过降价来吸引更多的消费者；然而，低于 f^* 时，价格与消费者数量之间呈正向关系，当更多的消费者加入该网络时订购价格会上升。也就是说，尽管网络容量扩大时边际消费者对产品的评价值在下降，但正网络外部性会促使价格上升。

图 9-1 也表现出此类市场的多重均衡。对于任意高于 50 元的价格，f 为正值的均衡不存在。而在任意低于 50 元的价格 p_0 下，有一个低需求均衡和一个高需求均衡。在点 A

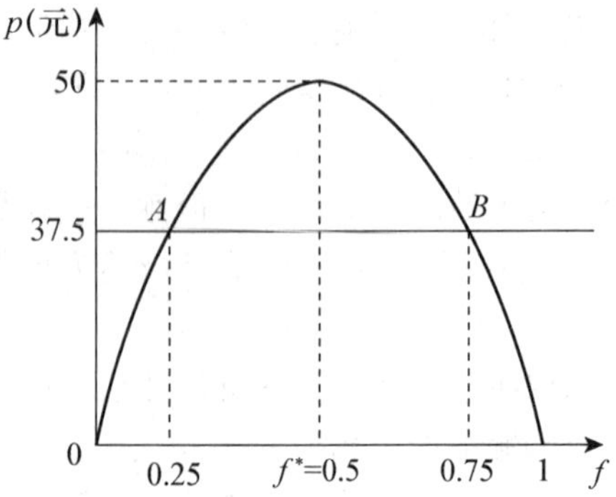

图 9-1　存在网络外部性的垄断厂商的需求曲线

处，只有那些对服务给予高度评价的消费者才会加入网络。例如，若价格为 37.5 元，低需求均衡为 $f_L(p)=0.25$。但是这种低需求均衡是不稳定的：一旦一个网络达到这个规模，来自消费者的正向反馈就会导致网络扩张。在此价格下，再多一个消费者加入该网络，就会把该服务的价格提高到 37.5 元以上。这将导致点 A 和点 B 区间内有更多消费者加入，最终会达到高需求均衡的点 B 处，这是一个稳定的均衡。在本例中，在点 B 处 $f_H(p)=0.75$。相反，当消费者离开后，该服务的价格下降，最终结果是所有消费者离开。

基于网络型市场的多重均衡结果，罗尔夫斯将低需求均衡时的市场份额称为“临界规模”(Critical Mass)，只要消费者比例略高于临界规模 $f_L(p)$，网络就会向高市场规模 $f_H(p)$ 发展。临界规模的存在意味着当产品或服务具有网络外部性时，需求的增长并不是线性的。用户数量突破某一水平后，需求会呈爆发式增长。这也意味着，用户数量是一个网络型企业非常重要的资产，用户数量较少时在市场竞争中是非常危险的。例如，微信的成功就是一个典型的例子。微信自 2011 年问世，用了 433 天实现用户过亿，从 1 亿用户到 2 亿用户仅用了 172 天，从 2 亿用户到 3 亿用户仅用了 120 天。而在微信问世前 2 个月，小米科技发布的类似产品米聊，注册用户数量截至 2012 年 8 月才 1 700 万左右，而且用户增速有明显放缓的趋势。微信目前能成为流行的即时通信软件，率先达到临界规模是一个极其重要的原因。当然，怎样使网络开始并发展到临界规模是一个很重要的问题，常用的方法就是在很有限的时间内免费提供服务，以吸引更多用户的加入。

（二）激化价格竞争和拓展竞争维度

在网络经济环境下，网络型企业不仅能像传统企业那样从事价格、数量和质量等方面的竞争，还能从事网络规模、标准化等方面的竞争。更准确地说，网络型企业间的竞争不仅是价格、产量和质量等方面的竞争，而且是用户规模、创新速度等方面的竞争。如前文所讲的，网络型产业的产品需求曲线向上倾斜部分和多重均衡的存在，使得处于小规模状态的网络可能急速膨胀。每个用户是否入网的决策，不仅影响到其自身的收益状况，还关系到其他潜在用户的入网决策。因此，争取边际用户的竞争强度，远高于不存在网络外部性时的竞争强度，从而降低了均衡价格水平，并驱动了创新技术的更新换代。

另外，如后文将要介绍的，多个网络之间的兼容性策略，在增加市场交易量和增进网络效应的同时，也减少了各网络的差异化程度，加剧了价格竞争。各网络运营商的兼容性决策必须权衡这两方面的利弊。一般地，通过让自身的网络系统技术成为行业标准是最有利于自己的兼容性扩大化手段，理性运营商都希望自身网络技术成为所有企业都采用的行业标准，这会促进网络运营商之间的创新竞争。值得注意的是，竞争激化也可能导致技术更新换代过快，有时耗费大量资源将仍有效和合意的技术或产品替换为不一定更有效的技术或产品，从全社会角度看显然是浪费。

网络型企业间多种维度的激烈竞争，不仅是为了维持或拓展市场份额，而且是为了建立用户基数优势，从而在市场上生存下来。一旦一家企业开始失去顾客，其产品对于现有顾客的价值就会降低，诱导进一步失去更多的顾客，从而陷入不断失去顾客的恶性循环。网络产业中这种要么发展壮大并控制市场，要么退出市场的现象被称作“极化”（Tipping)。如图 9－2 所示，拥有强网络外部性的信息技术和产品，通常呈现 S 形增长路径：成功熬过较长时期的低速徘徊后，会迎来爆炸式增长，最终在某个高水平处达到饱和。导致急速增长的主要原因是：网络外部性导致让强者越强、弱者越弱的正反馈效应（Positive Feedback Effect），或者说马太效应（Matthews Effect）。正是这种“赢者通吃”（Winner Takes All）的竞争特性激励了网络型企业间多种维度的激烈竞争。

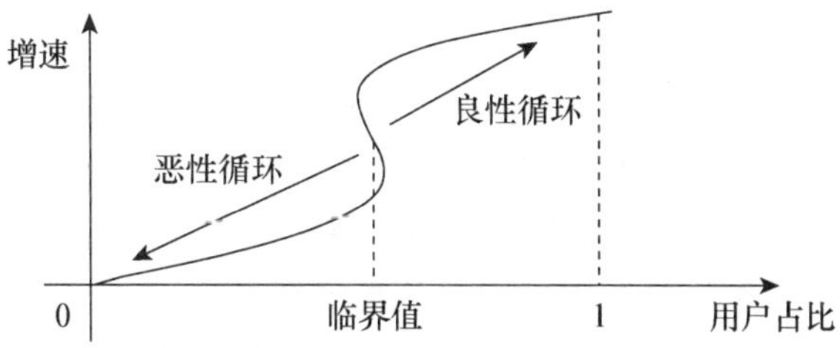

图 9－2　网络产品的 S 型增长路径

（三）提高转换成本和锁定效应

在直接网络外部性的作用下，任一加入网络系统的消费者都能从之前加入其中的消费者的消费中得到好处；在间接网络外部性的作用下，任一加入某网络系统的消费者，均能从与之兼容的其他产品的消费者的消费中得到好处。然而，从另一个角度看，网络外部性的存在使得某网络的现有消费者要转而接入另一个网络时，不仅要损失很多本有的好处，而且要额外支付一定的成本。这些损失和支出就构成了消费者改换其他网络面临的转换成本（Switching Cost）。

只要网络外部性引致的转换成本足够高，后来者是否加入就会极大地取决于前人接入决策的结果。这种过去选择影响未来选择的经济现象，就是制度经济学中的路径依赖（Path Dependence）。进一步地，转换成本的存在又直接导致了对用户的锁定效应（Lock-in Effect）。特别地，在具有很强的网络外部性和转换成本的网络产业，凭借先动优势暂时控制了市场的垄断者，能获得显著的成本优势来抵抗更优质的后来产品的竞争，甚至使市场长期维持在较低质产品路径上。较高的转换成本并不意味着会完全限制竞争，也可能促使争夺新消费者的竞争更加激烈。这是因为，一旦成功地争夺到了新消费者，这些消费者就被锁定了。另外需要说明的是，虽然锁定效应对企业非常有利，但并不是必然有损消费者福利。这是因为，争夺消费者发起的竞争对消费者也是相当有利的。

第二节 标准竞争与兼容

一、网络外部性与标准选择

技术标准及其兼容性是网络产业中竞争的重要领域。简单地讲，如果不同品牌的产品可以配合使用，即一种品牌的产出能够被另一种品牌运转或使用，就称它们是兼容的。在彼此兼容的情况下，不同品牌的产品就是依照同样的标准运行的。例如，影音设备（唱片与磁带）、通信设备（电话、传真）、操作系统（计算机或手机）、应用软件、键盘（QWERTY 与 Dvorak）、语言、铁道，以及银行与自动柜员机（ATM）等产品都是兼容性的例子。现实中，某些标准的制定与推广是通过政府或者权威机构的强制力来实现的（如环境标准、交通规则），而有一些标准是在市场中通过自由竞争的方式确立的。那么，为什么有的市场（如电脑键盘布局）仅仅存在唯一的标准，而有的市场（如电脑操作系统）会存在多个标准？进一步地，为什么是 Windows，而不是 MacOS 占据了操作系统市场的主导地位？

为了理解网络外部性对标准选择的影响，这里考虑一个简单的模型。假定市场中存在两种不同的标准 A 和 B，消费者对不同标准的偏好存在差异。将消费者总体规模标准化为 1，并假定有份额为 a（$0<a<1$）的消费者更偏好标准 A（称为 A 类消费者），有份额为 b（$0<b<1$）的消费者更偏好标准 B（称为 B 类消费者），其中 $a+b=1$。考虑标准存在网络外部性的情况，法雷尔和萨络纳（1986）假定每种类型的消费者的效用都随着选择同种标准的消费者数量的增加而增加。但是，如果一个消费者选择不喜欢的标准，他的效用就会降低 δ（$\delta>0$）。δ 实际上衡量了消费者对不同标准的偏好程度，也反映了消费者为得到其理想标准愿意付出的代价。如果选择标准 A 和标准 B 的消费者数量占比分别为 a 和 b，$a+b=1$。那么，A 类和 B 类消费者的效用函数分别表达为：

$$U^A=\begin{cases}a,\text{选择标准 A}\\ b-\delta,\text{选择标准 B}\end{cases},\quad U^B=\begin{cases}a-\delta,\text{选择标准 A}\\ b,\text{选择标准 B}\end{cases} \tag{9.4}$$

根据以上模型假定，最终市场均衡结果会出现三种情况：（1）如果 $a=1$ 且 $b=0$，即所有消费者都选择标准 A，则标准 A 成为市场中的唯一标准；（2）如果 $b=1$ 且 $a=0$，即所有消费者都选择标准 B，则标准 B 成为市场中的唯一标准；（3）如果 $a>0$ 且 $b>0$，即既有消费者选择标准 A，也有消费者选择标准 B，则市场中存在两种不同的标准。

首先来分析市场中只存在单一标准的必要条件，即前两种均衡情况。以第一种情况为例，如果市场最终是按标准 A 进行生产（$a=1$），那么结果一定是 B 类消费者不会因从 A 转到 B 而获得好处，即 $1-\delta>0$。同样的逻辑，如果市场中最终是按照标准 B 生产的，那么当 $\delta<1$ 时也没有任何一个消费者会转向标准 A。也就是说，消费者喜欢消费同其他消费者标准一样的产品，而不是独自消费他自己最喜欢的产品。或者说，当网络效应大于消费者对不同标准的偏好差异时，竞争的结果是市场中只会存在唯一标准。

至于市场最终会选择标准 A 还是标准 B，往往有一定的随机性。事实上，市场中无论是A类消费者占多数还是B类消费者占多数，两种标准都有可能被市场接受。当标准之间的差异很小，并且网络效应很强时，市场最终选择的标准往往取决于最初的使用者，也就是所谓的路径依赖。路径依赖的存在也意味着，市场很可能会选择那些不会带来社会最优结果的标准。当某项标准被市场接受后，其用户规模会成为新标准推广和普及的障碍，除非新标准的质量远远高于旧标准，否则市场将被锁定在某种标准上，哪怕其质量较差。比如，率先出现并占领大部分市场的先行者 QWERTY 键盘，成功战胜性能更优的后来者 Dvorak 键盘，就是网络外部性驱使下的路径依赖和无效锁定的典型实例。

由上文的分析可知，如果 $\delta>1$，市场将不存在单一标准的均衡。那么，市场在什么条件下会存在两种不同的标准，即 a 和 b 在什么条件下是一个均衡？在这个均衡下，如果 $a>b-\delta$，A类消费者就不会转向标准B，因为由 $a+b=1$，可得出 $a>(1-\delta)/2$。同样，如果 $b>(1-\delta)/2$，B类消费者也会不会转向标准A。也就是说，如果各类消费者的数量足够多，任何一种标准都很难完全将另一种标准逐出市场，那么市场上就会同时存在多个标准。例如，微软的 Windows 操作系统曾经占据绝大部分市场份额，但随着苹果的 MacOS 操作系统逐渐被更多用户接受，其成为 Windows 的有力竞争对手。

二、网络外部性与技术进步

上文讨论的主要是同种技术的两种标准之间的选择问题，有些情况还涉及新旧技术标准之间的选择问题，比如，彩色电视机和黑白电视机，数码相机和传统相机，数字音乐和CD，电子书和纸质书等。以往经济学家主要从研发投入的角度解释新技术的出现，很少解释新技术能否顺利取代市场中的旧技术。本部分内容将通过一个简单的模型，分析网络外部性对技术进步的影响。

考虑一个技术应用问题，假定市场中存在两个用户，分别为用户A和用户B，他们要在旧技术和新技术之间进行选择。进一步假设新旧技术之间存在重大差别，完全不能兼容。每个用户选择新旧技术的组合情况及相应收益如表9-1所示。因为技术标准存在网络外部性，所以对每个用户来说，选择相同的技术可以带来更高的收益，所以令 $a>e$，$b>d$，$g>c$，$h>f$。上述新旧技术的选择博弈存在两个纳什均衡，分别是所有用户都选择新技术和所有消费者都选择旧技术。这一结果与技术标准有很强的网络外部性有着直接关系，用户更加偏好市场在单一技术标准上实现用户规模最大化。

表9-1　新旧技术选择的博弈

		用户B	
		旧技术	新技术
用户A	旧技术	a，b	c，d
	新技术	e，f	g，h

双重博弈均衡的存在意味着新旧技术的市场竞争结果是不确定的，一种情况是：虽然新技术要优于旧技术，但是每个用户可能因为害怕独自进入不兼容的新技术而选择旧技术，法雷尔和萨洛纳（1985）称之为过度惰性（excess inertia）。如表9-2所示的数字例子，相对于旧技术，新技术是帕累托最优的，用户继续使用旧技术的纳什均衡显示出过度惰性。广播从AM技术转换到FM技术就是一个过度惰性的例子，FM实际上是一种优于

AM 的技术，但消费者最初惧怕陷入拥有一件无用且昂贵的 FM 接收器的困境，导致 FM 技术被延迟应用。

表 9-2　网络外部性的过度惰性

		用户 B	
		旧技术	新技术
用户 A	旧技术	5，4	3，2
	新技术	3，3	6，7

新旧技术博弈的另一种均衡情况是：即使大部分用户更加偏好旧技术，但每个用户因害怕单独留在旧技术中而选择新技术，这种情况称为过度积极（excess momentum）。如表 9-3 所示的数字例子，相对于新技术，旧技术是帕累托最优的，用户都选择新技术的纳什均衡显示出过度积极。许多应用软件的不断更新从某种意义上可以说是过度积极的表现。比如，许多 Office 97-2003 的用户对该版本非常满意，但是，如果有一批用户使用了 Office 2016 或 Office 2019，Office 97-2003 用户会因为不兼容而转换到 Office 2016 或 Office 2019。[①] 然而，这并不意味着最后这些用户的收益会更大，他们可能更喜欢原来大家都使用旧版本的情况。

表 9-3　网络外部性的过度积极

		用户 B	
		旧技术	新技术
用户 A	旧技术	6，7	3，2
	新技术	3，3	5，4

案例分析

全球移动支付的发展

纵观中国货币的发展历史可知：最开始是以贝壳、圆形方孔、刀币、五铢钱、隋五铢钱、御书钱等作为交易货币；到北宋时期，纸币产生；1948 年 12 月 1 日，第一套人民币诞生；发展至今，移动支付（电子货币）成为主要的交易支付方式。如今，在大街小巷都可以发现移动支付的应用场景，移动支付已经融入了我们的日常生活，吃喝玩乐各大方向都少不了移动支付的身影。事实上，日本是开启移动支付最早的国家。早在 2004 年，日本的麦当劳和 NTT 运营商就进行合作，推动了移动支付在日本的萌芽和发展。这一年，全球的移动支付在日本产生，NFC 支付方式在日本开始普及，日本很多场景都已经开始使用移动支付，比如饮食、娱乐、购物、自动售货机等，移动支付的普及率达到 50%左右。那么，中国的移动支付为何能够后来居上，成为全球最发达的移动支付市场呢？

中国作为移动支付发展比较早的国家之一，其早期的发展速度实际上很慢。1999 年，

① 这里涉及一个"向下兼容"的概念，即一种旧的型号对一种新的型号是兼容的，但反过来新型号对旧型号是不兼容的。

中国移动支付的概念产生，但中国移动支付的应用场景到2011年仍然比较少，市场规模也很小。其中两个关键的原因是：（1）智能手机应用市场率比较低，2010年仅为7%左右，限制了以手机作为终端设备的移动支付的应用和推广。（2）移动互联网的覆盖率低，中国的移动互联网在2010年之前仅覆盖2亿人，国内用户的移动支付习惯还没有被培养起来。随着2011年以后中国移动互联网的迅速发展，移动支付快速发展起来。移动支付带动了中国实体、线上O2O、金融企业、第三方支付机构、银行的发展，并且形成了支付的大数据。经过短短几年时间，移动支付在中国就得到了爆发式的发展，中国已经作为移动支付的一面旗帜，引领全球移动支付的发展趋势。

目前，不管是中国移动支付的数据规模还是用户的接受程度，中国都全面超过了欧美发达国家。欧美等国家和地区更习惯使用信用卡支付，这与其历史传统有很大关系。欧洲作为现代银行的发源地，金融业十分发达，银行服务十分完善，在这方面要大幅领先于中国。美国早在1952年就发行了世界上第一张信用卡，随后欧洲也进一步跟进，到了20世纪60年代，信用卡已经在欧美流行开来，并逐渐发展完善，融入了消费者的消费习惯。国际上主要的发卡组织多集中在发达国家，比如有万事达卡、威士卡、美国运通卡等。但是，也正是因为信用卡的使用便利，已经形成的支付习惯很难改变，所以欧盟国家在移动支付变革上就不那么积极，抑制了移动支付的发展。反观中国，金融行业相对于西方比较落后，信用卡支付没有普及，这就给移动支付的习惯培养提供了前提条件。加上支付宝和微信对移动支付应用场景的推广，中国的用户培养起了移动支付习惯，从而推动了移动支付在中国的爆发式发展。

不过现在，欧美各国的移动支付规模也在迅速攀升，各国政府都在加紧制定相关配套法规推动移动支付发展，以顺应时代的潮流。也有一些国外科技公司试图通过推出移动支付产品打开中国市场，但是已经很难撼动中国支付宝和微信支付的地位。例如，2014年9月，苹果召开秋季新品发布会，会上除了发布最新款iPhone外，还发布了苹果移动支付解决方案Apple Pay，并于12月20日在美国正式上线，2016年2月18日凌晨5:00在中国上线。与微信、支付宝扫码支付不同，Apple Pay采用的是NFC支付。凭借强大的号召力，Apple Pay上线12小时内的绑定银行卡数量超过3 800万张，极大地推动了NFC支付的发展。但是，令苹果无奈的是，Apple Pay在中国上线的2016年，中国移动支付市场早已被支付宝和微信瓜分完毕，用户消费习惯也已经养成，因此Apple Pay在中国的发展之路还是非常艰辛的。

资料来源：移动支付最早、最发达的国家以及主要原因，四九八网络，2017-08-22；手机支付的发展历程，男人帮APP搭配师，2018-01-18.

三、兼容性与标准竞争

在前面讨论网络外部性如何影响（新旧）标准选择时，有一个重要的假设前提就是各种标准之间不兼容。但在现实中有很多技术和产品之间是完全兼容的，比如不同银行的ATM、4G移动通信网络等。从竞争的角度而言，网络型企业的一个关键策略手段就是，确定自身产品网络在多大程度上与其他企业的网络兼容。由于网络外部性的存在，不同技术之间的兼容性会从两个方面对其利润产生影响，进而影响企业是否选择兼容。一方面，兼容性意味着不同企业遵守同一技术标准，形成更大网络规模能够实现更大的网络效应，企业的收益会因此提高。但另一方面，如果企业采用兼容的技术或产品，则两种产品会变成近似替代品，这将导致在价格、质量等维度上更激烈的竞争，企业收益会因此受损。如果企业依靠不同技术生产差异化产品有助于缓和价格竞争，那么就同时放弃了兼容性形成的网络效应。

由于网络外部性对企业是否选择兼容的双重影响，企业会面临以下困境：选择相同的技术使其陷入技术内竞争（产品竞争），而选择不同技术又使其陷入技术间竞争。当然，如果一家企业能够将自己的技术确立为行业标准，那么这种竞争的回报可能是非常大的。实际上，当企业选择在不同技术上竞争时，每家企业都希望自己的技术最终能够赢得市场，成为行业标准。但没有先验方法能够确定，是技术间竞争还是技术内竞争能够获得更高的回报。根据卡茨和夏皮罗（1985，1986）及贝森和法雷尔（Besen and Farrell，1994）的分析，技术标准博弈存在非兼容均衡和兼容均衡两种结果。下面用简单的数字例子说明三种简单的博弈均衡情况：“半斤八两”“性别大战”“讨厌的小兄弟”。

（一）非兼容均衡：“半斤八两”

假设两家企业技术选择博弈的收益如表 9-4 所示。这个博弈存在两个纳什均衡，两家企业偏好选择不兼容技术而不是兼容技术。在此非兼容均衡下，每家企业都认为网络外部性不够强，让各自技术相互兼容带来的需求和收益增加，不足以补偿因此遭受的更激烈的技术内竞争造成的收益减少。因此，没有企业愿意兼容，这将导致企业卷入技术标准竞争。

表 9-4　“半斤八两”

		企业 2	
		技术 A	技术 B
企业 1	技术 A	3，2	8，4
	技术 B	4，8	2，3

为了使自己的技术成为行业标准，每家企业都愿意参与竞争。贝森和法雷尔（1994）提出了四种竞争方式：（1）奠定领先地位，利用价格竞争等方式尽快获得尽可能多的用户；（2）吸引互补品供应商，利用互补品提高自己产品的吸引力；（3）产品预告，在新产品推出之前通过“预告”来减缓竞争对手网络的发展；（4）价格承诺，承诺长期达到且维持低价来引导消费者采用特定技术。

（二）兼容均衡：“性别大战”

假设两家企业技术选择博弈的收益如表 9-5 和表 9-6 所示。在两种情况的博弈均衡下，比起将自己的技术作为行业标准，企业更愿意采用共同的技术。说明在兼容均衡情形下，所有企业拥有相当的网络规模资源，而且兼容下的复合需求相对于自身产品需求而言很大，致使相互兼容带来的需求和收益增加大于因兼容所致的更激烈竞争带来的收益损失，每家企业都拥有很强的激励互联互通，采用统一的兼容技术。

关键的问题是，大家都希望自己的产品技术被认定为行业技术标准。这个均衡结果的特性类似于博弈论中著名的性别之战（Battle of the Sexes）的结果：男女情侣希望双方结伴去看自己最喜欢的足球赛或芭蕾舞。在表9-5的例子中，企业能够通过简单的交流来建立共同的技术标准。而在表9-6的例子中并不存在这样的共识，企业偏好共同的标准，但在采用哪种技术上无法达成一致。这个技术标准选择均衡意味着存在一个均衡协调问题，为了克服协调失灵，企业会竞相通过威胁或让步做出承诺，从而改变对方的预期和选择行为。比如，抢先基于自身技术标准进行生产能力和研发创新等方面的投资，以向其他企业传递明确的信息或做出明确的承诺：自己绝不会放弃自己的技术，因为一旦放弃将会失去昂贵的前期投资。再如，某企业以较低费用将自己的技术许可授权给其他企业使用，以让利的方式作为其他企业同意将其技术作为行业标准的回报。或者，某企业可以承诺联合开发技术，也可以开发包含两种技术优点的混合技术。

表9-5　“性别大战”中在兼容和标准选择上一致

		企业2	
		技术A	技术B
企业1	技术A	10，10	5，4
	技术B	6，5	8，8

表9-6　“性别大战”中在兼容上一致而在标准选择上不一致

		企业2	
		技术A	技术B
企业1	技术A	10，7	5，4
	技术B	6，5	8，12

（三）非兼容均衡：“讨厌的小兄弟”

在“半斤八两”的例子中，两家企业追求技术间竞争，而非采用共同技术以在技术无差异产品上进行竞争。在“性别大战”的例子中，企业则偏好在技术上同质的产品上竞争，只是选择哪种技术并不明确。这两个例子的一个共同点是，两家企业在一定程度上意见一致。但如果企业间存在非对称性，那么它们就无法达成一致。例如，假设企业1已经因为拥有大量用户基础而确立了主导地位，它偏好不与弱小的竞争对手兼容以留住自己的用户。而弱小的竞争对手企业2则为了从大企业建立的网络中获益而偏好兼容。正如贝森和法雷尔（1994）所描述的：“像是大哥哥和小兄弟之间的博弈。大哥哥想要独自一人，而讨厌的小兄弟则想跟着大哥哥。”主导企业必须事先对其技术选择做出承诺，而其他现有或刚进入的小企业可发挥后动优势，不顾主导企业的意愿，跟随模仿主导企业的技术标准。

大哥哥小兄弟博弈不同于智猪博弈，智猪博弈中的大猪不在乎小猪“搭便车”，而大哥哥并不希望小兄弟搭自己的便车。为了摆脱“讨厌的小兄弟”搭便车，阻止其模仿自身技术，大哥哥常利用知识产权保护和经常改变技术等措施来应对。首先，如果主导企业建立的技术得到知识产权保护，那么通过知识产权保护和沉睡专利策略，就能使其他企业难以围绕现有技术进行模仿和革新。其次，主导企业可以通过不断更改其技术来阻止被模仿行为，但是该举措可能会影响现有基础用户的利益，实行成本较高。

案例分析

移动通信技术标准之争

纵览从1G到5G的移动通信技术发展史，每次信息通信技术（ICT）变革都伴随着技术标准之争。

伴随全球新一轮科技革命和产业变革的兴起，移动通信技术标准已超越了其原有内涵，不再仅是技术活动中需要统一协调的事项准则，而成为决定技术演进趋势、影响前沿产业生态，乃至国家核心竞争力和创新能力的关键性因素。因此，通信标准领域的竞争，不仅是ICT产业的发展主动权和主导权之争，更是国家间竞争的一种高级形式。

从参与竞争的国家或地区来看，争夺1G标准主导权的主要有美国、日本、英国、法国、加拿大；争夺2G标准主导权的主要有美国、欧洲、日本；争夺3G标准主导权的主要有美国、欧洲、中国；争夺4G标准主导权的主要有中国、欧洲；争夺5G标准主导权的目前主要是中国和欧洲。不难发现，伴随通信技术的升级，制定标准的难度和复杂性不断上升，有实力或条件参与竞争的国家和地区数量整体呈下降趋势。

从参与竞争的主要通信设备企业来看，在1G到4G的发展过程中，涌现出摩托罗拉、诺基亚、阿尔卡特、爱立信、LG、朗讯、富士通、日本电器、西门子、三星、华为、中兴等科技企业，而到5G时代有能力参与标准制定竞争的，只剩下华为、爱立信、诺基亚和中兴4家企业。回归移动通信标准的最直接目的，即让不同的基站设备与手机之间能互联互通，充分发挥移动网络的规模效应，而掌握标准制定权的企业则能通过规则和协议的方式控制产业发展导向，牢牢占据通信市场“蛋糕”最大的份额。同样，伴随标准制定难度的提升，有能力参与竞争的企业数量也在减少。

每一次标准的迭代升级，都会带来市场规模的指数级扩张和更强的技术溢出效应，推动移动通信产业进一步与各行各业融合。1G使用的是模拟通信技术，主要功能是实现语音通信，带动了通信产业的快速发展，但通信技术应用成本高、商业模式单一、整体市场规模小是这一代通信产业的主要特征。2G进入数字通信时代，移动通信的功能显著提升，如手机实现了低速上网功能，市场规模急剧扩大，产业链复杂程度直线上升。3G时代智能手机的出现，按下了移动通信产业发展的加速键，奠定了今天移动通信产业生态的基本架构，移动网络开始真正融入各个领域，各种平台、商业模式、新物种纷纷涌现。4G时代开启了真正意义上的数字经济，移动互联网开始从消费领域进入生产领域，每个人的生产生活都与通信网络密切相关。在5G时代，在高速、泛在、低时延等网络特点的基础上，移动互联网与物联网进一步融合，推动万物互联时代的到来。

纵观移动通信产业的发展，标准之争引发了快速、剧烈的行业洗牌，即参与旧标准制定企业的落幕与参与新标准制定企业的崛起。而从标准创新与升级的视角来看，则是标准应用范围和领域的不断扩大以及层次的不断深入，也就是移动通信产业生态覆盖范围的不断扩大和深度的不断提升。

资料来源：左鹏飞. 从1G到5G标准之争争出了什么. 新华网，2019-08-14.

第三节 双边市场与平台竞争

一、双边市场

平台的存在可以追溯到很久以前，但平台得到广泛关注是在网络平台出现之后。随着互联网和移动互联网技术的出现和普及，网络平台更是渗入到生产和生活的各个方面。平台如此重要，但对平台及其所处的双边市场的研究却较晚。自 21 世纪初期开始，作为网络经济学分支的双边市场理论才取得爆发式的进展。本书介绍的大部分内容主要是基于单边市场的情形，即交易只存在卖方和买方。但在双边市场交易中，除了卖方和买方，还存在一个中间平台为买卖双方提供服务以促成交易。例如，从古老的集市，到后来的百货商场、购物中心，再到现代的淘宝、京东等网络商城，都是典型的双边市场。需要强调的是，这里所谓的平台并非只是为用户提供一个相互交流和作用的场所，双边市场的关键特征在于平台与用户间的特殊关系。相较于传统单边市场中消费者对产品或服务的需求，双边市场的本质在于用户和用户间的需求，该需求必须通过平台才能够实现，并且表现为交叉网络外部性或价格结构非中性，这也是目前比较流行的两种对双边市场的定义方式。

（一）基于交叉网络外部性的定义

在双边市场中涉及的一个网络外部性相关概念是交叉网络外部性（Cross-side Network Effect），它与间接网络效应直接相关又稍有区别。对于平台的双边用户，平台每边用户偏好于本边用户规模的现象一般称作自网络外部性（Same side Network Effect），而某边用户偏好于另一边用户规模的现象称作交叉网络外部性。交叉网络外部性常常是正的，即平台任何一边用户数量越多，则对另一边用户的吸引力越强。比如，婚介所单身男性会员数量越多，对单身女性的吸引力越大，反之也是如此；消费者偏好于被更多商家接受的信用卡，商家也更喜欢消费者持卡率更高的信用卡。可见，正交叉网络外部性会驱动双边用户之间形成正反馈循环，不断叠加和反复。当然，交叉网络外部性也可能是负的。比如，在门户网站或搜索引擎中，消费者越多的平台对广告商吸引力越大，但广告越多的平台通常越容易引起消费者厌恶，消费者的流失会进一步导致广告商的流失。图 9-3 所示就是一个简单的双边市场交易模式。

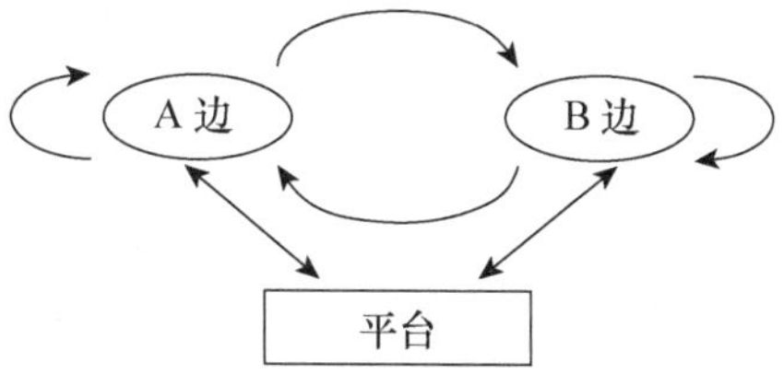

图 9-3 双边市场的交叉网络外部性和自网络外部性

基于交叉网络外部性的双边市场定义强调平台各边用户之间的相互影响（Armstrong,

2006)。要形成双边市场的结构，加入平台的各边用户之间至少要有一类交叉网络外部性为正，即至少有一边用户的加入可以给其他边用户带来好处。这里的交叉网络外部性还可以从使用外部性（Usage Externality）和成员外部性（Membership Externality）两个角度去理解。使用外部性指消费者对某项服务的使用会给同样使用这项服务的人带来好处，如电话，消费者之所以能够使用电话并实现与他人便利通话是因为其他人也使用电话服务。成员外部性是由于一边用户规模的扩大使另一边用户可以进行交易的用户规模扩大，从而提高了交易的潜在可能性或者从这种可能性的提高中获得直接的好处，如淘宝网上卖方的增加给消费者带来的产品多样性和价格优惠等。

与使用外部性和成员外部性相对应，会形成两类费用：一类是用户加入平台的固定费用，只要加入平台就会产生固定不变的费用，如京东的会员费；另一类是使用费用，即只有产生交易才会收取的费用，如股票市场或借贷平台的提成或佣金。通常在难以按照交易次数计费的场合，平台会采取固定收费方式，而在另一些可以清楚地对交易进行监控和计量的场合，平台会收取使用费。使用外部性的大小决定了单笔交易的平台价格，成员外部性的大小决定了进入平台的价格。

（二）基于价格结构非中性的定义

基于用户间价格结构非中性的双边市场定义强调价格结构对市场总体产出的决定作用（Rochet and Tirole，2004）。这里首先要明确两个概念：一是总体价格水平（price level），指平台对一项具体服务向两边不同用户收取的总体价格；二是价格结构（price structure），指平台对该产品或服务的价格水平在两边不同用户之间的分配。价格结构的非中性就是指价格结构的设计会影响到总体产出水平即平台服务的市场需求。用公式形式表达就是：假定一项交易中的总体价格水平为 $p=p^B+p^S$，若改变 p^B 会影响到总体产出，则称平台所在市场为双边市场结构。

满足价格结构非中性的必要条件是：平台定价无法在不同边用户之间自由转嫁，即用户之间无法通过自由协定达成一致，必须通过平台这个“中间人”才能完成交易。在此过程中，平台改变价格结构会直接影响到两边用户的需求，进而影响到市场的总体产出。反之，如果平台定价可以在不同边用户之间实现转嫁，即无论如何改变价格结构，卖方都可以进行调整并自由定价，平台同等提高或降低买卖双方的价格都会被买卖双方的自由协商抵消，而买卖双方对产品或服务的实际支付没有改变，市场总体产出也不会改变，此时的市场就是一个单边市场结构。现实中，平台定价可能受限于技术或商业规则，导致价格在不同边用户之间不能自由转嫁，此时价格结构就会影响到市场总体产出，形成双边市场结构。

二、平台

（一）平台的类型

不同学者从不同角度对平台进行了划分，比较典型的是基于平台功能的分类。按照平台的功能实现形式，埃文斯（Evans，2003）将平台分为市场创造型（Market Maker）、受众创造型（Audience Maker）与需求协调型（Demand Coordinator），如表 9－7 所示。

表 9-7　典型双边市场与平台类型

平台类型	行业	平台	主要企业	A边	B边	主要收入来源
市场创造型	房地产	房地产中介	链家、贝壳	买方住户	卖方房东	佣金
	网络购物	购物网站	淘宝、京东	消费者	商家	商家支付的技术费、广告费
受众创造型	网络媒体	门户网站	腾讯、新浪	浏览者	广告商	广告费、会员费
		在线视频	爱奇艺、腾讯视频、优酷	观众	广告商	广告费、会员费
需求协调型	支付系统	信用卡	银联、威士卡、万事达卡	消费者	商家	交易费
	软件	操作系统	Windows、MacOS	用户	软件开发商	授权许可费用

1. 市场创造型平台

市场创造型平台主要通过构建一个交易空间（模式），使不同边的用户可以更高效地实现交易。平台一边的用户越多，另一边的用户就会越重视平台的服务，这样就可以减少匹配的时间，提高匹配的概率。例如购物中心，更多的商户入驻就会吸引更多的消费者，同样，更多的客流也会吸引更多的商户入驻。电子商务平台、房屋中介、婚姻中介等都是市场创造型平台。

2. 受众创造型平台

受众创造型平台主要将广告与受众匹配，实际上二者之间没有直接的交易关系。受众创造型平台首先要为受众提供有价值的产品或服务以建立用户基础，通过大量的用户基础吸引广告主投入广告，从而获得收益，例如，电视、报刊、互联网门户网站、搜索引擎。以搜索引擎为例，搜索引擎为用户提供的信息越准确，就会有越多的用户使用搜索引擎，对广告的价值也就越大。虽然用户使用搜索引擎的初衷是信息搜索，但同时也需要忍受合理程度的广告，也就是说，此类平台往往与负交叉网络外部性联系在一起。

3. 需求协调型平台

需求协调型平台主要是在不同边用户之间提供能产生交叉网络外部性的产品或服务。此类平台不像市场创造型平台那样直接出售“交易”或像受众创造型平台那样出售“广告信息”，主要分布在 IT 产业、金融行业。如 Windows、MacOS 计算机操作系统和 Android、iOS 智能手机操作系统，此类平台协调使用者与开发者，平台的使用者越多对开发者越有价值，而开发者越多也会对使用者越有价值。支付系统也是需求协调型平台，例如威士卡、万事达卡、银联等支付卡平台，平台向持卡人和商户提供不同的服务来刺激支付卡的需求，商户也可以从减少现金使用、支付折扣等方面获得好处。

此外，还有一些学者从其他角度对平台进行了分类。比如，埃文斯和施马兰西（Evans and Schmalensee，2005）从法律应用角度将平台更细致地分为交易场所（Exchange）、广告支持型媒体（Advertising-supported Media）、交换系统（Transaction System）和软件平台（Software Platform）四类。菲利斯特鲁基等（Filistrucchi et al.，2014）按照平台是否能直接观察到不同边用户之间的直接交易，将平台分为交易型平台（Transaction Platform）和非交易型平台（Non-transaction Platform）。例如，支付系统是交易型平台，可以直接观察到消费者和商户之间的交易；搜索引擎是非交易型平台，不能直接观察到广告商和消费者之间的交易情况。

（二）平台的特征

1. 平台的用户特征

（1）两（多）边用户的需求不同。平台必然要连接至少两边用户，他们之间通常存在供给和需求关系，如网购平台的买方与卖方、支付卡系统的消费者与商户、房屋中介的业主与买家。有的平台会同时连接多边用户，依靠平台提供的产品或服务在多边用户之间创造出相互依赖的供需关系。如搜索引擎首先满足用户对互联网信息的筛选，同时通过其用户搜索行为的分析，完成广告的投放。对于搜索用户而言，只需要忍受一定程度的广告便可以“免费”使用互联网搜索服务。而对于广告主而言，可以快速、大范围地精准投放广告是有吸引力的，搜索引擎平台因此可以通过出售广告位获得收入以实现正常运营。

（2）至少一边用户存在正的交叉网络外部性。平台的构成要求至少一边用户具备正的交叉网络外部性，即至少有一边用户是“被需求”的。这样平台才在能维持或扩张平台用户规模的基础上实现正常盈利。如果多边的用户“彼此嫌弃”，即都会对彼此产生负的外部性，那么没有用户会愿意加入平台，显然这样的平台是难以为继的。只有在至少一边用户产生正的外部性的条件下，其他边用户加入平台才会获得好处，平台才能实现正常运营。

（3）用户必须依赖平台解决外部性。在没有平台的情况下，用户之间由于交易成本等原因无法完成自由协定，因而由用户规模与交易带来的外部性也无法被合理地价格化。例如，消费者之所以可以免费使用搜索引擎、购物网站等平台，正是由于平台将用户规模带来的交叉网络外部性包含在了对广告主或者商户的定价当中，使外部性得以内部分配并交易。同样，电脑和智能手机操作系统会将众多程序的开发者带来的交叉网络外部性包含在对用户的收费当中。平台通过提供相应产品或服务，实现了交叉网络外部性的经济价值。

2. 平台的功能特征

平台作为一种虚拟或现实的交易场所，其主要功能是为各边用户提供服务促成交易，因此具有中介特征。平台作为双边用户交易的载体，卖方需要在平台上发布信息吸引顾客，消费者也需要通过平台搜索相关产品信息。例如，最典型的房屋交易中介，其主要功能就是沟通信息、提供咨询、促成交易。完善的房地产平台体系包括房屋交易、融资、物业管理，以及为房地产交易提供的相关咨询服务。经营机构或个人有置业、投资、换房、租赁等需求时，将买卖或租赁楼宇及置业的设想、位置等要求委托给平台公司，房地产平台由于拥有大量不同条件、价格的房屋物业信息，能够以最快的速度提供与客户预期匹配的房源信息和服务，同时协助客户办理房地产评估、过户、银行按揭、物业管理、产权归属证明、凭证等各种服务，从而使双方在平台上达成交易。

进一步讲，平台的本质功能是通过减少用户的搜索成本与交易成本，内部化不同边用户之间的外部性，提高用户之间的交易效率。也就是说，在平台内形成特定的交易机制，促成不同边用户之间的交易并将这种服务变现。平台的出现本身是将现实中难以协商、度量的交叉网络外部性以价格的形式实现，因而也可以将平台看作一个将外部性明码标价的地方。此时两边用户之间的交易基本上是自由协商的结果，因而平台内交易的达成必然提高用户之间的交易效率。换言之，经济个体的行为在有限资源约束下达到了效用最大化，平台参与者各得其所。

3. 平台的产品或服务特征

平台提供的产品或服务具有信息产品的特点。与传统产品相比，信息产品在成本上具有非常显著的特征：较高的初期固定生产成本和几乎为零的边际生产成本。这种成本上的特征是由信息产品的生产决定的：第一阶段是知识的创造性阶段，需要大量的投入才能创造出第一个信息产品；第二阶段是大规模生产阶段，实际上是大规模的信息复制，边际成本几乎为零。平台的产品或服务的生产成本与信息产品类似，即高固定成本和低边际成本的特点。例如，平台建立初期需要投入大量资金来培育用户使用平台进行交易的习惯，但形成规模以后，各边用户会自行达成交易，对平台而言消耗的成本很低。

三、平台竞争方式

（一）用户竞争

在双边市场中，平台发展初期也会面临临界规模问题，临界规模即能够在交叉网络外部性的正反馈作用下迅速扩张的最低用户规模。突破临界规模的限制是平台生存的首要条件。如果平台发展初期能够吸引一边用户突破临界规模的限制，那么在交叉网络外部性的正反馈作用下，另一边用户会主动加入平台，从而两边用户都不断地加入平台，最终平台会成功进入市场。如果平台发展初期未能吸引足够多的用户以达到临界规模，那么平台将会迅速坍塌。

图 9-4 描述的是平台临界规模的概念（Evans，2009）。横轴和纵轴表示平台 A 边和 B 边用户的数量。$C'C''$为临界规模边界线：边界线以下表示平台两边用户均没有达到临界规模，平台规模将会不断收缩至 O 点；边界线以上表示平台两边用户已经突破临界规模的限制，平台将会实现长期利润最大化，图中表示为 D^*。一般来说，达到临界规模的最优增长路径以及实现长期均衡的路径离横轴和纵轴越远越好，在图中就体现为：达到临界规模的增长路径应该位于 $OC'C''$之内。如果平台 A 边用户数量较多，B 边用户数量较少，那么平台将难以维持。例如，电子商务平台需要成比例地吸引卖家和买家，如果仅吸引卖家加入平台，未加入平台的卖家预期到平台上买家数量增长有限，那么卖家将不再继续加入平台；已经加入平台的卖家不能销售商品，也将退出平台。这会导致买家更不愿加入平台，从而导致平台未能达到最低网络规模，最终退出市场。

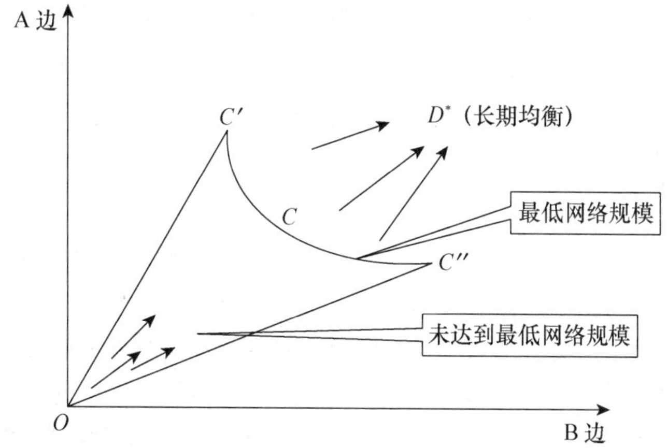

图 9-4　双边平台的临界规模

平台临界规模的存在意味着，用户是平台的基础，平台之间竞争的关键在于用户。可以说，平台的价格策略和非价格策略实质上都是围绕用户展开的。在平台创立初期，平台企业的首要任务就是吸引新用户加入平台，尽快达到最低网络规模。此时新用户加入平台的意愿较弱，平台常常会采取补贴策略来吸引新用户加入。例如，2014 年快的打车与滴滴打车的价格补贴大战，2015 年滴滴出行和 Uber 的价格补贴大战。在平台成长以后，平台的竞争焦点转为对老用户的维持。此时平台通常采取增强用户黏性的策略，例如，许多平台通过签到打卡送积分活动、任务型小游戏以提高老用户的活跃度；支付宝、微信通过增加投资理财功能增强平台的实用性。

案例分析

临界规模与网络平台成败

网络视频平台 YouTube 属于突破临界规模限制，成功进入市场的典型例证（Evans and Schmalensee，2016）。2005 年 4 月 23 日，YouTube 平台上上传了第一个视频。为增加用户浏览量与视频上传量，YouTube 平台采取了改变页面布局、增加标签功能等措施来优化浏览体验和用户互动体验，以及实施兼容策略以使视频能够分享到 MySpace。这些措施使得每天上传视频的数量从初期的几个增加到 2006 年 5 月的 3 万多个。2005 年 11 月至 2006 年 3 月，YouTube 的日访问量呈现爆发式增长，此时 YouTube 积累的用户数量已突破了临界规模的限制，在交叉网络外部性的正反馈作用下，YouTube 平台两边用户规模不断扩大。2017 年 6 月，访问 YouTube 的登录用户有 15 亿人。

电子商务平台戴尔商城（Dell Marketplace）属于因未能突破临界规模限制而失败的典型例证（Evans and Schmalensee，2010）。戴尔商城成立于 2000 年 10 月，消费者不但可以在平台上购买戴尔自有品牌的商品，例如戴尔台式电脑、戴尔笔记本电脑与戴尔品牌的其他设备与服务，而且可以购买第三方商品，例如必能宝（Pitney Bowes）、摩托罗拉（Motorola）和 3M。但是戴尔商城在 4 个月后被关闭了，其原因在于戴尔商城没有在卖家这一边突破临界规模的限制：仅三个卖家加入平台。一方面，较小的卖家数量不能够吸引消费者加入平台；另一方面，较少的消费者不能够吸引更多的卖家加入平台。此时平台两边用户的数量均未能达到临界规模，交叉网络外部性的正反馈作用未能形成，最终戴尔商城以失败告终。

资料来源：曲创．双边市场理论与平台竞争[A]//于立．互联网经济学与竞争政策[M]．北京：商务印书馆，2020：109.

（二）价格竞争

在双边市场中，平台之间的价格竞争体现为平台采取策略性定价行为吸引用户加入平台，其实质在于用户的竞争。由于双边市场的交叉网络外部性特征，一边潜在用户是否加入平台依赖于另一边用户是否加入平台，因此平台企业的定价策略区别于单边市场，平台需要决定如何定价以优先吸引哪边潜在用户加入平台。如图 9－5 所示，平台两边用户的需求情况通常是不同的，一边用户需求弹性较大（如 A 边市场需求曲线比较平缓），而另一边用户需求弹性较小（如 B 边市场需求曲线比较陡峭）。如果平台不考虑交叉网络外部性的影响，分别对 A 边和 B 边用户分别制定价格 p_A 和 p_B 来实现利润最大化，此时平台的利润为两个阴影长方形的面积之和。但是，如果平台考虑到交叉网络外部性的影响，即平台两边用户的需求相互影响，那么平台应该对弹性较大的 A 边的用户降价（比如由 p_A 降为 0）。这是因为，A 边需求弹性较大，即使较小幅度的降价也会促进该边用户需求激增（由 q_A 增至 Q_A^*）。由于交叉网络外部性的作用，A 边用户数量增加又会进一步促使 B 边需求增加，表现为需求曲线右移。此时，平台企业对 B 边用户提价（比如由 p_B 提至 p_B^*）可以获得的收益为大的长方形的面积。可见，平台企业对 B 边提价获得的收益增加部分，要大于对 A 边降价导致的损失部分。也就是说，通过这种对一边低价而对另一边高价的倾斜式或称非对称式的定价方式，平台企业可以获得更多的收益。

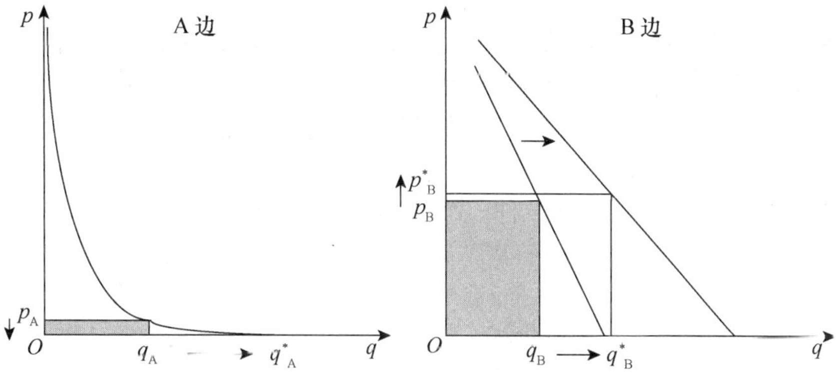

图 9-5　双边市场的定价方式

平台对双边用户实行非对称定价的例子很常见，如搜索引擎、电子商务、在线视频、数字音乐、地图导航、社交软件等平台对消费者都是免费提供服务，甚至给予一定的优惠奖励。如上文表 9-7 所示的双边市场例子中，平台主要是通过对某一边制定高价来获取利润。其中的经济逻辑就在于，平台基于交叉网络外部性，可以通过从高价边获得利润来补贴低价边。至于平台应该对哪边用户制定高价或低价，主要取决于各边用户交叉网络外部性的相对大小。由于交叉网络外部性较大边用户数量的变化所产生的影响大于较小边用户数量变化所产生的影响，平台应该着重吸引交叉网络外部性较大边的用户。平台可以采取价格补贴策略来着重吸引交叉网络外部性较大边的潜在用户，扩大该边的用户基础，进而利用交叉网络外部性吸引另一边潜在用户加入平台。因此，平台通过采取这种一边价格低于边际成本甚至为零和负的倾斜式定价策略，可以实现用户基础的积累和协调各边用户需求。值得注意的是，这种定价策略往往是正当的竞争策略，并不等同于单边市场中的掠夺性定价。

（三）跨界竞争

随着平台的发展壮大，以及用户规模的逐渐饱和，平台通常会选择基于已经拥有的庞大用户基础，通过新创、并购或入股的方式增加新业务来维持和扩张用户规模。平台引入新业务增强了平台对消费者的吸引力：一方面，新用户加入平台促使平台用户规模扩大，在交叉网络外部性的正反馈作用下，促使另一边新用户不断加入平台；另一方面，这样做可以满足用户的多样化需求，进一步加强对用户的锁定。因此，新业务会促使平台维持现有市场份额以及进一步扩大市场份额。现实中存在较多的平台为维持和扩大市场份额而进行跨界竞争的典型案例。例如，餐饮团购网站美团网成立于2010年，为扩大在线上餐饮市场中的市场份额，于2013年引入外卖业务进入线上外卖市场，于2017年推出美团打车业务进入网约车市场，这些跨界竞争策略都维持并扩大了美团在团购市场中的份额。再如，网络社交平台微信成立于2011年，它于2013年推出微信支付，于2014年推出理财通业务，于2016年推出小程序功能，这些新业务增加了微信的服务功能，可以满足用户除社交之外的多样化需求，提高了用户使用微信的频率，增强了平台对新用户的吸引力，加强了对老用户的锁定效应。

正是因为平台会为争夺用户而展开跨界竞争，现实中经常能够观察到本属于不同行业的平台企业因不正当竞争被诉诸法庭。例如，大众点评网诉百度地图案中，直观上看，大众点评网是一个消费推荐类的网站，而百度地图则是提供地图服务，二者间似乎不存在明显的直接竞争关系。但是，大众点评网以百度地图、百度知道中大量抄袭、复制大众点评网点评信息，擅自使用“大众点评”知名服务特有名称以及虚假宣传双方存在合作关系等为由向上海浦东新区法院提起诉讼，认为百度构成不正当竞争。又如，中国互联网第一案“3Q大战”中，QQ是社交通信类软件，而360则是安全软件，二者间也不像是存在明显的直接竞争关系。然而，免费的安全软件360提供的部分服务的直接作用目标是腾讯的软件模块，腾讯因此向QQ用户提出“二选一”的排他性要求。经过多轮诉讼并在工业与信息化部的介入下，双方冲突才得以化解。这些案例表明，以标准的行业分类来界定平台竞争边界显然是不恰当的，甚至从功能替代角度来界定平台竞争范围也可能会忽略平台间存在的直接竞争关系。

四、用户归属与平台竞争

（一）用户归属性

在双边市场中，用户选择一个平台还是多个平台称作用户归属性。用户归属性主要分为用户单归属和用户多归属。用户单归属是指用户只加入一个平台，用户多归属是指用户加入多个平台。还有一种情况是，对于同一边用户来说，部分用户选择单归属，部分用户选择多归属，这被称为部分多归属。用户归属性的典型例子有：部分消费者会选择在电脑上安装多个浏览器——Microsoft Edge、Google Chrome与Firefox，部分消费者会选择安装一个浏览器；许多消费者会选择在多个电子商务平台上购买商品——淘宝网、京东商城、唯品会，部分消费者倾向于只在一个平台购物；一些互联网用户会使用多个搜索引擎来获取信息——百度、谷歌与必应，部分消费者只使用单一搜索引擎。

当竞争性平台之间不兼容或者不能够完全兼容时，用户同时加入多个平台可以获取更大的网络效应。但用户的归属性通常与转换成本相关，高的转换成本导致用户更可能单归属于个别平台，转换成本低时用户则通常会多归属。考虑到平台用户的构成，转换成本的高低不尽相同，由此导致了不同的用户归属性。对于普通消费者而言，平台之间通常同质化现象明显，转换成本较低。例如，消费者通常可以方便地浏览不同的媒体、使用不同的购物网站或搜索引擎，即便对于Windows或MacOS等电脑操作系统而言，操作习惯的更改也并不会大幅提高转换成本。因此，普通消费者通常会拥有多个媒体App或购物网站账号，形成多归属的状态。但对于平台中的商家、应用开发者等卖方而言，平台的差异大小、兼容性高低决定了转换成本的高低。在转换成本高的市场中，用户会选择单归属；而对于淘宝、天猫、京东等转换成本相对较低的网购平台，卖方通常选择多归属。

（二）用户归属策略

平台用户除了可以根据加入平台获得的网络效应和转换成本的权衡选择多归属还是单归属外，有时还会受到平台强制单归属策略的影响。例如，天猫对韩都衣舍、江南布衣、太平鸟、真维斯等44个知名服装品牌官方旗舰店提出从京东商城撤出的“二选一”要求。平台连接了大量消费者和大量不同质量的商家，高质量商家所带来的网络外部性大于低质量商家带来的网络外部性。因此，在商家数量满足消费者选择的情况下，高质量商家成为平台之间竞争的关键，竞争性平台为吸引消费者往往会强制高质量商家单归属。当高质量商家多归属时，消费者可以只加入一个平台并在平台上与高质量商家进行匹配交易，此时消费者可以节约多归属成本从而获取较大的网络效应，且多归属商家可以获取到两个平台的更大规模的消费者，此时商家获取到较大的网络效应。当高质量商家单归属时，消费者必须加入两个平台才能够与高质量商家进行交易，此时消费者需要付出多归属成本，从而只能获取较小的网络效应，且商家只能获取到一个平台的消费者，匹配交易效率较低。平台一边单归属用户越多，那么另一边多归属用户转化为单归属用户的可能性就越大，这会减少竞争性平台的用户数量。因此平台要求商家单归属，可以促使更多消费者加入高质量商家较多的平台，从而在竞争中占据竞争优势。

此外，平台还会通过各种制度设计增强用户黏性，从而促进用户单归属，进而加强平台的竞争优势。例如，平台采取积分制、会员制、会员等级制、打卡积分制等用户优惠策略来增强用户单归属并提高用户购买概率。京东会员级别共分为注册会员、铜牌会员、银牌会员、金牌会员、钻石会员以及PLUS会员，每一级别的会员都有相应的权益，会员等级越高，享受的会员权益越多。当平台之间的市场份额趋于稳定时，平台获取新用户的成本将很高，此时平台致力于增强现有消费者的忠诚度和黏性，提高消费者购买频次，从而增加平台利润。

（三）用户归属性与竞争策略

（1）用户归属性会影响平台的定价策略和市场势力。平台对一边用户的定价取决于另一边用户的多归属程度：如果厂商边完全多归属两个平台，那么两个平台会在单归属的用户边进行激烈的竞争，此时平台会采取低价格策略吸引单归属用户加入。当平台完全不兼容，用户部分多归属时，用户的多归属行为致使用户边的均衡价格上升，且多归属用户占比越高，均衡价格上升幅度越大，但单归属用户的存在产生的交叉网络外部性又抑制了价格的上升。如果某一平台拥有较大数量的单归属用户，那么在交叉网络外部性的作用下，厂商预期到加入此平台会获取较高的效用，其他平台的大量厂商就会加入此平台，以至于其他平台的两边用户数量急剧减少，最终会形成“赢家通吃”的市场格局。因此，用户多归属促使平台之间的竞争更加激烈，较高程度的用户多归属能够有效制约平台的市场势力。

（2）用户归属性会影响平台对兼容性的选择。如果不存在多归属，那么平台具有强烈的激励选择兼容；如果存在多归属，那么平台没有激励实施兼容策略。但平台兼容对平台竞争会产生双重作用：兼容促使用户在平台之间转移，一方面会吸引其他平台用户加入，另一方面会导致自有用户流失到其他平台。例如，大部分网络平台都内嵌“分享、转发”的兼容功能，用户可以比较容易地把信息转发到其他平台上。这一兼容功能提升了用户体验，促使老用户继续保留在平台上，又可以吸引其他平台的用户加入平台，同时也可能会导致用户逐渐习惯使用其他平台。一般而言，规模较大的平台倾向于实施不兼容策略，规模较小的平台倾向于实施兼容策略。规模较大的平台拥有庞大的用户规模，兼容和用户多归属会使其用户转移到小平台。规模较小的平台需要吸引用户不断加入平台以扩大用户基础，达到临界规模。因此，规模较小的平台倾向于采取兼容策略，以实现吸引新用户加入并维持老用户的目的。对新平台而言更是如此，它倾向于采取兼容策略，这样可以促使新平台吸引用户，从而有利于克服进入障碍。当然，如果规模较小的平台的竞争力不足，规模较大的平台也会因为拥有庞大的用户数量和较强的交叉网络外部性而吸引规模较小的平台用户加入。

延伸阅读与思考

中国平台经济与竞争政策

近年来，我国平台经济迅速发展，新业态、新模式层出不穷。平台经济作为生产力新的组织方式，对推动产业升级、优化资源配置、畅通经济循环，以及推动经济高质量发展、满足人民日益增长的美好生活需要发挥了重要作用。2020 年，突如其来的新冠肺炎疫情席卷全球，对经济中长期发展产生的负面冲击不容低估，但平台经济高速增长的态势没有改变。截至 2020 年底，全球市场价值超 100 亿美元的数字平台企业达 76 家，较 2019 年增加 7 家；价值总额达 12.5 万亿美元，同比增速达 57%。其中，中美平台依然引领全球发展的态势，2020 年中美 100 亿美元以上平台企业数量合计达 64 家，占全球总量的 84.2%；市值总额高达 12 万亿美元，占全球总量的 96.3%。但是，中美平台发展还存在一定差距，2020 年中国超 100 亿美元数字平台的数量虽首次超越美国，价值总额却仅为美国的三分之一左右，头部平台与美差距还在不断扩大。

平台经济在为经济发展注入巨大活力的同时，由其引发的竞争争议也持续发酵。数字平台力量日益强大带来的市场竞争失序、用户权益损害等突出问题，以及充斥于社交媒体平台的各种虚假新闻、极端主义内容等在西方引发的社会分裂加剧等深层次矛盾，引起各国监管机构的高度关注。在国内，关于平台经济领域经营者要求商家“二选一”、大数据“杀熟”等涉嫌垄断问题的反映和举报日益增加。这些行为损害了市场公平竞争和消费者合法权益，不利于充分激发全社会创新创造活力、促进平台经济创新发展、构筑经济社会发展新优势和新动能。

在此背景下，包括我国在内的一些国家和地区对数字平台的监管态度逐渐发生转变。由于我国重视数字经济的发展，初期的反垄断与竞争政策在立法、司法、执法上都表现为包容宽松，因此我国数字经济尤其是平台经济实现了大规模发展。但随着国内反垄断转向规范发展，开始争夺国际数字治理话语权，我国对反垄断的态度发生了从包容宽松到包容审慎的转变。美国的情况也基本如此，为保持在数字经济领域的国际领头地位，其初期的反垄断态度主要为包容宽松，保护创新和消费者福利，结果是实现了数字经济大发展，但在促进竞争与保护消费者方面的成果未达预期。随着美国国内反垄断呼声高涨，国际反垄断实践施压，美国对反垄断的态度则明显从宽松转向审慎。相比之下，欧盟由于历史惯性和未来目标的共同作用，对反垄断的态度一贯严苛，追求统一市场和自由竞争，但严苛的反垄断政策对数字经济发展来说也成为一把“双刃剑”。

2020 年 12 月 16 日至 18 日召开的中央经济工作会议将强化反垄断和防止资本无序扩张作为 2021 年经济工作中的八项重点任务之一，要求健全数字规则，完善平台企业垄断认定等方面的法律规范，加强规制，提升监管能力，坚决反对垄断行为。2021 年 2 月，国务院反垄断委员会发布《关于平台经济领域的反垄断指南》，这是我国监管部门充分考虑平台经济的特殊性，对数字平台领域发布的专门性指南，标志着我国在平台领域的反垄断执法进入新阶段。除了我国以外，2020 年 12 月，欧盟委员会也发布了《数字市场法案》和《数字服务法案》两份有关数字经济的法案，针对数字经济领域提出新的监管框架。2021 年 6 月，美国国会众议院司法委员会审议通过了《终止平台垄断法案》《美国选择与创新在线法案》《平台竞争和机会法案》《收购兼并申请费现代化法案》《通过启用服务切换法案》《州反垄断执法场所法案》六项反垄断相关法案，这些法案旨在控制大型科技公司不断膨胀的权力，剑指谷歌、苹果、脸书和亚马逊四大数字平台巨头。至此，世界三大反垄断执法机构均强化了对平台领域的监管。

与此同时，对平台经济的反垄断执法力度也发生了重大变化，特别是 2020 年的反垄断执法十分活跃。监管机构在对待平台数据集中、自我优待、生态封闭、跨市场力量传导、“二选一”以及并购等涉嫌垄断和阻碍竞争的问题上都表现出了更加审慎和趋严监管的态势。我国对阿里巴巴“二选一”的行政处罚、对 VIE 架构经营者集中等的处理更是对相关问题的首次执法。在全球范围内的多个超大型平台也均被相关监管机构提起不同程度的反垄断调查、起诉，甚至处罚。

“十四五”时期，经济增长的不稳定性、不确定性仍然较大，平台经济对经济增长的引领带动作用将进一步显现。与此同时，与数字平台密切关联的各类经济、社会问题也同样未得到有效解决。伴随监管机构在平台垄断问题上形成更多共识，关于如何推动平台经济规范健康持续发展将成为未来一段时间的总体基调，数字平台特别是超大型平台的发展战略、增长模式都面临改变，但我们相信，平台经济蓬勃发展的总体态势不会改变。

资料来源：中国信息通信研究院政策与经济研究所．平台经济与竞争政策观察（2021 年）[R]．中国信息通信研究院网站，2021-05；李三希．数字经济时代的反垄断 [Z]．新浪网，2020-12-09.

思考题

1. 请从网络外部性的角度解释人们为什么很少使用支付宝的即时通信功能。
2. 请结合网络外部性分析老龄化社会会对技术进步产生怎样的影响。

3. 试分析微信为什么要“封杀”抖音，是对还是错。

4. 比较分析单边市场与双边市场之间存在的主要区别。

5. 请基于双边市场理论解释为什么许多应用软件都是免费的。

6. 试分析平台企业要求其商家“二选一”的策略对市场竞争的正面影响和负面影响，据此评价天猫、京东“二选一”事件。

参考文献

1. 让·梯若尔. 创新、竞争与平台经济：诺贝尔经济学奖得主论文集[M]. 北京：法律出版社，2017.

2. 刘志彪. 产业经济学[M]. 2版. 北京：机械工业出版社，2020.

3. 于立. 互联网经济学与竞争政策[M]. 北京：商务印书馆，2020.

4. Armstrong，M. Competition in Two-Sided Market[J]. *The Rand Journal of Economics*，2006，37 (3).

5. Besen，S. M.，and J. Farrell. Choosing How to Compete：Strategies and Tactics in Standardization[J]. *Journal of Economic Perspectives*，1994，8 (1).

6. Cabral L. M. B. *Introduction to Industrial Organization* [M]. 2nd Edition. Massachusetts Institute of Technology，2002.

7. Evans，D. S. Platform Economics：Essays on Multi-Sided Businesses [M]. CreateSpace Independent Publishing Platform，2011.

8. Farreell，J.，and G. Saloner. Standardization，Compatibility and Innovation [J]. *Rand Journal of Economics*，1985，16 (1).

9. Farreell，J.，and G. Saloner. Installed Base and Compatibility：Innovation，Product Preannouncements，Predation[J]. *American Economic Review*，1986，76 (5).

10. Filistrucchi，L.，D. Geradin，E. Van Damme，and P. Affeldt. Market Definition in Two-Sided Markets：Theory and Practice[J]. *Journal of Competition Law and Economics*，2014，10 (2).

11. Katz，M.，and C. Shapiro. Network Externalities，Competition，and Compatibility[J]. *American Economic Review*，1985，75 (3).

12. Katz，M.，and C. Shapiro. Technology Adoption in the Presence of Network Externalities[J]. *Journal of Political Economy*，1986，94 (4).

13. Pepall L.，D. Richards，and G. Norman. *Industrial Organization*：*Contemporary Theory and Empirical Applications*[M]. 4th Edition. Thomson/South-Western，2008.

14. Rochet，J.，and J. Tirole. Two-Sided Markets：An Overview [R]. IDEI Working Paper，2004.

15. Rohlfs，J. A Theory of Interdependent Demand for a Communication Service[J].

Bell Journal of Economics and Management Science, 1974, 5 (1).

16. Shapiro, C., and H. Varian. *A Strategic Guide to the Network Economy* [M]. Harvard Business School Press, 1999.

17. Shy, O. *Industrial Organization: Theory and Applications* [M]. The MIT Press, 1995.

18. Shy, O. *The Economics of Network Industries* [M]. The Press Syndicate of the University of Cambridge, 2004.

19. Waldman D. E., and E. J. Jensen. *Industrial Organization: Theory and Practice* [M]. 4th Edition. Pearson Education, Inc., 2013.

第十章

纵向关系与全球价值链

随着全球经济一体化的发展，企业逐步在世界范围内配置生产链，并销售产品。纵向关系逐步从国内上下游企业间关系演变成全球价值链上不同价值链切片的企业间关系。

第一节　纵向一体化与纵向约束

尽管我们通常认为企业直接向消费者提供产品和服务，但实际上绝大多数企业把产品和服务销售给其他企业，而不是最终消费者。水泥生产商把水泥卖给混凝土生产商，后者把混凝土卖给建筑企业；电视生产商将电视机卖给零售商，然后零售商把电视机卖给消费者；诸如此类。与生产商和最终消费者之间的直接关系相比，生产商和零售商之间的关系有很大不同。第一个原因是：把产品直接出售给消费者的生产商通常可以控制影响消费者需求的大多数变量——价格、质量、广告、销售服务等。但是，如果生产商是将产品出售给零售商，情况就不同了。影响最终需求的很多决定因素并不受生产商控制。例如，销售服务和当地广告的水平通常受零售商控制。特别是零售价格这种影响最终需求的关键因素是由零售商控制，而不是由生产商控制的。总之，生产商面对的需求取决于它所制定的价格（批发价格）以及其他很多因素，而绝大多数因素并非由生产商直接控制。

卖给最终消费者和卖给零售商之间存在很大不同的第二个原因是：零售商之间会相互竞争（而消费者却不会）。特别是，每家零售商不仅关心自己必须支付给生产商的批发价格，也会关心其他零售商支付的批发价格，这是因为批发价格决定了（零售商的）边际成本，并且每家企业的均衡利润是所有企业边际成本的函数。

卖给最终消费者和卖给零售商之间有很大不同的第三个原因是：中间企业的数量较少，而最终消费者的数量很大，因此，和销售给其他企业相比，卖给最终消费者的企业往往具有更大的市场势力。实际上，也有很多情况市场势力在购买者一方。例如，大型连锁超市相对供应商来说，就有很大的市场势力。

这些原因说明：有必要单独分析企业之间的纵向关系。纵向关系（Vertical Relation），指的是两家企业在价值链上下游之间的关系。通常一家生产商会将产品销售给一家或几家零售商。但是，本章分析的是更一般的情况，主要指一家上游企业（Upstream Firm，如水泥生产企业、面粉生产企业）将产品销售给一家下游企业（Downstream Firm，如混凝土生产商、面包店）。

一、纵向一体化

纵向一体化是指与企业产品的用户或原料的供应单位联合或自行向这些经营领域扩展，就是指企业在现有业务的基础上，向现有业务的上游或下游发展，形成供产、产销或供产销一体化，以扩大现有业务范围的企业经营行为。

（一）纵向外部性——双重加价

纵向外部性是指零售商所做出的任何使其对中间产品的需求增加一单位的决策，都为制造商带来一个利润增量（中间产品价格与生产的边际成本之差），但以自身利润最大化为目标的零售商并不会考虑制造商的利润增量，因而倾向于做出使中间产品的消费水平过低的决策，从而使纵向一体化的总体利益受损。

假定制造商与零售商都是垄断者，制造商生产中间产品的成本为 c，并将中间产品以价格 p_w 出售给零售商。零售价格是零售商要做的唯一决策。假设最终产品的市场需求函数为 $q=1-p$，且 $c<1$，分别用 π_m 和 π_r 表示制造商和零售商的利润。

求解的步骤是：通过零售商的利润最大化得到最终价格与中间价格的关系，或者说得到零售商的反应函数。由

$$\pi_r=(p_r-p_w)(1-p_r)$$

对 p_r 求一阶导数，可得

$$p_r=\frac{1+p_w}{2}$$

对最终产品，从而也是对中间产品的需求为

$$q_r=\frac{1-p_w}{2}$$

那么，零售商的利润为

$$\pi_r=(p_r-p_w)(1-p_r)=\frac{(1-p_w)^2}{4}$$

对制造商求解，得出制造商的利润函数为

$$\pi_w=(p_w-c)q_r=(p_w-c)\frac{1+p_w}{2}$$

对 p_w 求一阶导数，可得

$$p_w^*=\frac{1+c}{2}$$

由此可以得到分散结构下的解：

$$\text{需求 } q_r^*=(\frac{1-c}{4})$$

$$\text{最终价格 } p_r^*=\frac{3+c}{4}$$

$$\text{制造商利润 } \pi_w^*=\frac{(1-c)^2}{8}$$

$$\text{零售商利润 } \pi_r^*=\frac{(1-c)^*}{16}$$

$$\text{产业利润}=\pi_w^*+\pi_r^*=\frac{3(1-c)^2}{16}$$

以上所得是非一体化的结果。如果两个厂商实现一体化，那么一体化厂商将以边际成本 c 生产最终产品。

现在考虑一体化的解。

整个一体化组织的利润为

$$\pi=(p-c)(1-p)$$

对 p 求一阶导数，可得

$$p^*=\frac{1+c}{2},\ \pi^*=\frac{(1-c)^2}{4}>\pi_w^*+\pi_r^*$$

由上式可以看出：从消费者的角度来看，纵向一体化可以降低消费者的负担，而纵向一体化的利润也得以增加，显然这种控制具有福利改善性质。产生这一现象的本质原因是：一体化时是一次加价，而非一体化时则是二次加价。二次加价引起的外部性导致需求减少，从而总利润减少。纵向一体化的目的就是避免双重加价扭曲，使这种外部性内部化。所谓的“什么比垄断更糟——一条垄断链”，说的就是这种情况。

（二）纵向一体化的原因

厂商选择纵向一体化的大多数理由与降低成本或消除市场外部性有关。总的来说，由于纵向一体化涉及巨额成本，厂商纵向一体化需要有充分的理由。

纵向一体化至少存在三种可能的成本：①纵向一体化厂商供应自己的生产要素或销售自己产品的成本可能高于依靠有效地为这些需求提供服务的竞争性市场的厂商。②随着厂商规模扩大，管理的难度和成本都会增大。相对而言与竞争性市场进行交易的益处是由其他人监督生产。③厂商与其他厂商合并的筹备需要大量的法律费用。

由于这些成本的存在，只有当收入超出成本时厂商才会进行纵向一体化。一体化至少有六大好处：降低交易成本、保障供应、消除外部性、避免政府干预、增加垄断利润、消除市场力量。

1. 降低交易成本的一体化

导致厂商选择自己进行生产而不是依赖其他厂商的力量的一个重要因素是有关交易成本的，如签订和执行合同的成本。当这类成本较高时，某个厂商可能通过机会主义的行为剥削该厂商。当一个厂商完全依赖另一个厂商时，被剥削的概率就更大了。而且即使这类复杂性和依赖性可被预见，也很难设计一个合同，以完全消除两个厂商中的任意一个对另一个采取机会主义行为的动机。

厂商对这些高交易成本做出的反应之一是纵向一体化，即由自己来进行生产活动。纵向一体化将监督问题由监控其他厂商改为监督厂商内部的雇员。在厂商内部，老板采取厂商完全独立时不可能使用的方式来协调不同部门间的决策和监督工人。同时，领取固定工资的雇员工作起来没有厂商的所有者努力。随着使用市场的交易成本的上涨，人们更愿意进行纵向一体化。有四种交易的交易成本可能高得足以使纵向一体化更合乎需求，它们是专业化资产、使监督难以进行的不确定性、信息和广泛的协调。

2. 保障供应的一体化

纵向一体化的一个常见目的是保证重要投入品的供应。某一产品的及时交货是厂商所关切的事，但标准化的市场行为模型忽略了这一问题。在价格不是分配商品的唯一机制的市场中，保证供应十分重要。发生非价格分配情形的范围很广。在许多制造商-关系户的产业中，关系好的消费者在“供不应求”时通常可以购得产品，而其他顾客则必须等待。这种分配已发生于许多产业中，如造纸、化学和金属产业。许多日本厂商如丰田，强调投入品及时交货以供使用，以在保证及时交货的同时使存货成本最小化。

当分配是一种概率时，存在以提高获得产品的概率为目的的纵向一体化的动机。厂商具有以下动机：自己生产满足可预期的需求，而较不稳定的需求则依赖于其他厂商的生产。外部性供应商对这种风险环境做出的反应是提高价格。这种外部性供应商承担有风险需求的安排或许不是可靠地提供产品的最有效的体系，但这可能为厂商纵向一体化提供了强有力的动机（卡尔顿和杰弗里，1998）。

3. 消除外部性的一体化

一个厂商会通过进行一体化来使外部经济内部化。当一个从一座城市搬到另一座城市的老主顾知道从新城市的商店会获得什么时，就说明存在正的信誉外部经济。喜欢其中一家商店的消费者知道其他商店是相似的。因此，保持较高的统一标准对连锁店来说是有益的。一家表现不好的商店会损害所有零售商的业务并降低供应产品的厂商的利润。因此，厂商具有通过进行前向一体化进入销售领域来控制这种外部经济的动机。

4. 避免政府干预的一体化

厂商可能通过纵向一体化以规避或避免政府的价格控制、税收和规制。一家纵向一体化厂商可通过向自己销售来避免价格控制。类似地，税收鼓励纵向一体化。根据厂商位置的不同，厂商可能分别属于不同的税收体系。例如，税率可随国家也可随地方的不同而不同。一个纵向一体化的厂商只需简单地改变它由一个部门向另一个部门出售内部生产物资的转移价格，即可将利润从一地转移到别地。通过将利润从一高税收管辖区转移至一低税收管辖区，厂商便可提高它的利润。当然，国内税务机构可能会察觉到这类转移行为，并坚持要求厂商使用反映市场价格的内部转移价格。

当厂商只有一个部门的利润受到规制时，政府规制为厂商进行纵向（或横向）一体化创造了动机。例如，地方性电话公司从地方性服务中赚得的利润是受规制的，但它们从其他服务（如与其他供应商竞争出售电话机）中获得的利润并未受规制。如果电话公司能将受规制部门的利润转移到未受规制部门，它就可以有效地避免对其地方性电话服务的规制。

例如，假设一个厂商通过会计惯例可将成本从它的未受规制部门转移至它的受规制部门，那么这将降低它的受规制业务的报告利润并提高它的未受规制业务的报告利润。在下一次的电话费率听证会上，这家电话公司可能争辩说它有权提高电话费率，以增加它的受规制业务的利润。通过将它的利润从受规制部门转移到未受规制部门，这家电话公司可提高它的总体利润。或许是担心利润会从受规制业务转移至未受规制业务，或许是因为阻止这类转移会很困难，美国政府控制地方性电话公司进入未受规制行业。

5. 增加垄断利润的一体化

厂商进行纵向一体化可以通过两种方式来提高它的垄断利润：第一，垄断另一产业的纵向一体化。在某些情况下，某一投入品的垄断供应商可通过纵向一体化垄断产业来提高它的利润。第二，价格歧视。垄断制造商纵向一体化可以成功地实施价格歧视，但一个重要前提是能够防止支付低价的厂商向支付高价的厂商进行转售。

6. 消除市场力量的一体化

正如一个厂商可通过纵向一体化提高它的垄断利润，另一个厂商也可通过纵向一体化降低或消除垄断力量。例如，假设只有一个厂商销售生产过程中必需的一种投入品。如果此厂商收取高垄断价格，那么下游厂商必定会考虑通过后向一体化由自己生产此种投入品是否节约成本。而且，只有当生产中存在可变比例时，购买厂商和供应厂商的联合利润才会上升。如果存在固定比例，就没有一体化收益。

（三）纵向一体化的福利比较

纵向一体化包括了以原材料、中间产品、销售商三者为主体形成的各自向上、向下或者向中间扩散的不同类型的纵向网络。纵向一体化分为事后垄断、稀缺需求和稀缺供给三种类型。事后垄断型纵向一体化强调了上游企业在向下游企业提供产品时，其产品定价和数量采取了伯川德竞争策略。稀缺需求型纵向一体化强调了下游企业由于具有竞争优势，有动机对上游企业进行一体化。稀缺供给型纵向一体化则强调了上游企业对下游企业的纵向一体化策略。现将纵向一体化的社会福利分析如下。

1. 市场结构和帕累托改进

在不同的市场结构下，纵向一体化的福利效应是不同的，而市场结构的决定因素是进入和退出壁垒。由于各层次的市场竞争性表明了进入和退出壁垒对企业行为的影响可以忽略不计，所以市场竞争有利于约束纵向一体化之后厂商在价格竞争和数量竞争上的决策行为。不管一体化是出于节约成本还是获得专用性租金的激励，这都会促使厂商改进生产，从而在不改变整个市场竞争性结构的条件下，促进社会福利增加，实现帕累托改进。但是，如果某一层次上的产业链不是竞争性的，这种状况就会发生改变，纵向一体化就势必影响整个社会的福利水平。如果上游企业是垄断的，它的向下一体化就会影响最终产品的价格和数量水平，从而导致整个环节的市场竞争性结构发生变化，如表 10－1 所示。

表 10－1　上游垄断的市场结构对社会福利的影响

	下游垄断	下游竞争
以生产成本最小化为目的	+	?
以消除市场不完全为目的	+	?
以交易成本最小化为目的	+	?
以获得专用性租金为目的	+	?

说明："+"代表下游垄断效果提高，"?"代表下游竞争效果不确定。

因此，在不同的市场结构条件下，纵向一体化的社会福利效应是非常复杂的，它取决于纵向一体化给企业带来的生产效率提高、投资成本降低和企业控制成本、消费者福利损失的比较。一般意义上，以生产成本最小化为目的的纵向一体化是能够带来生产效率的，但对厂商内部而言，随着企业规模的扩大，其内部的效率将会有所下降，或者需要更多的激励成本。从福利角度看，纵向一体化能否增加社会福利取决于它能否导致消费者剩余增加，或者是损失的程度低于生产效率提高的水平。在下游是垄断市场，即双边垄断的条件下，纵向一体化有利于打破垄断局面，提高竞争程度；在下游是竞争性市场的条件下，纵向一体化的福利水平就很难确定，因为它取决于上游企业的定价变化是否能改变下游竞争性企业的定价水平及下游企业的生产函数是固定的还是可变比例的。一般来说，在纵向一体化下，垄断企业都会采取成本内部转移的方法来增强下游企业的竞争，采取包括驱逐性定价和歧视性定价在内的方法来提高竞争对手的成本，从而产生进入壁垒。这种解释强调了壁垒和市场势力的正相关性，但没有进一步解释这种壁垒转换为市场实力的动机和原因，从动态的角度看，可竞争市场理论认为，如果存在潜在的竞争者，没有人为的壁垒因素，市场价格就能够保持在可维持的水平。

2. 资产专用性租金

以资产专用性为特征的一体化同样遵循这一原则。如果专用性资产具有排他性、独占性和不可替代性，那么一体化的效应取决于下游企业的竞争性结构。如果下游企业具有垄断性结构，则一体化会避免双边垄断所导致的"双寡头"低效率问题；如果下游企业具有竞争性结构，则一体化就会对下游的竞争性结构产生负面影响，因为下游企业的定价水平直接受上游企业的资产专用性影响，在下游市场处于竞争性结构时，在上游企业改变价格水平的前提下，下游企业也无法用其他投入品替代，导致下游企业被机会主义套牢。在这种条件下一体化的专用性租金就会变成垄断租金，形成市场势力。因此，许多具有这种专用性资产的产业在发展初期无一例外采取了一体化的策略，到了市场实力足以妨碍该产业的进一步发展时，拆分才成为可能。

厂商纵向一体化既可以采取纵向兼并的方式，也可以采取自己投资的方式。对厂商纵向一体化的经济效应的研究存在两种观点：一种是纵向一体化能够导致市场圈定，增加一体化厂商的市场势力，提高最终产品价格，降低社会福利；另一种是纵向一体化可节约交易成本，消除双重加成所造成的价格扭曲，使最终产品价格下降，社会福利提高。

纵向一体化能减少上下游厂商随意中止交易的不确定性，确保企业在产品供应紧缺时得到充足的供应，或在总需求很低时能有一个畅通的产品输出渠道。例如，格力的渠道体系自上而下分工明确，组织严密。格力空调省级合资经销商由省内最大的几个批发商与格力电器合资组成，负责对当地市场进行监控，规范价格体系和进货渠道，以统一的价格将产品批发给下一级经销商。各地市级批发商也组成相应的合资分公司，负责所在区域内的格力空调销售。格力公司负责实施全国范围内的广告和促销活动，而当地广告和促销活动以及店面装修之类的工作则由合资销售公司负责完成。格力先后在32个省份成立了区域性销售公司，这些分支机构开拓了近万家专卖店。格力建立起的渠道优势成为其他竞争对手难以追赶的关键所在。

纵向一体化可以通过在管理层控制的范围内提供一系列额外价值来改进本厂商区别于其他厂商的差异化能力，如葡萄酒厂拥有自己的葡萄产地。有些企业在销售技术复杂的产品时，需要拥有自己的销售网点，以便提供标准化的售后服务。厂商实行一体化战略，特别是纵向一体化战略，可以使关键的投入资源和销售渠道控制在自己的手中，从而使行业的新进入者望而却步，防止竞争对手进入本厂商的经营领域。所以，厂商通过实施一体化战略，不仅保护了自己原有的经营范围，扩大了经营业务，而且限制了所在行业的竞争程度，使企业的定价有了更大的自主权，从而可以获得较大的利润。苹果公司实现了iTunes音乐商店与iPod播放器的紧密联合，在网络平台和硬件制造领域实现了纵向一体化。纵向一体化还是厂商进入高回报产业的一种方式。如果供应商或经销商有较高的利润，则意味着它们经营的领域回报比较高。在这种情况下，厂商通过纵向一体化，可以提高其总资产回报率，并可以制定更有竞争力的价格。如果竞争者是纵向一体化厂商，一体化就具有防御意义，因为竞争者的广泛一体化能够占有许多供应资源或者拥有许多顾客和零售机会。为了避免被排斥，达到防御的目的，厂商应该实施纵向一体化战略。

电影产业是一个双重加价效应的例子。在20世纪40年代和50年代的美国，那些由电影制片厂所拥有的影院的电影票价更低。后来，美国最高法院判令制片厂必须出售其影院资产。显然，法院判决时，双重加价问题并非其所考虑的唯一相关因素。

材料短析

苹果公司收购Beats电子和Beats音乐

苹果公司（Apple）一向以简约和美观著称，最初选用的白色和黑色两个颜色给人以简单和舒适的感觉。在很长一段时间里，苹果一直将精力放在iTunes音乐下载的业务上，向流媒体音乐订阅服务转型很慢。尽管苹果公司在音乐上花费了不菲的资金，但是自从流媒体服务流行之后，数据下载服务业绩不断下滑，为了解决该问题，苹果公司决定实施纵向一体化战略，收购耳机企业。

尼尔森市场调研公司（Nielsen）数据显示，非裔美国人中，有三分之二使用安卓系统手机，只有三分之一使用苹果手机。而Beats创始人吉米·艾欧文和Dr. Dre的文化悟性，使该公司产品在非裔美国人中颇受欢迎。经常可见一些田径运动员、说唱歌手以及其他名人在公共场合或是商业广告中使用Beats产品。Beats不仅拥有既定的市场份额，而且对于大多数高端耳机的潜在用户，Beats 同样是他们心目中的品牌选择。同时，Beats 正在进军的非裔美国人市场，也是苹果一直以来想要开拓的市场。

2014 年 5 月 29 日，苹果公司宣布以 30 亿美元收购 Beats 电子和 Beats 音乐。其中，26 亿美元在收购时支付，其余 4 亿美元则将逐步支付，收购 Beats 电子花了 25 亿美元，而收购 Beats 音乐只花了 5 亿美元。

二、纵向约束

纵向约束是通过制造商和零售商之间的契约确立的。制造商通过实施这些约束近似地得到厂商纵向一体化时可能得到的结果。约束的例子包括：要求零售商卖出产品的最低数量；零售商不可互相离得太近；零售商不可销售竞争性产品；零售商的索价不得低于某一特定价格；等等。

（一）实施纵向约束的原因

为什么使用纵向约束来替代纵向一体化？制造商经常依赖独立厂商而不是自己来销售产品，因为监督销售点雇员的成本超出了使用独立厂商的成本。例如，销售点分布较远会导致经理去那里很耗时间，这样，要熟悉当地市场情况从而判断某一销售点的效率的代价就变高了。

每一个制造商（不论是垄断厂商还是竞争厂商）都希望按可能最低的成本销售产品，还希望零售商以最有利于制造商的方式定价和销售。

经济学家将制造商和零售商间的关系描述成一种委托代理关系：委托人雇用代理人，以一种委托人不能完全控制的方式进行一项活动。这里，制造商（委托人）与零售商（代理人）签订合同来销售产品。制造商不能完全看到零售商的销售努力，并意识到它们可能会试图利用这一点。

例如，零售商投放的广告量可能少于契约中约定的数量，以节约支出并免费搭制造商信誉的便车。当一个厂商并不支出却从另一个厂商的行为中获益时便发生了搭便车行为。当允许搭便车时，每个零售商投放广告的动机都是不充分的：它宁愿依赖其他厂商的努力而不做它应做的事。

当销售成本较高时，制造商雇用零售商将产生四个问题：（1）由于制造和销售的连续垄断，存在双重垄断加成。（2）有些零售商可能搭其他零售商的便车。（3）有些制造商可能搭其他制造商的便车。（4）零售商间可能因缺乏协调而导致外部性。这些委托代理问题经常需要通过制造商向零售商施加除要求支付产品批发价格之外的纵向约束提出。

（二）实施纵向约束的方法

纵向关系、纵向控制或纵向约束、纵向一体化是现代产业组织理论的前沿研究课题之一。企业的生产过程需要原材料、中间品、半成品的投入，还需要经过批发、中转、零售商等渠道来完成销售活动。可以说，企业间的纵向关系非常丰富和复杂。处于产业链（有时又称为广义价值链）中任意环节的厂商（以制造商为多）都有控制上下游的动因，因而便有了纵向约束。纵向约束是指非纵向化的厂商与上下游厂商签订长期的、具有约束力的合同。针对双重加价的纵向约束方法包括建议零售价、非线性批发价以及发放优惠券三种；针对零售商搭便车的纵向约束方式一般包括转售价格维持、区域排他性、限制零售商数量、监督与激励、制造商代做促销等；而针对制造商搭便车的控制方式一般包括专卖及纵向一体化两种。

1. 非线性定价

假设上游企业（厂商 1）除了可以决定一个批发价之外，还可以制定一个固定费 f。下游企业（厂商 2）如果希望和厂商 1 交易，就必须支付 f。我们称（f，p_1）为两部制收费（Two-part Tariff），通常称这类固定费为特许费（Franchise Fee），虽然在实际中，特许经营合约不止一个固定费。更一般地，这类合约也是一类非线性定价（Nonlinear Pricing）合约。

对于这类非线性定价合约，需要注意三个问题：首先，从企业角度看，这类合约是有效率的，也就是说，它可以最大化联合利润。这是因为零售商所面临的边际成本（即批发价 p_1）等于真实的边际成本（c），因此零售商会将价格制定在最优水平，也就是说，价格是纵向一体化垄断企业的定价（$p_3=p_1$）。其次，如此定价，零售商会获得全部的利润（总的特许费），因此它最多愿意支付固定费用 $f=\pi_3$。最后，生产商的可变利润为零（因为它按照边际成本出售），但通过固定费可以获得全部垄断利润。

总之，如果可以采取非线性合约，那么纵向分离下的最优结果和纵向一体化的情况完全相同。

实际上，如果允许有固定费，上游企业的利润最大化问题本质上就是上下游企业的联合利润最大化，然后求解下游企业所愿意支付的最大固定费。

实践中，我们可以观察到很多产业都采用线性定价。这看上去和我们上面的非线性定价可以提高价值链总利润的观点是不一致的。这表明需要从不同的角度理解上述结论（非线性定价是有效率的）。首先，我们假设每步都不存在竞争。如果存在数家下游企业彼此竞争，那么通过特许费来获得全部垄断利润可能就不再成立。其次，我们这里考虑的都是完全信息的情况。如果上游企业不了解下游企业的成本，那么设置一个高于平均边际成本的可变费可能就是一个最优选择。在有些情况下，相对于零售商数量而言，生产商的数量非常大。这对零售业来说尤其如此。例如，仅仅在洛杉矶地区，就有 15 家不同的绿豆商，19 家不同的芥末商，12 家不同品牌的冷冻比萨店。因此，通常是零售商拥有市场势力，而不是生产商。有限的货架空间意味着代销某个特定品牌产品的机会成本非常高。前面的分析表明：生产商制定的批发价会较高，并让固定费等于可变利润减固定成本。但是，因为最后的利润边际较小，且固定成本非常高（货架空间的机会成本非常高），所以零售商所支付的固定费实际上可能是负的。换言之，是生产商必须为货架空间给零售商支付费用。事实上，入场费（Slotting Allowance），即生产商为了获得零售商代理而支付的费用，是此类市场中的一种常见情况。

2. 转售价格维持

考虑电子消费品市场，如个人电脑、智能手机等。这些都是非常复杂的电子产品，因此销售活动非常重要：消费者从销售中获得更好的服务。现在假设一家零售商在营销活动中进行大量投资，付出了很大的努力，因此也吸引了大量消费者光临它的店。同时假设存在另一家零售商。一种可能的结果就是：很多对价格敏感的消费者会光临第一家零售商的店，了解并学习各种产品，而到另一家零售商的店以更低的价格购买所喜欢的产品。

这种情况会产生重要的外部性问题：第一家零售商对营销活动的投资使两家零售商都获益。实际上，如果绝大多数消费者都是对价格敏感的，那么投资对第二家零售商会更为有利，因此它可以搭第一家零售商的便车。这样，零售商进行服务质量投资的积极性就会非常低。最后，生产商承担了这个恶果，因为最终需求在很大程度上取决于营销活动。

转售价格维持（resale price maintenance）是生产商规定的零售商销售时的一个最低零售价格，以此避免上面的困境。如果最低限价有效实施，每一家零售商就会维持这一价格，也就是说，每一家零售商都会以统一的最低水平定价，这样就不会出现搭便车的问题，即便对那些价格敏感型消费者而言，他们从第一家零售商之外的其他零售商那里购买也不会获益。因此，那些进行相应营销投资的零售商将获得销量增加带来的收益。

在双重加成模型中，下游厂商的垄断加价导致了总销售量下降，从而影响了上游厂商的利润。如果厂商能够控制下游厂商的零售价格，也就可以控制其销售量，下游厂商就不能进行再一次加价。这样，通过转售价格维持，上游厂商达到了充分约束的效果，得到了一体化的利润。在现实中，这种情况不太常见，因为如果下游厂商无利可图的话，这种上下游厂商之间的纵向约束将很难持续下去。更多的情况是：上游厂商利用自身的垄断地位，以及对整个产业链条的控制力，获取较多利润；同时，允许下游厂商的市场价格略高于中间价格，从而获取少量利润。

3. 特许经营

特许经营是指通过签订合同，特许人授予他人使用商标、商号、经营模式等经营资源，受许人按照合同约定在统一的经营体系下从事经营活动，并向特许人支付特许经营费。

特许经营通常分为三种：（1）特许制造。受许人投资建厂，使用特许人的商标或标志、专利技术、设计和生产标准来加工或制造取得特许权的产品，然后经过经销商或零售商出售，受许人不与最终用户直接交易，如可口可乐的罐装厂。（2）特许销售。受许人使用特许人的商标和零售方法来批发和零售特许人的产品。（3）特许经营模式。受许人有权使用特许人的商标商号、企业标志以及广告宣传，完全按照特许人设计的单店经营模式来经营；受许人在公众中完全以特许人企业的形象出现；特许人对受许人的内部运营管理、市场营销等方面实行统一管理，具有很强的控制性。在生产商与零售商之间，特许经营是生产商通过特许合同的方式授予零售商或其他厂商从事与该生产商直接相关的特定经营活动的权利。在特许关系中，受许零售商通常需要向特许生产商支付一定的特许费。

如何确定合适的特许费是特许经营项目开发中一个非常关键的问题。受许人在费用方面通常会相当敏感，费用定得太高，受许人不能获得预期的利润，自然不会对该项业务感兴趣，即使已经加盟，不久也会退出；若费用定得太低，生产商的收益将会受损，得不偿失。一般而言，特许费包括以下几个方面：（1）加盟金，也称首期特许费，是受许人在加盟时向特许人一次性缴纳的费用，包括受许人有权使用商标、特殊技术等的费用，体现了受许人加入特许经营系统所得到的各种好处的价值。（2）保证金，作为今后缴纳各项费用及债务的担保。（3）权利金，这是特许人对受许人进行经营指导而收取的费用，由受许人按期缴纳。（4）违约金，如一方违背合同中规定的义务或从事禁止事项，按合同规定向受损的另一方缴纳违约金作为赔偿。（5）其他费用，包括店铺设计及施工费、广告宣传费、设备租赁费等。

4. 独家销售与区域限制

独家销售也称排他性销售，是指虽然在销售商所经营的市场上存在多个竞争者，但生产商保证只向销售商一家销售自己的产品，双方当事公司必须遵守上述约定。签订独家销售协议的主体具有上下游关系，如生产商和批发商、生产商和零售商、批发商和零售商。协议的内容包括作为协议一方当事公司的上游厂商承诺在某个市场或市场的某个领域内，只向作为对方当事公司的下游厂商提供某种产品。通过这种销售协议，上下游厂商各自达到其经营目标。上游厂商通过多销售某种产品来扩大其产品的市场份额，或推动产品进入市场；下游厂商可能为了降低成本，提高企业竞争力，独占销售市场，以扩大利润等。

这种销售模式能同时克服由生产商之间的竞争和销售商之间的竞争所导致的外部性问题，可以避免在售前服务、广告等方面搭便车等问题。根据独家销售协议，协议产品在各地区内只有一家销售商进行销售，生产商的盈利完全取决于该销售商对这个产品的销售。在这种情况下，销售商就会努力进行市场调研，为扩大销售采取各种积极措施，如发布广告、承担售前和售后服务，或者采取其他促销手段。

在我国家电市场上，零售商与生产商签订独家交易契约并不罕见。例如，国美和苏宁是我国家电连锁行业的两大巨头，在区域市场上是寡头垄断。上游家电生产商所提供的是有差异的同质产品，苏宁选择进行独家销售的大多是索尼、三星等国际品牌生产商，而国美则选择 TCL 等国内品牌生产商。国际品牌生产商大多将注意力集中在中高端市场，而国内生产商更青睐中低端市场，可见它们之间的产品替代性较小。当上游产品之间的替代性较小时，两家零售商都会实施独家销售策略，因此，实施独家销售能够提高其利润水平。在我国的跨国公司利用市场主导地位纵向限制竞争的行为尤为突出。例如，一些跨国公司出资买断超市一定期限的独家销售权及部分超市销售旺季的促销权，不允许超市陈列其他品牌的产品，不允许其他品牌的厂家做促销。软件行业也存在不允许代理商代理其他企业同类软件产品，否则取消其代理资格的情况。

一般来说，一家生产商不会只与一家销售商订立排他性销售协议，例如，其可能同时分别与很多销售商在不同地域订立排他性销售协议①。排他性销售协议一般都规定，销售商可以在合同地域内排他性地销售产品，生产商以及生产商的其他销售商不得在该地域销售产品。排他性销售协议绝大多数是独占地域的协议。这种区域限制的通常做法是某一生产商将整个市场空间划分成若干区域，再确定每个区域的独家销售商。

区域限制能有效克服一家销售商同时销售多家生产商产品或多家销售商销售一家生产商产品所带来的外部性和搭便车等问题，还能削弱特定区域内销售商之间的竞争，至少使特定区域内独家销售商能在该区域市场上与生产商保持高度一致。

5. 配额强制

配额强制是指上游企业对下游企业实施销售数量的强制性规定，即规定下游企业必须销售的最低数量。由于纵向分离情况下，下游企业有限制产出的激励，通过规定最低销售数量的配额强制条款，上游企业可以将自己希望的最优销售数量（也就是最优转售价格对应的产出量）分配给下游企业，只要下游企业按照这个数量销售，上游企业就一定能得到

① 这样的协议也被称为独占地域协议，或者销售协议的区域限制。

最优的销售价格，从而获得等同于企业一体化的垄断利润。配额强制方法与转售价格维持方法得到的结果相同，只不过前者使用的是数量，后者使用的是价格。

（三）纵向约束对福利的影响

制造商对零售商进行约束的主要目的就是限制竞争，这样可以减少搭便车的行为，消除外部性，从而促使零售商在营销上进行合理的投资。这样做虽然有一定的合理性，但也有不利的一面，因为限制零售商的竞争有可能会培养它们的垄断势力。因此，研究纵向约束的合理性问题就显得很有必要：在什么情况下，它是合理的？在什么情况下，它是不可取的？在什么情况下，它的效果是不确定的？搞清楚了这些问题，就会使得我们无论是对经济的理解，还是对政策的制定、评价，都会有更为清楚的认识。

在什么样情况下，纵向约束是合理的？所谓纵向约束是合理的，就是说它对企业、对消费者都是有利的，制造商的产品销量能达到最大，同时消费者也能通过这种约束获得更高的价值。如果纵向约束可以降低产品的价格，我们就认为它是合理的。这表现在两个方面：第一，纵向约束可以增加产品的销量。因为在纵向约束的条件下，零售商有努力进行营销的激励，这促进了品牌间的竞争，但是限制了品牌内的竞争，也就是提高了消费者剩余，因而会促使消费者购买更多，并且会促使更多的消费者购买产品。从这个意义上说，纵向约束可以增加产品的销量。第二，纵向约束可以鼓励新产品的推出。我们知道，新产品的推出是需要大量的营销努力的，没有纵向约束，零售商之间会产生搭便车的现象，从而会抑制零售商的营销努力，这很不利于新产品的推出。但是，如果制造商对零售商的销售行为施加了限制，就会使零售商专注于营销努力，因而对制造商推出新产品比较有利。

在什么情况下，纵向约束是不可取的？对于这个问题，我们站在社会的角度考察。纵向约束如果产生了以下两种后果，我们就认为它是不可取的：第一，纵向约束导致了行业内的卡特尔。这又分为两种情况，即零售商卡特尔和制造商卡特尔。纵向约束可以增加零售商的市场势力，这时如果零售商之间进行合谋，强迫制造商承认其专营地区，并抬高零售价格，很显然是反竞争的，因而是不可取的。另外，相互竞争的制造商如果形成卡特尔，那么纵向约束就更容易形成，因为此时批发价格比较容易控制。在这两种情况下，因为纵向约束导致的卡特尔的形成会影响市场的正常竞争，因而此时纵向约束就是不可取的。第二，如果纵向约束导致新厂商进入困难，造成了新厂商基本上不可能进入的局面，它也是不可取的。例如，排他性经营使制造商得以控制某些关键性资源，以此可以提高竞争者的成本，从而阻止新厂商的进入。

在什么情况下，纵向约束的效果是不确定的？我们知道，纵向约束使得制造商能够进行价格歧视，因为如果没有纵向约束的话，套利行为会使价格歧视不可能存在；如果制造商禁止零售商之间转卖，那么价格歧视就成为可能。但是，由于价格歧视的效果是不确定的，因而这种纵向约束的效果也是不确定的。有三个原因表明价格歧视有可能使得社会总福利下降。第一，价格歧视总是和垄断相关。在完全竞争的条件下，企业是价格的接受者，因而根本谈不上所谓价格歧视，有资格谈价格歧视的，必定是有一定垄断势力的企业。第二，价格歧视会导致消费的无效率。价格歧视的直接表现就是不同的消费者支付不同的价格。由于消费者的边际支付意愿不同，因此如果进行转售的话，对社会是有利的，但是价格歧视的基本条件是不许转售，这就导致了无效率。第三，消费者的支出有时候完全是不必要的。例如，为了以更低的价格购买，有时消费者需要到很远的商店购买，或者付出很高的搜寻成本，或者排长时间的队，这对社会来说都是无效率的。

由于以上原因，我们知道纵向约束的效果有时是不确定的。这个时候判断纵向约束的合理性就比较复杂，需要根据具体情况做具体分析。

第二节　国际分工与产业组织变革

20 世纪 30 年代，工业生产活动具有在空间上高度收敛和集中的特征。以福特汽车公司为例，位于底特律的福特工厂几乎完全控制了汽车生产和制造的原料的来源和运输，并经过数百种工序将各种投入品最终转换为汽车。经济学家克鲁格曼点评说：福特工厂“在一端吃进焦炭和矿石，在另一端吐出客座轿车”。然而这种生产方式在 20 世纪后半期经历了革命性变化。随着《加拿大-美国汽车协定》（Canada-US Auto Pact）在 20 世纪 60 年代中期签署并实施，以及 80 年代早期“世界汽车战略”（World Car Strategy）的实施，包括福特汽车公司在内的美国重要汽车厂商开始了大规模的国际化生产。如今福特汽车公司在全球有 3 000 多家供应商，在海外 24 个国家设有制造、组装和销售公司，同 9 个国家的汽车公司建立了业务关系，在 180 多个国家建立了直接销售网。

这个故事揭示了近几十年来汽车生产组织方式的重要变动：从产品生产在空间上的高度集中转变为产品内的生产工序和环节被拆散，并分布到全球不同国家和地区进行生产。事实上这种变动趋势并非仅限于汽车业，无论是传统产业如制鞋业，还是信息产业如计算机产业，生产组织方式均发生了类似的剧烈变化。对于这种变化，学者们已经从不同的角度给予不同的称呼，如“产品内分工”“垂直专业化”“生产非一体化”“外包”“全球价值链”“全球生产网络”等。那么，这种新的生产组织方式是如何发生的？在这种新的组织方式中，由谁来组织、控制和协调分散在全球的生产过程，以及参与生产过程的各个厂商如何分配它们的利润？而诸如中国这样的发展中国家的企业如何利用这一新的生产组织方式，来提升自身在全球生产体系中的地位？

一、产品内分工的定义

新的生产组织方式的产生与经济全球化的背景密切相关。20 世纪 80 年代以来，各国的经济活动不再局限于本国境内，而是在世界范围内进行，全球经济因此越来越融为一个整体。虽然经济全球化在 20 世纪 90 年代已经得到人们的普遍认识，但是并没有一个公认的定义。国际货币基金组织（IMF）在 1997 年的一份报告中认为，经济全球化是指“跨国商品与服务贸易及资本流动规模和形式的增加，以及技术的广泛迅速传播使世界各国经济的相互依赖性增强”。而经济合作与发展组织（OECD）认为经济全球化“可以被看作一种过程，在这个过程中，经济、市场、技术与通信形式都越来越具有全球特征”。因此，我们可以把经济全球化大致看作包括贸易、投资、金融、生产等活动在内的全球化，以及生产要素在全球范围内的配置。经济全球化的发生，被认为受到了两大因素的推动：一是信息技术的变革加快了信息传递的速度并大大降低了成本，打破了种种地域乃至国家的限制，为跨国公司在全球的扩张提供了强大的技术支持；二是由于受到经济自由化改革的影响，尤其是20世纪90年代后期发生在全球范围内的贸易、投资、金融管理的自由化浪潮降低了商品、资金以及各类生产要素在各国和地区之间流动的障碍，因而推动了经济全球化的迅速发展。

现在人们普遍认为，经济全球化是新的国际分工——产品内分工（Intra-product Specializaion）——得以形成的重要原因。那么，什么是产品内分工？为什么说经济全球化推动了产品内分工的形成？这首先要从产品的生产过程说起。

我们可以把一个完整的产品生产过程视为一个包含了诸多生产工序的过程。这一过程既可以在特定空间点上完成所有工序分工，表现为在一个工厂内部完成产品工序间分工，这类工厂往往被称为“全能工厂”，也可以把不同工序分散到不同国家，由不同的企业来完成。而产品内分工，就是产品生产过程中不同工序或区段通过空间分散化展开成跨区或跨国性的生产链条或体系，由不同国家企业参与特定产品生产过程不同环节或区段的生产或供应活动。产品内国际分工有三层含义：第一，一个产品在两个或两个以上的国家进行生产，分工环节的空间分散化特征突出：第二，一个国家生产的产品中至少有部分中间产品来自其他国家，中间品（零部件）贸易为产品内分工提供支撑；第三，一国利用他国提供的中间产品生产的产品中又会有部分或全部用于出口。产品内国际分工实际上是一种要素分工，其依据的比较优势仍主要由要素禀赋的动态变化构成，其应具备的客观条件则是指包括地理因素在内的各种经济、社会条件。相对于早期的产业间或产业内国际分工，产品内分工对分工参与国的技术和资本禀赋条件要求较低，并不拥有独立的产业链条、仅具备某一环节的生产条件且符合领导型企业要求的企业（国家）也可以参与产品内分工，从而扩展了国际分工体系的外延。

二、产品内分工创造比较优势

由于多种原因，不同的国家和区域生产同一种产品的机会成本往往有很大差异，这种差异或者来源于各国生产同一产品的劳动生产率差异，或者来源于天生资源禀赋的不同。一般而言，一个国家较丰富资源的要素价格总是便宜一些，而较稀缺资源的要素价格总是贵一些，以至于劳动密集型产品在劳动力丰富的国家生产，其成本相对较低；而资本密集型产品在资本丰富的国家生产，成本也相对较低。因此，将劳动密集型产品放在劳动力较丰富的发展中国家生产，而将资本密集型产品放在发达国家生产，可以降低产品生产成本，优化资源配置。进一步地，当产品在生产环节与零部件的生产可以拆分以后，由于不同生产环节的使用要素的相对比例不一样，如果将资本/技术密集型的生产环节放在资本丰裕和技术先进的发达国家生产，而将劳动密集型的生产环节放在劳动力丰裕的发展中国家生产，那么将大大提高资源的配置效率。

另外，实施产品内分工除了可能会获得比较优势收益外，还可能获得规模经济收益。如果企业采取在空间上集中的纵向一体化生产组织方式，那么即便产品内不同生产环节所对应的有效规模存在显著差别，也只能将某些关键生产环节的有效规模作为整个生产系统的设计规模，从而使得那些有效规模较大的生产环节不能充分获取规模经济收益。产品内分工提供了解除这一约束的途径。由于产品内不同生产环节的最佳有效规模不同，有可能通过产品内分工，把对应不同有效规模的生产环节分离出来，安排到不同的国家或地区进行生产，从而达到节省平均成本和提升资源配置效率的目标。

因此，产品内分工至少可以获得来自两方面的潜在收益：一是工序间的比较优势收益，二是规模经济收益。我们知道，在标准国际贸易理论中存在两种分工形式，其中产业间分工是由资源禀赋结构和要素相对价格差异决定的、以垂直分工为特征的国际分工，主要由绝对优势和比较优势原理来解释；而产业内分工是以水平分工为特征的国际分工，主要由规模经济来解释。因此，尽管产品内分工与传统的国际分工不同，但其产生基础仍然是比较优势和规模经济，仍然可以使用已有的国际分工的理论框架来进行分析。只不过标准贸易理论大都研究最终产品的分工和交换，没有考虑产品内生产环节分工的可能性。

然而，只有在经济全球化背景下，产品内国际分工才有可能真正发生。如果由于工艺和技术原因，不同工序不能在空间分离，或者分离成本极高，那么产品内分工就不可能实现。在经济全球化条件下，随着通信、运输和金融服务成本的大幅下降以及贸易便利性的提高，以及经济自由化改革使得商品和生产要素能够在国家和地区间自由流动，产品的生产环节在不同国家和地区进行分工变得有利可图，为了获得更多利润，并应对激烈的国际竞争，各国企业纷纷采取这种新的国际分工形式。

材料短析

产品内分工案例

以比亚迪的生产为案例，其产品生产除了由子公司弗迪电池有限公司供应零部件以外、还有包括莫仕、采埃孚、佛吉亚等在内的国际主流零部件供应商供应零部件（见表 10－2）。在整个生产过程中，关键零部件的生产任务由中国、美国、德国和法国等经济体承担。随着比亚迪汽车的崛起和中国整体科技水平的提高，越来越多的零部件在中国完成生产。从贸易角度来看，产品零部件从美国、日本、韩国等国家或地区流向中国，在中国进行组装，最终产品又被出口到美国和世界其他地区。

表 10－2　比亚迪的主要供应商

制造商	所在地	零部件
比亚迪	中国	驱动电机
		电机控制器
宁波丰沃	中国	涡轮增压器
佛吉亚	法国	排气系统
弗迪科技	中国	车身控制器
		安全气囊
莫仕	美国	连接系统
采埃孚	德国	传动系统
科大讯飞	中国	语音系统
福耀玻璃	中国	全车玻璃

三、产品内分工的形式及其选择

产品内分工既可以通过企业内（如跨国公司的不同分支机构或子公司）之间分工的方式来实现，也可以通过分布在不同国家或地区的独立厂商之间的分工来实现，因而同时包含了企业间和企业内分工两种形态。

在企业内部实现的产品内分工一般是这样实现的：跨国公司通过外国直接投资（FDI）或并购国外某些企业，把某些生产环节转移到国外子公司或附属企业进行生产，国内仍然保留部分生产环节。在这种情况下，由跨国公司的母公司来整合和有效配置不同空间的生产资源，并组织协调产品内不同生产环节之间的生产和运转。

在企业间的产品内分工往往是通过代工生产来实现的。代工，又称为贴牌生产（Original Equipment Manufacture，OEM），一般是指发达国家品牌商按照一定的设计要求和生产标准向国外制造商下订单，后者依照前者的要求进行生产，产品完成后发包方贴上自己的品牌销售。在这种产品内分工中，一般由发包企业来整合配置资源，并对整个生产过程进行治理。在某些情形下，由于代工企业自身的研发和设计能力增强等原因，可能在一定程度上承担所在生产环节的研发或设计，但是产品品牌仍被发包方掌握。这种带有产品研发设计功能的代工方式称为原始设计制造（Original Design Manufacture，ODM）。

有趣的是，企业如何选择产品内分工的形式，比如是选择 FDI 还是外包？最近 10 年刚刚发展起来的、以企业异质性为特征的新新贸易理论（New-new Trade Theory）中的企业内生边界理论（Endogenous Boundary Theory of the Firm）对企业如何选择全球生产组织方式进行了探索。企业究竟是通过外包还是纵向一体化来组织生产，以及外包和一体化是在国内进行还是在国外进行，其决定因素包括交易成本和不完全合约两个方面。在分析一体化选择时一般是从节省交易成本角度进行，而分析外包选择时一般是从不完全合约角度进行。实际上，该类问题的研究一直是产业组织理论分析的内容，且文献也较为丰富。斯彭斯（Spencer，2005）曾对此进行总结，提出从产权（Property Right）、交易成本（Transaction Cost）、激励系统（Incentive System）以及权威授权（Delegation of Authority）这四个理论方向来划分相关文献。

以上内容阐述了经济全球化背景下产品内分工的基本原理。事实上，其他类似的概念如垂直专业化、离岸外包、全球价值链等，其基本原理与此相同。然而遗憾的是，我们很难衡量一国的产品内分工的水平。由于国际分工和国际贸易是一个硬币的两面，因此我们可以从国际贸易角度来大致判断出各国产品内分工的规模。

四、国际分工新体系的形成

在国际分工方式由产业间分工向产品内分工延伸的过程中，呈现出产业间分工、产业内分工、产品内分工并存的国际分工新模式和体系。其中，产业间分工与产业内分工都是建立在要素同质且在各国之间不流动的基础上的分工方式，而产品内分工则是在资本等要素可流动的条件下，基于价值链各环节的分工。在产品内分工方式下，全球价值链中的每个环节都被配置到最有利于获得竞争优势的区位，国际分工的接点由产品扩展为工序、业务流程或生产要素。过去几十年国际分工发展的显著特征在于，分工基本层面从行业间、产品间深入到产品内部不同工序、区段、环节和流程，由此带来的国际分工可能的革命性拓展构成当代经济全球化的重要微观基础。

总体来看，从产业间分工到产业内分工再到产品内分工，国际分工呈现不断升级的演进态势，而要素禀赋差异、专业化和交易效率成为引发国际分工机理演进的主要因素。在各种分工方式并存的新型国际分工体系中，一方面，分工接点增多及其多样化为后起国家参与国际分工提供了更多的机会和选择；另一方面，多数发展中国家的企业在产品内分工体系中往往处于价值链低端的制造或服务环节。如果后起国家不能主动建立有效的学习机制和自主创新体系，将有可能导致其技术成长路线被锁定，进而落入“跟随式”的发展陷阱。

五、国际分工新体系与全球生产网络

（一）国际分工新体系与全球生产网络的形成

随着跨国公司的规模越来越大，面对全球性的市场竞争，传统的生产经营活动已经不能适应竞争的需要，必须对生产资源进行重新配置，最大限度地利用全球要素的综合优势，建立在产品内国际分工基础上的全球生产网络就成为必然的选择。经过数十年的发展和扩散，目前的全球生产网络已经渗透到世界的每个角落。

全球生产网络的形成和发展本质上是跨国公司利用规模经济，跨行业、跨国界的高度专业化分工的结果，目的是最大限度地提高全球资源整合效率。跨国公司从多国独立、分散经营向区域一体化乃至全球一体化经营策略的转变，为全球生产网络的形成奠定了微观基础。跨国公司早先倾向于在多国市场上设厂并独立生产，分散在各国的子公司大多只服务于当地市场，彼此之间的专业化分工程度并不高，每家公司自行安排生产和营销计划，往往存在较多的业务重叠。然而，由于现代技术降低了跨国协调成本，贸易和投资的政策壁垒被逐渐消除，区域经济一体化程度不断提高，跨国公司开始整合不完整的、低效率的生产体系，将独立的、重叠的多国生产体系转变为一体化的区域性的乃至全球性的生产体系。在跨国公司生产体系的重组过程中，世界各国被纳入全球生产网络中，并重新寻找各自的位置。

（二）全球生产网络与经济全球化

建立在产品内分工基础上的全球生产网络进一步推动了经济全球化的发展，深刻影响了世界经济关系，全球化的内涵也变得更加丰富多样。新型国际分工体系使更多的国家和地区融入经济全球化的浪潮中，国际分工的范围因而更加广阔。在出现产品内分工之前，由于技术和资本禀赋的限制，很多发展中国家和地区无法介入复杂产品的生产活动，只能进行资源性或地域性产品的低级生产，参与国际分工的程度不深。而在现今的全球生产网络中，参与企业只需从事一个产品内部若干个部件的生产，科技水平较低的国家也有机会参与高端产品的局部生产，从而扩大了网络覆盖面，并使越来越多的国家和地区深度卷入其中。

全球生产网络促进了区域之间的经贸往来，加强了地缘关系的紧密程度，但也为区域经济合作增添了新的变数。经济全球化的趋势原本是要模糊国家和区域间的界限，使国际经济活动可以不受地缘关系的束缚，但新型国际分工更看重生产和市场布局的合理化，地缘关系的影响力反而有所增强。全球生产网络实际上由若干个区域性生产网络所组成，其经济联系首先表现为区域内部的“个体”联系，然后才是区域之间的“块状”联系：前者是以产品内分工为纽带，区域内部的经济联系更密切；后者则是以产业间分工或产业内分工为纽带，区域间的经济联系相对松散。例如，在产业的全球生产网络中，零部件企业绝大部分都集中在东亚和东南亚地区。对于跨国公司来说，在日本设计芯片，在韩国制造芯片，在泰国或马来西亚生产普通零部件，然后集中到中国组装成最终产品，再分销到欧美等地的消费市场，这样的布局不仅生产效率最高，而且包括物流成本、人力成本、协调成本在内的总成本最低。所以，日本、韩国、中国加上东盟地区，形成了一个内部联系更紧密的区域性生产网络，也就是新兴的东亚生产网络。与之类似的还有由美国、墨西哥、加拿大以及加勒比海地区组成的北美生产网络，由德国、法国、意大利以及中东欧地区组成的欧洲生产网络等，这些区域性的生产网络共同构成了全球生产网络的整体。

全球生产网络中的国家与国家之间既是一种新的合作关系，又是一种新的依附关系。一方面，一种产品需要多国之间合作才能生产出来，生产要素在更大范围内实现了有效配置，参与分工的各国企业得到了规模经济和知识溢出的外部性，参与分工的各国都提高了生产效率，彼此获取相应的分工利益；另一方面，一国参与分工的企业又因他国企业的参与而获得外部经济性，参与分工的国家也因别国的参与而获得更高效的生产要素，这种依附性是相互的。跨国公司的外包行为不仅有利于降低要素成本，使其专注于核心竞争力的提升，而且增加了与发展中国家联系的必要性，与当地企业建立中间品的供求关系大大降低了在东道国的生产成本，也大大提高了专业化程度和灵活性，有助于跨国公司更好地适应当地的技术和市场。同时，国际产业转移和全球生产网络的发展给落后国家带来了许多学习和模仿的机会。跨国公司对知识密集型部门的投资越来越多，而且选择与发展中国家的企业建立合作关系，为东道国的技术进步和产业升级提供了机遇。对于东道来说，借助跨国公司的全球生产网络来实现技术扩散和溢出，是一条效率和成本兼优的途径。

需要指出的是，全球生产网络仍然由发达国家主导，在这个新的国际分工体系中，发展中国家对这种分工的依附性更强。当一国深度卷入一个产品的全球价值链之中时，必须依靠别人的“指令”才能选择生产内容和生产方式，该国的生产体系就已经变得固化了，只有依附他国的生产需求才能生存和延续。因此，对于处于从属地位的发展中国家来说，全球生产网络所延伸的经济联系并不都是好消息。同样参与国际分工的发展中国家，各自命运却并不相同：有的国家通过合适的政策引导，在融入全球生产网络的过程中，实现了国际分工地位的提升和国民经济的健康发展；有的国家因此丧失了工业体系的独立自主，却仍然没有实现预期的发展目标。

六、国际分工新体系与全球竞争格局

价值链的深度分解使越来越多的国家和地区加入国际分工体系中参与分割“全球化红利”，并在一定程度上改变着分工收益的分配格局。

（一）发达国家在实现产业升级的同时，其制造业受到冲击

一些研究认为，产品内分工将使参与分工的主体获得双赢的效果，全球价值链上“南方国家”（发展中国家）的崛起并不会危及“北方国家”（发达国家）的利益。在当今分工体系下，国际贸易的增长很大程度上取决于由产品内分工引发的中间品贸易的扩张，这对改善参与分工的各国的福利都有积极意义。

不可否认，在产品内分工的利益分配关系中，发达国家仍占据主动地位，发展中国家则因处在价值链低端或低附加值环节处于被支配的地位。然而，随着国际产业转移的持续深化，对于发达国家而言，全球化也是一柄“双刃剑”：一方面，大量劳动密集型、低附加值的业务外包到国外，充分利用国外相对低成本的资源使发达国家国内劳动力和资本等生产要素获得了更大的发展空间，促使其将优质资源投入创新活动和高附加值的业务环节，以保持技术领先。这不仅有利于发达国家产业结构升级，而且其促成的分工深化有效地降低了发达国家企业的运营成本，改善了经营绩效，增加了企业利润，从而使企业有能力扩大规模，并将在新兴产业领域创造出更多的就业机会。另一方面，产业转移导致发达国家相关工作岗位大量流失。在制造业领域，合同制造和海外投资使发达国家劳工阶层的就业岗位被发展中国家低工资的工人替代，而在服务领域，服务外包则影响到发达国家所谓白领阶层的专业人士的就业。印度等发展中国家的大量工程师承担起软件开发、后台服务、资产管理、产品设计、药剂改良等工作，这大大降低了发达国家白领工作中专业知识和技能的稀缺性和不可替代性，甚至对这些国家中产阶级的生活和社会地位造成了一定的冲击。从本质上看，这是全球化条件下资本势力扩张、话语权增强的表现，全球化强化了资本在更大范围内压低成本、攫取利润的动机和能力。

（二）后发国家利用成本优势，不断释放发展潜力

就分工的机制和原理而言，基于全球价值链产品内分工的成本导向性仍十分突出，新型国际分工主要遵循的是动态比较优势原则。因而，在后发国家中，那些拥有丰富的自然资源、充裕的人才储备、较完善的产业体系和基础设施且不断致力于构建更加开放的制度环境的国家和地区，在国际分工深化的过程中，其比较优势得以充分释放，分享了更多的“全球化红利”，并表现出在价值链上更大的纵向和横向升级潜力。尤其是那些积极参与全球分工并提供大量低成本劳动力的新兴市场国家（如中国、印度）以及石油、天然气、矿产品、粮食、饲料等大宗商品的主要生产和出口国（如俄罗斯、澳大利亚、欧佩克国家和一些拉美国家），其在全球财富中的份额增加了。

新兴经济体的快速发展推动了世界经济格局的演变。国际货币基金组织的统计显示，高收入国家在世界 GDP 中所占的比重由 1981 年的 77.98％下降到 2020 年的 60.87％，而同期作为新兴经济体代表的“金砖五国”（中国、巴西、南非、印度和俄罗斯）在全球 GDP 中的份额由 6.18％提高到 25.24％，其中中国的份额由 1.66％上升到 17.9％。

再从增长趋势来看，新兴经济体凭借更具活力的经济增长方式，成为全球经济增长和复苏中的重要力量，表现为新兴经济体对世界经济增长的贡献增大，发达国家对世界经济增长的贡献相对弱化。高收入国家对世界经济增长的贡献率由 1961 年的 92.4％大幅下降到 2007 年金融危机爆发前的 53.1％。危机影响最严重的 2009 年，高收入国家的贡献率更

是跌至13.1%。“金砖四国”（中国、巴西、印度和俄罗斯）对世界经济增长的贡献率则由1961年的13%上升为2007年的30.5%，到2008年进一步上升至52.1%。另据国际货币基金组织的数据，2009—2012年，新兴经济体及其他发展中国家的经济和贸易增长速度已较大幅地超过发达国家。这意味着，长期以来由发达国家引领全球经济增长的局面正逐步被打破，新兴经济体开始主导世界经济增长。

（三）国际贸易地区结构和各国竞争优势发生变化

全球竞争格局的演进还反映在国际贸易地区结构和各国竞争优势的变化中。进入21世纪，随着全球价值链分工的深化，制造能力不断向发展中国家和地区转移，国际贸易增长的地区差距拉大。在中国、印度等新兴经济体的带动下，亚太地区成为全球货物出口增长最快的地区。据WTO统计，2000—2009年，世界货物出口年均增速为3%，其中，美国、欧盟（27国）、日本等主要发达国家或地区的货物出口年均增长率均低于世界平均水平，分别仅为2%、1%和2%；亚太地区这一时期的年均增长率达到了8%，中国和印度的年均增长率更是分别高达17%和12%。出口增速差距拉大导致了各国在国际市场上的份额此消彼长，并引发了国际贸易地区格局的变化。高收入国家货物出口占世界货物出口的比重由1981年的80.88%大幅降至2020年的65.28%，而同期中等收入国家货物出口占世界货物出口的比重由17.89%上升到34.25%。其中，美国货物出口占世界货物出口的比重由12.23%下降到8.09%，日本货物出口占世界货物出口的比重由7.76%下降到3.62%，而中国货物出口占世界货物出口的比重由1.13%飙升到14.63%，印度货物出口占世界货物出口的比重由0.42%上升到1.56%。20世纪80年代以来正是发达国家开始加快制造业海外转移的时期，这表明跨国要素流动是推动国际贸易格局变化的主要因素。

发达国家不仅在全球出口中的份额下降，而且在高技术产品出口中的竞争优势也有所弱化。1996—2007年的10余年间，发达国家出口RCA指数提高的主要是资源性产品、低技术产品和中等技术产品，而其高技术产品出口RCA指数则出现下降。与之相反，这一时期，新兴工业化国家或地区以及其他发展中国家在中高技术产品出口方面的竞争力普遍提高。虽然这些国家或地区的技术密集型产品的竞争力更多地表现为加工组装能力的提高，但这也能在一定程度上说明，产品内分工的深化和要素的全球配置使后发国家在国际贸易格局中的地位不断提升。

（四）发达国家和发展中国家的产业竞争力发生变化

在制造业内部，发达国家在纺织、服装等劳动密集型行业的国际市场份额和显性比较竞争优势都在逐步减弱，而新兴经济体和其他发展中国家的国际市场份额和显性比较竞争优势逐步增强；在钢铁、化工、机械与运输设备等资本密集型行业，发达国家的国际市场份额不断减少，但仍拥有较强的显性比较竞争优势，新兴经济体和其他发展中国家的国际市场份额和显性比较竞争优势仅在电子数据处理和办公设备、通信设备制造业等领域超过发达国家；在集成电路和电子零部件制造等技术密集型行业，发达国家的国际市场份额不断减小，但仍拥有很强的显性比较竞争优势；在服务业内部，发达国家在旅游服务、运输服务、其他专业服务等各服务行业内均占有较大份额，而新兴经济体和其他发展中国家的国际市场份额呈现逐步上升态势。

第三节 全球价值链的演化与升级

全球价值链是纵向关系在国际分工中形成的一种典型的企业生产网络形式。企业间的创新或知识协作倾向于沿着价值链方向进行，并且随着经济全球化的发展在全球范围内扩展。融入全球经济的企业总是嵌入特定的全球价值链的某个或某些环节，与上下游之间形成特定的纵向关系。通过纵向关系，企业可以获得全球价值链内的信息、资源、市场和技术，突破自身资源约束，提高企业的生产和研发能力，形成自身的技术优势。在国际分工日益发展的今天，研究纵向关系和全球价值链具有一定的现实意义。

一、全球价值链的内涵

（一）全球价值链的研究背景

经济全球化的一个重要特征是全球价值链（Global Value Chain，GVC）迅猛发展，世界各国经济互相嵌入，连为一体，不可分割。而随着20世纪80年代以来全球范围内关税水平的显著下降，以及信息通信技术和运输技术的快速发展，跨国的复杂生产协作推动中间品贸易成为国际贸易的主流，全球价值链分工体系逐渐形成。

全球价值链与产业升级之间关系的研究，在价值链研究中具有代表性。产业升级领域的研究主要集中在产业间升级层面，认为产业升级是一国不同要素密集型产业发展比较优势、实现产业间结构转化的过程，即产业或企业向盈利能力更强的要素密集型产业转移的过程。后来很多学者倾向于将产业升级的研究视角深入到价值链的不同功能环节层面，把产业内部低附加值环节向高附加值环节转化的过程称为产业内升级。比如格雷菲和汉弗瑞（Gereffi and Humphrey，2005）认为，价值链中的动态学习和创新机制能逐步改进发展中国家在国际分工中的地位，其技术进步将遵循如下路径：工艺升级（提升工艺流程的效率）、产品升级（引入新产品或改进旧产品）、功能升级（攀升到附加值高的环节）、链条升级（转向新的附加值更高的链条）。国外还有一些学者提出流程升级、产品升级、功能升级和链际升级的分类框架，认为在嵌入全球价值链分工体系的背景下，发展中国家的企业或产业集群会沿着上述方向顺次推进。此外，部分研究立足于对全球价值链分工地位的研究，发现以技术创新为核心的企业可以促使国家在价值链中占据上游位置。还有研究表明：生产性服务和技术创新能通过技术溢出和劳动力素质提高，实现价值链的整体提升。实际上，全球价值链的出现极大地影响了国际贸易形势，价值链的分工模式改变了传统贸易的利润分配方式，准确地估算经济体的实际贸易情况、测算全球价值链分工地位成为研究的迫切需要。

全球价值链测算主要有以下三种方法：有的学者基于出口相似度，将出口结构相似度和出口差异度指标作为衡量指标，通过各国之间的出口差异来反映价值链在国际分工中所处的地位；有的学者基于出口技术复杂度，构建了出口技术复杂度指数，并基于国家和产业层面来评估某国在全球价值链分工中的地位；有的学者基于贸易增加值指标，通过计算某国参与跨境贸易后国内经济产值的增量，构建了某国的GVC前向和后向的参与率指数以及 GVC 分工地位指数。

（二）全球价值链的定义和特征

波特（1985）认为，每一家企业都是在设计、生产、销售、发送和辅助其产品的过程中进行种种活动的集合体，所有这些活动可以用一条价值链来表明。企业一系列不同而又相互联系的生产经营活动构成了企业创造价值的动态过程，即价值链。格雷菲（1999）在波特的价值链理论的基础上发展出了全球商品链理论，并将价值链分为生产者驱动型商品链和消费者驱动型商品链，后来使用全球价值链来代替全球商品链，并且发展出了全球价值链治理概念与理论。全球价值链分工是由发达国家跨国公司主导、发展中国家参与的分工模式。发达国家一般处于价值链的中高端，而发展中国家一般处于价值链的中低端，但所有参与这种全球价值链分工的国家和企业都有机会从中受益。在全球价值链分工体系中，发展中国家以代工者身份参与低端制造环节的生产，发达国家则凭借其在技术创新、人力资源等领域的先发优势牢牢控制价值链的高端环节，如此一来，发展中国家所获取的“干中学效应”和“技术溢出效应”就必然有限，以至于被锁定在全球价值链的低端。总结来讲，全球价值链是指发达国家跨国公司将产品生产过程分成研发、设计、生产、分销、售后等不同环节，根据全球不同国家或地区的比较优势，将各个环节配置于适合其要素禀赋发展的地区，实现了资源的最优配置。

面对日趋复杂多变的内外部环境，2020 年 5 月 14 日召开的中共中央政治局常务委员会会议首次提出构建国内国际双循环相互促进的新发展格局。在此背景下，仍具有较强国际竞争比较优势的劳动密集型企业在巩固国际市场的同时，应进一步挖掘国内市场潜力，通过技术和管理创新化解国内产业工人总量短缺和资源、环境约束导致生产成本刚性上升的压力，以更优质的产品和服务满足国内消费升级的需求。本小节基于此政策环境背景，着重分析内需主导型全球价值链。

在分析内需主导型全球价值链前，我们需要对内需这个概念有一个清晰的认知。内需主要包括两个方面的含义。一个方面是指“对国内商品和服务的需求”，该方面主要与国内产出品和国外产出品的竞争替代相关；另一个方面则是指“国内对商品和服务的需求”，该方面涉及的问题主要是：有效需求是来自国内还是国外？内需主要是指一国或一地区的国内市场主体的有效需求。进一步地，我们介绍内需主导型战略的概念。内需主导型战略是相对于外需主导型战略而存在的。中国的外需主导型战略表现为出口导向型战略，即立足于中国早期发展的低廉的生产要素比较优势，利用国外市场发展以“两头在外”为基本特征的劳动密集型出口产业，主要模式是从利用外资到发展生产再到扩大出口最后到扩大利用外资。出口导向型战略忽略了国内大循环的巨大经济体优势，从而限制了中国的大国优势的发挥。不同于出口导向型战略，内需主导型战略是立足于大国优势，以国内市场主体的有效需求为导向，将产业升级、资源开发、区域协调等统一到国内市场大循环体系之下。总而言之，内需主导型战略的本质是以国内市场主体的有效需求为主导，虹吸国内外优质生产要素，纳为己用，以此来促进国内产业和经济的创新发展。中国作为最大的发展中国家，人口规模、经济总量、城市化进程等无不彰显出巨大的市场潜能。国内市场主体的巨大潜能被激发，从而形成有效的市场需求时，中国经济会实现以内需为主导的创新。大国经济的内需市场具有“规模效应”，可以虹吸全球创新要素在国内产生集聚，从而不仅可以运用到制造业的生产制造中，还会为现代服务业的发展添砖加瓦。同时，大国经济的内需市场还具有“竞争效应”，竞争效应促进了产品和服务多样化，个性化创新有助于向全球价值链的高端环节攀升。

前文把全球价值链定义为实现商品或服务价值而连接生产、销售、回收处理等过程的全球性跨企业网络组织，涉及从原料采购和运输，到半成品和成品的生产和分销，直至最终消费和回收处理的整个过程，包括所有参与者和生产销售等活动的组织及其价值、利润分配，当前散布于全球的处于价值链上的企业进行的从设计、产品开发、生产制造、营销、交货、消费、售后服务到最后循环利用等的各种增值活动。由此可见，全球价值链实际上是国际产业分工在经济全球化中的具体表现。我们认为，内需主导型全球价值链即在内需主导型战略下，依靠强大的国内有效需求建立起的“以我为主”的全球化产业分工体系。

党的十九届五中全会通过了《中共中央关于制定国民经济和社会发展第十四个五年规划和二〇三五年远景目标的建议》，将“加快构建以国内大循环为主体、国内国际双循环相互促进的新发展格局”纳入其中。构建国内国际双循环相互促进的新发展格局是党中央在国内外环境发生显著变化的大背景下，推动我国开放型经济向更高层次发展的重大战略部署。在建立国内统一大市场的基础上，构建内需主导型的 GVC 是未来我国推动经济高质量发展的抓手，其主要特点如下：

首先，内需主导型全球价值链拥有自生能力。这种自生能力体现在内需主导型全球价值链的动力机制上，即由原动力与循环动力所构成的累积因果循环。其中，原动力是指国内市场效应所引致的现代部门在本国形成的产业集聚，循环动力是指现代部门的产业集聚又会反过来促进国内市场的增长。通过对这种基于国内市场有效需求形成的本土产业链良性循环的培育和利用，充分发挥市场差异化竞争和企业内生激励的重要作用，作为后发国家的中国能够在新型全球化中真正实现市场和技术的双重追赶。然而，这种双重追赶在过去那种依附性嵌入发达国家主导的全球价值链的做法下是不可能成功的，一是因为发展中国家从事的生产环节大多属于国际代工和贴牌生产，这就决定了这些本土代工厂很难获取边际成本之上的超额利润，更不用说与发达国家展开全球价值链高附加值环节的竞争了，因而很难争夺高附加值产品的市场份额；二是因为一家企业是否愿意进行自主创新，内生于企业自身的理性选择，在一定的市场环境和财务约束条件下，如果自主创新的风险和成本远远高于代工生产，那么企业就会理性地选择代工生产，从而难以实现自主技术创新。

其次，内需主导型全球价值链强调动态竞争。传统的分析框架从纵向视角解释了全球价值链上的供应-采购联系，其所关注的重点在于发展中国家的企业如何参与到发达国家主导的全球市场并获取全球化红利，却未涉及发展中国家（尤其是像中国这样的大国）的企业如何获得全球价值链主导权的问题。换句话说，传统的全球价值链分析框架忽略了全球价值链节点的动态控制与竞争这一重要内容。与此相对，内需主导型全球价值链是从横向视角强调了企业在价值链不同增加值环节上竞争行为的动态性。特别地，企业在全球价值链的研发、设计、营销、售后服务等高附加值环节主要体现为主动型治理结构，在物流采购、生产、分销等低附加值环节则主要体现为被动型治理结构。在这种二元治理结构中，企业基于内需在国内市场中动态进入和退出，即通过协调机制和信息机制在全球价值链网络中实“出围”和“入围”的动态转换。因此，内需主导型全球价值链的横向治理有利于促进本土企业在动态竞争中实现功能升级和链条升级，成长为隐形冠军企业或跨国大公司型的“链主”企业，从而突破原有价值链的低端锁定。

最后，内需主导型全球价值链重视大国优势。大国内需构成了一个国家显著的竞争优势，主要体现在以下两个方面：一是国内市场的容量决定了需求引致型创新的容量；二是国内市场的成长支撑了“链主”企业的成长。更具体地说，国内市场的预期需求和细分市场需求有利于催生产业发展的竞争力，国内市场需求的规模和增长又进一步强化了这种竞争力；而且，国内市场将通过各种优势的整合，逐渐成长为企业制定经营战略、发展核心产品、研发关键技术的基地，这也是企业走向全球化竞争的平台。实际上，斯密定理（Smith Theorem）早就表明，一个国家的规模越大，其市场与分工相互促进的螺旋增长效应就会越强。而且，在开放经济中，市场规模更大的国家由于有更多的企业专业化生产不同品牌的产品，因而也会出口范围更广的产品，即拥有更大的贸易广度。大国的市场优势并不仅仅局限在水平差异化产品上，也可以拓展到品质不同的垂直差异化产品上。

（三）全球价值链的具体形态

全球价值链主要包括以下四种具体形态。

（1）国家价值链。国家价值链是在西方发达国家或跨国公司主导下的全球价值链被“低端锁定”，以及升级能力被“俘获”的情况下提出的。当前，国家与国家之间的竞争，不仅在于技术和创新能力，还在于价值链、供应链和产业链体系的完备程度。国家价值链是基于国内市场需求发育而成的，由本国企业掌控产品价值链的核心环节，在本土市场上获得产业链的高端竞争力，从而进入区域价值链或全球市场价值链的分工体系中。

（2）区域价值链。区域价值链是将区域产业基础、资源特点和产业升级的阶段性因素纳入价值链的理论分析框架中，是全球价值链的进一步完善。中国目前区域产业发展面临着传统产业产能过剩、投资下降、升级缓慢等挑战，新产业又面临着门槛高、周期长等弊端。我国在嵌入全球价值链的同时，必须构建区域价值链。这就要求以区域内关键资源和市场需求为着力点，整合区域内各种创新要素，强化研发设计、品牌销售等高附加值环节。长期以来，中国都是全球价值链的重要参与者，目前在“一带一路”建设上，已经具备主导区域价值链的基本条件。从国家层面看，“一带一路”建设的产业间互补性强，并且占据价值链高附加值的位置。

（3）产业价值链。在专业化分工的背景下，产业间的竞争不仅是单家企业之间的较量，还是产业链之间的较量，也是企业集群之间的较量，甚至是国与国之间的较量。产业价值链是指企业为了满足用户需求从而实现价值所形成的链条，即企业在竞争中所进行的一系列活动仅从价值角度所形成的链条。产业价值链是由产业链内各企业的价值链整合而成的，各企业的价值链由连接点衔接。

（4）产品价值链。产品是指能够供给市场，被人们使用和消费，并能满足人们某种需求的任何东西，包括有形物品，无形的服务、组织、观念或它们的组合。产品价值链的形态表现为产品研发链、产品供应链、产品销售链和产品用户体验链等。用产品价值链分析产品，就能明确产品或功能在整个链条中的职责和位置。产品价值链的优化和重塑往往来源于新技术的应用。要将新技术、新理念、新管理方法等渗透到产品设计、生产制造、销售服务等产品生命周期全过程，从而获得产品的最优价值。

二、全球价值链演化与升级

（一）全球价值链理论的发展

价值链理论最早是在1985年由波特教授提出的，其后经历了从新价值链理论、虚拟价值链理论、价值网络理论到最终的全球价值链理论的发展过程。

（1）波特的价值链理论。哈佛商学院的波特教授提出的价值链理论认为“每一家企业都是设计、生产、销售、发送和辅助”等种种活动的集合体，同时还分析了一般企业的价值链构成，提出了基本的价值链结构模式。

（2）新价值链理论。该理论认为，如果把材料供应商和顾客纳入价值链中，那么在不同的阶段价值链包含不同的组成部分。价值链的目标是把顾客对产品的需求作为生产过程的目标和重点，而把利润作为满足这一目标的副产品。

（3）虚拟价值链理论。1995年，哈佛商学院的两位教授在《开发虚拟价值链》中首次提出了“虚拟价值链”的概念。他们认为信息经济时代的企业要在两个世界中展开竞争。

（4）价值网络理论。许多国外学者认为，价值网络是一种以顾客为核心的价值创造体系，优越的顾客价值是价值网络模型中价值创造的目标，核心能力则是价值网络得以存在和运行的关键环节，是合作关系建立的基础。部分国内学者认为，价值网络包括一系列承担不同专业分工的不同组织，是一种组织间关系更为灵活和广泛使用现代信息技术连接起来的价值体系，并且这种连接是基于对公司业务进行重新分解后的核心能力要素而形成的。

（5）全球价值链理论。联合国工业发展组织指出：“全球价值链是指在全球范围内为实现商品或服务价值而连接生产、销售、回收处理等过程的全球性跨企业网络组织，涉及从原材料采集和运输到半成品和成品的生产和分销，直至最终消费和回收处理的过程。”全球价值链包括投入产出结构、空间布局、治理结构、体制框架四个维度。

（二）全球价值链升级

全球价值链的升级，主要体现在链条各节点企业的技术创新升级上。

其一，在全球价值链背景下，发达国家凭借知识、技术等领域的垄断优势，在国际分工体系中处于全球价值链高端环节并获取高额利润，同时将低效益、粗放型产业向以劳动力、资源为比较优势的发展中国家转移，形成了“中心”与“外围”的国际分工模式。对于传统的非技术密集型制造业而言，其特征是技术创新投入不足。中国早期制造业凭借传统的低成本要素嵌入全球价值链中，随着人口红利消失和环境恶化导致的成本上升，中国越来越不受发达国家大型跨国公司的青睐，导致中国离“中心”越来越远，为了向“中心”靠近，首要的是要实现比较优势的动态转化。通过柯布-道格拉斯生产函数，可以看出一国经济增长的源泉有要素禀赋的增长和技术进步，目前的经济形势使中国依靠要素禀赋增长已难以为继，唯一的选择就是技术进步。技术创新可以促进技术进步，而产品的价格为其生产要素的价格与生产效率倒数的乘积。首先，技术进步可以提高生产效率，在要素价格升高的情况下，生产效率的大幅提高同样可以降低生产成本，为特定生产环节创造比较优势；其次，技术进步有劳动节约型技术进步和资本节约型技术进步，这两种技术进步均可实现对传统生产要素的节约，要素需求的疲软将在一定程度上放缓其价格上涨，创造比较优势；最后，随着技术进步，产业的技术含量越来越高，传统要素含量越来越低，此时的要素禀赋由原来的传统要素转变为技术，技术的价格越来越低，实现劳动力资源比较优势向技术比较优势的动态转变，为嵌入高端环节创造条件。因此，向传统产业投入更多研发资金和研发人员，可以增强创新动力，为形成高增值率的核心技术、品牌优势提供了更多可能，同时可以降低传统要素价格，实现技术与成本的良性循环。以上几方面的作用共同促成了这类产业的劳动资源要素密集度降低、技术密集度提高，且由以往的仅仅依靠成本优势转为技术与成本并重的良性循环，实现由专注加工、组装环节的“世界工厂”向连接发展中国家和新兴经济体的“夹心层中心”转变，最终达到升级的目的。

其二，对于技术密集型制造业而言，其特征是技术创新投入高。在全球价值链背景下，很多技术密集型制造业承接的并不是高端技术环节，比如我国光伏产业虽然发展迅速，但仅仅承接简单制造环节，这样容易陷入高端产业低端化的恶性循环，造成“飞地经济”以及生产研发活动的隔离。国内学者运用增加值的方法计算了出口的国内技术复杂度与全部技术复杂度的差距，发现中高技术产业的差距大，其出口包含大量进口中间品成分，从事较低的加工组装环节，并未掌握核心关键技术。这类产业由于技术含量高，极易受到跨国企业掣肘，影响全球价值链升级。因此这类产业首要解决的问题是自我积累核心技术，脱离对跨国企业技术的依赖。全球价值链升级对知识资本的需求颇高，知识资本在市场中占有关键地位，谁拥有丰富的知识资本，谁就更易主导全球价值链。在全球价值链升级的四个阶段中，知识资本的具体作用表现为：在过程升级阶段，软件和系统形式的计算机化信息、有效率的生产线有助于获得成本优势和范围经济，在既定的产品价格下实现单位产品的增值。在产品升级阶段，计算机辅助设计（CAD）形式的计算机化信息、有关顾客偏好或产品销售的数据库有助于识别市场需求，开发新产品；先进技术可以提高产品质量和增加更复杂的功能，差异化的产品更容易赢得市场青睐，市场供求机制的作用使产品在市场上可以卖出高价。在功能升级阶段，创新性财富（新理念、基础研发、产品设计、品牌建设和营销，要将多种形式的知识资本整合在一起）有助于新理念成功商业化，附加值的环节也相应增多，极易受到国际买家和关键技术持有企业的“核心技术锁定”，此时运用核心技术可以突破锁定，获得增值能力和控制能力的提升。在链条升级阶段，这是全球价值链升级的最高阶段，不仅涉及核心的硬技术，还包括软技术，不仅拥有核心元件知识，还具有把各种元件组成一个架构的整体思想，善于洞察行业发展趋势，重视对前瞻性技术的研发与设计，适时地将产业融入全球价值链的相应环节并根据实际情况进行环节转换，达到最终摒弃低端环节引领全球价值链高端环节的目的。在中国，技术都拥有严苛的知识产权保护，可以防止知识资本的外泄，有利于技术的内生积累和正向循环，更好地作用于这类产业的全球价值链升级。

材料短析

全球价值链背景下福建自贸区集成供应链管理

中国（福建）自由贸易试验区（简称福建自贸区）设立于2014年12月31日，包括平潭、厦门、福州三个片区。通过产业集聚，福建自贸区制造业虽然取得了一定的发展，但是在全国经济发展背景下，福建自贸区制造业在全球价值链中仍然处于低端环节。下面从三个方面分析福建自贸区的现状。

（1）企业采购管理环节。福建自贸区企业采购仍然采取传统的采购方式，即以预测形式为主，按照实际需求下单为辅。对于通用物料而言，采购部门会根据其管理的需求计划，将一定时期的预测需求分配给不同的供应商，相应地，供应商按照预测需求提前配料，并按照要求送货。而对于其他物料和紧急物料来讲，采购则是按照实际需求下发采购订单并跟踪供应商供货。对于需求金额较大的物料，通常采取招标的方式。

（2）企业仓储管理环节。福建自贸区企业目前仍以中小企业为主，而中小企业体系不完善，对于仓储物流的管理疏于规范，缺乏科学的管理方法。在企业发展初期，为了节省成本和支出，在仓储过程中，一般使用人力代替机械。随着企业规模的不断扩大，仓储体量不断扩大，原有的仓库数量和传统的工作方式难以为继，此时需要不断扩大仓库规模并提高车间的机械化水平。

（3）企业销售管理环节。福建自贸区是面向全球开展业务的，企业通常会根据客户的特征来采取不同的销售管理模式。对于需求量稳定的客户，企业多根据市场订单的历史信息对未来市场需求进行预测，生产大多以备货生产为主；而对于需求量不稳定或者新客户而言，通常要求客户提前一段时间提出采购订单的需求，同时企业会根据对方的采购订单或预算组织生产来备货。

资料来源：李娜．全球价值链背景下福州自贸区集成供应链管理研究［J］．广西质量监督导报，2020（11）：177-178.

第四节　全球价值链的治理

全球价值链的治理是价值链研究的重要内容，治理结构不仅会对全球价值链的形成产生重要影响，而且对于发展中国家如何嵌入价值链以及不断升级嵌入价值链高端环节有重要影响。

一、全球价值链治理的模式

全球价值链治理的概念最早由格雷菲提出，是指价值链中权力拥有者对分散在各地的价值创造活动进行协调和组织的过程，权力拥有者根据自身建立的治理结构来决定发展中国家的企业能否进入国际市场，以及这些企业所能参加的活动（Humphrey and Schmitz，2002）。价值链治理包括治理主体、治理客体、治理内容以及治理机制四方面的内容。治理主体是目标企业，治理客体是产业链上游的供应商或者产业链下游的零售商，治理内容包括目标企业的经济活动以及公司结构，治理机制则是价值链治理的核心环节，不同的机制代表不同的治理模式，适用于不同的目标企业，是选择激励机制还是惩罚机制或者其他机制，这需要在实践过程中慢慢摸索。

根据价值链中交易的复杂程度、交易编码的能力和供应商的能力，将全球价值链治理模式划分为以下五种。

（1）市场型。当产品比较简单、交易很容易标准化、供应商的能力较强，无须采购商的介入就可以生产出后者需要的产品，同时资产专用性较低时，就有可能出现市场型治理模式。在市场交易中，供应商自行确定产品规格及价格，买卖双方权利平衡，交易相对简单，基本上不需要外部协调。

（2）模块型。当产品比较复杂，但其规格很容易标准化时，有可能出现模块型治理模式。此时，供应商的能力较强，能够供应所有的组件和模块（一般包含了难以标准化的默会信息），因此资产专用性较低。与市场型治理模式相比，买卖双方交流的信息量更大更复杂，且多为非价格信息，但标准化使得这些复杂信息的交流基本上不需要外部协调。在模块型治理模式下也能获得交易便捷、灵活与低成本的竞争优势，买卖双方权利基本对等，供应商更换交易伙伴比较容易。

（3）关系型。当产品规格无法标准化或交易无法标准化，买卖双方需要交流大量复杂的信息，且供应商的能力很强时，就会出现关系型治理模式。由于默会信息只能在买卖双方内部交流，同时主导企业愿意通过向供应商分包来获取互补性竞争优势，因此双方形成了互相依赖的关系，并通过声望、空间临近性、家族或种族关系来维系和发展。默会信息的交换很复杂，往往借助频繁的面对面交往，需要大量的外部协调，从而导致转换交易伙伴的难度增大。

（4）俘获型。当产品很复杂且交易难以标准化，而供应商的能力很弱时，往往会出现俘获型治理模式。一方面，供应商无法应对复杂的产品和规格，需要主导企业的介入和指导；另一方面，主导企业为了防止利益外流，需要设法全面控制供应商，从而进一步加剧了交易的依附性。因此，供应商的资产专用化程度很高，转换交易伙伴的成本也很高，不得不依附于主导企业。在俘获型治理模式下，主导企业通过其支配地位来控制机会主义行为，并通过提供各种支持吸引供应商进入该产业体系，从而实现了价值链治理。

（5）层级型。当产品结构很复杂，产品规格不能有效地标准化，外部交易的成本很高，而且不存在能力强的供应商时，主导企业才会将价值链中各分工环节垂直一体化，从而出现层级型治理模式。主导企业之所以选择该治理模式是因为：需要在各价值环节间有效地进行默会信息交流；需要有效地管理复杂的投入产出网络；需要有效地掌控知识产权等资源。

上述五种治理模式是由三个变量决定的：交易复杂性，即交易双方在交易过程中，与产品和生产过程有关的信息和知识传递的难易程度；交易可编码性，即交易双方在未设专用资金的情况下，知识和信息的可编码化及其传递的效率；供应商能力，即在交易过程中，供应商满足采购商对产品、服务所提出的要求和规范的能力。

价值链根据以上三个变量划分为五种形式，而三个变量也是动态变化的。第一，主导企业采购要求的提高会使信息的复杂性发生变化，从而降低了供应商适应新需求的能力，同时增加了交易的复杂程度；而降低交易的复杂程度能够使协调更为容易。第二，在各个产业内部，创新和标准化之间存在一种持续的张力，创新会改变标准化能力，即改变交易的协调性。第三，供应商的能力随时间发生变化，供应商通过学习可以提高能力，但当主导企业引入新供应商，或提高对现有供应商的要求，或出现新技术革命时，供应商的能力会相对下降。在三个变量动态变化的前提下，价值链治理模式也保持动态变化。

二、全球价值链治理模式的三个变量的影响因素

通过大量研究，学者们发现：决定全球价值链治理模式的三个变量主要受到标准化程度、技术发展与创新、供应商与采购商之间关系的紧密程度和政策因素的影响。

（一）对交易复杂性产生影响的因素

标准化程度的提高将降低交易的复杂性。标准化具有政策性和连续性的特征，其中，政策性可以保证交易的有序性和合法性，加深交易双方彼此之间的信任，减少不必要的谈判环节，降低交易成本的支出；连续性主要体现在交易双方利用已有的标准来处理重复性事务，进而减少信息和知识的重复传递，提高交易的效率。通过将复杂的信息标准化和规范化，主导企业可以减少对交易过程的治理和控制，提高信息传递的有效性。

技术发展与创新将降低交易的复杂性。20 世纪 90 年代以后，通信技术的发展日新月异，从过去的以语音传输为核心的通信技术到宽带技术再到如今的互联网技术，企业间的知识和信息的传递也随之变得更加高效、可靠和便宜，通信技术的发展与进步缩短了全球企业的空间和时间距离，便利了企业间的交流，从而降低了企业间交易的复杂性。

供应商与采购商之间关系的紧密程度对交易复杂性的影响应从两方面来分析，一方面，在产品和服务的差异化、多样化程度较高时，主导企业为了保证产品个性化战略的实施及对产品和技术专利的保护，以减少核心知识和信息的外溢，往往会与部分供应商建立合作关系，随着合作关系的深化，采购商对供应商的依赖程度也逐渐加强，相互的信任使得采购商将部分核心知识和技术传递给供应商，并减少对供应商产品和生产过程的监督、管理。另一方面，在产品和生产技术的标准化程度较高时，由于战略联盟内部系统及外部环境的不确定性、复杂性会导致联盟中企业遭受损失的可能性增大，因此，为了降低风险，保证企业间共同目标和利益的实现，主导企业将强化对交易过程的协调，建立交易专项资金以保证交易的顺利进行。

（二）对交易可编码性产生影响的因素

标准化程度的提高将增强交易可编码性。标准化的主要目的是促进信息和知识在产业价值链的不同层次、不同环节间的传递和共享。产品和生产过程标准化程度的提高有利于增强产品零部件的通用性和互换性，降低产品的差异性和多样性，使同行业中不同供应商所提供的产品的同质性加强，从而扩大了采购商的采购选择范围。

技术的发展与创新将提高交易的可编码性。通信技术的发展在提高信息传递的高效性和可靠性的同时，也促进了信息和知识的公开性、共享性，这就使得提供同种产品和服务的供应商可以更加迅速、方便且准确地获得与产品和生产有关的知识和信息。同时，由于社会的进步和发展（如交通运输业的发展、开采技术的发展等），原材料的采购变得更加

方便、快捷，这必然导致价值链中供应商数量增加、交易可编码性提高。

（三）对供应商能力产生影响的因素

标准化对供应商能力的影响可以分供应商能力较弱及能力较强两种情形来阐述。在供应商能力较弱的情形下，标准化程度的提高将促进供应商专业化分工的增强。供应商将把更多的注意力集中在所提供的产品和服务上，通过对产品和服务的不断改进和完善，使其达到市场标准和规范，从而提高供应商能力。在供应商能力较强的情形下，供应商有能力满足主导企业和市场对产品和服务所设定的要求和标准。标准化程度越高，供应商所提供的产品和服务的灵活性和创新性就越弱，这就在一定程度上抑制了供应商能力的进一步提高。

技术的发展与创新将有助于供应商能力的提高。机械化生产方式的广泛运用，极大地促进了企业生产效率的提高。自动化技术可以按照预先设定的程序和规范对生产过程和产品质量进行有效的监控，以确保每一道工序、每一件产品都达到主导企业所制定的标准。此外，由于技术的发展对于价值链的影响具有见效慢、针对性弱等特征，因此，在短期内或是其他影响因素发生变化的情况下，技术的发展与创新对全球价值链治理模式演进的影响程度是较为有限的。

交易双方关系的紧密程度对供应商能力的影响可以分供应商能力较弱及能力较强两种情形来分析。在供应商能力较弱的情形下，为了满足市场和战略的要求，采购商会向供应商提供相应的技术和资金支持，以确保其提供的产品和服务符合采购商所制定的标准和规范；在供应商能力较强的情形下，采购商往往会对所采购的产品及其生产过程制定严格的标准和规范，从而保证采购商自身的市场地位不受威胁。由于交易可编码性是由与产品和生产过程有关的知识和信息在市场中的公开化程度决定的，因此，它与交易双方关系的紧密程度并无直接联系。

此外，政策因素是指政府或者行业内、外的相关组织，为了实现其所代表的阶级、阶层的利益和意志，通过制定相关政策或共同达成某种协议，而对行业内各参与者及其所从事的各项活动进行规范化的管理和控制。由于不同的政策期望达到的目标存在差异，因此它对决定价值链治理模式的三个变量的影响也就有所不同，需要依具体情况具体分析。

三、全球价值链治理的未来发展

国际政治经济不确定性增强可能会加快全球价值链的调整步伐。全球价值链的发展是全球化进程的一部分，全球经济一体化的制度安排、科技进步、跨国公司的活跃、资本和人才的国际流动等因素共同促成了价值链的变迁与进步。然而，在当前的国际环境下，贸易摩擦增多、东南亚国家制造业优势凸显、发达国家制造业回流、人工智能技术重塑产业结构、新冠肺炎疫情造成全球产业链中断等一系列新现象和新问题可能加快全球价值链的调整步伐、加强其调整的力度。由于中国国内部分制造业行业呈现出增长乏力的趋势，优化升级的压力越来越大，未来全球价值链变迁或重构的方向将影响中国制造业的转型路径。中国作为一个有担当的大国，在全球价值链治理的未来发展中定会添瓦助力。为了促进我国企业向全球价值链的治理者迈进，我们需要全方位多层次共同努力。中国可以从以下几个方面实现向全球价值链的升级。

第一，中国的传统制造业主要以低成本的姿态嵌入发达国家采购商主导的全球价值链，传统制造业的价值链治理模式通常以领导型和层级型为主。对主导企业的过度依赖、缺乏自主性和创新性成为中国传统制造产业和企业升级的重要制约因素。因此，对于传统制造业，中国应当把从全球价值链中学习的生产制造技能与本土的市场和文化背景相结合，这样既可以有效地利用全球标准化所带来的交易复杂性降低、交易可编码性提高的优点，同时，又可以避免由于标准化程度过高而对供应商的自主性和创新性产生抑制的不足，从而使中国企业更好地融入全球价值链并为相关产业和企业的升级创造良好的条件。

第二，对于高新技术产业是知识、技术密集型产业来说，创新是其核心和基础，差异化、个性化是其主要特征。全球价值链中的治理者之所以可以掌握和控制价值创造的主导权，说到底是因为它们掌握和控制了全球创新链的源头，即科技成果的创意、研发和设计等过程，并且通过知识产权保护体系使其收益长期内生化。近年来，世界各国纷纷构建创新体系，该体系的核心要素是全球化的新理念、有国际化视野的高端人力资本、居于全球创新链高端的跨国公司。与经济全球化相伴的是技术全球化与创新全球化，而技术全球化与创新全球化的主角是跨国公司，基于上述语境，在高新技术产业中，中国应当在激励和引导其市场主体创新的同时，支持和鼓励其跨国公司，尤其是民营性质的跨国公司与国外大型采购商、主导企业的合作与联系，这将有利于降低企业间交易的复杂性，学习国外先进的生产、管理技术，助推产业和企业的升级。

第三，由于自然资源多数为不可再生资源，它的开发与利用直接影响着国家和地区的生态环境和经济的可持续发展。因此，对于资源依赖型产业，政府的引导、政策的约束、政府监管和公众的监督就显得尤为重要。首先，要基于国家宏观政策的引导以及地方政府的支持，加强公私部门在技术和科研等方面的合作与交流，支持和引导企业通过产业延伸模式、产业多元化模式及产业更新模式等实现经济转型，从而促进其技术能力积累和跨产业升级。其次，要通过制定相关政策对产品质量、环保、卫生等方面进行严格的管理和规范，促进产业技术能力的逐步提升。最后，要强化政府监管和公众监督力度。特别是在资源依赖型产业转型的过程中，由于受体制惯性和路径依赖的影响，对资源的定价可能很模糊，加上市场信息的不完全以及未来市场对资源供求状况的不确定性等因素的影响，资源可能被低效、非法占用，最终使某些资源的供求关系变形、生态系统逆向演替，进一步导致资源枯竭和生态破坏，因此，在资源依赖型产业和企业转型、升级过程中，政策因素的影响较大，不仅政府监管和公众监督不能缺位，而且还要强化监管和监督的力度。

第四，政府要为全球价值链治理者营造良好的软环境，制定和维护市场规则，规范市场经济秩序，保护知识产权，构建良好的信用体系，政府以法律形式对上述行为加以规范，加大游戏规则的制定和监管执行力度；消除市场进入壁垒，创造不同所有制企业自由进入、公平竞争、保护创新的制度环境。政府要加大行政审批制度改革、商事登记制度改革的力度，打破市场准入壁垒，营造公平竞争的国际化、法治化营商环境。培育企业家精神，倡导鼓励创新、包容失败的创客文化，激发企业创新动力和激情，进而催生出一些在国内甚至在全球价值链占据高点的领导企业。政府要不断完善产业政策，推动科技政策向创新政策转变，完善创新服务链条，鼓励企业搭建研发平台、提高研发投入，引进国外核心技术团队，兼并重组世界品牌企业，攻克核心关键技术、抢占全球销售渠道。政府要鼓励企业参与国家或国际标准制定。政府购买要充当挑剔型客户，深化收入分配制度改革，培育中等收入阶层，培育鼓励精致性需求，为培育本国世界品牌企业打下坚实的国内市场需求基础，从而竞争替代外资企业或跨国公司高质量、高性能品牌产品。政府要积极改善国际贸易和投资便利，在税收、保险外汇、签证便利、财政金融服务等方面积极协助国内龙头企业实施“走出去”战略，推动形成“国内总部＋海外制造＋全球营销”的战略布局，逐步提升中国企业在全球价值链中的主导权。

延伸阅读与思考

俘获型价值链中的知识转移

美的热水器制造有限公司隶属美的集团，成立于1999年，是中国国内最大的热水器生产厂商（按营业额排名），在其成立后的第二年（2000年）就以OEM方式开始海外销售，并加入了十数条全球价值链。这为研究全球价值链治理模式的演化和产品升级提供了丰富的素材和充足的时间跨度。

美的热水器加入了多条全球价值链，其中在以伊莱克斯、GE、林内等跨国巨头为旗舰企业的价值链中，美的热水器的处境是相当被动的，获得的利润也非常微薄。然而，毋庸置疑的是，这些旗舰企业为美的热水器培养了大批的专业人才，在其能力积累过程中提供了重要帮助。

通过长期代工，美的热水器从旗舰企业处获得了大量的技术知识。以燃气热水器的开发为例，在家电行业，燃气热水器属于高危产品。其核心技术和专利（燃烧器、火排等）在2007年以前主要掌握在日本能率、日本林内和德国博世、西门子手中，包括美的在内的中国制造企业则是技术上的跟随者。为了实现核心技术的突破，美的与日本林内签订了双向合作协议，于2008年加入林内构建的俘获型价值链，准备为林内代工销往巴西和澳大利亚的中低端燃气热水器。出于确保代工厂商的制造水平能达到要求这一考虑，林内同意向美的热水器转移技术知识。为了利用好这难得的学习机会，美的热水器从内部挑选负责工艺、结构设计、测试、制造、质量等方面的人员，组建最优秀的工程师队伍，联合公司采购、营销和财务人员组成专项小组，与日本林内展开了合作，时间长达13个月。合作期间，专项小组成员多次到林内位于澳大利亚、巴西、日本和天津的工厂参观学习，接受林内质量管理人员和技术专家的培训，进行售后服务和技术试验方面的交流。为了提高技术和工艺水平，美的热水器还在硬件上进行了大笔投资，从欧洲和日本进口了代表最先进技术的测试仪器、火排冲床，以及加工和部装生产线。2009年，项目宣告成功，美的燃气热水器产品全线投产。这只是美的热水器通过为行业领导企业代工学习技术知识的众多案例之一，在这些合作中，美的不但获得了重要的外部知识，还成功培养出一大批各领域的专业人才。这些人才后来陆续成为燃气热水器领域的技术带头人和美的重要部门的负责人，推动甚至主导着美的热水器的持续升级。加入俘获型价值链成为美的热水器获得外部知识的重要途径，美的热水器在消化吸收这些外部知识的过程中完成了技术能力的提升，其产品创新的数量不断增加。美的实行“一个平台两个市场”的产品策略，一方面，为客户代工的产品对海外定向销售；另一方面，美的热水器在消化吸收这些产品技术后，对技术规格进行调整，推出创新设计的新产品，面向国内市场以自主品牌销售。这一策略依托庞大的国内市场，将代工作为外部知识的来源，大大提高了企业的创新能力和创新速度。由此获得的国内市场优势地位为企业提供了充足的利润空间，保证了持续创新所需要的资源投入。

俘获型价值链中的旗舰企业不但是供应商获得技术知识的外部来源，也在供应商管理知识的获取中发挥着重要作用。美的热水器管理能力的提升得益于旗舰企业的帮助。以质量管理为例，从2000年到2016年，美的热水器的质量管理经历了TQM（全品质管理）、6S、6 Sigma标杆管理和专家型混合管理四个阶段。2000—2005年，美的热水器质量管理理念主要是TQM和6S。在推进TQM的过程中，中国台湾和日本的客户提供了非常关键的帮助。在美的现在的热水器工厂，除了美的自己的管理规范外，质量管理的体系、文件和方法很大部分都直接来自这些有合作关系的客户。2006年，美的热水器全面推进6Sigma标杆管理，合作对象就是6Sigma的发起者GE。当时，GE也是美的的客户。应美的以及GE客户的要求，从2007年开始，美的重金聘请GE的质量管理专家以及GE在亚洲的质量管理专员到美的工作，协助美的全面推进6Sigma标杆管理。尽管美的没有从根本上达到6Sigma的标准，但这种管理方法和一些管理活动的推进，把美的热水器的质量和管理水平推上了一个新的台阶。目前，在前期质量管理的基础上，美的热水器进行了自我创新，推出了专家型的混合质量管理模式，即根据质量管理的需要，在全球范围内聘请质量管理的权威专家到美的工作，以重大质量项目改进为主线，推进质量改善，提高质量管理水平。专家型混合管理模式的推行，实质上是对过去十几年质量管理成绩的肯定，也是对质量管理方法的创新和提升。美的重视俘获型价值链中提供的学习机会，通过组建最优秀的团队、进行重大设备投资等方式，把外部知识有效转化为企业的内部能力，为后续的产品升级和构建权力关系更平等的价值链打下了基础。

资料来源：宋耘，王婕．全球价值链治理模式的演化与产品升级研究——以美的热水器制造有限公司为例 [J]．中国市场，2017 (19)：128-133.

思考题

1．转售价格维持。时尚服饰、电子消费品、香水制造业都实施或曾经实施过转售价格维持。针对每个行业，说明进行转售价格维持的动机和可能的福利后果。

2．纵向一体化的原因有哪些？为什么纵向一体化能够解决双重加价问题？

3．品牌内竞争以及品牌间竞争存在的问题？纵向约束如何解决这些问题？

4．什么是产业内分工？为什么经济全球化会导致产业内国际分工？

5．发展中国家如何抓住战略性新兴产业发展的机遇，提升在国际竞争格局中的地位？

6．在全球新的竞争格局下，中国的产业竞争力处在什么位置？

7．全球价值链如何升级？选择我国一个行业或者企业，简要论述在参与经济全球化的过程中我国行业或者企业如何实现全球价值链的升级。

8. 部分学者认为，价值链是理解产业链的起点，价值链决定产业链；还有一部分学者认为，价值链是产业链的一部分，是产业链发展成果的抽象载体。请结合所学知识谈谈你对产业链和价值链二者之间关系的认识。2020 年 5 月 14 日，中共中央政治局常务委员会会议首次提出“要深化供给侧结构性改革，充分发挥我国超大规模市场优势和内需潜力，构建国内国际双循环相互促进的新发展格局”。结合新发展格局谈谈我国参与全球价值链的未来发展方向。

9. 结合中国国情，论述我国如何为全球价值链的治理添砖加瓦。

参考文献

1. 刘志彪. 产业经济学[M]. 北京：机械工业出版社，2015.

2. 石军伟，张静. 产业经济学[M]. 湖北：武汉理工大学出版社，2019.

3. 盛洪. 分工与贸易：一个一般理论及其对中国非专业化问题的应用分析[M]. 上海：上海三联书店，上海人民出版社，1994.

4. 卢峰. 产品内分工[J]. 经济学季刊，2004（10）：55-82.

5. D. 卡尔顿，P. 杰弗里. 现代产业组织[M]. 黄亚钧，译. 上海：上海人民出版社，1998.

6. 芮明杰. 产业经济学[M]. 上海：上海财经大学出版社，2016.

7. L. 卡布罗. 产业组织导论[M]. 北京：人民邮电出版社，2002.

8. 杨公朴. 产业经济学[M]. 上海：复旦大学出版社，2005.

9. 龚仰军. 产业经济学教程[M]. 上海：上海财经大学出版社，2014.

10. 廖进球. 产业组织理论[M]. 上海：上海财经大学出版社，2012.

11. 惠宁. 产业经济学[M]. 北京：高等教育出版社，2012.

12. Spencer B. J. International Outsourcing and Incomplete Contracts[J]. *Canadian Journal of Economics*，2005，38（4）：1107-1135.

13. Gereffi G.，J. Humphrey. The Governance of Global Value Chains[J]. *Review of International Political Economy*，2005（12）：78-104

14. Gereffi G. International Trade and Industrial Upgrade in the Apparel Commodity Chain[J]. *Journal of International Economics*，1999（48）：37-70.

15. Humphrey J.，H Schmitz. How Does Insertion in Global Value Chains Affect Upgrading in Industrial Clusters?[J]. *Regional Studies*，2002（36）：1017-1027.

16. Porter，M. E. *Competitive Advantage：Creating and Sustaining Superior Performance*[M]. Free Press，1985.

第十一章

政府规制

本章主要介绍规制理论与依据、政府规制工具、政府规制改革，以及反垄断法，重点回答两个基本问题：(1) 为什么会有政府规制？对于这个问题，要重点掌握自然垄断产业规制、竞争性产业规制、社会性规制的主要依据。(2) 如何实施政府规制？对于这个问题，要重点掌握自然垄断产业的价格规制工具。本章学习难点是规制改革的理论和实践，要了解在规制框架内引进激励性规制和放松规制的动因，掌握激励性规制的主要方式和放松规制的发展趋势。

第一节　规制理论与依据

在市场经济条件下，尽管市场在资源配置中起决定性作用，但在某些领域，或在有些情况下，市场在资源配置方面是无效或低效的，由于垄断、公共物品、外部性、不完全信息等原因出现了市场失灵。规制源自对自由放任市场经济中市场失灵的关注。

一、规制的含义

规制（Regulation）又称“管制”，是政府对社会经济主体的市场活动的干预。由于规制是政府行为，所以规制往往又被称为政府规制。对于政府规制的内涵，学术界有着不同视角的解读。波斯纳（1974）认为，规制是各种税收和补贴措施以及对价格、进入和其他经济行为的直接的立法和行政控制。植草益（1992）认为，规制是政府依照一定的规则对企业的活动进行限制的行为。萨缪尔森和诺德豪斯（Samuelson and Nordhaus，2013）认为，规制是政府以命令的方法，为了改变或控制企业的经营活动而颁发的规章或法律。史普博（Spulber，2008）认为，规制是政府制定并执行的直接干预或间接改变企业和消费者供需决策的一般规则或特殊行为。维斯库斯等（Viscusi et al.，2018）认为，规制是政府采用制裁手段，对个人或组织自由决策的一种强制性制约，是政府公权力的一种体现。

综上，规制定义可以概括为，政府为改变市场结果，根据相关法律法规，对市场微观经济主体的行为进行影响、干预和限制的综合表述。政府规制的主体即规制者，是以政府行政机构为主的社会公共机构。政府规制的对象即被规制者，是市场经济活动的行为主体，包括相关企业和个人，但主要是企业。政府规制的手段是以国家强制力为基础的国家法律法规、规章制度和政策。政府规制的内容涉及本应由微观主体和市场决定的价格、产量、质量、市场进入等。政府规制是规制者与规制对象的互动博弈过程，规制机构依规限制、规范和约束规制对象的行为，规制对象也能通过游说、贿赂等方式影响规制机构，规制的执行是有成本的。

现实中，政府规制广泛存在。从行业角度看，电力、自来水、燃气、金融、教育、媒体、通信、交通、能源、医药、环保等都是经常受到政府规制的行业。以我国电力行业为例，电力行业的主要监管部门包括国家发展和改革委员会（负责制定电力行业的产业政策）、工业和信息化部（负责研究并提出工业发展战略，拟订工业行业规划和产业政策并组织实施）、国家能源局（负责监督管理电力安全生产和输配电工作）、国家市场监督管理总局和国家标准化管理委员会（负责电力设备生产质量、安全等标准制定，电力设备产品质量标准管理）。电力行业法律法规以《中华人民共和国电力法》为核心，以《电力供应与使用条例》和《电力设施保护条例》为基础，结合相配套的电力行政规章及地方性电力法规，形成了电力行业的规制框架（见表 11－1）。从个人角度看，各国都有强制性或半强制性的雇员保护、失业保险、退休养老、医疗保障、福利住房等制度。

表 11－1　中国电力产业规制的主要法律法规

法律法规	发布单位	颁布/修改时间	规制内容
《中华人民共和国电力法》	第十三届全国人民代表大会常务委员会第七次会议	2018 年 12 月	保障和促进电力事业的发展，维护电力投资者、经营者和使用者的合法权益，保障电力安全运行
《电力供应与使用条例》	国务院	2019 年 3 月	加强电力供应与使用的管理，保障供电、用电双方的合法权益，维护供电、用电秩序，安全、经济、合理地供电和用电
《电力设施保护条例》	国务院	2011 年 1 月	保障电力生产和建设的顺利进行，维护公共安全
《中华人民共和国安全生产法》	第十三届全国人民代表大会常务委员会第二十九次会议	2021 年 6 月	加强安全生产工作，防止和减少生产安全事故，保障人民群众生命和财产安全，促进经济社会持续健康发展
《电力可靠性监督管理办法》	国家电力监管委员会	2007 年 4 月	加强电力可靠性监督管理，保障电力系统安全稳定运行

续表

法律法规	发布单位	颁布/修改时间	规制内容
《电网运行规则（试行）》	国家电力监管委员会	2006 年 11 月	保障电力系统安全、优质、经济运行，维护社会公共利益和电力投资者、经营者、使用者的合法权益
《电力监管条例》	国务院	2005 年 2 月	加强电力监管，规范电力监管行为，完善电力监管制度
《电网电能质量技术监督管理规定》	电力工业部	1998 年 3 月	加强电网电能质量管理，保证电网的安全运行和电能质量，维护电气安全使用环境，保护发、供、用各方的合法权益
《电网调度管理条例》	国务院	2011 年 1 月	加强电网调度管理，保障电网安全，保护用户利益，适应经济建设和人民生活的需要
《全国供用电规则》	水利电力部	1983 年 8 月	协调电力供、用双方的关系，明确双方的责任，确立正常的供用电秩序，安全、经济、合理地使用电力

二、规制的类型

根据政府对市场主体行为的限制程度和方式不同，政府规制可分为直接规制和间接规制。直接规制依据由政府机构认可和许可的法律手段，直接介入经济主体决策，以防止发生与自然垄断、信息不对称、外部性和非价值物品有关的经济活动。直接规制又分为经济性规制和社会性规制。其中，经济性规制“是在存在垄断和信息不对称问题的产业，以防止资源配置低效和保证需求者的公平利用为主要目的，通过认可和许可等手段，对企业的进入、退出、价格、服务的质量以及投资、财务、会计等方面的活动所进行的规制”（植草益，1992）。社会性规制是以“确保国民生命安全、防止灾害、防止公害和保护环境为目的的规制”（植草益，1992），包括对工作安全、产业安全、污染排放、就业机会、教育等的规制。

间接规制不直接介入经济主体的决策，仅制约阻碍市场机制发挥职能的行为，并且以为了有效地发挥市场机制职能而建立完善的制度为目的。间接规制主要包括以反垄断法为中心的竞争促进政策和以处理信息不对称为目的的政策，如保护消费者权益、公开信息等。

表 11-2　政府规制的类型

	直接规制		间接规制
	经济性规制	社会性规制	
内容	针对自然垄断与信息不对称，如对公益事业中进入、退出、价格等的制约。	针对外部性、信息不完全、非价值物品，如工作安全、环境保护等的制约。	针对不公平竞争行为和信息不对称的制约，如反垄断、保护消费者权益等。

三、规制理论的演进

规制理论的演进可分为传统规制理论和新规制理论两个阶段。传统规制理论包括公共利益理论、规制俘获理论和规制经济理论等，更多是对为什么要进行规制、规制代表谁的利益、哪些产业易受到规制等问题进行解释，主要贡献在于为政府规制政策提供理论依据。20 世纪 80 年代中期，得益于信息经济学、博弈论和激励理论的发展，拉丰（Laffont）和梯若尔（Tirole）开创了新规制经济学，将规制理论研究的重点从为什么规制转向如何有效规制，基于委托-代理框架寻找最优激励性规制的结构。

（一）公共利益理论

公共利益理论来源于庇古的经济学思想，以市场失灵理论和福利经济学为基础。公共利益理论认为市场是脆弱的，倡导政府把规制作为手段来纠正市场失灵、市场缺失等不合意的市场状况。政府被看作公共利益的代表，政府规制是对社会的公正和效率需求所做出的无代价、有效和仁慈的反应。政府规制的目的是增加公众的福利，弥补市场缺陷带来的效率损失，并得到更被社会认可的收入分配状况。但是，由于"理论和实证研究表明，市场规制与外部经济或不经济以及垄断的市场结构之间并没有正相关性"（Posner，1974），公共利益理论无法很好地对现实中的规制问题进行解释。

（二）规制俘获理论

规制俘获理论认为公共利益是一种虚构，规制的过程可以被看作各种利益集团追逐各自利益的过程。促使政府进行规制的仅代表社会的某一特殊利益集团，规制者被被规制者俘获，是特殊利益集团寻租的结果。规制的供给是应产业的规制需求而出现的（立法者被产业俘获），或随着时间的推移，规制机构最终受产业控制（规制者被产业俘获）。规制俘获理论与规制历史实践相对符合，比公共利益理论更具说服力，但规制俘获理论更多是作为一种假设被人们认识，并没有阐释规制机构是如何逐渐被产业利益集团俘获的，因而缺乏现实的解释力。

（三）规制经济理论

公共利益理论和规制俘获理论都缺乏坚实的理论基础。规制经济理论的出现突破了这一局限。斯蒂格勒（1971）首次尝试运用经济学的基本范畴和标准分析方法来分析规制的产生，认为规制的存在取决于社会对规制的需求和供给，各个利益集团要求政府做出符合它们各自利益的行为，被规制的垄断企业与消费者集团争夺对政府的影响。施蒂格勒为后续研究提供了一个经济学的结构框架。

佩尔兹曼（Peltzman，1976）对斯蒂格勒的规制理论进行了发展，提出了最优规制政策模型，即斯蒂格勒-佩尔兹曼模型，用来预测哪个产业会受到规制。立法者得到的民众和企业的支持，与市场价格和企业的利润有关，最优规制政策是以立法或规制机构为中介，消费者和厂商利益调和的结果。

贝克尔（Becker，1983）提出了政治均衡模型，关注利益集团之间争夺政治影响力的竞争，认为规制的核心在于增加最有影响力的利益集团的福利。利益集团对规制者施加的压力越大，则取得转移支付或财富再分配的可能性越大，由此竞争会产生一个在政治市场上的“纳什均衡”，导致最终有影响力的利益集团的福利增加，市场失灵得以纠正。该模型将政府纠正市场失灵的公共利益观点与政府青睐政治强权的观点统一在一起，认为两者都是为政治利益的竞争而产生的。

（四）新规制经济学

拉丰和梯若尔于1986年发表了《运用成本观察来规制企业》一文，拉开了新规制经济学的序幕；1993年出版的《政府采购与规制中的激励理论》一书完成了新规制理论框架的构建，被称为新规制经济理论的“圣经”；2001年《电信竞争》一书则将理论与现实相结合，分析了电信行业的规制问题。新规制经济学基于机制设计、博弈论等工具性研究的成果突破，将委托代理理论、激励理论引入信息不对称和不完全竞争条件下的规制研究中，构建了统一的规制逻辑框架，并提供了具有可操作性的规制工具箱。

新规制经济学使用委托代理理论的方法，对规制者和被规制企业之间的契约关系进行了分析。在委托代理关系中，政府规制机构是委托人，被规制企业是代理人。委托人与代理人之间存在信息不对称，代理人掌握了关于技术、成本、质量等的更多信息，在委托人无法观测到的方面存在逆向选择和道德风险问题。需要解决的关键问题是：如何设计出一种激励规制合同，既能充分激励代理人，又能有效约束其利用信息优势采取机会主义行为，促使其做出有利于提高社会福利的行为？规制问题实质上是在不完全信息条件下的最优机制设计问题，在已知规制者和被规制企业的信息结构、约束条件和可行工具的前提下，分析双方的行为和最优权衡。

四、规制的依据

（一）自然垄断产业的规制依据

如果由单一企业生产整个产业产出的总成本比由多家企业生产同样产出的总成本低，则这个产业就是自然垄断产业。自然垄断产业大都具有特定的网络供应系统，如能源输送网络（电网、燃气、自来水供应管道等）、有线通信网络（互联网、有线电视、通信等）。

传统自然垄断理论用平均成本的持续下降来定义自然垄断。在自然垄断产业中，由于存在规模经济，厂商的边际成本和平均成本持续下降，并且边际成本一直低于平均成本。此时，从资源配置的角度来看，由一家垄断企业生产比由多家竞争性企业同时生产更有效率。自20世纪80年代以来，人们对自然垄断理论的认识经历了从规模经济、范围经济到成本次可加性（subadditivity）的重大转变。借用数学语言中的函数次可加性，现代自然垄断理论认为自然垄断最显著的特征是其成本次可加性（Baumol，Panzar and Willig，1982）。

考虑单一产品的自然垄断。假设某产业有 n 家企业，企业的成本函数为 $c(q)$，产出向量为 q_1，…，q_n，$i=1$，…，n，如果在产量范围 $[0, \bar{q}]$ 内，满足 $q_1+\cdots+q_n=q$，则有

$$c(q)\leqslant c(q_1)+\cdots+c(q_n) \tag{11.1}$$

即在产量范围 $[0, \bar{q}]$ 内，如果由一家企业生产比由多家企业生产的成本要低，则这个产业在此产量范围内是自然垄断产业。

自然垄断的次可加性如图 11-1 所示，AC_1 表示单家企业生产时的平均成本曲线，AC_n 表示 n 家企业生产时的平均成本曲线，AC_1 和 AC_n 在产量 $\bar{q}$ 处相交，该点决定了成本次可加性的范围。AC_1 在 MES 处达到平均成本最小值，当产量 $q<MES$ 时，单家企业生产存在规模经济，此时应该由单家企业生产。当 $MES<q<\bar{q}$ 时，虽然单家企业生产存在规模不经济，但比 n 家企业生产时的平均成本低，从社会效率来看仍然应该由一个企业来生产。由此可见，该产业在产量范围 $[0, \bar{q}]$ 内满足次可加性，是自然垄断行业。图 11-1 也说明，平均成本下降一定造成自然垄断，但自然垄断不一定就是平均成本下降，规模经济是自然垄断的充分条件而非必要条件，自然垄断的最本质特征是成本次可加性。

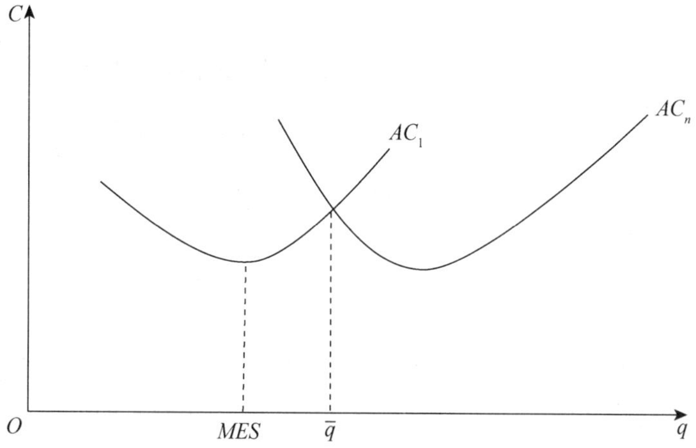

图 11-1　规模经济、成本次可加性与自然垄断

考虑多产品的自然垄断。在现实世界里，一家企业生产多种产品的情况非常普遍，如电信公司提供远程和本地电话服务，铁路公司提供旅客和货物运输服务等。在多产品自然垄断的情况下，多产品的总成本不是简单地取决于各个产品的规模经济，规模经济既不是自然垄断的必要条件，也不是充分条件；多产品的总成本主要取决于各种产品成本的相互影响，这种影响可用范围经济来描述。范围经济决定的成本次可加性是多产品生产自然垄断的本质特征。

在自然垄断产业，政府一般允许其垄断，但是为了克服自然垄断带来的“成本最低”和“产出最优”之间的矛盾，需要对其进行规制。一方面，“成本最低”要求基于成本次可加性的考量，由单一企业进行生产，由此需要政府实施进入规制。另一方面，“产出最优”要求多家企业相互竞争，以降低价格，提高产出，由此需要政府针对自然垄断行业的定价矛盾，实施价格规制。同时，在价格规制下，企业可能通过降低产品质量来增加利润，还需要政府实施质量规制。

（二）竞争性产业的规制依据

规制不仅被应用于自然垄断产业，也存在于竞争性产业。在竞争性产业中实施规制，主要从缓解信息不对称角度来进行分析。在完全竞争的市场机制下，所有信息都能通过价格传递，都能作为共同知识被市场经济主体充分利用。但现实中并不存在这种理想的完全竞争市场。在许多领域，产品或服务的供应者和需求者之间，经常存在严重的信息不对称，使得交易难以有效完成，出现交易不足、交易过度、品质与预期不符等问题。信息不对称可能造成市场机制失效，以至于需要政府规制介入。

在竞争性产业中实施规制，可以为企业和消费者提供将私有信息转变为共同知识的机制或途径。以金融行业为例，金融机构受托经营客户的财产，相对客户来说更具信息优势，若金融机构经营不善，客户就要蒙受巨大损失。为此，规制机构对金融行业设立一定的进入壁垒，如只有较大的金融机构才能进入。由于较大的金融机构的抗风险能力更强，规制在一定程度上可以降低信息不对称带来的不确定性，保障客户的利益。

（三）社会性规制的依据

1. 外部性

经济学认为，外部性的广泛存在会造成市场失灵，故需要政府规制介入。外部性分为正外部性和负外部性。具有正外部性的公共物品，容易出现市场供给不足问题，为提高正外部性的社会效应，规制机构要鼓励公共卫生安全、教育医疗等公共物品的提供，对产生正外部性的企业进行补贴。具有负外部性的产品，容易出现市场供给过量问题，规制机构需要制定相应的规制措施，限制环境污染、过度开发自然资源等行为，对制造负外部性的企业进行严格规制。

2. 信息不完全

信息不完全的普遍存在导致了政府规制的必要性。信息不完全表现为消费者对产品的质量、可靠性和安全性等有关信息掌握得不充分，或者有关交易的信息在交易者之间的分布是不对称的。政府对产品特性和合约条款的规制大量体现在消费者权益保护、广告管理、安全生产和预防职业危害等社会性规制中。如要求生产者明码标价，并要求在商品标签上标明某些产品的成分、功能和生产日期等，这些措施是为了让消费者获得有关产品的更全面的信息。

3. 非价值物品

非价值物品分为“不受欢迎的市场结果”和“功德物品”。对于“不受欢迎的市场结果”，基于伦理、道德或其他社会原因，政府可直接限制或禁止其生产和交易，如禁止毒品交易、枪械管制等；对于“功德物品”，政府可强制购买使用，如疫苗接种、义务教育、医疗保险、汽车安全带等。

第二节　政府规制工具

政府的规制目标只有通过适当而合理的规制工具才能得到有效的实现。前文提到直接规制分为经济性规制和社会性规制两大类，我们下面分别讨论经济性规制工具和社会性规制工具。

一、经济性规制工具

经济性规制工具主要包括价格规制、进入（退出）规制和质量规制。

（一）价格规制

价格规制是经济性规制的核心内容。价格规制指规制当局为限制垄断企业制定垄断高价，对产业价格水平和价格结构进行的规制。价格规制包括价格水平规制和价格结构规制。

1. 价格水平规制

对于自然垄断产业，价格水平的高低不仅影响着企业的生产经营行为和生产经营效果，而且直接关系到资源配置效率和社会分配效率。价格水平规制目标的实现与定价方式有着密切的联系，依据经济学原理，价格水平规制可以分为边际成本定价和平均成本定价。在实践中，世界各国对价格水平进行规制的方式各异，其中有两种具有典型意义的价格水平规制模型，即以美国为代表的收益率规制和以英国为代表的价格上限规制。

（1）边际成本定价。

首先考虑价格规制的最简单情况。假设一个企业的成本函数是 $C=F+cq$，其中 C 是总成本，F 是固定成本，c 是不变的边际成本，q 是产量。在没有规制时，垄断企业会追求利润最大化，使 $MR=MC$，垄断价格和产量分别为 p^M 和 q^M。这样，垄断价格 p^M 高于边际成本 c，垄断产量 q^M 小于社会最优产出水平，由此导致的配置无效率表示为图 11－2 中的三角形面积 E（阴影部分），经济学中称之为无谓损失。

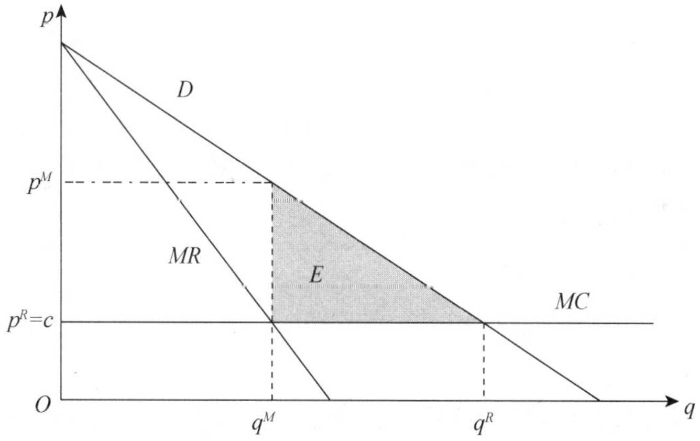

图 11－2　自然垄断产业的边际成本定价

规制机构为了克服垄断带来的弊端，理想的定价方式应该是让垄断企业按照边际成本定价，即 $p^R=c$。此时，产出为 q^R，社会净福利损失为 0，能够实现社会总福利最大化。但是，实行边际成本定价时企业的可变利润为 0，总利润为 $-F$。企业在利润为负的情况下无法生存，为此，需要政府给企业补贴 F。然而，补贴又会带来新的问题。为了提供补贴 F，规制机构需要提高其他方面的税收，税收带来的效率损失有可能比边际成本定价法要弥补的效率损失 E 更大。同时，在规制机构向被规制机构转移支付时，可能会产生规制俘获问题。

（2）平均成本定价。

针对边际成本定价的上述矛盾，对自然垄断企业的价格规制可以采用平均成本定价方式。如图 11－3 所示，规制价格等于企业利润非负情况下的最低价格，即 $p^A=AC$。此时，产出为 q^A，企业的可变利润为 F，总利润为 0，即企业的总收益等于总成本。平均成本定价是一种次优选择，与垄断价格和产量相比，它使价格下降，产量增加，从而使社会福利有了增加；但与边际成本定价相比，平均成本定价会带来三角形面积 E'（阴影部分）的社会净福利损失，未能使社会总福利达到最大。

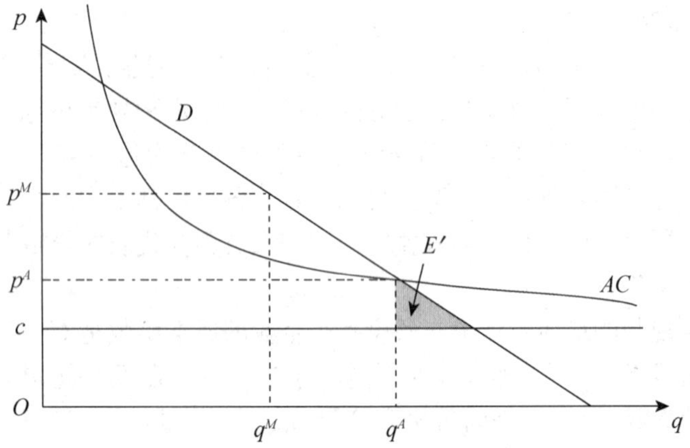

图 11－3　自然垄断产业的平均成本定价

（3）收益率规制。

平均成本中包含按“公正”的投资回报率计算的利润（正常利润）。在现实操作中，以完全竞争条件下形成的均衡价格中所包含的正常利润为基础，规定“公正”的资本收益率，然后选择预期可以产生该收益率的价格，这种方式被称为收益率规制，也被称为公正回报率规制。其实质是一种平均成本定价。收益率规制被广泛地运用于美国公用事业。

收益率规制的定价模型为：

$$R(p,q)=p\cdot q=C+RB\cdot s \tag{11.2}$$

其中，R 为企业收入；C 为成本费用（如运营支出）；s 为规制机构确定的收益率；RB 为收益率基数，即资本成本。

企业的资本 RB 是由负债资本 D 和权益资本 E 所组成的，企业所获得的公正回报是由负债的利息和权益资本的利润共同组成的。因此收益率（r）的确定要通过确定负债资本和权益资本的构成比率，以及确定负债资本利率（i）和权益资本的合理利润率（ρ）来决定。收益率 s 的计算公式为：

$$s=\frac{D}{RB}\cdot i+\frac{E}{RB}\cdot \rho \tag{11.3}$$

收益率规制存在的一个主要问题是：它会削弱企业降低成本的积极性，因为企业不论经营好坏，都可以在成本的基础上获得一笔按公正回报率计算的利润。因此，收益率规制是一种低强度的激励机制。为了弥补这一缺陷，有人主张按照上一年的成本定价，如果下一年企业的成本降低了，就可以节约归己。虽然这种规制的滞后性可能会给企业带来暂时的收益，但在降低成本的激励方面，收益率规制本质上存在着明显的缺陷。此外，收益率规制会产生“阿弗奇-约翰逊效应”（Averch-Johnson Effect），导致自然垄断厂商过度扩张资本，因为资本投入可以纳入收益率基数，乘以收益率就可以得出相应收入。这意味着，政府实行的收益率规制可能误导资源配置。

（4）价格上限规制。

鉴于收益率规制在降低成本激励上的局限性，价格上限规制作为收益率规制的替代方案被提出，这是一种高强度的激励机制。价格上限规制的具体做法是：规制机构和被规制企业之间签订价格变动合同，规定企业一揽子产品和服务的平均价格上限，使企业的定价只能在这个价格上限以下自由变动。价格上限规制的出现相对较晚，最初被运用于英国公用事业的私有化与规制改革，现在全世界范围内已被广泛运用于电信、煤气、自来水、交通、能源等产业。

英国价格上限规制采用 $RPI-X$ 模型，基本公式为：

$$P_{t+1}=P_t(1+RPI-X) \tag{11.4}$$

其中，RPI 表示零售价格指数，即通货膨胀率；X 表示预期的生产效率增长率。如果企业本期的价格上限为 P_t，那么下期的价格上限 P_{t+1} 的上涨（下降）幅度不超过 $RPI-X$。如果 $RPI-X$ 的值为正数，企业可以涨价；否则，则应当降价。价格上限规制通过 X 激励企业降低成本提高效率，企业只要通过努力使自己的效率提高超过 X，超出 X 的部分就归企业所有。价格上限规制使企业成为规制期内的剩余所有者，因此企业有动力尽可能地提高生产效率。

在具体实践中，价格上限规制也有一定的缺陷。首先，合理确定预期的生产效率增长率 X 是一个技术难点，如果依靠规制机构与被规制企业之间的谈判来决定 X，则政府官员和规制者可能会追求自己的利益，从而做出非效率的决定。其次，价格上限规制的激励效果取决于规制机构所承诺的时限长度，如果在很短的时间间隔内就修改价格上限，可能会弱化企业提高生产效率的动力，也会影响企业投资的连续性。最后，由于不能提高价格，企业可能会通过降低产品质量的方式获取收益等。

2. 价格结构规制

在自然垄断产业中，垄断企业不仅可以确定产品或服务的价格水平，还可以根据消费者需求的差异，确定不同的价格结构。这种差别定价行为既有其合理之处，也有其危害性，企业可能通过差别定价攫取更多的消费者剩余，扭曲分配效率，所以需要对自然垄断企业的价格结构加以规制。价格结构规制的主要任务，就是对企业确定的价格结构加以考察和区分，对那些严重影响社会福利的定价行为加以规制，制定出与需求结构相适应的规制价格结构。区分需求结构是进行价格结构规制的前提。基于自然垄断产业服务的不可转让性、必需性和公益性等特征，可以从需求主体、需求时间、需求量等角度对相关需求进行分类，明确需求结构，然后对应需求结构中的每一类需求，制定不同的规制价格，设置价格差距。

（1）拉姆齐定价。

很多公用事业产品可以按消费人群、地理位置、使用时间等进行分类，形成不同的产品。由此，自然垄断企业需要同时对多个不同产品或不同用户进行定价。拉姆齐定价（Ramsey Price）就是针对多产品自然垄断企业的一种线性定价方式，用以解决在总收益等于总成本的约束条件下，实现经济福利最大化的问题（Ramsey，1927）。

假定有一家企业生产两种产品，x 和 y，需求价格弹性分别为 η_x 和 η_y，且 $\eta_x > \eta_y$，边际成本分别为常数 MC_x 和 MC_y。拉姆齐定价要求总收益等于总成本且社会福利最大化，可以得到：

$$\frac{P_x - MC_x}{P_x} = \frac{\lambda}{\eta_x}, \quad \frac{P_y - MC_y}{P_y} = \frac{\lambda}{\eta_y} \tag{11.5}$$

其中，$\lambda \in (0, 1)$ 称为拉姆齐值，它的大小决定了企业价格的总体水平。拉姆齐定价要求所有产品的拉姆齐值相同，而每个产品的加价幅度与其需求价格弹性成反比。对需求价格弹性大的产品（如 x），价格应定得离边际成本较近，即加价幅度要小；反之，对需求价格弹性相对较小的产品（如 y），价格应定得离边际成本较远，即加价幅度要大。也就是说，为了使企业的总成本得到补偿，至少有一种产品的定价要高于边际成本。因此，不同于按边际成本定价的最优定价方式，拉姆齐定价是一种次优定价。

（2）高峰负荷定价。

拉姆齐定价的一个特殊应用是高峰负荷定价。高峰负荷定价是指在一些需求波动大的自然垄断产业，对高峰需求制定高价，而对非高峰需求制定低价。高峰负荷定价适用于那些需求会随时间大幅变动，而供应缺乏弹性的公用事业部门，在电力产业的价格规制中使用最为广泛。以工业用电为例，一方面，对电力的需求在一年、一季、一月甚至一日之内都有明显的波动；另一方面，在电力生产中，超产或贮存产出是不可能的或代价极高的。为此，有系统地制定不同价格，在电力高峰、平段与低谷收取不同的价格（如表 11－3 所示），使价格接近边际成本，可以在一定程度上熨平需求波动的落差，提高电力产业的负荷率和固定资产利用率，改进整个社会的资源配置效率。

表 11－3　江苏省工业用电峰谷分时销售电价表　　单位：元/千瓦时

		高峰 8:00—12:00 17:00—21:00	平段 12:00—17:00 21:00—24:00	低谷 0:00—8:00
大工业用电	1～10 千伏	1.069 7	0.641 8	0.313 9
	20～35 千伏以下	1.059 7	0.635 8	0.311 9
	35～110 千伏以下	1.044 7	0.626 8	0.308 9
	110 千伏	1.019 7	0.611 8	0.303 9
	220 千伏及以上	0.994 7	0.596 8	0.298 9
100 千伏安（千瓦）及以上普通工业用电	不满 1 千伏	1.119 2	0.671 5	0.323 8
	1～10 千伏	1.077 5	0.646 5	0.315 5
	20～35 千伏以下	1.060 8	0.636 5	0.312 2
	35～110 千伏以下	1.035 8	0.621 5	0.307 2

说明：7—8 月季节性尖峰电价按照江苏省季节性尖峰电价相关实施文件执行。

资料来源：江苏省发展和改革委员会．省发改革委关于降低一般工商业电价有关事项的通知（苏发改工价发〔2019〕499 号），2019-05-24.

（二）进入（退出）规制

为了解决自然垄断产业自由进入可能导致的过度进入或进入不足问题、价格“不可维持”问题以及过度竞争问题，需要由规制机构对潜在竞争者的进入进行规范和约束。进入规制是指在自然垄断产业中，为确保企业的规模经济效益，由规制机构对进入企业的从业资格、产品及服务的内容和标准进行审查、认证，从而确定一家或少数几家企业获准享有特许经营权，并承担该产业的供给责任，不能自由退出。

政府对市场进行进入规制的一个重要理论依据是可竞争市场理论。通过规制机构控制进入自然垄断产业的企业数量，维护相关产业的垄断经营，可以实现规模经济和资源的优化配置，防止重复投资和恶性竞争造成的资源浪费，保证相关产业产品和服务的有效供给。但是，进入规制也可能会产生缺乏竞争、导致“寻租”活动等弊端。

进入规制主要实行许可制、注册制和申报制。许可制是指对于那些在法律上一般被禁止的企业行为，规制机构限于特定场合对禁止予以解除，如发放经营许可证的制度。注册制是由规制机构确认申请进入企业是否具备资格并符合进入的必要条件，然后准许具备资格及符合条件者进入特定产业经营的制度，如证券发行注册制。申报制是指企业按照一定格式规范向规制机构提出进入申报，只要具备必要的条件并完成申报手续，原则上不限制进入的制度。

退出规制是指规制机构规定某些企业不能退出特定的服务领域。这些企业必须履行普遍服务义务，即要向所有用户提供价格可以承受的、有一定质量保证的基本服务，如电信对农村边远地区的服务等。

（三）质量规制

质量规制指规制机构实施的，对产品质量主体及其行为采取的干预措施等行政活动和相关制度的总称。质量规制的主要作用是防止缺乏竞争的自然垄断产业提供的产品和服务质量下降，以及在信息不对称条件下，督促企业建立质量标准体系，以保障消费者的权益。

质量规制主要体现在制定并强制执行各种产业标准上，主要内容包括：制定有关产品和服务的质量标准；建立有关产业产品和服务质量的定期检查制度；定期颁布准许生产的有关产品和服务的目录。

二、社会性规制工具

社会性规制与经济性规制在规制依据、规制对象、规制内容等方面存在明显不同。大多数社会性规制属于一种具有普遍性质的政府直接规制措施，同样的规制往往运用于多个产业。社会性规制工具较为广泛，包括直接限制、行政手段、经济手段、信息提供与公开等。

（一）直接限制

1. 禁止特定行为

禁止特定行为是指直接禁止那些被社会公认有可能引起危害和不良后果的社会行为。这类规制既包括对非价值物品中“不受欢迎的市场结果”的特定行为禁止，如禁止非法持有毒品，禁止非法持有、私藏枪支、弹药等，也包括对导致负外部性的特定行为禁止，如禁止违法排放特种污染物、禁止乱丢垃圾等。

2. 营业活动限制

营业活动限制是指通过批准、认可制度对提供公共性（准公共性）物品、非价值物品的从业者进行经营活动的限制。如《中华人民共和国未成年人保护法》第58条规定："学校、幼儿园周边不得设置营业性娱乐场所、酒吧、互联网上网服务营业场所等不适宜未成年人活动的场所。营业性歌舞娱乐场所、酒吧、互联网上网服务营业场所等不适宜未成年人活动场所的经营者，不得允许未成年人进入；游艺娱乐场所设置的电子游戏设备，除国家法定节假日外，不得向未成年人提供。"

3. 资格制度

资格制度是指从事与健康、安全、环保有关经营活动的单位和个人，必须由有关部门对其专业知识、经验、技能等进行认定、证明，并发给相关资质证明的制度。《国家职业资格目录（2021）》将职业资格分为专业技术人员职业资格和技能人员职业资格两大类，其中专业技术人员职业资格有59项，含准入类33项、水平评价类26项，技能人员职业资格有13项。

4. 检查与鉴定制度

检查与鉴定制度是指以保证产品的安全性，确保机器设备安全运转和操作为目的，有关部门履行各种检查义务的制度，包括定期检查、事前检查、事后检查等的制度，如消防器材定期检查制度。

5. 基准与认证制度

基准与认证制度是指从确保产品和设备运转的安全性角度出发，对于其结构、强度、爆炸性、可燃性等制定安全标准，对没有标明认证标志的产品，禁止其销售和使用的制度。例如，规定电线电缆、电路开关及保护或连接用电器装置、家用和类似用途设备、信息技术设备、儿童用品等列入国家强制性产品认证目录内的产品，没有获得指定认证机构的认证证书，没有按规定加施认证标志，一律不得出厂、销售、进口或者在其他经营活动中使用。

（二）行政手段

行政手段指国家凭借行政权力，通过颁布行政命令，制定政策、措施等形式，实现安全、健康与环境等社会性规制目标。行政手段是比较常见的社会性规制方式，既可以通过行政命令的方式实现，也可以通过行政引导方式、行政信息方式、行政咨询服务方式等实现。行政手段便于充分发挥行政组织的管理功能，在处理特殊问题上，比法律手段灵活，比经济手段及时有效。

（三）经济手段

在社会主义市场经济条件下，要充分发挥经济手段在社会性规制中的重要作用。经济手段是指为达到社会性规制的目的，利用经济利益关系对规制对象的活动进行调节的政策措施。经济手段可以分为诱导型规制和诱因型规制两类。诱导型规制手段包括税收、收费和补贴等，如财政补助、鼓励金、低息贷款、税收优惠等。诱因型规制手段包括市场的开创，如排污权交易市场、押金返还制度等。

（四）信息提供与公开

信息不对称的普遍存在导致了政府规制的必要性，而解决信息不对称最常用的规制手段就是要求信息优势方做到信息透明、公开。为此，规制机构有权要求厂商向消费者尽量详细地公开与其所提供的产品或服务有关的业务信息，如预包装食品的包装上要求有标签，标签应当标明名称、规格、净含量、生产日期、成分或者配料表、生产者、保质期、贮存条件等内容。按照法律规定，消费者也有权向卖方索取自己应该知道的有关产品和服务的信息，如居民买房时可以向房地产公司索取相关资料。同时，规制机构还可以通过产品质量检查、市场调查等方式收集有关信息并向市场公布。

第三节　政府规制改革

从 19 世纪 80 年代至 20 世纪中期，政府规制处于发展和扩张时期。以美国为例，1887 年为了限制铁路运价，美国成立了美国最早的独立规制机构——州际商业委员会（Interstate Commerce Commission），随后设立了各类规制机构来管理州际贸易、水电、通信、商品交易和其他活动。20 世纪 30 年代，罗斯福总统推行"新政"时期，进一步扩大了各类规制机构的管辖范围。1946 年，美国通过了《联邦行政程序法》（Federal Administrative Procedure Act），为规制机构授权提供了法律依据。但是到了 20 世纪 70 年代，随着传统规制工具在现实世界中不断运用，关于规制是否达到了预期效果的质疑不断出现，经济学家和法学家普遍认识到，规制机构会被被规制产业俘获，价格规制和进入规制等经济性规制往往使价格高于必要水平，使被规制产业受益，而损害消费者的利益。为此，美国、英国、日本等发达国家以及广大发展中国家针对传统自然垄断行业开启了以竞争化、民营化和放松规制为主要内容的政府规制改革。

一、规制失灵

为了纠正市场失灵，政府会进行规制，干预微观经济主体活动，但是政府过分或不当地限制市场竞争会造成资源配置效率低下，导致规制失灵。规制失灵意味着规制成本超出了规制收益，主要表现在以下四个方面：

一是企业内部低效率。被规制企业在客观上可能受到规制的庇护，无须面对外部强大的竞争压力，可以获得稳定的收益。比如前面提到的收益率规制，被规制企业不论经营好坏，都可以在成本的基础上获得一笔按公正回报率计算的利润。由此，被规制企业缺乏技术创新、管理创新、服务创新的动力，导致成本上升，效率低下。

二是规制滞后使企业蒙受损失。规制当局制定或实施规制一般需要较长时间，使规制常常滞后于现实情况的变化。比如，以互联网技术为依托的互联网经济日新月异，而互联网经济的规制却发展滞后。规制滞后导致企业行为的变化落后于市场环境的变化，往往使企业蒙受损失。

三是规制的目标和结果不一致。由于规制机构和被规制企业之间的信息不对称，规制机构往往缺乏最佳规制所需的信息，使得一项有着良好目标的规制政策未必能够产生良好的结果，有时甚至会事与愿违。如在进行价格规制时，由于信息不对称，企业有动机虚报成本等信息，这在事实上将导致价格规制难以达到预期效果。

四是规制成本的增加。规制不是无成本的，规制成本不仅表现为规制机构自身运转所需的行政支出费用、规制管理费用，还包括规制机构向被规制企业提供信息和服务耗费的人力、物力，如收集、分析被规制企业的财务、计划、需求、技术等方面的数据资料，在企业、消费者和相关规制机构之间进行协调产生的大量费用。此外，规制机构拥有的自由裁决权不可避免地会导致规制俘获的出现，还会产生寻租成本。

对规制失灵的反思引发了政府规制改革。政府规制改革主要包括两个方面：一是激励性规制；二是放松规制。

二、激励性规制

传统规制理论以信息完全和信息对称为前提，没有涉及被规制企业的激励问题。相对于传统规制而言，激励性规制强调激励在规制政策设计中的重要性，将信息不对称纳入规制问题的分析，在委托代理的分析框架下，进行最优规制机制设计。激励性规制给予被规制企业应对竞争压力和提高生产或经营效率的正面诱因，以此让被规制企业利用其信息优势和利润最大化动机，主动选择规制机构期望的行为，提高经营绩效，实现社会福利最大化。激励性规制关注企业的产出绩效和外部效应，而较少控制企业的具体行为，能够给企业更大的生产经营主动权和足够的激励。

激励性规制主要包括价格上限规制、特许投标制、区域间竞争等规制方式。鉴于价格上限规制已在上一节做了具体介绍，下面主要介绍其他两种规制方式。

（一）特许投标制

特许投标制（Franchise Bidding）是根据竞争的间接规制理论，强调在规制中引入竞争机制，通过拍卖的形式，让多家企业争夺在某产业或业务中的特许经营权，并在满足一定服务质量标准的要求下，将特许经营权授予出价最高或承诺最低价格的企业。特许投标制将竞争引入了招投标阶段，采用荷兰式拍卖，拍卖标的的竞价由高到低依次递减，最终效率最高（成本最低）的厂商中标。

特许投标制的优势在于，规制机构不需要拥有相关企业的实际成本和市场需求信息，竞争而不是规制机构的决定导致了平均成本定价，可以大大降低规制中的信息不对称性。1986 年由伦敦商学院所做的一项研究表明，英国政府在打扫建筑物、清理街道、收集垃圾等公共业务中，由于采取了竞争投标制（Competitive Tendering，一种具体的特许投标竞争方法），在保持原来的服务标准的同时，使成本平均降低了 20%，每年节省开支 13 亿英镑。

但是特许投标制在实践运用中也存在一些缺陷。如果单位产品成本随质量的提升而增加，那么竞价在使价格下降的同时，也会导致产品质量下降，由此需要规定质量标准，并予以监控，从而削弱了竞标优势。同时，当参与投标的企业数量较少时，企业之间可能会进行合谋，使得招投标阶段缺乏有效竞争。此外，特许期结束后重新竞争投标时，已经拥有特许经营权的在位企业在竞争中拥有战略性优势，需要考虑新企业的公平竞标问题；若在位企业在竞标中被新企业击败，还会面临资产转让和资产评估问题。

（二）区域间竞争

区域间竞争（Yardstick Competition）是将被规制企业按照地区划分，对经营条件相近的企业进行区域间比较，并以其中效率最高（成本最低）的企业作为参照物，从而刺激企业提高自身效率的一种规制方式。

区域间竞争认为，可以有许多同行业企业共存于自然垄断经济里，某个特定地区的企业可以用其他地区的同行业企业的生产成本作为衡量尺度，这样被规制企业可以有明确的标准来指导自己减少成本、提高经营业绩。

区域间竞争主要是地区间垄断企业之间的间接竞争，而不是产业内企业的直接竞争，因此竞争的作用究竟有多大令人质疑。现实中各家企业在地域位置、生态环境、人力资源、经济条件、交通条件、地方政策等方面不尽相同，削弱了彼此间的可比性。而且，区域间竞争的效果会受到规制机构对相关企业的经营效率、成本水平和服务信息知晓程度等因素的影响。

案例分析

区域间竞争

——英国的地区性自来水供应公司

英国的地区性自来水供应公司在英格兰和威尔士有 10 个，在苏格兰有 12 个。1989 年，英国政府应用区域间比较竞争规制理论对自来水供应行业实行了政府规制体制的重大改革，取得了较好的效果。

英国政府认为，对自来水供应行业制定规制价格，不仅要有一个统一的标尺（以经营成本较低的企业为基础），还要适当考虑各地区的经营环境差异。因此，政府在为每个自来水供应公司制定规制价格时，对不同企业做了比较效率评估，它将每家企业的经营环境中可能会引起经营成本差异的多种影响因素综合为“解释因素指数”（Explanatory Factor Index），再假定企业的单位成本与“解释因素指数”存在线性关系，然后利用回归分析方法估计出决定直线斜率的系数。最后，根据每个企业的影响因素回归直线估计其成本水平，进而决定规制价格。这样，那些经营效率较高、成本较低的企业就能获得较多的利润，从而促使企业之间为实现自身成本低于其他企业的平均成本而展开竞争。

资料来源：Sawkins，John W. Yardstick Competition in the English and Welsh Water Industry：Fiction or Reality? [J]. *Utilities Policy*，1995，5（1）：27-36.

三、放松规制

因规制失灵的不断显现以及规制理论研究的不断深入，反对规制的呼声日益高涨。20 世纪 70 年代末，为摆脱经济滞胀，西方国家出现了“放松规制”和私有化的浪潮。需要注意的是，放松规制主要是放松经济性规制，而社会性规制反而有不断加强的趋势，旨在保护健康、安全和环境的社会性规则成为规制关注的重点。

（一）放松规制的主要动因

1. 放松规制理论的影响

放松规制理论为西方各国的规制改革实践奠定了理论基础，对近年来各国政府规制政策思路的转换及措施调整产生了重大影响。支持规制放松政策的主要理论包括新自然垄断理论、可竞争市场理论等。新自然垄断理论直接反映了经济学界对政府与市场，垄断与竞争的关系认识的进一步深化，提出了自然垄断的成本次可加性、可维持性、治理多样性、变迁性等论点。新自然垄断理论成为西方国家对自然垄断产业进行规制改革，推行放松规制和竞争活动的基本理论依据之一。按照可竞争市场理论，在近似的完全可竞争市场上，自由放任政策比通常的反托拉斯政策和政府规制政策更为有效，政府部门应该排除一切人为的、不必要的进入和退出壁垒，尽可能降低沉没成本，确保潜在竞争压力的充分存在。由此可见，放松规制实践的背后，实质上隐含着规制理论的革新与进步。

2. 自然垄断属性的变化

随着技术进步、需求规模扩大等经济环境变化，人们发现，以前被认为具有自然垄断属性的公用事业、基础设施等产业，并不是所有业务都具有自然垄断性质，自然垄断性质只存在于产业的某个业务环节。一方面，技术的不断进步促进了某些产业自然垄断属性的弱化。技术进步不仅可以降低固定资产投资规模，使其不再成为其他竞争性企业进入的壁垒，而且可以促进产业的业务环节分割，特别是可以将上游提供网络传输的自然垄断环节和下游提供消费者服务的竞争性环节分离开来，由此可以对原来的自然垄断产业进行细分，对其中具有竞争性的业务引入竞争机制。另一方面，需求规模的不断扩大也改变了某些产业的自然垄断属性。某些公用事业产业具有明显的地区性，当面对地区市场的有限需求时，该产业通常由一家企业垄断经营，具有自然垄断性；但随着市场需求规模的不断扩大，当市场需求量超过成本次可加性范围后，该产业将不再具有自然垄断性，此时应该允许更多的企业进入。

3. 世界经济一体化的驱动

世界经济一体化对开放、公平、自由的贸易和投资环境的需求，客观上要求各国减少对市场的政府规制，提高市场开放度。WTO、OECD 等国际经济组织在推动规制改革方面做了大量的努力，其中 OECD 提交了《规制改革报告》，将对成员国规制改革的检查和评估作为一项重要工作，强有力地推进了成员国规制改革前进的步伐。此外，美英等国在 20 世纪 70 年代末通过放松原有规制，为经济发展寻找新的出路，在各国经济联系日益紧密的状况下，必然会产生全球共同放松规制的迫切需要，以实现全球性的规制协调和规制合作，由此掀起了全球性的规制改革浪潮。

（二）放松规制的实践

经过长期的实践，针对传统自然垄断产业的放松规制改革在世界范围内取得了巨大进展。其中，美国和英国作为世界上引领规制改革潮流的典型国家，在放松规制方面进行了积极的探索。总体来看，放松规制的效果是积极的。

放松规制的实践浪潮始于美国，自 20 世纪 70 年代起，美国相继对金融保险、交通运输、能源、通信等领域放松规制，充分发挥市场机制的作用。在金融保险领域，美国在 20 世纪 70 年代上半期率先放松规制，实行了存款自由化和证券手续费自由化，1980 年又通过了《存款金融机构规制缓和货币管理法》。在交通运输领域，1980 年通过了《斯坦格尔斯铁路法》《汽车运输法》《国际航空运输竞争法》等，放松了铁路、公路、航空运输的进入规制和费用规制。在能源领域，1978 年通过了《公益事业规制法》，推进发电部门的自由化；1979 年，通过了《原油、精制油规制排除法》，开始放松石油业规制；1992 年，通过了《能源政策法》。在电信通信领域，20 世纪 80 年代放松规制有了突破性的进展，90 年代完全放开了电信业的竞争。1977 年，美国规制产业占 GDP 的比重为 17%，到 1988 年，这一比重已降至 6.6%。

从卡特政府开始关注规制机构带来的弊病，到里根政府着手放松规制，再到克林顿政府继续坚持放松规制，美国在放松诸多产业经济规制的同时，加强社会规制；减少政府规制，依靠市场及其中介机构的作用来推动经济；通过成本收益分析法，提高规制绩效；将规制重构行为纳入法制化轨道。2017 年，特朗普政府上台后，把放松规制作为高度优先事项，发布了第 13771 号行政命令，要求联邦各部门和机构每发布一项新的监管规则，就要废除两项旧的监管规则，并通过删除或修改现有监管规则来抵消新监管规则的成本。这些行政措施还要求各机构指定一名官员来实施监管改革，并要求联邦政府在实施新法规时公平透明地行动。第 13771 号行政命令导致新规制措施的发布大幅减少，以及一些现有规制措施被修改甚至删除。特朗普政府的放松规制改革虽然招致了诸多批评，但在药品和互联网等行业成为推动相关领域经济增长的重要动力。

英国放松规制是由 1979 年代表保守党的撒切尔夫人上台后，在自然垄断行业大规模推进私有化运动拉开序幕的。英国放松规制主要体现在三个方面：一是通过国有企业私有化引入市场竞争。英国宇航公司、英国石油公司等一些重要的公司已移交私人经营。1979—1997 年间，GNP 的 10%从国有转为私有。二是逐步建立系统的政府规制体制。遵循"把原来由政府直接干预国有企业生产经营活动的规制体制，改革成由相对独立的专门政府规制机构通过一定的政策措施对企业实行间接规制"的原则，英国先后在电信、天然气、电力、铁路、环境监管等领域设立了新的规制机构。三是通过招投标，鼓励私人部门提供可市场化的产品和服务。英国放松规制的高潮是 1994 年通过的《规制放松和合同外包法》，其规制决策从首长制转变为理事会决策模式，同时伴随着规制体制效果评估。2008 年全球金融危机爆发，英国过度依赖私人组织的自我规制受到质疑，政府规制重新受到重视。

中国的垄断行业改革始于 1994 年在电信行业初步引入竞争机制，大规模推进则始于 1999 年以来的石油、航空、电信、电力等行业的分拆式重组。2002 年党的十六大报告和 2007 年党的十七大报告都提出了深化垄断行业改革，引入竞争机制的改革任务。2013 年《中共中央关于全面深化改革若干重大问题的决定》对垄断行业提出了"网运分开"的改革思路，放开竞争性业务，破除各种形式的行政垄断，着力推进水、石油、天然气、电力、交通、电信等领域价格改革，放开竞争性环节价格（戚聿东和李峰，2016）。2017 年国务院印发了《"十三五"市场监管规划》，提出要改变传统"管"的观念，把激发市场活力和创造力作为市场监管的重要改革方向，提出了"简约监管"和"审慎监管"的原则。特别提出要适应新技术、新产业、新业态、新模式蓬勃发展的趋势，探索科学高效的监管机制和方式方法，实行包容式监管，为中国规制转型指明了方向。

第四节 反垄断法

垄断，既可以表现为竞争领域的经济垄断，又可以表现为公用事业领域的自然垄断，还可以表现为地区部门的行政垄断。对于自然垄断问题，主要通过政府对自然垄断产业进行经济性规制或社会性规制来解决；对于行政垄断问题，要通过行政体制改革来解决；而在竞争领域，则主要通过反垄断法来解决经济垄断的问题。本章前面三节重点介绍了政府直接规制，第四节介绍间接规制的重点——反垄断法。

一、反垄断法的概念和性质

反垄断法一般是指国家通过规制特定主体（或行为人）在特定市场经济活动中排除或者限制竞争的状态和行为，进而调整企业即经营者之间的竞争关系的法律规范的总称。反垄断法是反垄断实体法和程序法的统一体。由于各国法律、政治、经济和文化背景的差异，反垄断法的立法体例与称谓在各国不尽相同。例如，在美国被称为《反托拉斯法》(Antitrust Law)，在德国被称为《反限制竞争法》或《卡特尔法》，在日本被称为《禁止私人垄断和确保公正交易法》，在英国被称为《垄断与限制竞争法》，在法国被称为《价格和竞争自由法》，在韩国被称为《限制垄断与公平交易法》，在欧盟被称为《竞争法》，在我国则直接被称为《中华人民共和国反垄断法》(简称《反垄断法》)。

反垄断法是保护市场竞争，维护竞争秩序，充分发挥市场配置资源的决定性作用的重要法律制度，素有“经济宪法”之称。尽管各国反垄断立法和司法实践存在差异，但都以通过规制排除竞争、限制竞争的状态与行为，进而维护自由、公平的竞争秩序为基本内容，调整的对象和保护的利益是相同或相近的。具体来看，反垄断法的立法目的主要包括三个方面：一是促进公平而自由的竞争。反垄断法是调整竞争关系，防范和控制垄断企业以合谋、滥用市场势力等方式限制和破坏竞争，以保护和促进竞争的法律规范。反垄断法可以维护自由、公正的竞争机制，保护参与经济交往的一般企业的经济行为自由。二是保护消费者的合法权益。不受约束的完全垄断企业为实现自身利益最大化会大量攫取消费者剩余，反垄断法通过阻止和惩罚垄断行为，可以保护消费者的合法利益。三是维护经济社会的效率与公平。鉴于垄断存在的社会成本，反垄断可以提高经济效率，有助于实现社会福利的增加，同时，反垄断法也在一定程度上体现了垄断企业与中小企业之间，垄断企业与消费者之间利益划分的公平性。

二、反垄断法的历史沿革

现代反垄断法的产生、发展历史已逾百年。19 世纪中期以后，第二次技术革命成果的全面推广推动了生产和资本的集中，进而导致了垄断组织的出现，对当时的西方社会产生了极大的冲击。垄断组织为了获取垄断利润进行的企业并购、签订卡特尔协议和其他排除、限制竞争的行为，既激化了阶级矛盾，又破坏了自由公平的企业竞争制度。为了防止垄断组织采取不公平的竞争手段损害社会福利，19 世纪末现代反垄断法应运而生。1889 年加拿大颁布了第一部现代意义上的反垄断法《预防和禁止限制贸易合并法》(An Act for the Prevention and Suppression of Combinations Formed in Restraint of Trade)，但其影响不大。

美国是现代反垄断法的发源地。由于托拉斯是典型的垄断形式，故美国反垄断法常被称为反托拉斯法。1890 年美国国会通过了《保护贸易及商业不受非法限制与垄断危害法》

(An Act to Protect Trade and Commerce against Unlawful Restraints and Monopolies),该法又名《谢尔曼法》(Sherman Act)。《谢尔曼法》共有8条,核心条款包括:第1条,禁止以合同、联合和合谋的方式集体排除或限制竞争行为;第2条,禁止个人或集体的垄断行为或垄断企图。《谢尔曼法》虽然篇幅小,但原则性强,被公认为第一部具有示范和标志意义的现代反垄断法。1914年美国国会又通过了两部支持《谢尔曼法》的法律,分别是《克莱顿法》(Clayton Act)和《联邦贸易委员会法》(Federal Trade Commission Act)。《克莱顿法》详细阐述了《谢尔曼法》的一般条款,并具体明确了许多导致垄断的非法行为,包括价格歧视、排他性交易安排、合并与兼并等。《联邦贸易委员会法》增补了对"不公平竞争方法"和"商业中不公平或欺诈性的行为"的规则,授权成立联邦贸易委员会来专门负责对上述"不公平竞争行为和方法"的调查处理。由此,以上述三部法律为核心,加上众多的补充性法律、法规和各级法院的司法判例,美国组建了比较完善的反垄断法律体系。美国反垄断法对其他国家的反垄断立法与执法影响最大,由此也被称为世界各国反垄断法的母法。此后,许多市场经济国家以美国的反垄断法为蓝本,结合本国的实际情况制定了本国的反垄断法。

作为法学与经济学交叉的领域,反垄断法在发展中大量吸收了经济学理论。经济学理论的发展对反垄断法的演进产生了重要的影响。20世纪30年代后,美国施行反垄断的理论支撑是哈佛学派的结构主义。哈佛学派遵循市场结构决定市场行为,市场行为决定市场绩效的SCP研究范式,认为高集中度的企业破坏了竞争性市场结构,导致市场绩效下降。由此,美国反垄断关注的重点是市场结构,强调政府对市场结构的干预。如1968年美国司法局颁布的《合并指南》明确以市场份额作为判断垄断组织的依据。受哈佛学派的影响,美国司法部门实施了美国历史上最为严厉的反垄断措施。

20世纪70年代,伴随着对哈佛学派的批判,针对反垄断问题,芝加哥学派开始逐渐成为主导。芝加哥学派认为,竞争行为,尤其是提高经济效益的竞争行为,就其本性而言,是会损害竞争对手的,关键不在于某种行为是否会损害竞争者或排斥竞争对手,而在于它是否会促进社会的经济效益,因此,反垄断法的重点"应从市场份额转向经济效益"。芝加哥学派所倡导的效率优先原则,掀起了美国"反托拉斯革命的第二次浪潮"。尽管反垄断经济学中哈佛学派和芝加哥学派之间关于结构主义和行为主义的争论一直在持续,但是总体来看,以行为主义为导向的芝加哥学派占主导地位,反垄断法完成了结构主义向行为主义的转向。

进入20世纪90年代,针对芝加哥学派自由主义反垄断思想的缺陷,后芝加哥学派进行了修正。后芝加哥学派抓住现实市场的本质特征,运用博弈论等工具解释了现实市场机制的弊端,考察了在位厂商针对现实和潜在竞争对手的策略性行为、可置信和不可置信威胁之间的区别,来评价在位厂商排除竞争对手的能力、厂商排他性行为的后果和对社会整体福利水平的影响。这些理论进展对于企业策略性行为的理解更为深入,更多地展现了相关行为具有促进竞争与限制竞争的双重属性,完善了反垄断思想的缺陷。美国在近年的反垄断司法实践中,已逐步迎来"后芝加哥时代"。

三、中国反垄断法的立法和执行

《中华人民共和国反垄断法》于2007年8月30日经第十届全国人大常委会第二十九

次会议审议通过，自2008年8月1日起施行。《反垄断法》的出台对建立和完善我国社会主义市场法律体系有着极其重要的意义，是我国市场经济法治建设的里程碑。在《反垄断法》出台后，为解决《反垄断法》的具体适用问题，国务院、国务院反垄断委员会、国家工商总局、商务部、发改委和最高人民法院等也颁布并实施了一系列反垄断法规、规章和司法解释，例如《关于经营者集中申报标准的规定》《关于相关市场界定的指南》《关于知识产权领域的反垄断指南》《关于平台经济领域的反垄断指南》等，建立了中国特色的竞争政策和反垄断制度规则体系。

(一)《反垄断法》的宗旨和主要内容

《中华人民共和国反垄断法》共分为8章57条，包括：总则，垄断协议，滥用市场支配地位，经营者集中，滥用行政权力排除、限制竞争，对涉嫌垄断行为的调查，法律责任和附则。《反垄断法》第一条阐明了立法宗旨："为了预防和制止垄断行为，保护市场公平竞争，提高经济运行效率，维护消费者利益和社会公共利益，促进社会主义市场经济健康发展，制定本法。"

《反垄断法》以专章形式分别于第二章、第三章、第四章规定了对垄断协议、滥用市场支配地位和经营者集中的监管，从三个方面对垄断行为进行调整。同时，根据我国市场经济转型国家行政性垄断的特点，在第五章规定了行政性垄断的禁止制度。

1. 对垄断协议的监管

垄断协议是指排除、限制竞争的协议、决定或者其他协同行为，既可以采限明确的书面形式，也可以采取口头形式，或其他协同形式，其本质特征为合谋以谋取高于社会平均利润的垄断利润。

垄断协议的主要表现形式有：(1) 横向垄断协议，即具有竞争关系的经营者达成的垄断协议，主要包括固定或者变更商品价格；限制商品的生产数量或者销售数量；分割销售市场或者原材料采购市场；限制购买新技术、新设备或者限制开发新技术、新产品；联合抵制交易；等等。(2) 纵向垄断协议，即经营者与交易相对人达成的纵向垄断协议，主要包括固定向第三人转售商品的价格；限定向第三人转售商品的最低价格；等等。

2. 对滥用市场支配地位的监管

市场支配地位是指经营者在相关市场内具有能够控制商品价格、数量或者其他交易条件，或者能够阻碍、影响其他经营者进入相关市场能力的市场地位。我国《反垄断法》不反对经营者具有市场支配地位，但严格禁止其滥用市场支配地位，实施排除、限制竞争，损害消费者利益的垄断行为。《反垄断法》列举的滥用市场支配地位的做法包括：(1) 以不公平的高价销售商品或者以不公平的低价购买商品；(2) 没有正当理由，以低于成本的价格销售商品；(3) 没有正当理由，拒绝与交易相对人进行交易；(4) 没有正当理由，限定交易相对人只能与其进行交易或者只能与其指定的经营者进行交易；(5) 没有正当理由搭售商品，或者在交易时附加其他不合理的交易条件；(6) 没有正当理由，对条件相同的交易相对人在交易价格等交易条件上实行差别待遇；(7) 国务院反垄断执法机构认定的其他滥用市场支配地位的行为。

相关案例有，高通公司滥用市场支配地位案：2015年2月，中国反垄断执法机构依法责令高通公司停止不公平高价、搭售和附加不合理交易条件等滥用市场支配地位行为，并处罚款 60.88 亿元人民币。该案是《反垄断法》实施后查处的首个滥用知识产权排除、限制竞争案例，为技术创新和无线通信产业发展创造了良好的市场条件。

3. 对经营者集中的监管

经营者集中是指以下三种情形：(1) 经营者合并；(2) 经营者通过取得股权或者资产的方式取得对其他经营者的控制权；(3) 经营者通过合同等方式取得对其他经营者的控制权或者能够对其他经营者施加决定性影响。经营者集中达到国务院规定的申报标准的，经营者应当事先向国务院反垄断执法机构申报，未申报的不得实施集中。

相关案例有禁止美国可口可乐公司收购中国汇源果汁集团有限公司案。2008 年 9 月，美国可口可乐公司宣布以总价约 179.2 亿港元收购汇源果汁所有股份，引发市场强烈反应。2009 年 3 月，中国反垄断执法机构经审查认为，该收购将损害果汁饮料消费者的合法权益，具有排除、限制竞争的效果，因此依法禁止该项收购。该案是中国《反垄断法》实施后首个禁止外国企业收购中国企业的案件，促进了果汁行业健康发展，具有里程碑意义。

4. 对滥用行政权力排除、限制竞争的监管

针对中国市场经济中存在的行政机关及公共组织滥用行政权力排除、限制市场竞争的行政性垄断的具体表现及危害，《反垄断法》对滥用行政权力排除、限制竞争行为做出了专门规定，列举了妨碍商品在地区之间的自由流通、排斥或者限制外地经营者参加本地的招标投标活动、排斥或者限制外地经营者在本地投资或者设立分支机构、强制经营者从事垄断行为等内容，比较全面地涵盖了我国目前存在的滥用行政权力排除、限制竞争行为的主要表现形式。同时，《反垄断法》第三十七条还专门针对含有限制竞争内容的抽象行政行为做了专门规定，要求“行政机关不得滥用行政权力，制定含有排除、限制竞争内容的规定”。

（二）《反垄断法》执法的发展实践

《反垄断法》自 2008 年开始实施，最初执法主要涉及三个机构，分别是国家工商总局反垄断与反不正当竞争执法局、商务部反垄断局、发改委价格监督与反垄断局。三个机构各司其职、分别执法，国家工商总局主要处理非价格垄断、非价格滥用市场支配地位以及滥用行政权力排除、限制竞争行为的案件；商务部反垄断局主要处理企业的兼并申请；发改委价格监督与反垄断局主要负责与价格相关的案件。在三个执法机构之上设立了起协调和指导作用的国务院反垄断委员会。2018 年，国务院机构改革，依据《国务院机构改革方案》，4 月 10 日国家市场监督管理总局正式挂牌，国家市场监督管理总局整合了反垄断执法机构的职责，承担反垄断统一的执法职能。

中国《反垄断法》实施成效卓著，为保护市场公平竞争，提高经济运行效率，维护消费者利益和社会公共利益，促进社会主义市场经济健康发展发挥了重要作用。首先，中国竞争政策的地位和作用不断增强，反垄断法治化水平不断提高，统一、开放、竞争、有序的市场体系不断完善。2008 年至 2018 年 10 月底，中国共查处垄断协议案件 165 件、滥用市场支配地位案件 55 件，审结经营者集中 2 437 件，查处了 12 个省（区、市）政府在“新居配”建设中滥用行政权力排除、限制竞争案件等 193 件，建立并组织实施了公平竞争审查制度，各地区各部门共对 12.2 万份文件开展了公平竞争审查。其次，保护消费者和经营者合法权益。围绕消费者和经营者反映强烈的突出问题，严厉查处汽车、燃气、供电、供水、电信、黄金饰品、乳粉等民生领域价格垄断行为，深入开展公用事业限制竞争和垄断行为专项整治，查处交通、医药、电力、教育、金融、保险等民生领域滥用行政权力排除、限制竞争的案件。最后，服务构建开放型经济新体制，积极参与国际竞争规则的谈判和调整，推动国际竞争规则相互衔接与融合，为投资贸易活动的顺利进行提供规则保障，例如，中国与瑞士等签订的自贸协定中已经设立竞争政策与反垄断执法合作专章，同时多个自贸协定竞争政策议题的谈判正在进行。反垄断执法获得了国际社会的充分认可，中国已经成为与美国、欧盟并列的全球三大反垄断司法辖区之一。

同时也要看到，我国的反垄断执法相对经济社会发展的需要，还存在许多薄弱环节，比如竞争政策作用发挥不平衡、不充分，执法体制不完善，执法标准不统一，执法程序不规范，执法队伍能力有待提升等。新形势、新任务对我国的反垄断工作提出了新要求，需要进一步完善中国特色反垄断执法体制机制，构建统一、权威、高效的反垄断执法体系。

案例分析

2020年反垄断执法十大典型案例

1. 四川省水泥协会组织6家水泥经营者达成并实施垄断协议案
2. 浙江省嘉兴市二手车行业协会组织9家二手车交易市场企业达成并实施垄断协议案
3. 山东康惠医药有限公司等3家公司滥用市场支配地位案
4. 南京水务集团高淳有限公司滥用市场支配地位案
5. 英伟达公司收购迈络思科技有限公司股权案
6. 丹纳赫公司收购通用电气医疗生命科学生物制药业务案
7. 阿里巴巴投资有限公司收购银泰商业（集团）有限公司股权未依法申报经营者集中案
8. 阅文集团收购新丽传媒控股有限公司股权未依法申报经营者集中案
9. 山东省济宁市财政局滥用行政权力排除、限制竞争案
10. 湖南省怀化市住房和城乡建设局滥用行政权力排除、限制竞争案

资料来源：国家市场监督总局．中国反垄断执法年度报告（2020），2020.

反垄断是社会主义基本经济制度的重要内容，做好反垄断工作对推动经济高质量发展，建设现代化经济体系、高标准市场体系和更高水平的开放型经济新体制，实现国家治理体系和治理能力现代化具有重要意义。近年来，我国平台经济快速发展，在提升全社会资源配置效率、推动技术创新和产业变革、促进国内经济循环各环节贯通、提升人民群众生活便利度的同时，平台垄断、竞争失序、无序扩张等问题也逐步显现，不仅带来了影响市场公平竞争、抑制创新活力、损害中小企业和消费者合法权益、妨碍社会公平正义等隐忧，而且给数据安全、信息安全、经济安全和社会公共利益安全带来了风险。2021年2月7日，国务院反垄断委员会正式印发了《国务院反垄断委员会关于平台经济领域的反垄断指南》（以下简称《指南》），提出中国《反垄断法》基本制度、规制原则和分析框架适用

于平台经济领域经营者。《指南》立足于中国平台经济领域发展现状和特点，深入总结《反垄断法》实施以来的执法经验，也充分借鉴了欧美发达国家平台经济领域竞争规则的成熟做法，以理论研究和实证调研为支撑，支持创新发展，突出问题导向，着力构建符合高质量发展要求的平台经济领域反垄断监管规则。《指南》明确了平台经济领域反垄断执法原则，有针对性地细化分析思路，为平台经济领域经营者依法合规经营提供了更加明确的指引，增强了执法针对性，提升了监管科学性，有利于促进平台经济规范、有序、创新、健康发展。

案例分析

以案示警 治理平台垄断 维护市场公平秩序

国家市场监督管理总局依法强化反垄断、反不正当竞争监管执法，针对社会反映强烈的头部平台企业“二选一”垄断，网络音乐领域独家版权，社区团购领域低价倾销、价格欺诈，虚假促销、大数据杀熟等不正当竞争行为，通过典型案例查处加强警示震慑效应，顶格处罚45起平台企业未依法申报案件并向社会公布。

2021年以来，我国对平台垄断、竞争失序现象开出多张罚单：2021年4月10日，阿里巴巴被罚182.28亿元；4月26日，监管部门对美团实施“二选一”等涉嫌垄断的行为立案调查；7月7日，国家市场监督管理总局依法对互联网领域22起违法实施经营者集中案做出行政处罚决定，涉及滴滴、阿里、腾讯、苏宁、美团系公司，对涉案企业各处以50万元人民币罚款。

同时，针对“双11”、社区团购、共享消费等平台经济竞争的重点时段和重要领域，组织召开行政指导会，亮出法律“红牌”，加强警示防范，及时督促指导企业加强自身合规意识和能力，以点带面促进平台经济竞争秩序整体规范。

资料来源：我国市场监管织密反垄断法网，建设高标准市场体系 [N]. 中国青年报，2021-09-07.

延伸阅读与思考

中华人民共和国70年环境规制政策变迁

中华人民共和国成立以来，我国的环境规制政策体系经历了从无到有、从起步构建到全面提升的发展历程。通过对不同时期的环境政策、治理措施等进行梳理，可以将我国环境规制政策体系的历史沿革大致划分为如下五个阶段：

(1) 起步初建阶段（1949—1977年）。中华人民共和国成立至改革开放前，社会主义工业化建设拉开序幕，环境污染问题在一些领域开始显现。国家在讲究环境卫生、节约资源、治理工业“三废”等层面出台了一些具有环保功能的政策和措施，这些政策和措施成为计划经济时期环境规制的初步实践。1973年，国务院召开了第一次全国环境保护会议，会议审议通过的《关于保护和改善环境的若干规定（试行草案）》，明确了环保工作的“32字方针”，标志着我国环境规制政策体系的起步构建。这一时期是我国环境保护事业的萌芽阶段，政府制定的一些具有环保功能的政策相对零散，缺乏具体的、规范的环境管理程序，也没有形成完整的环境法律制度，远不能满足环境保护的系统性、综合性要求。

（2）正式确立阶段（1978—1991年）。这一时期国家加紧出台了一系列环保法律法规，1978年，五届人大第一次会议通过的《中华人民共和国宪法》首次将环境保护写入宪法。1983年，国务院正式确立了环境保护的基本国策和“预防为主、防治结合，谁污染谁治理和强化环境管理”三大环保政策。1989年七届人大常委会第十一次会议正式颁布了《环境保护法》，标志着我国环境规制立法体系的初步形成。1982年，国务院正式成立了城乡建设环境保护部，部内设环境保护局。1988年，环境保护局从城乡建设部独立出来，升级为直属国务院的副部级单位，其职能得到了显著强化。总之，这一时期我国环境保护工作逐渐步入正轨，环境治理的基本方针、政策与制度陆续确立，环境规制手段开始步入法制化阶段，环境管理组织体系初步形成，环境管理部门职能逐渐强化。

（3）完善加强阶段（1992—2001年）。在1993年发布的《中国环境与发展十大对策》、1994年发布的《中国二十一世纪议程》以及《中华人民共和国国民经济和社会发展“九五”计划和2010年远景目标纲要》中，我国明确将可持续发展作为经济发展的基本战略和指导方针，并指出实现可持续发展的核心问题是实现经济社会和人口、资源、环境的协调发展。1996年，第四次全国环境保护会议明确提出“坚持污染防治和生态保护并重”的环境保护思路。《大气污染防治法》《固体废物污染环境防治法》《水污染防治法》《环境噪声污染防治法》《节约能源法》等多项法律法规陆续出台，我国环保法律法规建设进一步完善。环保机构的设置更加系统化、综合化，中国已基本形成由人大立法监督、政府负责实施、环境行政部门统一监督的环境规制体系。

（4）战略转型阶段（2002—2011年）。党的十六大以来，中央先后提出了“科学发展观”“促进人与自然和谐发展”“实现经济发展和人口、资源、环境相协调发展”等重要论断。党的十七大报告进一步提出了“建设生态文明，基本形成节约能源资源和保护生态环境的产业结构、增长方式、消费模式”。这一时期我国环境规制政策体系实现了重大战略转型，政策理念由过去重经济增长、轻环境保护向两者并重转变，政策目标由过去环境保护滞后于经济发展向两者同步发展转变，政策手段由过去以行政为主向行政、经济、法律、技术手段相结合转变。第一部循环经济立法《清洁生产促进法》的出台志着我国污染治理模式开始由末端治理向全过程控制转变；《环境影响评价法》强调预防在先、治理在后，从源头上控制污染，它的出台标志着我国环境立法方向和环境管理方式的重大转变。

（5）全面提升阶段（2002年至今）。这一时期环境问题得到了党和政府的空前重视，党的十八大报告提出了经济建设、政治建设、文化建设、社会建设和生态文明建设“五位一体”的总体布局，将生态文明建设置于突出位置。党的十九大更进一步把“坚持人与自然和谐共生”作为新时代坚持和发展中国特色社会主义的基本方略之一，强调“必须树立和践行绿水青山就是金山银山的理念，坚持节约资源和保护环境的基本国策”。2018年，全国人大审议通过了《中华人民共和国宪法修正案》，生态文明被正式纳入宪法，更加体现了党和政府对生态环境的高度重视以及中国特色社会主义生态文明建设的战略思想。在环保机构改革方面，2018年组建了自然资源部与生态环境部，取代了原国土资源部、环境保护部、国家海洋局、国家林业局等部门原来在环保方面的职能，进一步优化了职能配置，有利于强化自然资源监管。

总的说来，经过70年的发展，我国环境规制政策体系的内容不断丰富，环境保护涉及的范围不断扩大，参与环境政策颁布和实施的机构不断增加，行政经济立法等多元化手段综合运用的环境规制路径愈发清晰，现已基本形成环境保护与经济发展平衡、污染防治与生态保护并重的环境规制政策理念，初步建成由法律、行政法规、部门规章、环境标准、批准和签署的国际条约共同构成的生态环境保护体系。

资料来源：张小筠，刘戒骄．新中国70年环境规制政策变迁与取向观察［J］．改革，2019（10）：16-25.

思考题

1. 什么是社会性规制？举例说明我国实施的社会性规制有哪些。
2. 政府规制并不是解决经济系统缺陷的“灵丹妙药”，政府规制也会产生失灵问题。你认为规制失灵主要表现在哪些方面？应如何解决规制失灵？
3. 什么是激励性规制？实施激励性规制的主要方法有哪些？
4. 放松规制理论对中国当前的规制实践有哪些启示？
5. 运用反垄断法，举例分析我国市场运行中的经营者集中行为，并剖析其利弊。
6. 举例说明行政机关和公共管理组织不得滥用行政权力实施哪些行为。

参考文献

1. 范林凯，夏大慰．图卢兹学派对产业组织及规制理论的贡献［J］．经济学动态，2015（2）：120-129.
2. 戚聿东，李峰．垄断行业放松规制的进程测度及其驱动因素分解——国际比较与中国实践［J］．管理世界，2016（10）：72-87.
3. 戚聿东，李颖．新经济与规制改革［J］．中国工业经济，2018（3）：5-23.
4. 唐晓华，张保胜．自然垄断产业放松规制的理论观点及其分析［J］．中国工业经济，2001（12）：42-46.
5. 于立，于左．美国收益率规制与英国价格上限规制的比较［J］．产业经济研究，2003（1）：11-18.
6. 张小筠，刘戒骄．新中国70年环境规制政策变迁与取向观察［J］．改革，2019（10）：16-25.
7. 丹尼尔·F.史普博．管制与市场［M］．余晖，等译．上海：上海三联书店，上海人民出版社，2008.
8. 保罗·萨缪尔森，威廉·诺德豪斯．经济学（第十九版）［M］．萧琛，译．北京：商务印书馆，2013.

9. 植草益. 微观规制经济学[M]. 朱绍文，等译. 北京：中国发展出版社，1992.

10. Averch，Harvey and Johnson，Leland L. Behaviour of the Firm under Regulatory Constraint[J]. *American Economic Review*，1962 (52)：1052-1069.

11. Becker，Gary S. A Theory of Competition Among Pressure Groups for Political Influence[J]. *Quarterly Journal of Economics*，1983，98 (3)：371-400.

12. Laffont J. J.，Tirole J. *A Theory of Incentives in Procurement and Regulation* [M]. MIT press，1993.

13. Laffont J. J.，Tirole J. *Competition in Telecommunications* [M]. MIT press，2001.

14. Laffont J. J.，Tirole J. Using Cost Observation to Regulate Firms[J]. *Journal of political Economy*，1986，94 (3)：614-641.

15. Peltzman，Sam. Toward a More General Theory of Regulation[J]. *Journal of Law and Economics*，1976，19 (2)：211-240.

16. Posner，Richard A. Theories of Economic Regulation[R]. National Bureau of Economic Research，1974.

17. Ramsey，Frank. A Contribution to the Theory of Taxation[J]. *Economic Journal*，1927，37 (3)：47-61.

18. Stigler，George. The Theory of Economic Regulation[J]. *Bell Journal of Economics*，1971，2 (1)：3-21.

19. Sawkins，John W. Yardstick Competition in the English and Welsh Water Industry：Fiction or Reality?[J]. *Utilities Policy*，1995，5 (1)：27-36.

20. Viscusi，W. Kip，Joseph E. Harrington Jr.，and David E. M. Sappington. *Economics of Regulation and Antitrust* [M]. 5th edition. MIT press，2018.

第十二章 产业结构与产业关联

产业间关系是产业经济学要研究的首要关系，主要研究资源在产业之间的分配，它要回答以下问题：资源是按照什么原则、什么规律进行分配的？服从什么基本原理？产业间关系大致可以分为两类：一是产业间的比例关系，即产业结构及其演化；二是产业间的关联关系，即投入产出的数量关系。

第一节　产业结构演进

产业结构是指社会再生产过程中，国民经济各产业间的生产、技术、经济联系和数量比例关系，人类经济发展历史就是产业结构不断变化调整的过程。

在经济社会早期，人类通过狩猎、采集获取生活必需品，之后逐渐演化为种植作物、养殖牲畜。随着人口增长，人类对生活物资的需求也日益增加，为提高产量出现了专门的手工业分工，也因此产生了一系列服务于手工生产的行业，比如运输、销售等。工业化进程开始后，机器大生产普及，加之相关服务业快速发展，社会生产率显著提高。在这一过程中，产业结构演进具有一定的规律性，它既是过去经济增长的结果，也是未来经济增长的基础。因此，产业结构演进是一个国家和地区经济发展的主旋律，也是产业经济学研究的重要内容。

有关产业结构理论的研究以配第（Petty）、克拉克（Clark）、霍夫曼（Hoffman）以及库兹涅茨（Kuznets）为代表，相关研究描述了经济发展过程中劳动力在各产业间的比例分布和产业结构演变规律，即在工业化进程中，从农业到轻工业再到重工业和服务业，从资源、劳动密集型到资本、技术密集型再到知识密集型等由低级到高级的产业变化规律。

17世纪，英国经济学家配第就指出相关产业间存在资源流动现象，克拉克则在其基础上，根据一些国家的历史统计数据发现，随着全社会人均国民收入水平的提高，劳动力首先从第一产业向第二产业转移，进一步提高后，劳动力便大量向第三产业转移，这种由人均收入变化引起产业结构变化的规律就是配第-克拉克定理，该定理揭示了产业结构演变的基本规律。

20世纪五六十年代，美国经济学家库兹涅茨在继承配第和克拉克等人的研究成果的基础上，仔细挖掘了各国的历史资料，利用现代经济统计体系，对这些国家的产业结构变动与经济发展的关系进行了比较彻底的考察。他考察了各产业国民收入比重和劳动力比重变动的规律，解释了这些国家产业结构变动的趋势，从而进一步验证了配第-克拉克定理。

一、产业结构演进规律

产业结构理论是产业经济学的重要内容之一，而产业分类是产业结构研究的基础，对产业的系统划分主要包括两大部类分类法、农轻重分类法、霍夫曼产业分类法、三次产业分类法、生产要素分类法和标准产业分类法等。在产业分类的基础上，我们继续研究产业结构演进规律。

在经济发展过程中，由于分工越来越细，因而产生了越来越多的生产部门，这些不同的生产部门受各种因素的影响和制约，在增长速度、就业人数、经济总量占比和对经济增长的推动作用等方面表现不同。因此，在一个国家或地区的经济发展中，在每个具体的经济发展阶段、发展时点上，组成国民经济的产业部门各不相同，各产业的构成以及相互间的联系、比例也不尽相同，对经济增长的贡献大小也不同。因此，我们把包括产业的构成、各产业间的相互关系在内的结构特征概括为产业结构。对产业进行分类之后，我们关于产业结构发展演进的研究才有实际意义。研究产业结构，主要是研究生产资料和生活资料两大部类之间的关系。从部门来看，主要是研究农业、轻工业、重工业、建筑业、商业和金融业等部门之间的关系，以及各产业部门的内部关系。古典经济学家和现代经济学家相继对产业结构及其演进规律做了大量研究，使人们能较为清楚地了解各国产业结构演变的普遍规律。

（一）配第-克拉克定理

英国古典政治经济学创始人配第是最早对产业结构演进规律进行研究的经济学家，他通过对不同产业收入进行比较，指出了产业间收入相对差异的规律性。在1690年出版的《政治算术》一书中，配第首次阐述了产业结构演进和经济发展的大致方向。该书比较了英格兰的海员和农民的收入，发现前者的收入大约是后者的三倍，据此配第认为，工业比农业的附加值更高，这种不同产业间的收入差距会促使劳动力从低附加值产业向高附加值产业流动。这就是产业结构演进最基础的规律。

在配第的基础上，英国经济学家克拉克计算并比较了不同收入水平下的就业人口在三次产业中的分布结构趋势，验证了配第的发现。其在《经济进步的条件》一书中有如下表述：伴随着经济技术的发展和国民收入水平的提高，由于第一产业的产品附加值低于第二产业，第一产业的劳动者收入低于第二产业，因而劳动力会从第一产业向第二产业转移。经济进一步发展后，劳动力又开始向产品附加值更高的第三产业转移。因此，随着经济发展，劳动力在各产业的分布状况是第一产业劳动力比重逐渐下降，第二、第三产业劳动力比重不断上升，这也就是配第-克拉克定理。克拉克对该定理的内在基础从需求因素和效率因素两方面做出了解释，他认为随着国民人均收入不断提高，人们对农业产品的需求逐渐下降的同时，对工业品的需求先上升后下降，对服务业的相对需求不断上升。此外，经济社会中不同产业的生产率一般不同，制造业生产率相对于农业来说更高。

（二）马克思的产业按比例协调发展规律

马克思认为社会总产品必须通过交换才能得到实现。他从价值形态角度将社会总产品划分成不变资本 c、可变资本 v 和剩余价值 m，从实物形态角度将其分为消费资料和生产资料，同时将社会生产分为生产资料的生产和消费资料的生产。

在社会化大生产条件下，国民经济中的各个产业部门只有配置必需的生产资料和劳动力才能进行生产，并且生产资源只有按照一定比例恰当配置，才能使各产业部门的产品正好满足本部门和其他部门的生产消费需要。只有这样，各产业间的关系才会协调，才能在产业层面上优化资源配置，使产业结构趋于合理，社会再生产顺利进行，国民经济协调高效发展。国民经济各产业部门都要保持一定的比例关系，是马克思社会资本再生产理论揭示的社会化大生产的客观规律，也是产业结构演进的规律之一。

（三）库兹涅茨法则

在克拉克的研究的基础上，美国经济学家库兹涅茨对产业结构的演进规律做了进一步分析。除劳动力分布指标外，他还使用了国民收入比重这一指标，从国民收入和劳动力两个方面对产业结构演进做了综合分析。除此以外，库兹涅茨在利用时间序列的同时，还使用横截面数据进行了统计回归分析，在三次产业间变动的基础上，将研究拓展到了某些产业内部。

在《各国的经济增长》一书中，库兹涅茨将三次产业分别称为农业（Agriculture）、工业（Industry）和服务业（Service），并具体考察了国内生产总值在三次产业间的分布。其分析发现，无论在发达国家还是在发展中国家，随着人均国内生产总值的提高，农业部门占比全部处于下降状态，工业和服务业部门占比都处于上升状态，并且工业部门占比的上升速度更快。

在社会经济发展过程中，产业结构会逐渐从以第一产业为主的金字塔形结构转变为以第二产业为主的鼓形结构，最后转变为以第三产业为主的倒金字塔形结构。造成三次产业地位第一次变动的原因主要是科学技术的进步和机器大生产的普及，由此为制造业发展奠定了坚实的基础。第二产业开始迅速发展并进入边际收益递增阶段，制造业劳动者收入较高，吸引第一产业剩余劳动力流入，进而导致第二产业在国民经济中所占比重和地位相对提高，直到处于主导地位。科学技术的进一步发展促使生产率继续提高，生产相同数量的工业产品所需劳动力减少。此时第二产业进入边际收益递减阶段，劳动力向第三产业转移，从而又提高了第三产业在国民经济中的比重和地位，使得第三产业最终成为主导产业。

一般认为，第一、第二产业要发展到一定程度才能为第三产业的发展提供必要的物质条件，没有成熟的第一、第二产业奠定基础，第三产业是不可能健康发展的。社会化生产的发展以及人们生活水平的提高要求各个方面的服务，因此只有当人民生活水平提高到一定程度时，第三产业才能适应社会需要迅速发展起来。

（四）霍夫曼的工业化阶段理论

德国经济学家霍夫曼对工业化进程中工业结构的演变规律做了权威性研究。在1931年出版的《工业化的阶段和类型》一书中，他对20多个国家1880—1929年消费品工业和资本品工业所占比重的数据进行归纳发现：在工业化的过程中，存在资本品工业产值所占比重持续上升的必然趋势。并且他认为，到20世纪20年代末期，在英、美、法、德等处于工业化中期末的国家中，资本品工业产值与消费品工业产值的比值应该大致齐平。霍夫曼根据这种变化趋势，把工业进程分为四个阶段：第一阶段，消费资料工业发展迅速，在制造业中占有统治地位；资本资料工业则不发达，在制造业中所占比重较小，其净产值平均为资本品工业净产值的5倍。第二阶段，资本资料工业发展较快，消费资料工业虽也有所发展，但速度减缓，而资本资料工业的规模仍远不及消费资料工业的规模，但前者的净产值仍2.5倍于后者的净产值。第三阶段，消费资料工业与资本资料工业在规模上大致相当。第四阶段，资本资料工业在制造业中的比重超过消费资料工业并继续上升。整个工业化过程，就是资本资料工业在制造业中所占比重不断上升的过程，后者的净产值逐渐大于前者。

在前文中我们已经说明，霍夫曼的产业分类标准是产品用途，如果某种产品的用途有75％以上属于消费资料，则将其归入消费资料工业，如果有75％以上属于资本资料，则将其归入资本资料工业，难以用以上标准分类的归入其他工业。霍夫曼的观点自提出几十年来，始终在发展经济学领域保持着较大影响力，不少经济学家发现，在工业化进程中，工业结构确实存在重工业化的趋势，轻工业比重总体而言是下降的，这种趋势贯穿于整个工业化进程。

日本经济学家盐野谷佑一针对霍夫曼在产业分类时出现“其他产业”这种模糊概念的缺陷，重新划分了产业分类，并用修正后的数据计算了霍夫曼系数，得出三个结论：首先，资本资料工业生产的比重大致处于稳定状态；其次，从轻重工业比重来看，重工业比重增大的现象是普遍存在的；最后，日本霍夫曼系数明显下降的事实表明霍夫曼定律在工业化初期是适用的。

从原因来看，在工业化初期，食品、纺织等消费品工业是为了满足人们最基本的需要而发展起来的，只有当最基本的需要得到满足后，一个国家才能将更多资源用于发展其他工业。并且消费品工业投资相对较少、劳动力成本低，发展相对容易。随着消费品工业的发展，对资本品的需求增长、资本积累规模加大以及技术进步和劳动力成本提高为资本品工业的发展创造了必要条件，导致资本品工业增长加快，超过消费品工业成为主导产业。

在重工业化过程中，工业发展还表现出高加工度化的特征，即工业结构表现出由以原材料为中心转向以加工装配为中心的发展趋势。一般而言，加工度越深，产业链就越长，同时附加值也越大。随着工业化程度的加深，工业发展对原材料的依赖程度逐步下降，对中间产品的利用能力不断增强，最终产品中附加值比重日益提高，同时也出现了工业经济从粗放式增长向集约式增长转变的趋势。

二、第三产业发展趋势

20 世纪 70 年代后，一些学者利用库兹涅茨的分析方法，对世界主要工业化国家的产业结构进行了实证研究，结果发现：这些国家的第一产业无论从劳动力比例还是国民收入的相对比重来看，其下降的趋势都有所减缓；第二产业的相对比重也在下降，传统制造业在国民经济中的作用逐渐减弱；第三产业则呈现出强劲的上升趋势，占国民经济的比重达到一半以上（见图 12-1）。这与库兹涅茨法则的结论并不相符。

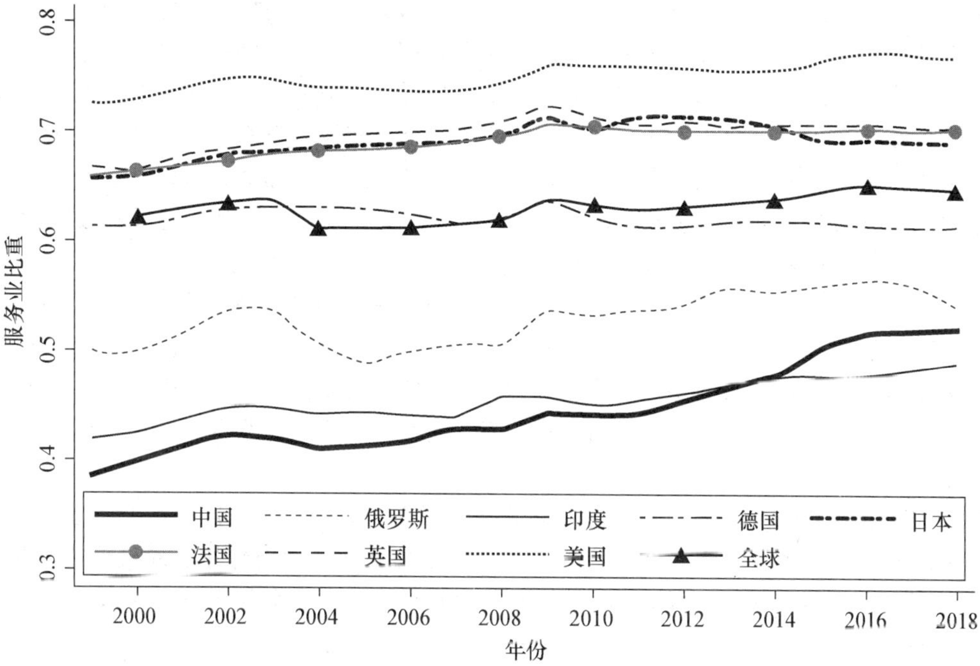

图 12-1　部分国家及全球服务业比重

资料来源：OECD 数据库。

随着经济全球化不断深化，学者们发现第三产业是生产力提高和社会进步的必然结果，其发展水平是衡量现代社会经济发达程度的重要标志。无论是历史发展规律还是一般逻辑的推导都表明，随着社会经济日益发达和现代化的推进，第三产业的发展速度逐渐超过第一、第二产业，从而其增加值和劳动力就业占 GDP 和社会劳动力的比重也会逐步超过第一、第二产业，在整个国民经济中起到越来越重要的作用。但在一定的发展阶段和时期，第三产业能否快速、高效发展，取决于具体的经济环境和发展条件。

第三产业的发展与经济社会活动发展息息相关。随着科技革命浪潮的兴起，知识、科技和信息对经济增长的贡献越来越大，因此，以这些要素为基础的第三产业发挥的作用也越来越重要。经济全球化及科学技术的迅猛发展，已经使第三产业尤其是现代服务业在世界各国特别是发达国家发展到了很高的水平，并表现出新的发展趋势。（1）第三产业的重要性愈发突出。根据配第-克拉克定理，随着经济的发展，人均国民收入水平提高，劳动力在第一、第二、第三产业中的比重表现为由第一产业向第二产业、再向第三产业转移的趋势，推动这种转变的动力是经济发展过程中各产业间的人均收入差异。经济发展过程就是产业结构变化的过程，经济越发达，第三产业及其就业人口占比就越高。(2) 随着第三产业开放度的提高，其国际化程度也越来越高。自 20 世纪 80 年代以来，国际服务贸易的增长速度已超过同期国际货物贸易的增长速度。同时各国放松了对电信、金融等部门的管制，使服务业迅速向海外扩张。服务业跨国公司的实力也得到大幅提升，跨国并购成为服务业对外投资的主要方式。从 20 世纪末到 21 世纪初，全球并购市场的热点是金融业，欧盟国家和美国的银行纷纷合并，之后是保险业和电信业，现在则以计算机软件技术行业为主体。服务业国际化产生了技术溢出，对新技术的发展起到了助推作用。与制造业相比，服务业跨国公司用于硬件技术研究和开发的投资并不多，主要以软技术见长。早期人们认为，由于服务产品的生产和消费较难分开，从母公司生产中分离出技能相对较低的那部分服务的可能性较小，因而服务业跨国公司向海外子公司转移的技术更为安全，也更接近母公司的水平。但随着计算机信息技术的发展，服务产品的生产和消费可以分离，服务外包逐渐兴起，并成为推动经济全球化进一步发展的重要力量。(3) 现代服务业的发展对世界经济产生了重大影响。现代服务业一般包括金融保险业、信息服务业、旅游业、物流业、房地产及社区服务业等。长期以来，发达国家对现代服务业拥有绝对优势，但近 10 多年来，一些发展中国家政府对本国第三产业予以扶持，使其得以快速发展。印度软件业受政府政策扶持，大力发展服务外包，从而成为印度服务业的支柱性产业。中国近些年也大力扶持互联网行业发展，出台了一系列优惠政策，使国内互联网行业得以快速发展，在国际上处于领先地位。

任何产业发展的能力都会受到内外部各方面因素的影响，第三产业的发展也不例外。经济发展水平和居民收入水平、城市化水平、劳动力状况、政府作用、对外开放程度等，都会对第三产业的发展产生直接或间接影响。(1) 经济发展水平和居民收入水平。一个国家只有经济发展起来了，人民的温饱问题解决了，第三产业才能发展起来，所以经济发展水平对第三产业的发展具有重要作用。第三产业比重不断上升使产业结构高级化，是经济发展必然要经历的过程。工业化后期，工业对信息服务业需求巨大，推动第三产业中的通信、信息、计算机网络服务、科研服务和综合技术服务业迅速发展。同时，居民收入水平对第三产业发展有着不可忽视的作用。居民收入水平提高后，才有足够的时间和资金去享受，生活支出的主题不再局限于食品消费，而是更多地转向服务消费。这在一定程度上有利于第三产业的发展壮大。(2) 城市化水平。有统计资料表明，第三产业发展与城市化水平之间存在高度正相关关系。在城市化过程中，各种配套的基础设施的完善，以及医疗服务、教育、金融服务、交通设施保障等的发展和完善都对第三产业发展起重要作用。完善的城市功能为个人实现自我价值创造了良好的社会环境，促进了人才和产业的集聚。同时城市各种资源、机构、科研院所、大众媒体相对集中，便利了企业对市场信息的了解和获取、对周围环境变化的及时把握，也吸引了企业向城市聚集。(3) 劳动力状况。第三产业中就业人员比重和劳动力素质是劳动力状况的两个主要方面。第三产业的发展能广泛吸收劳动力资源，其就业人数在一定程度上能够反映第三产业的发展状况。反过来看，劳动力的素质是经济发展的重要因素，它在很大程度上决定了第三产业发展的进程和行业经营状况。高素质人力资源是行业竞争力的重要体现，能够促进第三产业高质量发展。在工业化进程中，再就业培训、职业介绍、信息服务、中介服务等第三产业部门将发挥更大的作用。(4) 政府作用。政府作用对第三产业的影响主要体现在政府的支出和政策上，政府的投资和消费有利于某一行业发展。此外，政府发挥了经济管理者的作用，政府的政策对经济的影响也是显著的。(5) 对外开放程度。在开放条件下，市场由国内扩大至国际，市场规模的扩大促进了社会分工和劳动生产率的提高，从而促进了第三产业的发展。因此，对外开放程度是第三产业发展的重要影响因素之一。

材料短析

我国产业结构的发展历程

不同于发达国家的产业结构演进，中国由于没有较为温和的发展环境，因此产业发展有其自身特征，具体可分为以下五个阶段。

第一阶段：1949—1957 年

1949—1952 年间，三次产业占比由 68∶13∶19 变为 58∶23∶19，工业比重有所上升，但仍然较低，内部重工业更为薄弱。1953 年开始，我国实施"第一个五年计划"，1957 年工农业总产值达到 1 241 亿元，比 1952 年增长 67.8%，同期国民收入比 1952 年增长 53%，工业产值占工农业总产值的 57%，但轻工业比重较高，为 55%，重工业比重依然较低，成为限制工业发展的瓶颈。

第二阶段：1958—1977 年

1957—1960 年，轻工业在工业总产值中的比重由 55%下降到 33.4%，而重工业比重则由 45%迅速提高到 66.6%，重工业产值约是轻工业的两倍，工业内部结构严重失衡。到 1965 年，三次产业产值占 GDP 的比重分别为 38∶35∶27，轻工业产值在工业产值中的占比为 51.6%，重工业产值占比为 48.4%。

第三阶段：1978—1997 年

1981—1995 年，第一产业比重从 33.4%下降到 19.7%，第三产业比重从 21.8%提高到 32.8%，温饱问题基本解决，但就业压力和第三产业发展滞后问题较为突出。从工业内部结构来看，轻重工业比例从 51.5∶48.5 变为 47.3∶52.7，轻重工业结构基本协调。产业结构合理同时促进了贸易结构优化，工业制成品出口比例从 53.4%提高到 85.6%，初级品比例则大幅下降。国民收入显著提高，居民生活水平大幅改善，到 1995 年，人均 GDP 为 5 045.7 元，较 1981 年提高了 9 倍多。

第四阶段：1998—2012 年

1998—2012 年，中国第一产业比重从 17.6%下降到 10.1%，第二产业比重稳定在 45%左右，第三产业比重从 36.2%上升至 44.6%。而在工业内部，由于投资过热，对能源、原材料需求庞大，重化工业占比偏高。2012 年，除石油加工、炼焦及核燃料加工业外，六大高能耗行业能耗占工业能耗比重超过 70%，环境污染问题日益严重。

第五阶段：2013 年以来

2019 年，中国三次产业增加值占 GDP 的比重分别为 7.1%、39%和 53.9%，同比分别降低 0.1 个、0.7 个和上升 0.6 个百分点，经济结构持续优化。第一产业方面，粮食总产量持续增长，种植结构不断调整优化，畜类家禽总量稳定增长，粮食作物价格基本稳定。工业生产稳定增长，战略新兴产业成为新动能。2019 年，战略新兴产业增加值增长 8.4%，高于规模以上工业 2.7 个百分点。营商环境不断改善，私营企业经营状况明显改善。服务业比重持续上升，现代服务业发展态势良好。2019 年，信息技术、软件和信息技术服务业，租赁和商务服务业两大门类增加值合计同比增长 14.2%，战略性信息服务业、科技服务业和高技术服务业营业收入同比分别增长 12.4%、12.0%和 12.0%，规模以上互联网和相关服务、软件和信息技术服务业营业收入同比分别增长 25.7%和 16.6%。产业结构总体和内部都进一步优化。

资料来源：郭旭红，武力. 新中国产业结构演变述论（1949—2016）[J]. 中国经济史研究，2018（1）：133-142.

第二节　产业结构优化

产业结构优化是指通过产业调整，使各产业能够协调发展，并在满足社会不断增长的需求过程中实现合理化和高级化。其主要内容是，依据产业技术和经济关系，遵循再生产过程的比例性需求，促进国民经济各产业间的协调发展，使各产业发展与整个国民经济发展相适应。这要求产业发展遵循产业结构演化规律，通过技术进步使产业结构整体素质和效率向更高层次不断演进，通过政府有关产业政策调整产业供给结构和需求结构，推进产业结构向着合理化和高级化方向发展。研究产业结构优化以及产业结构合理化和高级化的标准及其对策，对一国经济社会健康、协调发展具有重要指导作用。

国际经验表明，产业结构优化升级与经济持续增长间具有强相关性。发展中的经济体进入起飞阶段后，长期的较快增长都是以经济结构的快速转换为基础的，工业化过程既是经济总量不断增长的过程，也是经济结构调整升级的过程。钱纳里和塞尔昆（1988）通过对第二次世界大战后数十个国家的发展经验的实证研究认为，发展就是经济结构的成功转变。这一观点被国内外大多数学者认可。

与经济快速增长相伴随的结构转换和升级过程，一般具有以下特点：（1）在经济总量中，第一产业的产值比重和就业比重持续下降，第二产业和第三产业相继成为增长的主导产业。（2）一些高速增长行业相继出现，带动整体经济持续较快增长。（3）资金技术密集的高附加值行业在工业中的比重持续上升，使整个经济向资源节约和技术、知识密集型方向推进。

产业结构转变是理解发展中国家与发达国家经济发展的区别的一个核心变量，同时也是后发国家加快经济发展的本质要求。产业结构变动包括两个方面：一是由于各产业技术进步速度不同，在技术要求和技术吸收能力上也有很大差异，因此各产业增长速度差距明显，从而引起一国产业结构发生变化。二是在一国不同发展阶段需要由不同的主导产业来推动国家发展，伴随经济发展的主导产业更替直接影响到一国生产和消费的方方面面，从根本上冲击一国的产业结构。

传统产业结构优化是指以实现资源最优配置为终极目标，推动产业结构趋于合理与升级的过程。考虑到在不同经济发展阶段，一个国家产业结构优化的衡量标准及目标都有差别，因此产业结构优化是一个相对动态的概念。其主要内容表现在以下四个方面：(1) 供给结构优化。供给结构是指在一定价格条件下作为生产要素的资本、劳动力、技术、自然资源等在国民经济各产业间可以供应的比例，以及以这种供给关系为联结纽带的产业关联关系。产业供给结构优化就是对劳动力供给结构、技术供给结构、资本供给结构以及投资结构进行调整，使其实现最佳配置。(2) 需求结构优化。需求结构是指在一定的收入水平条件下政府、企业、家庭或个人所能承担的对各产业产品或服务的需求比例，以及以这种需求为联结纽带的产业关联关系。它包括政府（公共）需求结构、企业需求结构、家庭需求结构或个人需求结构，以及以上各种需求的比例。产业结构优化需要对以上需求结构进行调整。(3) 国际贸易结构优化。国际贸易结构是指国民经济各产业产品或服务的进出口比例，以及以这种进出口关系为联结纽带的产业关联关系，具体包括不同产业间的进口结构和出口结构，也包括同一产业间的进出口结构（即进口和出口的比例）。产业结构优化需要对不同产业间的进出口结构以及同一产业的进出口结构进行优化。(4) 国际投资结构优化。国际投资包括本国资本的流出，即本国企业在外国的投资（对外投资），以及外国资本的流入，即外国企业在本国的投资（外国投资或外来投资）。对外投资会导致本国产业的对外转移，外国投资则促进国外产业的对内转移。这两方面都会引起国内产业结构的变化。国际投资结构是指对外投资与外国投资的比例结构，以及对外投资在不同产业之间的比例和外国投资在本国不同产业之间的比例及其各种派生的结构指标。产业结构优化也包括对国际投资结构进行优化。

为了实现产业结构优化，需要采取各种措施。首先，国家要实施产业政策指导，在遵循市场规律的前提下扶持或限制某些产业的发展，优化生产要素配置。其次，要充分发挥市场机制的作用，使资源在产业间自由流动，提高运行效率。最后，政府有必要针对市场机制自发调节作用的滞后性、不确定性等因素实行宏观调控（法律、经济和行政等手段），消除或减轻这些因素对产业结构优化造成的不良后果。

一、产业结构高级化

产业结构高级化是指产业结构水平发生了质变，比如原来以第一产业为主的产业结构由于经济社会不断发展，逐渐转变为以第二、第三产业为主的产业结构。其实质内容包括产业规模逐渐由小变大、产业结构水平由低到高、产业结构联系逐渐由松散到紧密、产业附加值逐渐提升等。这种提高过程体现在两方面：一是随着产业部门数量增加以及部门间联系更加紧密，相互购买增加，中间产品和交易环节不断增多；二是生产过程中初级产品逐渐被制成品取代。

产业结构高级化是在一定的经济发展阶段，在科技、需求等因素的作用下，相对现有社会生产力发展水平而言的，是一个相对的概念。

（一）产业结构高级化的影响因素

1. 社会需求

社会需求包括消费需求、投资需求和出口需求，三者共同决定了产业结构演变的方向。消费需求与个人收入水平相关，随着收入水平的变化，个人消费结构变化，进而影响产业发展，推动产业结构变化。投资需求包括固定资产投资需求和流动资产投资需求，固定资产投资需求是产业结构变化的直接原因。出口需求直接作用于国外消费，同时对国内产业发展具有导向作用，引导国内制造业、服务贸易等产业发展。

2. 技术创新

技术创新是产业结构升级的关键因素。新技术的出现会催生新兴产业，高效的新兴产业可以淘汰落后产业，产业结构因此得到升级。由于各产业间的劳动生产率增长不同，技术进步在各产业间的应用所产生的效果也不尽相同，从而导致一些产业发展较快，另一些产业发展则相对较慢。实践证明，在工业化过程中，工业比农业、重工业比轻工业的技术进步速率更快，所以重工业可以引领产业结构高级化进程。

3. 人力资源供给

人力资源的多寡将直接影响产业发展、产业高级化进程和产业结构变动，是产业结构高级化的劳动力基础。如果一个国家或地区的劳动力要素比较丰富，那么政府为保障就业率会优先发展劳动密集型产业，吸纳充裕的劳动力；相反，如果劳动力不足，那么政府会优先发展技术密集型和资本密集型产业，通过产业结构升级化解劳动力供给不足问题。但人力资本质量对产业结构高级化也有一定作用。若一国拥有高质量的人力资本，那么发展具有高附加值的技术密集型产业就相对容易。在某些欠发达国家，由于经济发展水平不高，劳动者受教育程度普遍偏低，导致人力资本质量一般，因此实现产业结构升级较为困难。

4. 制度安排

制度是产业结构演变的保障，制度不仅可以作用于资源配置方式，还能影响产业结构升级方向和状态。现有各种经济体制都或多或少带有政府干预的影子。若政府干预符合产业结构高级化发展的要求，则会对该国产业结构高级化进程起到助推作用，否则会产生一定的破坏作用。

（二）产业结构高级化的判断方法

对于产业结构高级化过程，除了主导产业的有序选择以外，一个产业结构系统在这个过程中的转变和演进程度，即对产业结构高级化的判断，也是一个极为重要的内容。

1. 标准结构判断法

所谓标准结构，一般是运用统计分析方法，综合描述一个国家产业结构的高级化程度，在统计归纳产业结构高级化特征的基础上，提炼出能够准确反映高级化阶段的某些指标，以此作为判别某国产业结构高级化的标准。库兹涅茨利用时间序列数据对产业结构演进规律进行了分析，同时利用截面数据研究了产业结构与经济发展阶段的对应关系，利用这种研究产业结构的方法，库兹涅茨提出了与不同发展阶段相适应的产业结构标准。其他经济学家也提出了相似的标准结构，如钱纳里-塞尔昆模型（Chenery-Syrquin Model）。

2. 相似比较判断法

如果将利用标准结构对一国产业结构高级化进行判断比作用一把尺子来丈量一个人的身高，那相似比较判断法就是两个人站在一起，以其中一个为参照系，对另一个人的身高做出判断。这种判断方式比用尺子丈量身高更生动形象。在对一个产业结构系统的高级化程度进行衡量时同样如此，以另一个产业结构系统为参照系来评价和判别，有时更为直观，也更能说明问题。

相似比较判断法的关键是构造一个关系式，将待判断的产业结构系统与作为参照系的产业结构系统联系起来，并且这个关系式要能够反映出两者间的相似程度。为方便起见，我们先规定如下一些记号：记待判断的产业结构系统为 A，作为参照系的产业结构系统为 B，u_i 为产业 i 在整个产业结构系统中的比例。自然，u_{Ai} 和 u_{Bi} 分别表示产业 i 在产业结构系统 A 和产业结构系统 B 中的比例，并且有

$$\sum_{i}^{n} u_i = 1 \tag{12.1}$$

显然，也应该有 $\sum_{i}^{n} u_{Ai} = 1$ 和 $\sum_{i}^{n} u_{Bi} = 1$。我们在一些产业经济学教材和著作中常见的相似比较公式为：

$$r_{AB} = \sum_{i}^{n} u_{Ai} u_{Bi} \Big/ \left[\left(\sum_{i}^{n} u_{Ai}^2 \right) \left(\sum_{i}^{n} u_{Bi}^2 \right) \right]^{1/2} \tag{12.2}$$

有中国学者利用此方法，对我国和日本（参照系）的产业结构高级化程度进行了比较，发现中国 1994 年的产业结构与日本 1940 年的相似，劳动力结构与日木 1950 年的相似。

二、产业结构合理化

产业结构合理化是指为提高经济效益，要求在一定的经济发展阶段上根据科学技术水平、消费需求结构、人口基本素质和资源条件，对起初不合理的产业结构进行调整，实现生产要素的合理配置，使各产业协调发展。它要解决的问题是：如何使产业供给结构与市场需求结构相适应？如何协调好各产业部门及产业内部各要素间的关系？如何提高产业发展质量？如何促进产业结构的平衡？总之，要根据本国经济的具体情况，对低效率产业结构进行调整，使经济资源得到最有效率的利用。判断一个国家的产业结构是否合理，要看是否具有范围经济，即产业结构整体上是否比这些产业单独的产能高。产业结构系统中各产业之间的关系越协调，经济系统整体的生产能力就越大，产业结构就越合理。

（一）产业结构合理化的本质

产业结构合理化的本质是协调，主要是指各产业间有较强的互补和谐关系与相互转换的能力，其实质就是社会资源在各产业重新配置，以达到产业结构合理化的要求。只有强化产业间的协调，才能提高其结构的聚合质量，从而提高产业结构的整体效果。这种协调状态一般包括以下几个方面：

1. 各产业素质的协调

产业结构作为一个系统，若要取得较高的系统运行效率，则系统的构成要素——各个产业——应当具有相同的素质。对产业素质的高低，我们可以通过比较劳动生产率来判

断。在现实经济社会中，由于存在技术进步不均等问题，各产业间的技术水平和劳动生产率不同。有较高技术水平和较高劳动生产率的产业，可以被认为具有较高的产业素质，反之其产业素质较低。一般而言，当各产业劳动生产率的数值分布比较集中且呈现出某种层次性时，可以认为各产业素质比较协调。

2. 各产业相对地位的协调

在产业结构系统中，各产业由于增长速度和作用不同而有着不同的地位，这些处于不同地位的产业按主次轻重有序组合，就构成了一个产业结构的层次性。例如，主导产业和支柱产业等产业部门在产业结构系统中较为明显地占据了主要地位，一般都会成为投资和发展的重点，得到产业结构政策的更多倾斜。如果一个产业结构缺乏层次性和主次性，缺乏一组带头的产业和发展重点，则整个产业结构就会显示出缺乏协调的紊乱，从而影响产业结构的综合转换效率。

3. 产业交替的时间协调

对于同样的经济活动，在不同的时期其效果是不同的。产业结构演变过程具有一定的规律，在不同的经济发展阶段可以选择不同的重点产业来培育、发展。通过对产业交替的时间选择，可以成功缩短产业结构的演进过程，极大地节约时间。如果错误地选择产业交替时间，则会造成社会资源的极大浪费。

4. 产业结构的空间协调

在目前的技术水平下，产业结构系统的生产能力总是落实在一定的地域空间，因此就产生了生产力布局以及由此导致的产业结构的空间协调问题。

（二）产业结构合理化的标准

1. 能够适应并满足市场需求变化

生产的终极目的在于满足市场需求。产业结构作为一种资源转换器，最基本的职能就是将投入品转变为能够满足市场需求的产品。因此，有理由将产业结构与需求结构匹配的程度作为判断产业结构合理化的一个标准。两者的匹配程度越高，说明产业结构越合理。但市场需求结构是不断变化的，产业结构想要与之匹配总会存在一定的时滞，即存在一定偏差。这种偏差分为总量偏差和结构偏差，当总量有偏差时，结构一定会有偏差；当总量平衡时，结构仍可能存在偏差。因此，结构平衡是比总量平衡更为重要的问题。一般可通过需求收入弹性与生产收入的差值及调节速度来判断产业结构是否能很好地满足市场需求。

2. 产业间的比例协调

健康、持续的经济增长建立在各个产业协调发展的基础上。结构平衡问题在产业结构上的表现就是各个产业间的比例关系协调。一般而言，比例协调的产业结构不会有明显的长线产业和短线产业。这是由于这两者都表明产业结构对市场需求不适应，存在资源浪费现象。比例协调的产业结构也不会存在瓶颈产业。若存在瓶颈产业，说明产业结构系统的产出与市场需求严重不匹配，对产业结构系统的投入产出效率及产出能力都有严重的不利影响。在实际生产中，各个产业发展绝对均衡的情形是很少见的，产业与产业间的增长速率是不一样的，因此会出现产业结构不平衡，但经济社会对这种不平衡有一定的承受能力，只有失衡到相当程度才会对经济社会产生巨大消极影响。

3. 能合理且有效地利用资源

产业结构作为资源转换器，其职能是根据市场需求将投入的各种生产要素转换为各种不同的产出。在这个转换过程中，转换效率是一个重要的指标，因而对资源的合理并且有效的利用是判断一个产业结构合理化程度的重要标准。对资源的合理并且有效的利用包括两方面的含义：一是提高资源的利用率，其中技术进步是关键；二是利用多种渠道，充分有效地利用系统内外的各种资源，其中系统内部的组织创新及对外部环境的利用是关键。

4. 满足经济社会可持续发展要求

自进入工业时代以来，人类社会经济总量以及社会财富有了巨大增长，但这种增长是建立在对自然资源的掠夺式消耗之上的。在经济发展的进程中，生态环境也遭受了严重破坏。随着这些破坏的负面影响日益扩大，人类逐渐意识到，必须在发展经济的同时加强对自然环境的保护，使人类社会实现可持续发展。因此，产业结构还应当满足经济社会可持续发展的要求。

（三）产业结构合理化的度量标准

我们可以将产业结构合理化理解为产业间的聚合质量，它一方面是产业间协调程度的反映，另一方面还应当是资源有效利用程度的反映，即它是对要素投入结构和产出结构的耦合程度的一种衡量。就这种耦合程度而言，研究者一般采用结构偏离度对产业结构合理化进行衡量，其公式为：

$$E=\sum_{i=1}^{n}\left|\frac{Y_i/L_i}{Y/L}-1\right|=\sum_{i=1}^{n}\left|\frac{Y_i/Y}{L_i/L}-1\right| \tag{12.3}$$

其中，E 表示结构偏离度，Y 表示产值，L 表示就业，i 表示产业，n 表示产业部门数，Y/L 表示生产率。根据古典经济学假设，经济最终处于均衡状态，各产业部门生产率水平相同，此时$\frac{Y_i/L_i}{Y/L}=0$，从而 $E=0$。同时，Y_i/Y 表示产出结构，L_i/L 表示就业结构，所以 E 同时是产出结构和就业结构耦合性的反映。E 越大，经济越偏离均衡状态，产业结构越不合理。但考虑到经济非均衡现象是常态，在发展中国家更为普遍，所以 E 不可能为 0。结构偏离度指标对各产业一视同仁，忽视了不同产业在经济体中的重要程度不同，所以并不是一个合适的指标。

泰尔指数（Theil Index）又叫泰尔熵，最早是由泰尔在 1967 年提出的，不少学者将其用于研究地区收入差距问题，干春晖等（2011）在其基础上对泰尔指数重新进行了定义，计算公式如下：

$$TL=\sum_{i=1}^{n}\frac{Y_i}{Y}\ln\left(\frac{Y_i/L_i}{Y/L}\right) \tag{12.4}$$

式中各变量含义同式（12.3），若经济处于平衡状态，则有 $TL=0$，否则表明产业结构偏离了均衡状态，是不合理的。该指数考虑了产业的相对重要性，避免了绝对值计算，同时保留了结构偏离度的理论基础和经济含义，相对来说能更好地衡量产业结构的合理化程度。

材料短析

加快发展现代产业体系

《中华人民共和国国民经济和社会发展第十四个五年规划和二〇三五年远景目标纲要》强调坚持把发展经济的着力点放在实体经济上，加快推进制造强国、质量强国建设，促进先进制造业和现代服务业深度融合，强化基础设施的支撑和引领作用，构建实体经济、科技创新、现代金融、人力资源协同发展的现代产业体系。

首先是深入实施制造强国战略。要坚持自主可控、安全高效，推进产业基础高级化、产业链现代化，保持制造业比重基本稳定，增强制造业竞争优势，推动制造业高质量发展。具体内容包括加强产业基础能力建设、提升产业链供应链现代化水平、推动制造业优化升级、实施制造业降本减负行动等。

其次是发展壮大战略性新兴产业。要着眼于抢占未来产业发展先机，培育先导性和支柱性产业，推动战略性新兴产业融合化、集群化、生态化发展，实现战略性新兴产业增加值占 GDP 的比重超过 17%。具体内容包括大力发展新一代信息技术、生物技术、新能源、新材料、高端装备、新能源汽车、绿色环保以及航空航天、海洋装备等战略性新兴产业，前瞻谋划类脑智能、量子信息、基因技术、未来网络、深海空天开发、氢能与储能等前沿产业等。

再次是促进服务业繁荣发展。要聚焦产业转型升级和居民消费升级需要，扩大服务业有效供给，提高服务效率和服务品质，构建优质高效、结构优化、竞争力强的服务产业新体系。具体内容包括推动生产性服务业融合化发展、加快生活性服务业品质化发展、深化服务领域改革开放等。

最后是建设现代化基础设施体系。统筹推进传统基础设施和新型基础设施建设，打造系统完备、高效实用、智能绿色、安全可靠的现代化基础设施体系。具体内容包括加快建设新型基础设施、加快建设交通强国、构建现代能源体系、加强水利基础设施建设等。

第三节　产业关联分析

一、产业关联的含义及方式

（一）产业关联的含义

产业关联指各产业间存在的以投入品和产出品为连接纽带的技术经济联系，主要包括产业之间投入产出、供给需求的数量关系。在社会再生产过程中，任何产业从事某种经济活动都必须耗用物质资料，必须使用劳动力，这就是所谓的投入。同时，通过生产过程，产业的经济活动也会创造各种有用的物品或提供服务，这就是所谓的产出。产业关联就是产业之间存在的投入和产出上的相互依存关系。各种投入品和产出品可以是实物形态的，也可以是价值形态的；相应地，产业间的技术经济联系可以是实物形态的联系，也可以是价值形态的联系。在产业关联分析的实际应用中使用更多的是价值形态的技术经济联系。

各个产业部门之间基于一定的技术经济关联形成的链条式关联关系，被称为产业链。产业链存在多种形态（多个维度），如产业价值链、产业技术链、产业竞争力链、产业创新链、产业融合链等。如果叠加上产业链的开放性，就形成了全球价值链、全球创新链。在产业链的基础之上，近来还出现了产业生态圈的概念，产业生态圈是以主导产业为核心的具有较强市场竞争力和产业可持续发展特征的地域产业多维网络体系。

产业关联的研究最早可以追溯到古典经济学的先驱配第，他指出生产是一种循环流，不同经济部门在生产中相互联系。法国重农学派的创始人魁奈（Quesnay）在《经济表》（1758 年）中指出，生产是一个循环过程，以经济剩余的形成为核心来描绘再生产过程。马克思在魁奈的基础上，提出了两大部类理论和生产、流通、分配等再生产图式。瓦尔拉斯（Walras）在《纯政治经济学纲领》（1874 年）中使用联立方程组来描述经济的一般均衡状态，正式确立了产业关联的理论基础。

里昂惕夫（Leontief）在 1941 年出版了《美国经济结构 1919—1929》，1966 年出版了《投入产出经济学》，建立了投入产出模型，并系统阐释了其理论，形成了一种旨在探索国民经济各部门相互依存关系及运行规律的数量经济分析方法，产业关联分析框架得以正式确立。

（二）产业关联方式

产业关联方式也就是产业关联的纽带，指不同产业之间发生联系的依托或基础，构成了产业关联的实质性内容。产业关联方式具体包括产品劳务联系、生产技术联系、价格联系、劳动就业联系、投资联系等。其中，产品劳务联系是产业间最基本的联系，价格联系是产品劳务联系的货币表现。

产业关联有多种分类方式，按照产业间供给和需求的联系，可以分为前向关联和后向关联。前向关联指通过供给联系与其他产业发生的关联。如对于钢铁业，它为汽车制造业提供原料，它与汽车制造业的关联便是前向关联。后向关联指通过需求联系与其他产业发生的关联。如对于钢铁业，它炼钢所需的燃料由煤炭采掘业提供，它与煤炭采掘业的关联便是后向关联。

按产业消耗是否构成一条封闭循环消耗路径，产业关联分为单向关联和环向关联。单向关联指先行产业部门为后续产业部门提供产品，以供其生产时直接消耗，但后续产业部门的产品不再返回先行产业部门的生产过程。如棉花纺成棉纱，棉纱织成棉布，棉布做成服装，但生产棉花并不需要直接消耗服装，或者说，服装作为后续产业部门，它的产品不再返回棉花这一先行产业部门的生产过程，所以属于单向关联。环向关联指先行产业部门为后续产业部门提供产品，同时后续部门的产品也返回相关的先行产业部门的生产过程。如用煤炭炼钢，用钢铁制造矿山机械，再用矿山机械挖煤，形成了一条封闭的循环消耗路径，就属于环向关联。

二、投入产出法

投入和产出是一枚硬币的两面。从国民经济各产业间的联系来看，一个产业的产出就是另一个或另一些产业的投入；一个产业的投入就是另一个或另一些产业的产出。由此，投入产出分析遵循“为获得一定的产出，必须有一定的投入”的基本思路对产业关联展开研究。投入产出分析是一种数量经济分析方法，它既可以用来研究一国的国民经济各个产业部门间的联系，也可以用于分析和计量一个地区（如省、市、县）的经济活动，或者分析和计量一个部门的经济活动，甚至一个公司或企业的生产经营活动。在开放条件下，投入产出分析还可用于研究国际经济关系。

（一）投入产出表

投入产出表是投入产出分析的基础。随着各国宏观经济管理的加强，投入产出法作为一种全面和实用性强的经济模型受到普遍重视，目前世界上已有近百个国家编制投入产出表。中国每逢尾数为 2、7 的年份就会基于大规模投入产出调查编制投入产出基本表，目前已有 1987 年、1992 年、1997 年、2002 年、2007 年、2012 年、2017 年共 6 份投入产出基本表，每逢尾数为 0、5 的年份中国还会编制投入产出延长表。在 2017 年投入产出表的基础上，结合第四次经济普查资料，国家统计局首次尝试编制了经济普查年度投入产出表，即 2018 年投入产出表。除各个国家外，欧盟（EU）、经合组织（OECD）、世界贸易组织（WTO）、联合国贸发会议（UNCTAD）、日本亚洲所、美国普渡大学等国际组织或机构也组织编制了若干世界投入产出表或者区域投入产出表。目前文献中常用的国际投入产出表有世界投入产出数据库（World Input-output Database，WIOD）、EORA 全球供应链数据库（EORA Global Supply Chain Database）、EXIOBASE 数据库、全球贸易分析模型数据库（Global Trade Analysis Project Database，GTAP 数据库）等。

投入产出表是全面反映在一定时期（通常为一年）内，国民经济中各产业的投入来源及其产品去向的一种表。投入产出表的形式可以分为实物型投入产出表和价值型投入产出表。其中，实物型投入产出表是按各种产品的实物单位来进行计量的投入产出表。价值型投入产出表是用货币计量的投入产出表。本章重点介绍应用更为广泛的价值型投入产出表。

投入产出表是一张纵横交错的矩阵式平衡表格。表 12－1 是简化的价值型全国投入产出表。表的纵栏是投入项，反映生产过程对产品的中间投入和最初投入（增加值）两部分。表的横栏是产出项，反映产品的分配和使用去向，包括中间产品和最终产品两部分。投入产出表被分割为 4 个部分，即第Ⅰ象限至第Ⅳ象限。其中，第Ⅳ象限在编表时往往被省略掉。

表 12－1　简化的价值型全国投入产出表

产出 投入		中间产品							最终产品				总产出
		产业1	产业2	…	产业 j	…	产业 n	小计	最终消费	固定资本形成	净出口	小计	
	产业1	x_{11}	x_{12}			…	x_{1n}					f_1	X_1
	产业2	x_{21}	x_{22}			…	x_{2n}					f_2	X_2
生产资料转移价值中间投入	…	…	…	Ⅰ		…	…			Ⅱ		…	…
	产业i	…	…		x_{ij}		…					f_i	X_i
	…	…	…			…	…					…	…
	产业n	x_{n1}	x_{n2}			…	x_{nn}					f_n	X_n
	合计												

续表

产出 投入		中间产品							最终产品				总产出
		产业1	产业2	…	产业j	…	产业n	小计	最终消费	固定资本形成	净出口	小计	
新创造价值增加值	固定资产折旧	D_1	D_2	…	D_j	…	D_n						
	劳动者报酬	V_1	V_2	…	V_j	…	V_n						
					Ⅲ					Ⅳ			
	生产税净额	T_1	T_2	…	T_j	…	T_n						
	营业盈余	M_1	M_2	…	M_j	…	M_n						
	合计	y_1	y_2	…	y_j	…	y_n						
总投入		X_1	X_2	…	X_j	…	X_n						

表的左上角部分第Ⅰ象限是中间需求部分，这是投入产出表的核心部分，反映本期生产且在本期生产过程中被消耗了的产品。在这一部分的纵栏和横栏上，排列着一一对应的1到n个产业，构成正方形平衡表。从横向看，表明了各部门的产品除了自用外，分配给其他部门作为中间产品使用的情况，也就是该产业的中间需求情况；从纵向看，表明了各产业部门为生产一定的产品而消耗其他部门产品的情况，也就是该产业的中间投入情况。

表的右上角部分第Ⅱ象限是最终需求部分，反映本期生产但本期不再加工而被最终使用的产品。这一部分的纵栏为产业部门，横栏为最终需求的项目，如最终消费、固定资本形成、净出口等，该部分从横向看，反映了各产业的产品成为最终产品的情况；从纵向看，反映了最终需求项目的产业部门构成情况。

表的左下角部分第Ⅲ象限是毛附加值部分，反映了固定资产折旧及新创造的价值。其纵栏是毛附加价值的价值构成，包括固定资产折旧、劳动者报酬、生产税净额、营业盈余，横栏是各产业部门。从纵向看，反映了各产业部门所提供的毛附加值是由哪些内容构成的；从横向看，反映了最终产值的内容是由哪些产业提供的。

材料短析

2018年中国投入产出表的编制特点

投入产出核算是国民经济核算体系的重要组成部分。其中投入产出表是一个强有力的分析工具，被广泛应用于政策影响分析、价格分析、能源和环境分析、全球价值链和贸易增加值核算等领域。

在编制完成2017年投入产出表和供给使用表的基础上，国家统计局国民经济核算司利用第四次经济普查资料、2017年投入产出调查资料、2017年投入产出表及其他专业统计资料和部门行政记录等，编制完成了2018年投入产出表。这是首次在经济普查年份，结合普查资料开展投入产出表和供给使用表的编制工作。本次编制工作具有以下特点：

（1）进一步发挥协调框架作用。在2018年投入产出表和供给使用表的编制过程中，国家统计局国民经济核算司结合2017年编表时发现的不协调、不衔接问题，深入研究2017年、2018年的供给和使用平衡关系，实现了生产法、收入法和支出法的国内生产总值数据衔接，并为完善GDP核算方法提出了意见和建议，提高了生产法与支出法GDP核算数据的准确性和协调性。

（2）为完善投入产出核算制度积累经验。为更好地发挥投入产出核算在国民经济核算中的协调框架作用，满足投入产出分析需要，国家统计局国民经济核算司首次尝试编制了经济普查年度投入产出表和供给使用表。在编制2018年投入产出表时，进一步规范了资料收集、数据处理的流程，理顺了编表的思路和程序，为完善投入产出核算制度积累了经验。

（3）细化投入产出部门分类。中国2018年投入产出表规模为153×153产品部门，与2017年149个产品部门相比，主要对通用设备、专用设备、房屋建筑、土木工程建筑部门做了进一步拆分，共增加了4个部门。

（4）不断完善编表方法。国家统计局国民经济核算司结合经济普查数据的使用，参考2017年编表方法和以往延长表的编制方法，制定了2018年投入产出表和供给使用表的编制方法，为将来完善投入产出表和供给使用表编制方法积累了经验。

资料来源：国家统计局国民经济核算司．2018年中国投入产出表.

（二）投入产出平衡关系

投入产出表是根据瓦尔拉斯的一般均衡理论建立的，表中的投入和产出满足产品生产过程中的均衡条件和一般市场均衡条件，也就是满足市场层面的总投入与总产出之间的平衡和产业层面的每一种产品投入和产出之间的平衡。可以按行、按列，以及在行与列之间分别建立起平衡关系。

1. 行平衡关系

行平衡关系又称为产品平衡方程。从横向看，反映一个部门的总产出及其使用间的平衡，也就是说，任何一个部门的产品其全部用途都分为两部分，中间使用和最终使用。对任一产业部门 i，x_i 表示该部门的总产出，x_{ij} 表示第 i 种产品分配给第 j 个部门中间使用的数量，$\sum_{j=1}^{n} x_{ij}$ 表示第 i 种产品在所有部门中间使用的数量之和。f_i 表示第 i 种产品的最终使用数量。中间产品和最终产品之和等于部门总产出，即

中间产品＋最终产品＝总产出

$$\sum_{j=1}^{n} x_{ij} + f_i = x_i \tag{12.5}$$

2. 列平衡关系

列平衡关系又称为价值平衡方程。从纵向看，反应总投入和各要素投入之间的平衡。$\sum_{i=1}^{n} x_{ij}$ 表示 j 部门生产过程中对所有各种产品的中间投入，D_j 表示固定资产折旧，V_j 表示劳动者报酬，M_j 表示劳动者创造的社会纯收入，如利润、税金等。D_j、V_j、M_j 三者

之和等于增加值 y_j，也就是最初投入。

设 $y_j = D_j + V_j + M_j$，中间投入和最初投入之和等于部门总投入，即

中间投入＋最初投入(固定资产折旧＋劳动者报酬＋生产税净额＋营业盈余)＝总投入

$$\sum_{i=1}^{n} x_{ij} + D_j + V_j + M_j = x_j \tag{12.6}$$

$$\sum_{i=1}^{n} x_{ij} + y_j = x_j \tag{12.7}$$

3. 行列对应平衡关系

横行与纵列间的平衡关系包括两个方面：一是部门总投入与部门总产出间的平衡，当 $i=j$ 时，部门总投入 x_i 等于部门总产出 x_j，即

部门总投入＝部门总产出

$$x_i = x_j \tag{12.8}$$

二是最初投入与最终使用间的平衡，所有部门的最初投入 y_j 与所有部门的最终使用 f_i 的总量是平衡的，即

所有最初投入＝所有最终使用

$$\sum_{j=1}^{n} y_j = \sum_{i=1}^{n} f_i \tag{12.9}$$

（三）投入产出分析的主要结构系数

投入产出模型由系数、变量的函数关系所组成的数学方程组构成。其模型建立一般分两步：第一步，依据投入产出表计算各类系数；第二步，在此基础上，依据投入产出表的平衡关系，建立起投入产出的数学函数表达式，即投入产出模型。

1. 直接消耗系数

直接消耗系数是投入产出模型建立的关键。在产业经济分析中，衡量产业之间关联程度的最直观的指标是产业的直接消耗系数。所谓直接消耗，是指在生产过程中为生产某种产品，对另一种产品的第一轮消耗，比如汽车生产过程中对电力的直接消耗，对钢铁、轮胎的直接消耗等。

直接消耗系数又叫投入系数，其经济含义是生产 1 单位 j 部门产品对 i 部门生产的产品的直接消耗量，可以用符号 a_{ij} 表示直接消耗系数。其计算方法是依据投入产出表的数据，用各产业部门的总产出去除该部门所消耗的各种投入要素的数量。在计算公式中，分子 x_{ij} 代表 j 部门消耗 i 部门生产的产品的数量，分母 x_j 是 j 部门的总产出。

$$a_{ij} = \frac{x_{ij}}{x_j} \tag{12.10}$$

直接消耗系数的取值在 0 和 1 之间，取值的大小反映了不同产业之间的技术经济联系的强弱。

2. 完全消耗系数

产品的直接消耗反映了各种产品在生产过程中的相互联系，但在产品生产过程中，不

仅包括直接消耗，而且包括间接消耗，即一种产品通过媒介产品对另外一些产品的消耗。例如，美国二战期间制造飞机面临严重的铜短缺，为什么飞机制造需要大量的铜呢？原来，飞机生产除了直接消耗铜之外，生产飞机的核心部件，如发动机，也需要消耗大量铜线，这种消耗是飞机生产对铜的第二轮消耗（也是第一次间接消耗），再进一步看，飞机生产还要消耗铝、合金、其他复合材料等，在这些材料的生产过程中，需要消耗电力，而电力的生产同样需要消耗铜，于是飞机生产就产生了对铜的第三次消耗（也是第二次间接消耗），如果我们把这个过程一直推演下去，就会有多次间接消耗。

直接消耗和间接消耗的总和就是完全消耗，与此对应，完全消耗系数就是某产业部门生产某种最终产品时，对某产品的直接消耗系数和间接消耗系数之和。用符号 b_{ij} 表示完全消耗系数，其经济含义是生产 1 单位 j 部门产品时对 i 部门生产的产品的直接消耗系数和间接消耗系数之和，即

$$b_{ij}=a_{ij}+\sum_{k=1}^{n}a_{kj}b_{ik} \tag{12.11}$$

其中，a_{ij} 表示直接消耗系数，$\sum_{k=1}^{n}a_{kj}b_{ik}$ 表示用求和形式计算生产 1 单位 j 部门产品时通过中间产品 k 对 i 部门生产的产品的全部间接消耗系数。

用以 b_{ij} 为元素组成的矩阵 B 表示完全消耗系数矩阵，则有

$$B=A+A^2+A^3+\cdots=A+BA \tag{12.12}$$

$$B=(I-A)^{-1}-I \tag{12.13}$$

其中，$B_{n\times n}$ 为完全消耗系数矩阵，$A_{n\times n}$ 为直接消耗系数矩阵，I 为单位矩阵。$(I-A)^{-1}$ 称为里昂惕夫逆阵，完全消耗系数矩阵为里昂惕夫逆阵减去一个单位矩阵。

材料短析

在中国统计年鉴中，我们可以很方便地找到已经计算好的各行业的直接消耗系数，如在 2019 年统计年鉴中可以找到基于 2017 年投入产出表计算的直接消耗系数，如表 12 - 2 所示。

和直接消耗系数一样，我们在中国统计年鉴上，也可以很方便地查找到已经计算好的各行业的完全消耗系数，如在 2019 年统计年鉴中可以找到基于 2017 年投入产出表计算的完全消耗系数，见表 12 - 3。

表 12－2　投入产出直接消耗系数表（2017 年）

投入＼产出	农林牧渔产品	采掘产品	食品和烟草	纺织、服装、鞋及皮革羽绒制品	木材加工、家具、造纸印刷和文教工美用品	炼油、炼焦和化学产品	非金属矿物制品	金属冶炼、加工及制品	机械设备、交通运输设备、电子电气及其他设备	其他各类制造产品	电力、热力、燃气和水的生产和供应	建筑	批发零售、运输仓储邮政	信息传输、软件和信息技术服务	金融和房地产	科学研究和技术服务	其他服务
农林牧渔产品	0.133 339	0.000 457	0.358 970	0.100 383	0.068 456	0.027 518	0.000 313	0.000 080	0.000 048	0.018 533	0.000 103	0.008 288	0.000 052	0.000 646	0.000 180	0.005 716	0.018 120
采掘产品	0.000 562	0.128 189	0.002 811	0.002 646	0.006 886	0.138 075	0.124 575	0.144 150	0.000987	0.001 466	0.171 325	0.008 370	0.000 107	0.000 000	0.000 044	0.000 898	0.000 653
食品和烟草	0.086 657	0.003 215	0.213 541	0.018 445	0.004 486	0.018 717	0.002 520	0.006 313	0.005 335	0.004 148	0.006 815	0.002 126	0.003 923	0.006 317	0.003 808	0.009 883	0.056 210
纺织、服装、鞋及皮革羽绒制品	0.000 201	0.004 808	0.003 551	0.434 649	0.031 722	0.005 797	0.006 080	0.001 847	0.004650	0.029 974	0.001 691	0.001 363	0.002 932	0.001 214	0.004 272	0.004 992	0.016 156
木材加工、家具、造纸印刷和文教工美用品	0.001 116	0.008 273	0.013 609	0.005 864	0.299 420	0.006 855	0.016 633	0.004 343	0.007045	0.013 191	0.000 776	0.023 187	0.004 819	0.027 429	0.016 607	0.010 653	0.032 154
炼油、炼焦和化学产品	0.086 244	0.062 683	0.019 433	0.093 963	0.111 836	0.377 327	0.094 544	0.052 564	0.046 711	0.068 130	0.020 606	0.058 801	0.043 477	0.003 847	0.003 147	0.072 830	0.070 939
非金属矿物制品	0.000 429	0.004 971	0.004 730	0.000 712	0.004 273	0.005 548	0.186 953	0.013 849	0.014 921	0.003 228	0.002 141	0.176 671	0.000 193	0.000 127	0.000 032	0.003 153	0.000 947
金属冶炼、加工及制品	0.000 912	0.037 619	0.003 814	0.003 574	0.049 011	0.012 490	0.053 276	0.331 304	0.126 854	0.065 655	0.001 806	0.153 727	0.001 118	0.000 577	0.000 585	0.023 592	0.008 336
机械设备、交通运输设备、电子电气及其他设备	0.012 013	0.055 255	0.004 139	0.007 065	0.017 765	0.011 337	0.034 339	0.025 322	0.442 088	0.065 735	0.081 383	0.050 409	0.050 538	0.075 715	0.003 380	0.117 704	0.042 396
其他各类制造产品	0.000 148	0.001 840	0.000 599	0.001 890	0.018 564	0.002 418	0.004 750	0.039 477	0.001 377	0.069 280	0.004 273	0.001 390	0.000 751	0.000 508	0.000 623	0.009 448	0.003 745

续表

投入＼产出	农林牧渔产品	采掘产品	食品和烟草	纺织、服装、鞋及皮革羽绒制品	木材加工、家具、造纸印刷和文教工美用品	炼油、炼焦和化学产品	非金属矿物制品	金属冶炼、加工及制品	机械设备、交通运输设备、电子电气及其他设备	其他各类制造产品	电力、热力、燃气和水的生产和供应	建筑	批发零售、运输仓储邮政	信息传输、软件和信息技术服务	金融和房地产	科学研究和技术服务	其他服务
电力、热力、燃气和水的生产和供应	0.009 117	0.048 193	0.009 407	0.013 122	0.018 725	0.033 535	0.051 022	0.048 467	0.011 525	0.016 938	0.272 941	0.013 479	0.016 945	0.011 120	0.006 110	0.0082 74	0.010 826
建筑	0.000 681	0.000 383	0.000 190	0.000 255	0.000 319	0.000 251	0.000 232	0.000 157	0.000 281	0.000 506	0.003 148	0.031 938	0.001 165	0.001 023	0.005 864	0.001 053	0.004 329
批发零售、运输仓储邮政	0.044 222	0.039 351	0.086 117	0.096 817	0.098 118	0.074 183	0.081 251	0.054 256	0.077 266	0.039 181	0.036 449	0.075 061	0.098 547	0.029 487	0.016 376	0.068 630	0.073 956
信息传输、软件和信息技术服务	0.001 444	0.001 891	0.002 135	0.002 603	0.002 555	0.002 310	0.002 044	0.001 378	0.007 552	0.001 217	0.004 535	0.012 690	0.011 259	0.163 758	0.020 368	0.012 036	0.016 472
金融和房地产	0.013 190	0.035 067	0.006 362	0.008 766	0.012 897	0.013 804	0.021 651	0.026 193	0.014 083	0.013 590	0.044 337	0.038 784	0.108 634	0.072 250	0.156 352	0.040 854	0.064 863
科学研究和技术服务	0.007 122	0.009 558	0.001 527	0.001 897	0.003 339	0.004 805	0.003 776	0.003 333	0.007 829	0.001 326	0.004 536	0.071 599	0.004 970	0.003 120	0.001 008	0.112 416	0.000 737
其他服务	0.008 253	0.035 993	0.032 631	0.023 284	0.026 846	0.029 015	0.029 464	0.016 768	0.029 115	0.018 762	0.022 043	0.030 410	0.085 123	0.080 481	0.110 150	0.097 049	0.105 204
中间投入合计	0.405 649	0.477 746	0.763 568	0.815 935	0.775 217	0.763 985	0.713 430	0.769 801	0.797 668	0.430 862	0.678 908	0.758 294	0.434 551	0.477 620	0.3489 07	0.599 181	0.526 043
劳动者报酬	0.592 704	0.183 622	0.082 220	0.110 598	0.107 283	0.066 625	0.106 494	0.084 213	0.088 365	0.135 897	0.105 554	0.149 536	0.261 607	0.194 070	0.192 022	0.247 404	0.357 190
生产税净额	−0.030 971	0.166 090	0.065 576	0.004 026	0.023 149	0.073 231	0.035 371	0.03 3854	0.035 903	0.110 989	0.047 567	0.035 288	0.049 426	0.016 922	0.101 383	0.019 605	0.012 944
固定资产折旧	0.020 753	0.079 826	0.021 226	0.017 502	0.028 132	0.028 702	0.039 495	0.034 681	0.022 662	0.026 909	0.117 808	0.008 557	0.127 610	0.137 389	0.029 978	0.085 617	0.076 280
营业盈余	0.011 865	0.092 716	0.067 410	0.051 938	0.066 220	0.067 456	0.105 209	0.077 451	0.055 401	0.295 344	0.050 163	0.048 325	0.126 806	0.173 999	0.327 710	0.048 193	0.027 544
增加值合计	0.594 351	0.522 254	0.236 432	0.184 065	0.224 783	0.236 015	0.286 570	0.230 199	0.202 332	0.569 138	0.321 092	0.241 706	0.565 449	0.522 380	0.651 093	0.400 819	0.473 957
总投入	1.000 000	1.000 000	1.000 000	1.000 000	1.000 000	1.000 000	1.000 000	1.000 000	1.000 000	1.000 000	1.000 000	1.000 000	1.000 000	1.000 000	1.000 000	1.000 000	1.000 000

资料来源：《中国统计年鉴（2019年）》。

表 12-3　投入产出完全消耗系数表（2017年）

投入＼产出	农林牧渔产品	采掘产品	食品和烟草	纺织、服装、鞋及皮革羽绒制品	木材加工、家具、造纸印刷和文教工美用品	炼油、炼焦和化学产品	非金属矿物制品	金属冶炼、加工及制品	机械设备、交通运输设备、电子电气及其他设备	其他各类制造产品	电力、热力、燃气和水的生产和供应	建筑	批发零售、运输仓储邮政	信息传输、软件和信息技术服务	金融和房地产	科学研究和技术服务	其他服务
农林牧渔产品	0.223 952	0.023 469	0.572 183	0.262 341	0.162 406	0.091 361	0.033 308	0.031 522	0.035 250	0.052 751	0.024 459	0.043 914	0.022 367	0.025 955	0.020 627	0.044 013	0.085 149
采掘产品	0.046 417	0.219 168	0.050 546	0.090 299	0.118 164	0.313 431	0.281 152	0.332 912	0.131 305	0.073 373	0.319 770	0.159 716	0.038 616	0.030 973	0.017 315	0.071 209	0.055 374
食品和烟草	0.145 677	0.023 843	0.349 518	0.092 499	0.051 496	0.066 159	0.030 773	0.035 662	0.040 206	0.027 188	0.031 749	0.033 530	0.025 855	0.029 673	0.023 354	0.044 402	0.103 851
纺织、服装、鞋及皮革羽绒制品	0.007 980	0.020 986	0.018 869	0.783 423	0.096 210	0.030 546	0.030 453	0.023 133	0.031 203	0.067 530	0.017 960	0.023 813	0.016 852	0.015 769	0.018 205	0.027 004	0.044 808
木材加工、家具、造纸印刷和文教工美用品	0.013 127	0.028 102	0.039 207	0.034 016	0.448 445	0.034 863	0.049 938	0.030 361	0.040 091	0.033 355	0.021 187	0.063 108	0.024 773	0.063 074	0.040 634	0.039 914	0.067 300
炼油、炼焦和化学产品	0.206 650	0.186 068	0.176 174	0.375 372	0.377 627	0.718 852	0.299 722	0.237 920	0.254 436	0.198 015	0.145 853	0.262 915	0.132 936	0.077 965	0.052 573	0.232 449	0.206 884
非金属矿物制品	0.005 451	0.015 134	0.012 638	0.009 278	0.017 712	0.019 231	0.241 464	0.035 389	0.045 536	0.013 110	0.015 208	0.238 794	0.006 134	0.007 154	0.004 097	0.015 774	0.009 388
金属冶炼、加工及制品	0.024 295	0.112 310	0.035 568	0.049 164	0.155 020	0.083 378	0.163 079	0.567 090	0.384 242	0.154 040	0.085 116	0.325 126	0.039 914	0.052 410	0.019 139	0.116 654	0.057 849
机械设备、交通运输设备、电子电气及其他设备	0.062 043	0.173 181	0.073 027	0.101 636	0.134 909	0.128 377	0.177 265	0.173 812	0.892 206	0.178 166	0.277 281	0.218 255	0.141 848	0.204 320	0.041 461	0.305 788	0.138 190
其他各类制造产品	0.002 976	0.009 836	0.004 970	0.009 085	0.038 543	0.011 176	0.017 454	0.070 356	0.022 639	0.083 560	0.012 902	0.021 400	0.004 910	0.005 864	0.003 639	0.019 865	0.010 150

续表

投入＼产出	农林牧渔产品	采掘产品	食品和烟草	纺织、服装、鞋及皮革羽绒制品	木材加工、家具、造纸印刷和文教工美用品	炼油、炼焦和化学产品	非金属矿物制品	金属冶炼、加工及制品	机械设备、交通运输设备、电子电气及其他设备	其他各类制造产品	电力、热力、燃气和水的生产和供应	建筑	批发零售、运输仓储邮政	信息传输、软件和信息技术服务	金融和房地产	科学研究和技术服务	其他服务
电力、热力、燃气和水的生产和供应	0.037 391	0.107 936	0.049 086	0.076 078	0.090 627	0.120 628	0.144 161	0.153 480	0.091 796	0.060 869	0.422 645	0.096 892	0.047 143	0.040 014	0.022 607	0.053 609	0.048 296
建筑	0.001 784	0.002 143	0.002 050	0.002 536	0.002 593	0.002 504	0.002 516	0.002 468	0.002 707	0.001 814	0.006 344	0.035 444	0.003 467	0.003 219	0.008 365	0.003 457	0.006 706
批发零售、运输仓储邮政	0.110 471	0.116 369	0.202 432	0.280 665	0.258 106	0.209 566	0.206 802	0.178 598	0.249 904	0.118 482	0.135 575	0.215 240	0.164 740	0.099 100	0.058 735	0.178 549	0.165 392
信息传输、软件和信息技术服务	0.007 902	0.011 858	0.012 689	0.017 484	0.016 837	0.015 725	0.015 369	0.014 285	0.028 729	0.009 482	0.018 985	0.030 819	0.025 447	0.206 580	0.034 851	0.029 778	0.031 927
金融和房地产	0.049 115	0.09 1726	0.065 566	0.088 663	0.094 537	0.094 036	0.103 713	0.113 595	0.107 417	0.058 972	0.127 202	0.130 701	0.175 630	0.140 146	0.214 794	0.115 870	0.131 560
科学研究和技术服务	0.013 500	0.018 144	0.011 188	0.012766	0.014649	0.017519	0.015071	0.015 270	0.024 142	0.007 704	0.016 285	0.093 626	0.010 380	0.008 871	0.004 088	0.134 492	0.007 372
其他服务	0.048 199	0.094 122	0.098 429	0.116 281	0.116 636	0.117 930	0.113 912	0.099 652	0.132 633	0.067 225	0.098 759	0.127 666	0.150 980	0.152 648	0.166 603	0.185 811	0.177 387

资料来源：《中国统计年鉴（2019 年）》。

（四）投入产出模型

下一步，可以在直接消耗系数的基础上建立投入产出模型。

1. 投入产出行模型

首先把直接消耗系数引入投入产出表中的第 1 个平衡方程——行平衡方程，因此有

$$\sum_{j=1}^{n} a_{ij} \cdot x_j + f_i = x_i \tag{12.14}$$

若用矩阵和向量的形式，则可把模型表示为

$$\begin{bmatrix} a_{11} & a_{12} & \cdots & a_{1n} \\ a_{21} & a_{22} & \cdots & a_{2n} \\ \vdots & \vdots & & \vdots \\ a_{n1} & a_{n2} & \cdots & a_{nn} \end{bmatrix} \begin{bmatrix} x_1 \\ x_2 \\ \vdots \\ x_n \end{bmatrix} + \begin{bmatrix} f_1 \\ f_2 \\ \vdots \\ f_n \end{bmatrix} = \begin{bmatrix} x_1 \\ x_2 \\ \vdots \\ x_n \end{bmatrix} \tag{12.15}$$

简写为

$$Ax + f = x \tag{12.16}$$

移项归并后，得

$$(I - A)x = f \tag{12.17}$$

其中，A 为 n 阶直接消耗系数矩阵，x、f 分别为 n 个部门总产出列向量、最终产品列向量，I 为单位矩阵。

一般情况下，投入产出直接消耗矩阵是可逆的，因此可以得到下面的基本投入产出模型：

$$x = (I - A)^{-1} f \tag{12.18}$$

投入产出行模型准确反映了各部门总产出和最终产出之间的相互关系。只要知道总产出 x 就可以依据 $(I-A)$ 计算最终产出 f，或者只要知道最终产出 f 就可以依据 $(I-A)^{-1}$ 预测总产出 x。因而该模型是制定国民经济发展规划的基础。

2. 投入产出列模型

将直接消耗系数引入投入产出表中的第 2 个平衡方程——列平衡方程，可以得到投入产出基本数学模型中的列模型，因此有

$$\sum_{i=1}^{n} a_{ij} \cdot x_j + y_j = x_j \tag{12.19}$$

若用矩阵和向量的形式，则可把模型表示为

$$\begin{bmatrix} a_{c1} & 0 & \cdots & 0 \\ 0 & a_{c2} & \cdots & 0 \\ \vdots & \vdots & & \vdots \\ 0 & 0 & \cdots & a_{cn} \end{bmatrix} \begin{bmatrix} x_1 \\ x_2 \\ \vdots \\ x_n \end{bmatrix} + \begin{bmatrix} y_1 \\ y_2 \\ \vdots \\ y_n \end{bmatrix} = \begin{bmatrix} x_1 \\ x_2 \\ \vdots \\ x_n \end{bmatrix} \tag{12.20}$$

简写为

$$\hat{A}_c x + y = x \tag{12.21}$$

移项归并后，得

$$(I - \hat{A}_c)x = y \tag{12.22}$$

其中，中间消耗系数 $a_{cj} = \sum_{i=1}^{n} a_{ij}$，$\hat{A}_c$ 为以 a_{cj} 为元素的中间消耗系数对角矩阵，x、f 分别为 n 个部门总产出列向量、最终产品列向量，I 为单位矩阵。

整理后可以得到下面的投入产出列模型：

$$x = (I - \hat{A}_c)^{-1} y \tag{12.23}$$

投入产出列模型同样揭示了各部门变量之间的相互关系。只要知道了各部门总产出 x，就可以依据$(I-\hat{A}_c)$计算各部门的 y，或者只要知道 y，就可以依据 $(I-\hat{A}_c)^{-1}$ 预测总产出 x。

三、投入产出分析的主要应用

投入产出分析能够清晰反映经济系统内外各部门间错综复杂的联系，已成为进行宏观经济分析和政策效应模拟的一种强大的数量经济分析工具。利用投入产出表提供的丰富的宏观经济信息，投入产出分析已在经济规模、产业结构、经济增长、规划编制、经济预测、价格改革、行业分析、企业管理、资源环境分析与管理等众多领域得到了广泛应用。10 余年来，投入产出分析的应用领域有了新扩展，已成为全球价值链、外贸对经济的影响等问题的热门研究工具和方法。基于投入产出分析的全球价值链和贸易增加值研究在贸易谈判和政策制定中发挥了重要作用，提升了我国的国际地位。

（一）结构比例关系分析

投入产出法是进行结构分析的一种有力工具，可以用来分析产业之间关系结构的特征及比例关系。结构分析主要包括对中间需求和中间投入的分析。

1. 产出结构

在投入产出表中，从横向来看，每个产业的总产品都由中间产品和最终产品这两部分构成。从需求角度看，总需求由中间需求和最终需求这两部分构成。中间需求和最终需求的构成比例是反映产业技术经济特征的一个重要数据，可以用中间需求率来表示。i 产业的中间需求率 L_i 是 i 产业的中间需求 $\sum_{j=1}^{n} x_{ij}$ 和 i 产业的总需求 x_i 之比。

$$L_i = \frac{\sum_{j=1}^{n} x_{ij}}{x_i} \tag{12.24}$$

中间需求率这一指标反映了各产业的产出中有多少是作为中间产品（中间需求）为其他产业所需求的。一般地，中间需求率越高的产业，其产出用作其他产业原材料的比例就越大，这个产业就越具有原材料产业的特点。

2. 投入结构

在投入产出表中，从纵向来看，各个产业的总投入等于中间投入和最初投入（毛附加价值）之和。可以用中间投入率指标反映它们之间的构成比例关系。j 产业的中间投入率 L_j 是 j 产业的中间投入 $\sum_{i=1}^{n} x_{ij}$ 和 j 产业的总需求 x_j 之比。

$$L_j = \frac{\sum_{i=1}^{n} x_{ij}}{x_j} \tag{12.25}$$

中间投入率反映了生产单位产值的产品需要从其他产业购进的原材料所占的比重。显然，中间投入率越高的产业，其附加值率就越低。

3. 各部门产业关联分析

按照不同的中间需求率和中间投入率划分，可以将全部产业分为四类，由此较准确地确定不同产业群在国民经济中的地位。钱纳里和渡边经彦曾据此对美国、日本、挪威和意大利四国的 29 个产业部门的数据进行了分析，得到了如表 12－4 所示的结果。

表 12－4　基于中间需求率和中间投入率的产业分类

	中间需求率低	中间需求率高
中间投入率高	Ⅲ类最终需求型制造业： 日用杂货、造船、皮革及皮革制品、食品加工、运输设备、机械、木材、木材加工、非金属矿物制品、其他制造业	Ⅱ类中间投入型制造业： 钢铁、纸及纸制品、石油产品、有色金属冶炼、化学、煤炭加工、橡胶制品、纺织、印刷及出版
中间投入率低	Ⅳ类最终需求型基础产业： 渔业、运输业、商业、服务业	Ⅰ类中间投入型基础产业： 农业、林业、煤炭、金属采矿、石油及天然气、非金属采矿、电力

第Ⅰ类为中间投入型基础产业，其特点是中间投入率低，但中间需求率高，属于该类产业群的大多为第一产业。

第Ⅱ类为中间投入型制造业，其特点是中间投入率和中间需求率都比较高。

第Ⅲ类为最终需求型制造业，其特点是中间投入率高，但中间需求率低。属于第Ⅱ类和第Ⅲ类产业群的大体为第二产业。

第Ⅳ类为最终需求型基础产业，其特点是中间投入率和中间需求率都较低，属于该类产业群的大多为第三产业。

（二）产业波及效果分析

国民经济各产业部门之间存在错综复杂的联系，当某个产业的生产活动发生变化时，会对其他产业的生产活动产生影响，或者，某个产业的生产活动受其他产业的生产活动变化的影响，利用投入产出表能测量这种影响的程度及波及效果。由某一产业最终需求变化引起的产业间连锁反应，在理论上将会无限扩展和持续下去，但其波及效果会越来越弱，最终趋于消失。里昂惕夫逆阵可以使受波及的各产业的最终产出量得以简明地计算出来。

令里昂惕夫逆阵 $(I-A)^{-1}$ 的系数表达式为

$$\bar{B}=(I-A)^{-1}=\begin{bmatrix}\bar{b}_{11} & \bar{b}_{12} & \cdots & \bar{b}_{1n}\\ \bar{b}_{21} & \bar{b}_{22} & \cdots & \bar{b}_{2n}\\ \vdots & \vdots & & \vdots\\ \bar{b}_{n1} & \bar{b}_{n2} & \cdots & \bar{b}_{nn}\end{bmatrix} \tag{12.26}$$

其中，里昂惕夫逆阵系数$\bar{b}_{ij}$ 表示生产 1 单位j 部门产品时对i 部门生产的产品的完全需求量。

1. 影响力系数

一个产业的影响力是指它对其他产业的影响程度，或者说是为其他产业创造需求的程度。影响力系数指某产业增加 1 单位最终产品时，为其提供直接或间接投入品的所有产业的总需求增量，常用来分析后向关联度。

里昂惕夫逆阵纵列上的数值反映的是某一产业最终需求的变化对其他产业的影响程度，也就是该产业最终需求的变化使其他产业生产发生相应变化的程度。据此，第j 产业部门的影响力系数F_j 可以定义为j 产业部门在里昂惕夫逆阵中的列系数之和除以全部产业部门在里昂惕夫逆阵中的各列系数和的均值。

$$F_j=\frac{\sum_{i=1}^{n}\bar{b}_{ij}}{\frac{1}{n}\cdot\sum_{j=1}^{n}\sum_{i=1}^{n}\bar{b}_{ij}} \tag{12.27}$$

当$F_j>1$ 时，说明j 部门对社会生产的影响程度大于社会平均影响水平；当$F_j=1$ 时，说明j 部门对社会生产的影响程度等于社会平均影响水平；当$F_j<1$ 时，则说明j 部门对社会生产的影响程度低于社会平均影响水平。显然，某部门影响力系数F_j 越大，表明该部门生产对其他部门的影响越大，从而对经济发展的影响和带动作用越大。

2. 感应度系数

一个产业的感应度是指它受其他产业影响的程度，或者说是对其他产业需求的满足程度。感应度系数指国民经济和部门都增加 1 单位最终产品时，需要该部门为其他部门提供的产出量，常用来分析前向关联度。

列昂惕夫逆阵横行上的数值反映了某一产业受其他产业的影响程度，即感应度系数，它表明了其他产业最终需求的变化使该产业生产发生变化的程度。据此，i 产业部门的感应度系数E_i 可以定义为i 产业部门在里昂惕夫逆阵中的行系数之和除以全部产业部门在里昂惕夫逆阵中的各行系数和的均值。

$$E_i=\frac{\sum_{j=1}^{n}\bar{b}_{ij}}{\frac{1}{n}\cdot\sum_{i=1}^{n}\sum_{j=1}^{n}\bar{b}_{ij}} \tag{12.28}$$

当$E_i>1$ 时，说明i 部门受到的感应程度大于国民经济各部门的平均感应水平，i 部门对各部门产出的推动作用高于社会平均水平；当$E_i=1$ 时，表示i 部门对各部门产出的推动作用等于社会平均水平；当$E_i<1$ 时，表示i 部门对各部门产出的推动作用低于社会

平均水平。一个产业的感应度系数越高，表明国民经济发展过程中对该产业部门的需求越大，不仅该产业的最终需求扩张余地越大，而且引起的中间需求也越大，在国民经济中的不可或缺程度也越高，也就越具有基础产业和瓶颈产业的属性。

3. 各部门的影响力和感应度分析

根据中国国家统计局的投入产出表，将相关数据代入影响力系数和感应度系数的计算公式，可以得到我国不同部门的影响力系数和感应度系数。表 12-5 和表 12-6 分别列出了 2017 年影响力系数和感应度系数位于前 20 的部门。

依据 2017 年投入产出表，我国影响力系数较大的龙头产业是：计算机，视听设备，通信设备，广播电视设备和雷达及配套设备，文化、办公用机械等，主要集中在装备制造业。感应度系数较大的基础产业则是：开采辅助活动和其他采矿产品、石油和天然气开采产品、有色金属矿采选产品、黑色金属矿采选产品、废弃资源和废旧材料回收加工品、基础化学原料等，大多集中在原材料、能源和运输部门等基础产业。

表 12-5　影响力系数表（2017 年）

排序	投入产出部门	影响力系数	排序	投入产出部门	影响力系数
1	计算机	1.432	11	纺织服装服饰	1.252
2	视听设备	1.388	12	其他交通运输设备	1.251
3	通信设备	1.382	13	纺织制成品	1.251
4	广播电视设备和雷达及配套设备	1.361	14	电池	1.226
5	文化、办公用机械	1.341	15	物料搬运设备	1.232
6	针织或钩针编织及其制品	1.319	16	电机	1.232
7	电子元器件	1.312	17	铁路运输和城市轨道交通设备	1.230
8	其他电气机械和器材	1.290	18	其他电子设备	1.228
9	家用器具	1.287	19	汽车零部件及配件	1.222
10	输配电及控制设备	1.253	20	农、林、牧、渔专用机械	1.220

资料来源：2017 年中国投入产出表.

表 12-6　感应度系数表（2017 年）

排序	投入产出部门	感应度系数	排序	投入产出部门	感应度系数
1	开采辅助活动和其他采矿产品	3.433	11	专用化学产品和炸药、火工、焰火产品	1.618
2	石油和天然气开采产品	3.325	12	管道运输	1.609
3	有色金属矿采选产品	3.159	13	电力、热力生产和供应	1.589
4	黑色金属矿采选产品	2.979	14	煤炭加工品	1.538
5	废弃资源和废旧材料回收加工品	1.991	15	肥料	1.529
6	基础化学原料	1.983	16	造纸和纸制品	1.528
7	有色金属及其合金	1.972	17	精炼石油和核燃料加工品	1.513
8	煤炭开采和洗选产品	1.902	18	铁及铁合金产品	1.510
9	电子元器件	1.850	19	林产品	1.509
10	合成材料	1.751	20	石墨及其他非金属矿物制品	1.447

资料来源：2017 年中国投入产出表.

感应度系数和影响力系数都较大的产业在经济发展中具有更为重要的地位，这是制定产业政策时确定主导产业的主要依据之一。当然，各部门的影响力系数和感应度系数并非一成不变的，而是会随着社会生产水平的提高和生产工艺的变革发生相应变化。

使用投入产出分析工具时有一些需要注意的问题，如投入系数的稳定性问题。作为投入产出分析的基础概念的投入系数，是从已知的投入产出表中计算出来的，所以，它反映的是过去的产业间生产技术的联结关系。因此，运用这样一个投入系数去预测或计算在此之后发生的变化，就不能不考虑到投入系数的有效性问题。一般的处理方法是利用预测技术，对投入产出表中的投入系数进行修正。又如，波及效果存在时滞现象，因此最终需求的变化并不会立即反映在产出量的变化上。这种时滞现象往往存在于不同的产业、不同的经济循环周期中。

延伸阅读与思考

全球价值链与中国推进贸易增加值核算

随着国际产业分工的深入和范围的扩大，中间品贸易飞速发展，产品生产跨越多个国界的现象愈来愈普遍，产品的价值被很多国家/地区分享，而不仅由最终出口国家/地区占有，全球价值链的特征比较明显。然而，现行国际贸易统计只能统计进出口总值，无法准确描述整个生产过程，这就造成了不同程度的重复计算，夸大或缩小了双边贸易不平衡状况，甚至可能导致贸易决策和宏观经济政策抉择的失误。我国处于全球产业链低端，出口中加工贸易比重较高，加工贸易出口品生产需要消耗大量进口品。对于中国等贸易结构比较特殊的国家来说，这种重复计算更加严重，贸易总值口径下会夸大中国的真实贸易水平以及美中和欧中贸易逆差。因此，不论从中国外贸的实际情况，还是从目前对世界贸易统计方法改进的程度来看，对贸易的增加值进行核算、厘清各经济体在全球价值链中的作用等均很重要。

2010 年 WTO 发出《世界制造倡议》，呼吁从全球价值链角度改进国际贸易统计方法，关注各国在对外贸易中的增加值含量。投入产出分析能清晰反映各国或地区及各部门间产品的生产消耗关系，因此是用来全面追踪产品流向和全球价值链的有力工具，近年来已成为国内外学者进行全球价值链研究的最主要模型。多个国际组织如欧盟（EU）、经济合作与发展组织（OECD）、世界贸易组织（WTO）、联合国贸发会议（UNCTAD）等广泛应用投入产出分析方法，组织开发了若干国际和区域投入产出数据库。投入产出分析在全球和主要经济体贸易、资源环境和产业政策的制定中发挥了或正在发挥日益重要的作用。

投入产出分析详细回答了我国及其他各经济体在全球价值链中的获益问题。2012 年以来，由中国科学院数学与系统科学院（课题负责单位）、中国商务部、海关总署、国家统计局、国家外汇管理局联合组成的“全球价值链与国际贸易利益关系研究”课题组，对我国贸易增加值和就业等指标进行了时间序列研究，并由商务部组织相关单位开发了“全球价值链与中国贸易增加值数据库”。课题组分别编制了 2007 年、2010 年和 2012 年反映加工贸易的中国非竞争型投入产出表，对 2010—2016 年中国贸易增加值和就业以及中国和主要贸易伙伴间以增加值核算的贸易差额变动情况进行了研究。为更好地体现进口品使用情况，海关总署统计司和国家统计局国民经济核算司联合进行了2010年和2012年进口品使用去向调查，这项工作在国际上引起了强烈反响。结果显示，以2016年为例，以增加值核算的中美贸易顺差、中欧贸易顺差、中印贸易顺差均大幅下降，降幅分别达44%、39%和27%，而中日贸易逆差则有所扩大。

基于投入产出分析的全球价值链和贸易增加值研究在贸易谈判和政策制定中发挥作用，提升了我国的国际地位。2012年以来“全球价值链与国际贸易利益关系研究”课题组的研究成果为2014年中国在APEC峰会期间出台的两个全球价值链文件发挥了关键性的决策支撑作用。2014年3月，李克强总理在政府工作报告中指出，要“推动我国产业向全球价值链高端跃升”，意味着中国政府已把全球价值链问题上升到了国家战略的高度和层面。2014年5月在青岛召开的APEC贸易部长会议，通过了《APEC促进全球价值链发展和合作战略蓝图》以及《全球价值链中的APEC贸易增加值核算战略框架》。2015年，中国和美国共同发起、推进APEC贸易增加值核算框架计划，并制订了2015—2018年为期四年的详细工作计划，该框架计划在AEPC的21个成员经济体获得通过。2015年以来，中、美双方作为发起和负责经济体，开展了卓有成效的合作，目前进展良好。该框架计划将进一步确立投入产出核算、供给使用核算在APEC经济体中的重要地位和作用，也为中国政府和整个亚太地区以及OECD等国际组织高度重视全球价值链合作与研究提供了良好的契机。

资料来源：杨翠红．全球价值链框架下投入产出分析的重要作用［EB/OL］．新华网，2017-11-03.

思考题

1．国际上关于产业结构研究的脉络发展是怎样的？

2．中国当前的产业结构存在哪些问题？重点需要从什么领域展开调整？

3．如何判断产业结构高级化、合理化？

4．中国实施供给侧结构性改革的目的是什么？具体措施体现在哪些方面？

5．信息服务业在国民经济各行业中广泛渗透，提高了经济运行效率和运行质量，对于促进经济转型升级具有重要的意义。如何认识信息服务业在国民经济中的产业关联作用？

6．互联网产业对于其他产业的带动性较为明显，运用相关指标分析互联网产业的波及效果。

7．举例说明投入产出分析方法在宏观经济预测中的应用。

参考文献

1．钱纳里，塞尔昆．发展的型式：1950—1970［M］．李新华，译．北京：经济科学出版社，1988.

2. 沃西里·里昂惕夫. 投入产出经济学[M]. 崔书香，译，北京：中国统计出版社，1990.

3. 干春晖，郑若谷. 改革开放以来产业结构演进与生产率增长研究——对中国1978—2007年“结构红利假说”的检验[J]. 中国工业经济，2009（2）：55-65.

4. 高远东，张卫国，阳琴. 中国产业结构高级化的影响因素研究[J]. 经济地理，2015，35（6）：96-101.

5. 郭旭红，武力. 新中国产业结构演变述论（1949—2016）[J]. 中国经济史研究，2018（1）：133-142.

6. 龚仰军. 产业经济学教程[M]. 上海：上海财经大学出版社，2014.

7. 胡俊文. “雁行模式”理论与日本产业结构优化升级——对“雁行模式”走向衰落的再思考[J]. 亚太经济，2003（4）：23-26.

8. 赖俊平，张涛，罗长远. 动态干中学、产业升级与产业结构演进——韩国经验及对中国的启示[J]. 产业经济研究，2011（3）：1-9.

9. 黎峰. 增加值视角下的中国国家价值链分工——基于改进的区域投入产出模型[J]. 中国工业经济，2016（3）：52-67.

10. 刘淑茹. 产业结构合理化评价指标体系构建研究[J]. 科技管理研究，2011，31（5）：66-69.

11. 刘易斯·卡布罗. 产业组织导论[M]. 北京：人民邮电出版社，2002.

12. 刘志彪. 产业经济学[M]. 北京：机械工业出版社，2015.

13. 芮明杰. 产业经济学[M]. 上海：上海财经大学出版社，2016.

14. 盛洪. 分工与贸易：一个一般理论及其对中国非专业化问题的应用分析[M]. 上海：上海三联书店，上海人民出版社，1994.

15. 杨公朴. 产业经济学[M]. 上海：复旦大学出版社，2005.

第十三章

产业布局

本章主要介绍产业布局、产业集聚和产业转移。本章的学习重点是掌握产业布局的一般规律和基本原则、产业集聚的类型及经济效应、产业转移的动因；学习难点是理解产业布局、产业集聚和产业转移相关理论的形成与发展。

第一节　产业布局的规律与原则

一、产业布局的基本概念

产业布局是指一个国家或地区产业各部门、各环节在地域上的动态组合分布，是国民经济发展运动规律的具体表现。简单地说，产业布局就是产业在空间上的分布。产业布局理论主要研究布局的条件、特点、层次、机制和区域产业结构等内容。

产业布局的条件是指产业布局时的外部环境，既包括物质化的硬环境，也包括非物质化的软环境。除受当时生产力发展水平及社会物质财富的生产方式制约外，还受当时的自然条件、经济地理区位以及人口条件的强烈影响。

产业布局的特点主要指各个产业由于自身的技术经济要求不同而在布局上呈现出不同特征。各地区根据自身条件，扬长避短，发挥优势，形成不同的产业结构，以及各具特色的多种产业的地域组合。

产业布局的层次是指不同层次地域的产业布局具有不同的规模和规律。产业布局不仅涉及全国性产业布局和地区性产业布局，还涉及产业布局在全球范围内的特殊表现，即国际分工和国际产业转移。

产业布局的机制是指各种影响与决定产业空间分布和组合的因素的相互制约和作用的内在机理，分为市场机制和计划机制两大类型。产业布局的市场机制是指企业作为产业布局的主体，依据价值规律和市场价格信号，从自身利润最大化出发，自发地选择最优区位；产业布局的计划机制则是指政府作为产业布局主体，通过行政命令的手段，以国家整体利益为主要目标进行产业布局。两种机制各有长短，在发挥市场机制的决定性作用的同时，有时还需要利用由国家干预或宏观调控的计划机制。

区域产业结构是指影响产业布局的一定的社会经济和技术条件，要求有与之相适应的一定的部门经济结构。不同的部门经济结构反映了社会生产力的发展状况和一个地区的经济发展水平。从区域的角度考察，一个区域要取得经济增长，必须不断地进行产业结构的调整，适时地推动产业结构向高度化演进。地区产业结构演进的过程同时也是人口与产业空间转移的过程，它深刻地改变着产业布局的面貌。

二、产业布局理论的形成与发展

（一）产业布局理论的形成

19 世纪初至 20 世纪中叶，资本主义生产力迅速发展，地区间的经济联系空前扩大，商品销售与原料地范围愈来愈大；同时，经济危机频繁爆发。如何合理地布局产业已成为迫切需要回答的问题。最早从事这方面研究的德国学者杜能（J. H. von Thunnen）、韦伯（Weber）等运用地租学说、比较成本学说等许多经济学研究成果，创立了古典区位理论。

1. 杜能的农业区位论

1826 年，德国经济学家杜能在《孤立国同农业和国民经济的关系》（简称《孤立国》）一书中提出了孤立国农业圈层理论。他认为，在农业布局上，并不是哪个地方适合种什么就种什么，农业经营方式也不是任何地方都越集中越好。其中起决定作用的是级差地租，首先是特定农场（或地域）距离城市（农产品消费市场）的远近，亦即集中化程度与离中心城市的距离成反比。为此，他设计了孤立国的六个农业圈层：第一圈层为自由农作圈，主要生产鲜菜、牛奶；第二圈层为林业圈，主要生产木材；第三圈层为轮作农作圈，主要生产谷物；第四圈层为谷草农作圈，主要生产谷物、畜产品，以谷物为重点；第五圈层为三圃农作圈，主要生产谷物、牧产品，以畜牧为重点；第五圈层以外即第六圈层为荒野（如图 13－1 所示）。

尽管杜能的理论忽视了农业生产的自然条件等因素，与现实存在的农业区位条件差距较大，但他的农业区位论给了工业区位论的研究者深刻的启发，他对区位级差地租的揭示和分析成为多种现代区位理论尤其是工业区位论、城市空间结构理论的基础。

2. 韦伯的工业区位论

1909 年，德国经济学家韦伯在《工业区位论：区位的纯粹理论》一书中提出了工业区位论。韦伯把影响工业区位的经济因素称为区位因子，认为运费、劳动力费用、集聚力是决定工业区位的关键因子。区位因子决定了生产场所，将企业吸引到生产费用最小、费用节约最大的地点。韦伯把这一过程分为三个阶段：第一阶段，假定工业生产被引向最有利的运费地点，就是由第一个地方区位因子——运费——勾画出各地区基础工业的区位网

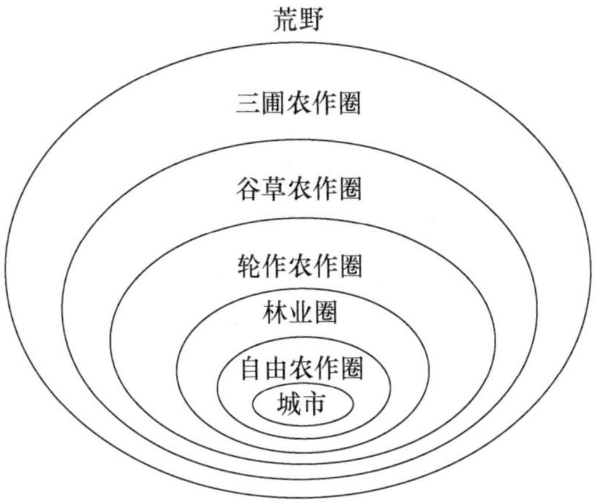

图 13-1　杜能农业圈层理论

络，即基本格局；第二阶段，第二个地方区位因子——劳动力费用——对这一网络首先产生修改作用，使工业有可能由运费最低点被引向劳动力费用最低点；第三阶段，单一的凝集力或分散力形成的集聚或分散因子修改基本网络，有可能使工业从运费最低点趋向集中或分散于其他地点。韦伯认为，合理的工业区位应位于三个因子总费用最小的地方。

韦伯的工业区位论是区域科学和工业布局的基本理论，其后的各种区位理论流派都是通过对韦伯的理论的验证、完善或质疑而发展起来的。

（二）产业布局理论的发展

自19世纪产业布局理论形成和第二次世界大战后，在第三次产业革命与世界经济格局变化的影响下，产业布局理论历经发展形成了各种不同的理论流派。

1. 成本学派理论

成本学派是最早的产业布局学派，其理论的核心是以生产成本最低为准则来确定产业的最优区位，主要代表人物有龙哈德（Launhardt）、韦伯、胡佛（Hoove）、赖利（Relly）、艾萨德（Isard）等。美国学者胡佛于1931年与1948年分别出版了《区位理论与皮革制鞋工业》与《经济活动的区位》两本书，提出运输成本由线路运营费用和站场费用两部分构成。前者是距离的函数，后者则不一定。在此基础上，他对韦伯的理论做了修改：第一，若企业用一种原料生产一种产品，在一个市场出售，且在原料与市场之间有直达运输，则企业布局在交通线的起讫点最佳，因为在中间设厂将增加站场费用。这就是胡佛的"终点区位优于中间区位"的理论，是大城市工业集中的重要原因之一。第二，如果原料地和市场之间无直达运输线，原料又是地方失重原料（在生产过程中只有一部分重量转移到成品中，另一部分作为废料排出的原料），则港口或其他转运点是最小运输成本区位。这就是胡佛的转运点区位论，为在港口布局工业提供了理论依据。

赖利就产品交换的不同价格政策对运输的影响进行了深入研究。艾萨德则对运输指向的工业做了更详尽的分析，认为运费不仅取决于货物的重量及运输距离，还与货物本身的体积、易碎性、易燃性等属性有关。

2. 市场学派理论

市场学派产生于垄断资本主义时代。随着交通运输网的发展和劳动生产率的提高，问题的关键转向产业能否盈利，甚至是否存在。该学派的主要观点是：成本最低并不意味着利润最大，产业布局必须充分考虑市场因素，尽量将企业布局在利润最大的区位。在激烈的市场竞争中，必须充分考虑到市场划分和市场网络合理结构的安排。

研究市场划分的主要理论有谢费尔（Shaffle）的空间相互作用理论、费特（Fetter）的贸易区边界区位理论、帕兰德（Palander）的市场竞争区位理论、罗斯特朗（Rawstron）的盈利边界理论、吉（Gee）的自由进入理论等。其中，谢费尔的空间相互作用理论受到的关注较多。该理论认为：任何两地之间都存在一定的相互作用关系，两地市场间的分界点为两地均衡点。

研究市场网络合理结构安排的理论主要有克里斯塔勒（Christaller）的中心地理论和廖什（Lasch）的市场区位理论。克里斯塔勒在1933年出版的《德国南部的中心地》一书中研究了德国南部的城市和乡村集镇及其四周的农村服务区之间的空间结构特征，提出了中心地理论。该理论的要点为：(1) 一个区域发展必须拥有若干大小不同的城镇。城镇为其服务范围内的居民提供货物和服务。每个城镇大多位于其服务区域的中央，所以称为中心地。中心地的等级越高，数量越少、规模越大；等级越低，数量越多、规模越小。(2) 各级中心地及其市场处于一个完善的网络系统中，形成大小不同的层层六边形。每一级中心地六边形市场区的6个顶角处分布着次一级的中心地，以此类推形成了一个多级中心地及其市场区域相互镶嵌组合的空间结构。(3) 不同规模的中心地提供不同种类的服务，每一中心地的相对重要性取决于它所提供的商品和服务的数量与等级。同一等级的两个相邻中心地之间的距离相等，级别越低，相邻两个中心地之间的距离越短。20世纪五六十年代，荷兰填海造陆后曾按照中心地理论规划居民网点和交通图。

廖什对农业区位论、工业区位论与中心地理论进行了研究，在1940年出版的《区位经济学》一书中提出了市场区位理论。他主要是利用克里斯塔勒的中心地理论的框架，把市场需求作为空间变量来研究区位理论。该理论认为，每一单个企业的产品销售范围，最初是以产地为圆心、最大销售距离为半径的圆形，而产品价格又是需求量的递减函数，所以单个企业的产品总销售额是需求曲线在销售圆形区域形成的圆锥体。随着更多企业的介入，每个企业都有自己的销售范围，由此形成了圆外空档，即圆外有很多潜在的消费者不能得到市场的供给。但是这种圆形市场仅仅是短期的，随着更多企业进入并参与自由竞争，每个企业都想扩大自己的市场范围，圆形市场被挤压成了六边形的市场网络，此时市场空间区位达到均衡。

3. 成本-市场学派理论

成本-市场学派理论是在成本学派理论与市场学派理论的基础上形成的。古典区位理论讨论的是微观布局，即企业布局问题；市场学派虽然重点研究了市场区问题，但没有涉及区位；而成本-市场学派综合研究了成本和市场对产业布局的影响，系统地提出了选择工业厂址的七大指向，即原料、市场、动力燃料、劳动力、技术、资金和环境。其主要代表人物有艾萨德、克拉克（Clark）、俄林（Ohlin）和弗农（Vernon）等。

艾萨德在1954年出版的《区位与空间经济》一书中，试图在杜能、韦伯、克里斯塔勒和廖什等人的研究基础上建立一般区位论。他采用数学分析的方法，将韦伯的区位理论公式进行了进一步的推导，并以市场区位代替消费地作为变量研究了市场对区位的影响，使成本学派同市场学派结合起来。他详细讨论了运输量、运费率、劳动力等对企业布局的影响，通过对市场区的分析提出了竞争布局模式。

克拉克提出，现代区位分为三种：原料定向产业、市场定向产业和“松脚”产业。原料定向产业是指用体积庞大、易损耗或者难以运输的材料，生产出一种或几种运输相对容易的产品工业，宜配置在原料资源产地，而不应面向大城市集中；市场定向产业是指生产产品体积大、易损坏、适宜配置在市场附近的产业；“松脚”产业即不受约束或限制配置的产业，这些产业应均匀地分布在全国各地，以纠正产业过分集中的现象。

俄林在1933年出版的《区际贸易与国际贸易》一书中对原料分布、市场区、运输能力与条件、价格、劳动力和资本的分布、规模经济、利息差别、商业和要素流动等许多要素进行了广泛的综合分析，建立了产业布局的一般区位理论。他认为运输方便的区域经济能够吸引到大量的资本和劳动力，并能成为重要市场，因此可专门生产面向市场、规模经济优势明显和难以运输的产品。而运输不方便的地方则应专门生产易于运输、小规模生产可获利的产品。

弗农在俄林的一般区位理论的基础上提出了产品生命周期理论，认为处于不同生命周期的产业的布局各具特色：(1) 处于创新期的产业属于技术密集型产业，一般趋向于科研信息与市场信息集中、人才较多、配套设施齐全、销售渠道畅通的发达城市；(2) 处于成熟期的产业因为生产定型化使技术普及化，同时大城市的成本费用一般比较高，会出现波浪扩展效应，开始向周边地区扩散；(3) 处于衰退期的产业因为技术完全定型化，产品需求已趋于饱和，生产发展潜力不大，于是从发达地区向落后地区转移。

除上述三个学派外，区位理论发展到20世纪中期还产生了行为学派与社会学派。行为学派的主要思想是把人的主观态度及由其所决定的人的行为当作影响产业布局的主要因素。社会学派则着重研究各种社会因素对产业布局的影响。

4. 以后起国家为出发点的产业布局理论

第二次世界大战后，随着殖民地国家走上独立自主道路，落后地区产业布局理论开始受到重视。一些学者以后起国家为出发点提出了增长极理论、点轴理论、地理性二元经济理论等，大大丰富了产业布局理论的内容。

增长极理论是法国经济学家佩鲁（Perroux）在《略论“增长极”的概念》一文中首先提出的。该理论的核心内容是：在一国经济增长过程中，某些主导部门或者有创新力的企业在特定区域或者城市聚集，从而形成一种资本和技术高度集中、增长迅速并且有显著经济效益的经济发展机制。由于其对临近地区经济发展有着强大的辐射作用，因此被称为“增长极”。根据增长极理论，后起国家在进行产业布局时，首先可通过政府计划和重点吸引投资的形式，有选择地在特定地区和城市形成增长极，使其充分实现规模经济并确定在国家经济发展中的优势和中心地位，然后凭借市场机制的引导，使增长极的经济辐射作用得到充分发挥，并从其邻近地区开始逐步带动增长极以外地区经济的共同发展。

点轴理论是增长极理论的延伸，最早由波兰经济学家萨伦巴（Salomba）和马利士（Malish）提出。从区域经济发展的空间过程看，产业特别是工业先集中于少数点，即增长极。随着经济的发展，工业点增多、点与点之间的经济联系加强，必然会建设各种形式的交通通信线路使之相联系，这一线路即为轴线。这些轴线首先是为点服务而产生的，但它们一经形成，就对人口和产业具有极大的吸引力，吸引企业和人口向轴线两侧聚集，并产生新的增长点。点轴理论的观点就是：要根据区域经济由点及轴发展的空间运行规律，合理选择增长极和各种交通轴线，并使产业有效地向增长极及轴线两侧集中分布，从而由点带轴、由轴带面，最终促进整个区域经济的发展。

地理性二元经济理论是瑞典经济学家缪尔达尔（Myrdal）在《经济理论和不发达地区》一书中提出的。他认为：在后起国家经济发展过程中，发达地区由于要素报酬率较高，投资风险较低，因此吸引了大量的劳动力、资金、技术等生产要素和重要物质资源等由不发达地区流向发达地区，从而在一定时期内使发达地区与不发达地区的差距越来越大。产业集中超过一定限度后，往往会出现规模报酬递减现象，这样发达地区就会通过资金、技术乃至人力资源向其他地区逐步扩散，以寻求不发达地区的经济增长机会，特别是对不发达地区产品和资源的市场需求会相应增加。

（三）马克思主义的产业布局理论

马克思主义经济学家在研究社会一般分工的基础上，吸取了比较成本学说的合理内核，形成了劳动地域分工理论。中国和苏联以马克思主义的劳动地域分工理论为指导，开创了公有制条件产业布局理论。

1. 地域生产综合体理论

苏联地理学家巴朗斯基（Baranskiy）在 20 世纪 30 年代提出了“地域生产综合体”（Territorial Production Complex，TPC）的概念，此后克洛索夫斯基（Klosowski）和涅克拉索夫（Nekrasov）对这一概念做了进一步的论述。地域生产综合体以开发特定区域丰富的自然资源为基础，其内部各部门企业是建立在对各种资源的合理综合利用以及对服务于生产、生活的各种基础设施的统一安排的基础上的。地域生产综合体理论在苏联被广泛接受，在产业布局中得到了广泛应用。

2. 劳动地域分工理论

苏联经济地理学者巴朗斯基运用马克思主义的观点，提出了比较系统的劳动地域分工理论。劳动地域分工又称生产地域分工或地理分工，是社会分工的空间形式，与部门分工构成社会分工的两种基本形式。劳动地域分工通常是通过地域间的部门分工及其所反映的地域间部门结构的差异显示出来的，它是在生产地与消费地分离、靠运输进行交换的条件下形成的。地域分工是一个既稳定又非常活跃的过程，与各地区经济发展条件紧密相关。合理的劳动地域分工有利于地区间相互支援和合作，充分利用各地的自然条件和劳动力资源，从而提高劳动生产率。

三、产业布局的一般规律与基本原则

从产业布局的理论中可以逐步归纳出产业布局的一些特点及其内在的发展规律，进而确立基本原则。

（一）产业布局的一般规律

1. 生产力发展水平决定产业布局

生产力是一个多因素、多层次的有机体系，它的组成要素（劳动者、劳动工具、劳动对象、科学技术等）在社会发展的不同阶段有不同的水平、内容和形式。这些要素在特定时间下的地域空间中的有机组合，形成了特定历史时期的产业布局。有什么样的生产力发展水平，就有什么样的产业布局形式、特点和变化。纵观人类社会不同生产力发展阶段与产业布局的关系可以看到，生产力发展是产业布局发生量的扩张和质的飞跃的原动力。

在农业社会，生产力水平低下，农业占绝对优势，手工业和商业处于附属地位，交通运输不发达，自然条件与自然资源直接影响产业分布的形式和内容，少数工场手工业主要分布在有水力和获取原料与销售产品方便的地方，产业布局呈现出与生产力水平相适应的分散性。18 世纪 60 年代，从英国开始的产业革命使人类社会发生了巨大的历史变革，蒸汽机的发明使煤炭代替水力跃居为主要动力，机器大生产代替了手工工场。在产业布局上则表现为工业由沿河流分散的带状分布发展到围绕煤炭产地和交通枢纽等地集中布局，并导致了工业城市的大幅增加。在电气时代，不仅出现了大批新的产业部门，而且各产业部门的布局范围显著扩大，产业布局发生了巨大变化：工业生产分布进一步走向集中，形成工业点、工业区、工业城市、工业枢纽、工业地区和工业地带等空间上的集中分布形式；农业逐渐工业化和现代化，农业地域专门化成为农业分布的重要地域形式；随着第三产业的迅速发展，城市成为产业分布的集中点；等等。以计算机、原子能为特征的第三次科技革命，则使社会经济向前迈出了一大步。懂科技、高技术的劳动力以及快速便捷的交通枢纽成为产业布局的重要条件，临海、临空等成为产业布局的重要地域。随着未来人类世界进入智能社会，科学技术将成为影响产业布局的重要因素，产业布局或将从原来的过分集中走向适当分散。

2. 劳动地域分工规律

地域分工是在人类社会发展过程中产生的。最早出现的是原始的自然分工，以后发展到劳动地域分工，即各区域为了获得资源配置的高收益进行专业化生产，通过区域贸易实现专业化利益的区域经济空间组织方式。地域条件的差异是地域分工的自然与物质基础，区域专门化是地域分工的具体表现。在农业社会，由于自给自足的自然经济居于主导地位，产业布局分散，部门分工和地域分工还只是雏形。18 世纪下半叶的产业革命极大地促进了部门分工和地域分工。地域分工的深化和社会生产力的提高相互促进，推动了产业布局形式由低级向高级不断演进和发展。合理的劳动地域分工不仅能发挥地区优势，促进商品流通，更重要的是能够形成合理的产业布局。产业合理布局的目的就是要实现合理的地域分工与交换。正是在劳动地域分工规律的作用下，世界各地区逐渐形成了分工协作的统一的世界经济系统。这就要求在考虑一个国家或地区的产业布局时，必须把它纳入更大范围的经济联系中去分析，这样才能使该国家或地区的经济发展在劳动地域分工体系中形成自己的特色，产生极大的经济效益和社会效益，实现产业的合理布局。

3. 产业布局“分散—集中—分散”螺旋式上升的规律

集中与分散是产业布局演变过程中相互交替的两个过程。集中实质上体现了经济活动在地域分布上的不平衡性，分散则意味着在空间分布上的均衡性。工业、农业、交通运输等各产业部门在地域上的布局演变可以表示为“分散—集中—分散”螺旋式上升的过程，只是后一阶段的产业布局较前一阶段在内涵上更为丰富、在形式上更为高级。这也是产业布局的一条客观规律。早在农业社会，社会分工不发达，产业布局具有明显的分散性，集中化的趋势不明显。产业革命才成为产业布局由以分散为主走向以集中发展为主的开端，出现工业集中分布在矿产地、农业发达地区、交通枢纽、沿海沿河地区与大中城市，农业在自然条件优越的地区集中发展，交通运输业也主要分布在条件优越、经济发达地区等的局面。产业布局相对集中所带来的集聚效益非常明显，但是随着产业集聚的发展，过分集中导致了一系列的弊端，如交通拥挤，环境恶化，城市土地、水、原料、能源等供应短缺，种种危机促使产业分布由集中向分散转化。例如，美国的产业布局由最初集中在大西洋沿岸东北部 13 个州，逐渐向西、向南扩张；我国东部沿海地区部分产业逐渐向中西部地区转移。

4. 地区专业化与多样化相结合的规律

地区专业化是指按照劳动地域分工规律，利用特定区域某类产业或产品生产的特殊有利条件，大规模集中地发展某个行业或某类产品，然后向区外输出，以获得最大经济效率。各国、各地区之间的自然条件和经济技术水平以及地理位置等的差异，构成了劳动地域分工的自然基础和经济基础。早在英国工业化初期，英格兰、澳大利亚、新西兰为满足纺织工业的需要，就发展成为以养羊业为主的农业专业化地域。地区专业化能充分利用当地的资源优势、技术优势提高劳动生产率，降低成本，提高产品质量等，所带来的规模效益是显而易见的。同时，我们也应该看到，地区专业化水平越高，对多样化的需求就越大。国民经济各部门是一个有机整体，部门之间存在前后向联系，地区专业化越强，地域分工越细，越会促进部门的多样化发展。因此，地区专业化与多样化相结合，是产生布局的又一条客观规律。

5. 不平衡规律

人类经济活动的空间表现向来就是不平衡的。一方面，单个产业部门和企业在特定的生产力条件下，总是选择最有利的区位进行布局，以求获得最大的经济效益。这就决定了产业布局的不平衡。任何一国或地区的产业布局多是由点到面逐渐铺开的。以我国为例，农业社会产业布局的重心在中原一带，随着社会经济的发展，其重心则转向东南沿海，进而扩展到东部沿海，并逐渐向内地推移。另一方面，就某一地区产业布局而言，该地区的自然、社会、经济条件等不可能适合所有的产业发展，有的地区只适合一种产业或者一组产业的发展等。因此，产业布局不平衡是一个绝对规律，产业布局的平衡只是相对的。

6. 产业布局与自然—社会—生态系统对立统一的规律

产业布局合理化的目标是追求最大的经济效益。自然地域系统的目标是保持生态系统的生态平衡。从表面看，两系统目标之间存在矛盾，且实践中重视经济效益、忽视社会效益和生态效益，甚至破坏生态环境的现象时有发生。然而，从理论上讲，经济效益与社会效益、生态效益三者是统一的，因为只有保持生态系统的良好运行，才能使经济地域系统正常运转。因此，人类在一定地域内的经济社会活动必须遵循自然规律，只有合理开发和利用自然资源，合理布局产业，保护环境，使自然—社会—生态系统保持平衡，才能实现经济、社会、生态效益的统一。

（二）产业布局的基本原则

1. 全局原则

国家的产业布局正如一盘棋，各地区恰似棋子，产业布局首先要贯彻全国一盘棋的全局原则。在此前提下，各地区产业布局则立足本区域，放眼全国，更好地发挥地区优势，避免布局中出现重复建设和盲目生产，杜绝片面强调自身利益和发展而不顾全国整体利益的经济格局的产生，确保国家重点项目的落实，实现地区专业化和多样化发展相结合，逐步在全国范围内实现产业布局的合理分工。《全国主体功能区规划》是我国指导各地区进行合理产业布局的重要依据和总纲领，其中按照资源环境的承载力将全国划分为优化开发、重点开发、限制开发和禁止开发四类主体功能区。

2. 分工协作原则

产业布局的分工协作，主要体现在劳动地域分工与地区综合发展相结合上。地域分工和地区专业化发展，不仅能充分发挥各地区优势，最大限度地节约劳动，促进商品的流通与交换，而且可以加速地区经济一体化进程，促进区域之间的分工与合作。

3. 集中与分散相结合的原则

工业布局要根据各地区的资源环境条件、位置和交通状况、人口与劳动力、社会经济等因素有选择地集中布局。我国目前要求工业要进园区，就是为了促进工业的集聚发展。但是，产业的过度集中会引发一系列问题，如“城市病”和工业成本上升等。因此，在产业布局中既要反对过分集中，也要反对互不联系的过分分散两种极端做法。

4. 经济效益原则

以最小的劳动消耗获得最大的经济效益，是人类社会生产的基本要求，也是评价产业布局合理与否的最基本的标志。以经济效益为准则，农业布局就应在摸清区域农业资源的基础上，因地制宜地选择农、林、牧、渔业最适宜发展的地区，从而提高农业经济效益。工业布局则应综合资源、环境、市场、劳动力、资金等多方面的因素，选择成本低、经济效益好的区位进行集中布局。

5. 可持续发展原则

优化产业布局是促进可持续发展的重要途径。优化产业布局和转变经济发展方式是相互促进、相辅相成的。优化工业布局是从空间的资源配置上实现经济发展方式的转变，如减少资源和能源的跨区域、长距离运输，加快发达地区产业结构的调整与升级，发展内需型产业，从而改变以往粗放型的经济发展方式；转变经济发展方式则要求减少资源投入，提高资源的利用效率，从而实现低投入和高产出的集约型发展；通过优化工业布局，集约利用土地，发展工业集聚区，共享基础设施和增强知识溢出的效应，这将有利于节约利用各种资源，促进经济发展方式的转变。

材料短析

改革开放以来，中国区域发展政策及其重心发生了几次演变，具体见表 13－1。

表 13-1 改革开放以来中国区域发展政策及其重心演变

阶段	地理区划	区域发展政策重心	具体内容与相关政策措施
1949—1978 年改革以前	沿海、内陆；三线建设	平衡发展战略，注重均衡发展和国防安全，以公平为重心	计划经济下的重工业优先发展战略、"大跃进"时期的区域平衡发展方针；三线建设的大规模西推
1981—1985 年"六五"计划	沿海、内陆和少数民族地区	不平衡发展战略，效率优先；设立经济特区；控制大城市，发展中小城市	重点产业投资布局"东倾"政策；经济特区、沿海开放城市、经济开发区和保税区的"特殊政策"，灵活措施；开放沿海港口城市；实施国家扶贫开发政策；少数民族地区对口支援和财政补贴政策
1986—1990 年"七五"计划	东部沿海地区、中部、西部地带	东部优先、中部重点、西部准备的效率优先、非均衡发展战略；沿海地区经济发展战略作为国家方针被正式提出	沿海对外开放政策；加速东部沿海地区发展；开辟沿海经济开发区；开发台商投资区；构建地区协作和三级经济区网络
1991—1995 年"八五"计划	沿海、内陆、少数民族和贫困地区	非均衡协调发展战略，注重效率；严格控制大城市规模；小城镇大战略；梯度推移战略	形成全方位的对外开放格局（沿边、沿江和省会）；增设国家级经济技术开发区；加快中西部乡镇企业发展；促进棉纺织工业区域转移；投资布局重点西移；开发开放以上海浦东为龙头的长江地区
1996—2000 年"九五"计划	七大经济区	非均衡协调发展战略，注重效率，兼顾公平；大中小城市和小城镇协调发展；梯度推移	引导地区经济协调发展，形成若干各具特色的经济区域，提高东部经济活力，加强东中西合作，促进中西部改革开放；优先在中西部地区安排资源开发和基础设施建设项目；《国家八七扶贫攻坚计划》
2001—2005 年"十五"计划	东部、中部、西部	相对均衡促进协调发展战略，促进东部创新，辐射带动中西部发展；注重效率，兼顾公平	实施西部大开发战略，加快中西部地区发展，合理调整地区经济布局，促进地区经济协调发展；提高东部地区的发展水平，形成各具特色的区域经济
2006—2012 年	东部、中部、西部、东北地区；四类主体功能区	均衡协调互动发展战略，以注重公平为重心；以特大城市为依托，形成辐射作用大的城市群，培育新的经济增长极	坚持实施推进西部大开发，振兴东北地区等老工业基地，促进中部地区崛起，鼓励东部地区率先发展的区域发展总体战略，健全区域协调互动机制，形成合理的区域发展格局；合理确定不同区域的主体功能，明确优化开发、重点开发、限制开发、禁止开发的空间布局
2013 年至今	欧亚大陆，"丝绸之路"经济带	以边境地区为依托，辐射带动沿线各国在交通基础设施、贸易与投资、能源合作、区域一体化方面的发展	整合东南亚经济、东北亚经济，使其最终融合在一起并通向欧洲，形成欧亚大陆经济整合的大趋势，从海上联通欧亚非三个大陆和丝绸之路经济带，形成一个海上、陆地的闭环

资料来源：干春晖. 产业经济学 [M]. 2 版. 北京：机械工业出版社，2015：246.

第二节　产业集聚与产业转移

当今全球范围或一国内部经济地图上的产业布局，不是均匀分布的而是高度集聚的。例如，高技术产业在空间上集中于美国、西欧和日本等发达国家的某些区域，发展中国家的产业集聚现象也越来越多。同时，一些产业在全球范围或一国内部发生转移。从全球范围看，欧美等发达国家的一些产业，特别是劳动密集型产业向发展中国家转移，同时在一国内部，产业也会由发达地区向欠发达地区转移。

一、产业集聚

（一）产业集聚的含义与类型

产业集聚，又称为产业集群，是指在某一特定领域中（通常以一个主导产业为核心），大量联系密切的企业及相关支撑机构在空间上集中，并具有很强竞争力的现象。产业集聚包括地理接近和业务联系紧密的同类企业，垂直联系的上下游企业，及由政府、金融机构、大学、研究所和职业培训机构等构成的支撑体系，是一个经济、社会、文化等多维的区域综合体。发达国家和地区的产业集聚现象十分明显，无论是在高科技产业还是在传统产业都取得了巨大的成功。例如，美国重要的产业集群有硅谷和128公路的微电子产业集群、纽约玛第森大街的广告业集群、明尼阿波利斯的医学设备业集群、克利夫兰的油漆和涂料业集群、好莱坞的娱乐业集群等。发展中国家和地区也存在大量的产业集群，例如，在亚洲的中国、印度、巴基斯坦、印度尼西亚等均有发达程度不同的专业化的产业集群（见表13-2）。我国产业集群存在显著的区域差异，大多数已经成型的产业集群都集中在东南沿海地区，其中以浙江和广东最为集中，江苏、福建也较多。例如，浙江拥有大量乡镇中小企业产业集群以及一批高新技术产业集群，主要集中在杭州湾和温台地区。

表13-2　世界知名产业集群一览

国别或地区	所在区域	产业领域
美国	硅谷	微电子、生物技术、风险资本
美国	好莱坞	影视娱乐业
美国	纽约	金融服务、广告、多媒体等
美国	西雅图	飞机设备与设计、金属加工
德国	慕尼黑	汽车业
德国	法兰克福	化工业
意大利	伦巴第	丝织品
意大利	贝尔加莫	家具业
法国	欧叶纳科斯	模具
法国	昂蒂布	计算机及相关产品
瑞士	制表区	钟表业
日本	丰田城	汽车及零部件

续表

国别或地区	所在区域	产业领域
日本	大田	机械和金属加工
中国台湾	新竹	半导体硬件
印度	班加罗尔	计算机软件

资料来源：唐晓华，王伟光. 现代产业经济学导论[M]. 北京：经济管理出版社，2011：233.

产业集聚可分为专业化集聚和多样化集聚。产业的专业化集聚建立在地方化经济的基础上，地方化经济是指当某一产业的生产规模扩大时，该产业中的企业生产成本不断降低的现象。之所以称为地方化，是因为同类企业聚集在某一特定地区，导致该地区企业生产成本低于其他地区，从而出现了地方特色。所谓的专业化集聚，就是该地区同类企业聚集在一起形成的区域专业化。专业化集聚在很大程度上是由劳动力市场共享、中间投入品、信息交流等因素导致的。大量的专业化企业集聚，使区域得以实现规模生产，同时对分工更细、专业化更强的产品和服务的潜在需求量也相应增加。在我国城市中，义乌、景德镇等属于专业化城市。这些城市有自己独特的竞争优势，地方化经济作用显著，专业化集聚给城市带来了发展机会。

产业的多样化集聚与集聚经济中的城市化经济相对应，城市化经济的定义是随着某一城市（区域）生产规模的扩大，该城市（区域）中所有企业的生产成本相应降低的现象。不同于地方化经济，城市化经济更强调不同行业的企业集聚导致生产成本降低的情形。正外部性源自整体规模的扩大，同时惠及所有企业。因此，多样化集聚是指因城市（区域）整体规模扩大而带来的、惠及各行业的集聚效应，同时多样化集聚在一定程度上涵盖了专业化集聚。要说明的是，产业的多样化集聚不仅包括专业化集聚，还包括其他一些途径，如公共基础设施、知识共享、行业互补性等，这些途径促进了行业间的信息交流。上海、北京、香港等属于多样化城市，各行业合理搭配，产业体系完整，服务健全，多样化集聚效应明显。

本质上，专业化集聚和多样化集聚两组概念是异曲同工的，分别体现了产业内与产业间的正外部性。多样化与专业化模式往往并存，但有时也存在冲突。多样化的城市功能齐全，行业众多，但由于资源有限，不是所有行业都能形成规模经济；专业化的城市虽然有利于单个行业形成竞争优势，但其他行业往往表现出弱势。实践表明：在发展早期，城市会表现出（无序）多样化特征；在发展中期，城市会逐步趋于专业化，利用优势行业产品促进自身发展；在成熟阶段，城市会渐渐恢复到（有序）多样化，利用已有的经济基础，形成一个完整的产业体系。

材料短析

中国产业集群的类型及形成机制

（1）资源驱动型产业集群。它是指凭借本地区独特的产业专业化条件、工商业传统和自然资源，依靠民间微观经济主体的自发创新，并在内生性民间资本积累的推动和获得相对全国其他地区的体制优势的情况下，借助市场力量逐渐形成的产业集群，包括社会资源驱动型产业集群和自然资源驱动型产业集群，前者主要分布在东南沿海地区，所凭借的是当地的工商业传统、文化等社会资源，如江浙一带的纺织产业集群，广东的五金、家电等产业集群，后者主要分布在中西部地区，所凭借的是当地的矿产、农副产品等自然资源，如云南的烟草产业集群、山西的煤炭产业集群等。

（2）贸易驱动型产业集群。它是指以本土企业为主的国内贸易和出口贸易带动的产业集群。此类产业集群的起源往往是当地一些企业家在国内外市场中看到了商机，开始进行单个家庭或小规模的创业，成功之后迅速带动其他企业跟进，并有相应的配套企业共同成长，最终形成了面向国内和国际市场的产业集群。资源驱动型产业集群和贸易驱动型产业集群都是自发形成的。贸易驱动型产业集群广泛分布在纺织品、机电产品、家具等技术含量较低的日用消费品行业中，以浙江温州、广东中山等地的产业集群最为典型。

（3）外商直接投资型产业集群。它是指一些地区凭借优越的地理位置、优惠的投资政策、丰富的土地资源和充足的劳动力，在地方政府培育、企业创造性模仿和企业家精神等的共同作用下形成了以外商直接投资为主的产业集群，主要分布在长三角、珠三角和环渤海经济圈等地区。

（4）科技资源衍生型产业集群。它是指凭借各类科研资源和人才，形成的以科研资源为依托、以科技创新为重点、以技术推广应用为内容的高新技术产业集群。中关村产业集群是科技资源衍生型产业集群的典型代表。中关村是我国教育和科研资源最为密集的区域，有以北京大学、清华大学为代表的 68 所著名大学和以中科院为代表的 270 家科研机构，国家重点实验室 51 个，占全国的 28%；国家工程研究中心 22 个，占全国的 22%，国家级企业技术中心 13 个，还有跨国公司设立的研发中心 65 个。中关村形成了以信息产业为龙头，软件、集成电路、网络通信、生物医药、环保新能源等重点产业国内领先的产业集群。

（5）大企业种子型产业集群。它是指围绕逐渐做大做强的传统国有大中型企业和在市场竞争中逐步壮大的其他大型企业发展起来的产业集群。随着企业间竞争的加剧和专业化分工的演进，很多大企业往往专注于某一环节的核心能力建设，而将其他业务外包出去，这样就吸引了众多的中小企业依附在周边为大企业配套服务，从而形成了全产业链的产业集群。这类产业集群主要集中在汽车、家电、通信设备制造等具有较高技术含量且产业链较长的产业中，东部沿海和中西部地区都有分布。如长春的汽车产业集群是以一汽集团、一汽大众为核心，众多零部件生产企业和机械研究机构等围绕它们而形成的。

（6）产业转移型产业集群。此类产业集群主要位于中西部地区。近几年，东部沿海地区产业北移西进的转移态势十分明显，中西部地区在承接产业转移过程中逐步形成了以劳动密集型、资源依赖型为主的产业集群。产业转移型产业集群的形成一般依赖于当地已有的产业条件，很多情况下，该地区已经形成了一定规模的企业集聚，具有承接产业转移的基础，进一步的产业转移使得该地区的产业集群快速形成和发展。

资料来源：唐晓华，王伟光．现代产业经济学导论[M]．北京：经济管理出版社，2011：240-245.

（二）产业集聚理论的形成与发展

英国新古典经济学家马歇尔（Marshall）在 19 世纪末提出了产业区位论，这是最早对产业集聚的研究。他在论及组织这种生产要素时提到了地理集聚现象，并将其称为“产业区”，同时给出了当时英国谢菲尔德和兰开夏郡等地著名的手工集群作为实例。但是，由于对组织、空间等生产要素的长期忽视，主流经济学家在马歇尔之后并没有对产业区现象进行更深入的研究。直到 20 世纪 80 年代中期，一些社会学家重拾产业区概念以解释在当时西方经济普遍衰退的背景下某些地区——如“第三意大利”、美国硅谷——却保持增长的有趣现象，从而开始了关于“新产业区”的讨论。从具体特征来讲，新产业区表现出一些新特征：供应商和客户之间频繁的人员交流；同行之间为分担风险、稳定市场和分享创新而合作；设计和创新人员比例很高；地方政府在治理和促进产业发展方面发挥重要作用；等等。

正当新产业区讨论方兴未艾之际，以波特为代表的战略管理学派在讨论国家竞争优势的过程中注意到一国的优势产业往往在地理上集聚，从而也开始了对集聚经济的研究，并明确提出了“产业集群”的概念。波特对集群的理解更多地着眼于竞争优势而非生产联系，认为集群是产业获取竞争优势的组织基础。在他看来，集群是某一特定领域内相互联系的企业及机构在地理上的集聚体，包括一系列相关联的产业和其他一些与竞争有关的实体，如机器设备、专用性基础设备的供应商等。集群可横向扩展到互补品的制造商和技术、技能上相关的实体，如有零部件或有共同投入品的企业；也可向下游拓展到销售渠道和客户。为了更好地说明集群这个定义，波特给出了加利福尼亚葡萄酒业集群和意大利皮革业集群作为佐证。

20 世纪 90 年代，以克鲁格曼（Krugman）为代表的新经济地理学理论为产业集聚的产生提供了主流经济学视角的解释。他以规模报酬递增、不完全竞争的市场结构为假设前提，在迪克西特-斯蒂格利茨模型（Dixit-Stiglitz Model，简称 D-S 模型）的基础上，认为产业集聚是由企业规模报酬递增、运输成本和生产要素移动通过市场传导的相互作用而产生的。克鲁格曼设计了一个产业集聚的模型，假设工业生产具有规模报酬递增的特点，而农业生产规模报酬不变，在一个区域内，工业生产活动的空间格局演化的最终结果将会是集聚。这从理论上证明了工业活动倾向于空间集聚的一般性趋势，并阐明了由于外在环境的限制，如贸易保护、地理分割等原因，产业集聚的空间格局可以是多样化的。现实中产业区的形成是具有路径依赖性的，而且产业集聚一旦发生，就倾向于自我延续下去。

（三）产业集聚的经济效应

产业集聚不仅可以给区域内的企业带来较高的投资回报，而且能够提高区域核心竞争力，促进区域内经济增长。这主要是由产业集聚在资源利用、产品生产开发、市场开拓及其他服务等方面所具有的竞争优势决定的。

1. 产业集聚的资源优势

产业集聚的资源优势主要体现在：（1）产生资源吸引效应。集聚一经形成，就会通过其优势将有直接联系的物资、技术、人力资源和各种配套服务机构等吸引过来，尤其是吸引特定性产业资源或要素。随着产业链的延伸，将吸引更多的相关产业甚至不同产业扩大地区产业规模。而且随着集群竞争力的增强，这种资源吸引效应还会逐步加速。（2）提高资源利用效率。集聚企业间分工协作的发展使企业间的互补性增强、信息沟通方便，可以较容易地实现及时供货、零库存、全面质量管理等，使社会资源得到更加充分的利用。集聚的发展和分工协作的效益导向可以促使企业通过内部分工的外部化或社会化，将原先自行生产的部分零部件外包给其他企业，充分利用社会资源更快地扩大生产规模或降低成本。(3) 竞争激励引起资源素质提升效应。在集聚企业的竞争机制和学习效应的作用下，企业不断创新，集聚区的技术人员和工人的观念和技艺不断提高，各种机器设备不断得到改进，新产品和新工艺不断涌现，生产、营销、物流、环保等技术不断改善，使得资源素质得以不断提升。(4) 优化资源配置。在资源高度集聚且素质不断提升的条件下，各种资源能够随着市场的变化和新的产业链的出现，利用诸多便利条件迅速流向有竞争力的优势产业，从而最大限度地实现优化配置。

2. 产业集聚的创新优势

集聚的创新氛围可以培养人们对产业相关知识与创新的敏感度，使集群具有更高的学习和创新效率，主要体现在以下几个方面：(1) 集聚企业之间的激烈竞争促使企业不断进行技术创新和管理组织创新，所以集聚企业具有更强的创新意识；(2) 集聚企业联系频繁，地理位置接近，企业的创新成果扩散更快，更易被其他企业学习和吸收，从而促进整个群体的创新能力提高；(3) 集聚具有更有利的创新条件，在集群内更容易找到创新所需的设备、资金、人才等；(4) 有些产品的创新涉及较多环节，费用高、风险大，单家企业往往难以承担，集群内的相关企业可以合作创新，分担创新风险，加快创新速度。因此，产业集聚在创新的动力、环境、组织等方面都具有相对较大的优势，这使得产业集群往往成为创新的主体、推动产业发展的力量。

3. 产业集聚的成本优势

产业集聚可以有效节约成本，主要体现在两个方面：(1) 节约生产成本。集群内的企业生产产品的全部成本低于集群外部的企业，因而在同等的市场价格水平下具有较强的竞争能力。其主要原因在于：一是集聚会产生规模经济。由于中间产品转移成本降低，企业易于将内部分工外部化或社会化，导致其内部单位产品生产的长期平均成本下降，从而获得企业内部规模经济。企业还可以利用空间的接近性，通过与其他外部的企业合资、合作或者建立联盟等方式从事专业化分工协作，以弥补其在资金、管理、人才方面的不足，从而获得外部规模经济。二是集聚会产生范围经济。集群内的一些企业可以根据市场需求及时地调整产品的产量和创新产品的样式，从而获得内部范围经济。某一行业或区域内部的专业化企业联合起来进行多样化产品的生产，也可以获得行业或外部的范围经济。(2) 节约交易成本。集聚有助于集中市场信息，减少信息不对称，从而降低交易双方的信息成本。同时，集聚企业经过磨合逐渐建立了互信和解决争端的良好机制，有助于契约的谈判、签订和执行以及争议、仲裁等环节的顺利进行，从而降低整个交易成本。此外，集群信誉的担保机制有利于降低企业的融资成本，尤其是有利于吸引群外资金的持续进入。

4. 产业集聚的市场优势

产业集聚在市场上获得的竞争优势体现在以下三个方面：(1) 产业吸引力。决定企业盈利能力的首要的、根本的因素是产业的吸引力。对于高科技产业，通过创建新产业和推出新产品获取技术上的超额垄断利润，或者通过集聚形成共同的技术标准可以提高公认性，进一步扩大垄断优势。(2) 市场竞争地位。集群通过企业集聚的形式，对内通过前向、后向的垂直联系，形成类似于大企业垂直一体化的生产过程，同时又通过水平联系增强合作与竞争，从而提高整体效率和竞争力，不仅在成本、价格、营销上有一定的优势，而且类似产品系列的企业集聚，在产品差异化和功能多样化方面也具有一定的优势。(3) 议价能力。集群的议价能力表现在买方和卖方两个方面。一是作为买方的议价能力，集群内的主导产业一般都有较高的市场占有率，可以实现大批量购买，除了采购价格外，对质量、规格、型号等都可以统一要求；同时集群内也有部分配套的供应商，对群外供应商构成替代威胁，因而增强了集群内企业的议价能力。二是作为供方的议价能力。供方在向某个产业销售产品时，缺乏替代产品竞争会增强其议价能力；当供方产品是买方业务的主要投入资源时，若这种投入对于买方的生产工艺或产品质量的成功至关重要，则供应商的议价能力也会增强。

5. 产业集聚的产品优势

集聚企业间的竞争更多地需要依赖非价格因素，如产品的质量、差异化、品牌等。集群内部的这种环境要求集群内企业更能适应市场环境的变化，利用产品差异化与市场占有率之间的交互反馈机制形成市场势力。因此，集群内的企业通过内在的竞争压力，获得了单个游离企业难以拥有的产品质量和产品差异化优势。另外，企业通过集聚的群体效应，形成了“区位品牌”。与单家企业的品牌相比，“区位品牌”是众多企业品牌精华的浓缩和提炼，更具有持续性的品牌效应。进入市场的中小企业可以依靠本身的企业集群知名度和整体营销宣传战略来开拓市场，进而在这一过程中打造自己的品牌、扩大企业的知名度，从而获得单家企业根本不可能获得的优势。

二、产业转移

(一) 产业转移的含义与类型

产业转移是由于资源供给或产品需求条件变化后，某些产业从某一国家或地区转移到另一个国家或地区的经济行为和过程，主要是企业在不同区域间进行区位选择与布局的过程。这是一个包含国家间与区域间投资与贸易活动的综合性的要素与商品流动过程，是一个具有时间和空间维度的动态过程，是国家间或区域间产业分工形成的重要因素，也是转出国（或地区）与承接国（或地区）产业结构调整和产业升级的重要途径。

产业转移可以分为区际产业转移（国内区域间的产业转移）和国际产业转移（国家间的产业转移）。区际产业转移是由于存在经济技术的差异，产业由高梯度地区向低梯度地区转移。较早的案例可以追溯到美国工业化早期，当时制造业工厂通常设在靠近原料来源的地方，后来由于运输条件的变化，工厂更倾向于设在靠近产品市场的地方，这促进了美国工业由东部转移到西部、由北方转移到南方。我国目前东部沿海地区一些产业向中西部和东北地区转移也属于国内区域间的产业转移。国际产业转移是由国际贸易与国际产业投资的叠加效应形成的，典型现象发生在 20 世纪后半期的东亚。

根据这些影响因素可以将产业区域转移归纳为以下四种类型：(1) 成本压迫型转移。这是指企业为了降低成本、提高劳动生产率而进行的转移活动。各地区之间生产要素价格差异导致了产业发展的成本差异，通过向低要素成本地区的产业转移可以降低成本，提高相关企业的运营效率，优化产业整体的资源配置。(2) 市场寻求型转移。它又称市场规模导向的产业转移，是指企业为占领更大的市场而进行的产业转移。当一个地区某种产品的市场规模达到一定程度后，将产业转移到该地区既有利于占领该地区市场，又能相对降低产品的运输成本。另外，企业邻近市场易于迅速掌握市场特点和市场动态，尤其是那些直接面对最终消费者的产品，在目标市场直接生产可以更好地满足当地消费者的特殊偏好。(3) 企业战略型转移。追求企业成长常常是小型企业发展的首要目标，积极推进企业的对外扩张战略，包括通过产业转移，不仅有利于企业开拓新的发展空间，而且有利于企业在当地的发展和成长。(4) 政策驱动型转移。为实现区域协调发展的目标，优化空间经济结构，政府可能会制定并实施一系列政策措施，鼓励和引导企业合理迁移。这些政策根据颁布主体的不同可分为国家政策、转入地政策和转出地政策。

（二）产业转移的相关理论

20 世纪 50 年代以来，世界经济经历了多次大规模的产业转移浪潮。早期的研究主要以发达国家向发展中国家的产业转移为对象，理论多基于宏观层面。然而 20 世纪 80 年代以来，跨国公司的产业内分工和产品内分工逐渐取代了产业间分工，成为当今世界的主要分工形式，理论多从微观层面对其进行分析。

1. 基于比较优势视角的产业转移理论

(1) 比较优势理论。

斯密（Smith）最早提出了基于绝对优势的地域分工理论，认为各国/地区都应重点发展绝对成本比其他国家低的产业。李嘉图（Ricardo）在绝对优势理论的基础上提出了比较优势理论，认为有些国家即使绝对成本较高，通过生产与外国相比生产率差距相对较小的产品，依然可以加入国际分工中。瑞典经济学家赫克歇尔（Heckscher）和俄林在比较优势的基础上，阐述了要素禀赋理论。按照该理论，劳动力丰富的发展中国家在国际分工中应生产劳动密集型产品，而拥有资本和技术优势的发达国家应生产资本密集型或技术密集型产品。随着国际贸易和国际分工的发展，各国所拥有的生产要素的丰裕程度会发生相对的变化，要素禀赋的变化又会进一步影响国际分工和国际贸易的变化，从而导致国际产业转移与结构演变。

(2) 产品生命周期理论。

产品生命周期理论由美国哈佛大学弗农教授提出。该理论将产品生命周期分为新产品、成熟产品和标准化产品三个时期，不同时期产品的特性存在很大差别。在由新产品时期向成熟产品时期和标准化产品时期的转换过程中，产品的特性和产业区位也会发生相应的变化，从而形成产业转移。具体来说，产品最初是知识技术密集型的，主要在产品创新国生产；随着制造工艺的逐渐成熟，产品开始转向资本密集型，此时产品由创新国向中等发达国家转移；在大规模生产的标准化阶段，产品逐渐变为劳动密集型，由发达国家转移到发展中国家。该理论的核心在于，产品的不同生产阶段对不同生产要素的依赖程度会发生变化，从而引起生产在具有不同要素禀赋的国家之间的转移。

(3) 雁行模式理论。

20 世纪 30 年代，日本经济学家赤松要（Kaname Akamatsu）以当时的日本为视角分析了发达国家和后发国家之间的产业空间转移现象，提出了雁行模式理论。他在考察日本明治维新以来棉纺织业通过承接转移的发展历程和形态后，总结出三种模式：第一种模式是产业按照从接受转移到国内生产，再到向外出口的三个阶段，即按照“进口—国内生产

（进口替代）—出口”的模式相继更替发展；第二种模式是从一般消费品到资本品，或是从低附加值产品到高附加值产品，即第一种模式的演进，产业结构不断高级化；第三种模式是第一种模式的动态演化在国与国之间的传导，即工业化的跟随者会效仿工业化的先行者。该理论的要旨是后发国可以利用先进国的产业转移，吸收资本和技术，通过学习发展相关产业。

（4）边际产业转移理论。

20世纪70年代，小岛清（Kiyoshi Kojima）仍以发展中国家为研究对象，根据日本对外直接投资的实践，在比较优势原理的基础上提出了“边际产业转移理论”。该理论认为，对外直接投资应从本国（投资国）已经处于或即将陷于比较劣势的产业——边际产业（这也是被转移国家具有比较优势的产业）——依次进行，通过产业的空间移动，回避产业劣势或边际产业，发挥潜在的比较优势。小岛清的理论反映了发达国家对发展中国家进行直接投资的动机与形式，但该理论所能解释的时空范围很小，仅对发达国家向发展中国家的产业转移进行了解释，不能解释发展中国家的逆向直接投资现象。

2. 基于新经济地理视角的产业转移理论

新经济地理学以产业集聚为中心，研究产业集聚演进中所伴随的产业转移现象。劳赫（Rauch，1993）发现，企业并没有在地区间出现工资差异的初期阶段转移经营活动，而是在一段时间后才从高工资地区向低工资地区大规模转移。他把企业这种成批的转移模式归因于外部经济和沉没成本的相互作用：由于外部经济性的存在，企业愿意集聚到一起，通过合作获取外部经济；由于转移中的沉没成本，转移代价通常比较高，只有当新的合作收益高于沉没成本时，企业才会成批转移。汉森（Hanson，1998）对此观点进行了补充，认为产业区位取决于三个要素：外部规模经济、地租和各生产阶段间的中介成本。外部规模经济引导企业集聚到一个产业中心；由于土地的供给是固定的，集聚会提升产业中心的工资，迫使企业把不具有外部经济性的活动转移到低工资地区；企业通过投资于中心与外围地区的交通和分销设施降低中介成本，这就形成了一个区域性生产网络。因此，集聚引致的拥挤成本把外部经济性较弱的活动挤出了集聚地区，从而出现了产业转移。马尔库森和维纳布尔斯（Markusen and Venables，2000）则指出，虽然企业倾向于布局在市场潜力大的地区，但市场越大，不可流动要素的价格越高，企业的生产成本也越高，企业是否外迁取决于生产地与销售地之间的贸易成本。简言之，产业集聚与产业转移取决于集聚的正外部性与拥挤的负外部性的总体效果，当负效应占主导地位时，会出现产业转移。

3. 基于价值链视角的产业转移研究

自20世纪80年代以来，随着国际分工形式由产业间分工演化为产业内分工、再到产品内分工，国际产业转移也逐步深入至生产工序层面，在跨国公司主导的全球一体化生产体系内部展开。这种以产品价值链为纽带形成的网络型国际产业转移模式，表现为跨国公司将产品的研发、核心部件生产等工序安排在发达国家，将产品的主要零部件制造工序转移至应用技术方面存在竞争优势的新兴工业化国家，再将辅助零部件制造、组装等工序转移至在低技术劳动力上具有竞争优势的发展中国家。全球价值链理论解释了产业的全球空间布局特征和收益分配准则。格里菲（Gereffi，1995）将价值链与产业的全球生产组织结合起来，提出了生产者驱动和购买者驱动的全球商品链二元驱动模式。他认为，通过全球价值链模式下的产业转移，可以建立全球分工体系和生产网络。在这种产业转移模式形成的全球分工网络中，发达国家及其跨国公司作为国际产业转移的组织者和治理者，处于GVC高端，居于强势地位，它们利用自身的市场势力，将低附加值的生产环节外包给发展中国家，从而获得了大部分的产品附加值和贸易利润。

（三）产业转移的动因

1. 市场需求与层级变化

随着经济的发展，产业转出地区的需求结构将会逐步升级，对诸如食品、纺织、一般机械等劳动密集型产业的产品需求将会减少，而对家电设备、交通通信设备、电脑及其软件、医疗及保健产品、住房等资本或技术密集型产品的需求将会迅速增长。正是需求结构的变化带来了产业结构调整的压力。这种压力直接表现为低技术的劳动密集型产业产品的市场竞争日趋激烈。因此，本地企业会趋向于将产业以各种形式向外地转移，以释放出资源容纳本地需求旺盛的产业。在适应市场需求变化的过程中，那些市场需求萎缩的产品和产业会被逐步转移到其他地域，那些市场需求旺盛的产业将实现增长，移出地的产业结构得到优化。世界制造中心转移均与地域需求变化紧密相关。英国第一次工业革命后，迅速形成了世界技术优势，并吸引世界生产资源向英国汇集，形成了与衣、食需求相适应的以食品、纺织、采矿、冶金等为支柱产业的世界制造中心。随着英国的日益衰落，美国抓住时机进行第二次工业革命，形成了与当时住、行更高级的需求相联系的世界先进技术优势，从而迅速吸引世界资源向美国流动，最终形成了以电力设备、钢铁、造船、化工、汽车等为支柱产业的世界制造中心。第二次世界大战后，日本以欧美巨大的市场需求为导向，以信息、半导体等新产业为突破口，迅速成为世界另一重要制造中心。

2. 市场规模发展与分工细化

市场扩大将会促进分工的发展，从而促进生产效率的提升。随着市场扩大、分工发展，必然促进区域生产的专业化和精细化，其间必然伴随着产业的转移与重组。国际分工就与国际产业转移有着密切的联系。国际分工是社会发展到一定阶段的产物，是国民经济内部分工超越国家界限广泛发展的结果。国际分工的一个重要特点是不同国家的生产力水平不同，其中一部分国家的生产力发展水平较高。由于产业生命周期的客观存在，发达国家便通过国际贸易和国际投资等方式将本国处于衰退期的产业向外扩散或转移。随着最先移入这些产业的发展中国家工业化进程的推进，这些产业也会逐渐转移到其他生产力水平更低的国家或地区，由此形成一个永不衰竭的产业转移浪潮。国际产业转移使发达国家与发展中国家之间的国际经济关系建立在一种新的国际分工的基础之上，形成了一种新的贸易与投资利益分配的国际格局。因此，国际分工是国际产业转移的前提和基础，而国际产业转移也会对国际分工格局的演进起重大作用，并不断地改变着国际分工格局。

3. 生产要素价格的变化

生产要素价格的变化将引起产业在区域间的转移。通过产业转移，可以在更广阔的范围内综合有效利用各种资源，促进区域产业结构升级和产业效率提高。伴随城市化发展和产业集聚的加强，产业转出地区可能面临劳动力价格上升、土地成本增加、市场萎缩、资源环境成本增加等一系列问题，为了降低生产成本，可以将劳动密集型产业转移到劳动力丰富、成本低的地区；为了加强市场销售、拓展市场，可以将产品销售部门转移到市场需求旺盛的地区；为了降低环境成本，可以将会产生一定污染的企业转移到环境容量大的地区；等等。通过产业转移，可以实现跨区域的要素资源的综合有效利用，对增强企业竞争能力、优化区域产业结构具有重要意义。

4. 自然资源分布和变化

自然资源是资源型初级产业建立的基础。石油、煤炭、水电、矿产开发等资源型产业和农林等初加工产业一般依据自然资源而栖落。资源型产业布局也会随着自然资源分布和储量变化而在全球范围内变动。比如，随着我国东部地区受到的资源、能源和环境约束逐渐增强，一些能耗大、资源型的电解铝、多晶硅等产业逐渐向新疆转移，依托的就是新疆具有丰富的煤炭资源，电力丰富、价格低等优势。然而，世界现代制造业转移趋势越来越不受自然资源的约束和影响。

（四）国际产业转移的发展和现状

产业转移的最初发生是因为经济全球化和国际市场的形成。20 世纪初期，英国、法国等欧洲国家比较发达，而美国相对落后，产业就从欧洲向美国转移，世界的经济重心也一起从欧洲转移到了北美。第二次世界大战结束以后，国际上共发生了四次大规模的产业转移。其中，在 20 世纪 90 年代新经济和信息产业在全球迅猛发展之前，国际产业转移基本呈现同类产业整体在不同发展水平的国家之间依次梯度转移的特征。20 世纪 90 年代之后，在经济全球化背景下，国际产业转移更多地表现为全球化产业链上不同要素密集度的经营链条在经济发展水平相异的国家之间的梯度转移。

1. 20 世纪 90 年代之前的三次国际产业转移

第一次国际产业转移浪潮发生在 20 世纪 50 年代。通过军事技术民用化，美国进一步巩固了在世界经济和产业技术中的领先地位，并率先进行了产业结构的调整升级：集中力量发展汽车、化工等资本密集型重化工业，而把纺织等传统产业通过直接投资向正处于经济恢复期的日本等国家转移。由于整体经济相对落后，劳动力成本相对较低，在承接美国转移出的轻纺工业后，日本很快成为全球劳动密集型产品的主要供应者。同时，日本开始大力扶植和发展钢铁、化工等资本密集型产业的进口替代，产业结构得到有效调整。

第二次国际产业转移浪潮发生在 20 世纪六七十年代。第三次科技革命的深入发展推动着新产品、新技术不断涌现，产业升级的步伐由此加快。美、德、日等国大力发展钢铁、化工和汽车等资本密集型产业以及电子、航空航天和生物医疗等技术密集型产业，而把劳动密集型产业尤其是轻纺工业大量外移。经过 20 世纪 50 年代的进口替代，亚洲新兴工业化国家和地区的劳动密集的轻纺工业得到较快发展，在借此机遇大力发展出口导向的轻纺工业的同时，韩国和中国台湾还开始了钢铁、化工等重化工业的进口替代。此次产业转移不仅使发达的产业移出国产业结构得到转换和升级，而且造就了“亚洲四小龙”（韩国、新加坡以及中国的台湾、香港），塑造了具有国际竞争力的现代产业群体。

第三次国际产业转移浪潮始于 20 世纪 70 年代后期，两次石油危机的爆发和其间世界性经济危机的爆发严重打击了西方国家的重化工业，促使其着力发展微电子、新能源、新材料等高附加值、低能耗的技术密集型产业和知识密集型产业，而先后将钢铁、造船和化工等重化工业以及汽车、家电等部分资本密集型产业进一步向外转移。随着经济的迅速发展，亚洲新兴工业化国家和地区的劳动力成本迅速上升，廉价劳动力优势逐步丧失，轻纺产业的发展面临窘境。鉴于此，“亚洲四小龙”积极承接了发达国家转移的资本密集型产业，并将即将或已经失去比较优势的劳动密集型产业向马来西亚、泰国等后起国家转移。借助三次大规模的国际产业转移，东亚发展水平呈梯次结构的三类经济体相继完成了产业结构的转型升级。

2. 20 世纪 90 年代以来的国际产业转移

20 世纪 90 年代之后，世界发生了第四次产业转移浪潮。随着信息产业的迅猛发展，经济全球化成为影响产业发展和产业转移的重要因素。20 世纪 90 年代以来的国际产业转移主要有以下特征：

第一，劳动密集度高的产业转移程度高，资本密集度高的产业转移速度加快。这一特征与比较优势理论是一致的，在我国表现得尤为明显：改革开放初期，珠三角是最早接受国际产业转移的地区，它凭借廉价的劳动力成本，承接了日本、韩国等国以及我国台湾和香港等地的加工制造业。之后，东部其他地区纷纷效仿，凭借转移的劳动密集型产业，建立起强大的加工制造能力。21 世纪初期，比较优势使东部地区的劳动力成本优势丧失，而资本要素优势逐渐凸显，资本密集型产业，尤其是重化工业的转移开始加速。在 21 世纪的前 10 年，我国依靠资本密集型产品进入新一轮出口扩张期，而这次出口扩张的驱动力是跨国公司资本密集型制造业转移到中国生产，如全球的汽车产业巨头蜂拥而至，纷纷设厂生产，不仅抢占中国市场，还面向全球出口。

第二，国际产业转移呈现出地理集聚特征。这一特征与新经济地理学理论是一致的。地理集聚与产业扩散往往同时进行，发展中国家的大城市群地区通过集聚，能够更好地承接国际产业转移。在新一轮的国际产业转移中，这种集聚趋势越来越明显，产业偏好于向社会稳定、成本低、物流便捷、配套能力强的区域转移。例如，我国的长三角地区通过产业集聚，创造了更大的产业优势，上海及其周边地区聚集了大量的外商；又如深圳、东莞、惠州等地区拥有地域上的集聚优势，能更好地承接信息技术产业的移入。

第三，产业链式转移，但技术转移和转移规模不同步。随着经济全球化的深入，当今的国际产业转移呈现出产业链式移入的发展态势，不仅包括主要制造厂商的转移，还包括相关配套服务的转移，尤其是关联度强的产业往往一并转移。但是，技术转移与产业转移在规模上不匹配。发达国家一方面持续加大国际产业转移规模，将低附加值的制造、组装等生产环节转移到发展中国家，另一方面却把技术密集度较高、技术性强的研发、产品设计、核心部件生产等部门留在本国。尽管发达国家向发展中国家的产业转移规模大，但发达国家掌握核心技术，获得了产品大部分的附加值，而发展中国家只获得极少的“加工费”。

案例分析

中国政府引导产业转移模式探索

改革开放及加入 WTO 以来，中国积极融入经济全球化，承接国际产业转移。随着我国经济发达地区的要素成本上升，支撑前一阶段经济高速发展的劳动密集型产业甚至部分技术密集型产业呈现出转移趋势。一般认为，现阶段的产业转移具有从中国到东南亚国家和从国内发达地区到欠发达地区两个方向。在当今时代背景下，国内循环成为经济发展格局主体，为了保障产业链供应链安全，防范产业链空心化的风险，我国内部产业转移的重要性凸显。以下简单介绍政府引导产业转移的三种模式探索。

1. 广东省“双转移”战略

2008 年次贷危机之前，广东省经济发展迅猛，成为我国经济第一大省。但是，广东的经济发展也面临几个突出问题：(1) 制造业以中低端劳动力密集型为主，对外依存度高，竞争力弱；(2) 企业集中分布在珠三角地区，粤东、粤西和粤北工业基础薄弱，经济发展不协调；(3) 珠三角地区土地和资源逐渐短缺，人口负担加重，自然环境污染严重。经过不断讨论调研，广东省提出“双转移”(产业转移和劳动力转移的统称) 战略，加强产业转移规划引导，开展省级产业转移园认定，并为产业转移园提供优惠保障和配套。截至 2017 年 2 月，广东省共建成 83 个享受省产业转移政策的省产业转移工业园和产业转移集聚区域，成为承接珠三角地区相关产业有序梯度转移的载体。2019 年 4 月，广东省自然资源厅印发《关于支持产业转移工业园用地提升土地利用质量效益的若干意见》，继续支持产业转移工业园发展。

2. 深汕特别合作区

深汕特别合作区是广东省在新时期探索区域协调发展的先行示范区，于 2011 年在深圳 (汕尾) 产业转移工业园的基础上设立。2018 年 12 月，根据《深汕特别合作区体制机制调整方案》，合作区正式成为深圳第“10+1”区。2019 年 8 月，中共中央、国务院发布《关于支持深圳建设中国特色社会主义先行示范区的意见》，将深汕特别合作区正式由广东省战略上升为国家战略。深汕特别合作区是全国首个由“飞出地”全面主导建设管理的“飞地”，从合作建立产业园区，到合作建设一座城市。深汕特别合作区在不改变行政区划范围的前提下，实质上扩大了深圳的城市空间，拓展了特大城市发展的新思路。深汕特别合作区的示范效应显著，全国多个地区采用了“特别合作区”模式，相继出现了“广清特别合作区”“宁淮特别合作区”“杭州高新区 (滨江) 富阳特别合作区”“南京经济技术开发区涟水特别合作区”等概念。

3. 浙江省山海协作工程

山海协作工程最初在 2001 年浙江省扶贫暨欠发达地区工作会议上提出，是为了推动该省以浙西南山区和舟山海岛为主的欠发达地区加快发展，实现全省区域协调发展而采取的一项重大战略举措。浙江省在 2018 年提出打造“山海协作”升级版，在 2020 年启动实施“山海协作八大行动计划”。在山海协作工程中，浙江省重点谋划建设山海协作产业园、“飞地”园区、生态旅游文化产业园等产业协作平台。2012 年开始，浙江省在衢州、丽水启动建设首批 9 个省级山海协作产业园，在结对县 (市、区) 设立产业园，双方互派干部，共同管理，合作开发产业园。进一步地，浙江省委、省政府鼓励 26 个加快发展县在结对市、县建立人才、科技和产业孵化“飞地”，同时对建设成效明显的“飞地”园区予以用地政策支持。山海协作工程通过共建产业园，促进生产要素在地区间的合理流动，实现先发地区与加快发展地区资源的有效整合和配置，既有利于先发地区“腾笼换鸟”、拓展发展空间、加快经济转型升级，又有利于加快发展地区培育特色优势产业，提升内生发展动力。同时，产业“飞地”园区为区域经济合作开辟了新空间，更为山海协作开创了新模式。

资料来源：政府引导产业转移的三种模式探索 [EB/OL]. 前瞻产业研究院，2021-05-13.

第三节　产业布局实践

一、全国性产业布局

全国性产业布局主要是从全国规模考察产业的空间联系、产业结构的适时转换与经济成长，以及为适应一国经济成长各阶段而进行的对产业布局总体框架的调整。

（一）全国性产业布局的总体目标

一个国家产业布局的总体目标是实现产业的合理布局和经济资源在空间上的有效配置。但从根本上讲，产业布局的目标可分为效率目标和公平目标。此外，生态平衡目标和国家安全目标也是非常重要的目标。

效率目标追求整个国民经济较高的增长速度和良好的宏观效益，公平目标要求不断缩小区域间经济水平和收入水平的差距。一般说来，效率和公平是相对消长的。但从长远看，两者的目标又是统一的。没有一定的发展速度和经济效率，就不可能积累足够的资金，以支持落后地区的开发；而没有落后地区的开发，发达地区发展所需的原料、燃料和市场也难以扩大，而且不利于社会的安定。所以国家在制定产业布局目标时，必须兼顾效率和公平，并根据社会经济的具体情况，确定两者的主从关系。

同时，还要用生态平衡的观点作为原则来制定产业发展战略，看待和评价人类与环境有关的活动、目标。产业布局既要考虑生物种类（动物、植物、微生物）的组成和数量比例相对稳定，也要考虑非生物环境（包括空气、阳光、水、土壤等）的相对稳定。产业布局不能够破坏生态平衡。

此外，为了确保国家安全，国家的产业布局既要从国防角度进行战略考虑，又要从国家经济长期稳定健康发展的角度考虑。所以，我国产业布局的总体目标是实现产业的合理布局和经济资源在空间上的有效配置。

（二）全国性产业布局的调整

改革开放前，我国坚持平衡布局的思路，通过高度集中的计划机制，实现资源在产业和地域间的组合与再组合。这种产业布局方式在实践上产生了一系列不良后果。改革开放后，我国突出了效率优先、兼顾公平的布局政策取向，因而全国的产业布局和投资重点东移，有力地刺激了区域经济的发展。但是，此阶段又出现了一些新的亟待解决的问题：一是区域间发展不平衡，导致东部沿海地区与内陆中西部地区之间的差距明显拉大；二是区域产业结构在低层次上严重趋同，直接损害规模经济和聚集效益；三是区域间不正当竞争、地区封锁、市场分割，引发资源大战，阻碍生产要素合理流动。解决这些问题的一个根本对策是坚持全国性产业布局非均衡协调发展的思路。

全国性产业布局非均衡协调发展的主旨，是在考虑产业在各地区布局非均衡的条件下，在把区域经济不断引向高水平的过程中，谋求在地区与地区之间、部门与部门之间、地区比较优势与国家综合优势之间，建立一种动态的协调关系，以此减弱甚至消除非均衡发展的负面作用。全国性产业布局非均衡协调发展并不要求在短期内根本性消除区域经济发展的差距，也不要求以牺牲效率为代价迅速发展落后地区的生产力，而是要在考虑区域发展非均衡的前提下，在把区域经济不断推向高水平的过程中，逐步培植起落后地区持续发展的能力和潜力，并在条件成熟的情况下促进落后地区经济的超越发展。

全国性产业布局非均衡协调发展要求产业政策与地区政策相结合，既要坚持产业政策区域化，又要坚持区域政策产业化。前者要求国家从全局利益出发，制定全国产业重点发展战略，并对各产业，特别是对重点支持的主导产业在全国的布局有一个总体部署，按照地域优势的原则，将全国产业发展设想分解落实到各个区域，明确各个区域产业结构的调整方向和产业发展系列。后者是指在确定重点发展区域和各区域开发对策的同时，要求对各类地区的产业结构有一个轮廓性的规定，特别是对不同地区的主导产业和优势产业应有所规定，使重点区域的发展体现在其优势产业上。

二、地区性产业布局

地区性产业布局是地区产业运行在空间上的实现，它主要研究在地区经济发展的不同阶段，地区内部各产业空间组合的最佳形式和一般规律，以求合理地利用本地资源，获得最大的区域效益。

（一）地区性产业布局需要满足的条件

（1）自然环境有一定的相似性和关联性。自然环境的相似性是指区域内主要的资源条件、经济发展水平、发展的潜力与问题、面临的任务和发展方向等具有近似性，这是地区性产业布局的客观基础。自然环境的关联性是指区域内主要的资源条件、经济发展水平、发展的潜力与问题、面临的任务和发展方向等相互联系、相互影响。自然环境的相似性与关联性相适应，区内自然环境之间稳定、合理、密切的关联性可以使区内经济成为整体，为实现本地区的主要目标服务。

（2）经济发展与布局现状有相似性和互补性。地区性产业布局既要从历史上已经形成的社会劳动分工的特点出发，充分考虑本地区经济发展现状（产业结构与发展水平等），又要预测未来，兼顾未来发展方向的一致性，要保证经济发展与布局现状有相似性和互补性。

（3）拥有实力雄厚的经济中心。经济中心是组织和协调区域发展的核心，它可以把区域内各部门、各区域、各级城市的经济活动凝聚成一个整体。经济中心的规模和经济实力决定了一个地区内产业的规模、级别和经济发展水平，经济中心的规模和经济实力不同，对周围地区的辐射和吸引范围也不同。

（二）地区性产业生长点的选择

从产业运行规律的角度来看，地区经济发展的过程实质上是不断创造或引进新的产业、部门或产品，并在更大范围内扩散和发展的过程。由于地区发展的不平衡性，创新活动集中在少数城市或地区，这些有能力创造或引进、吸收和发展新兴产业、部门、技术和产品的城市和地区就叫产业生长点。地区性产业生长点的选择主要考虑经济发展水平，人才、技术水平，基础设施水平等因素。地区产业生长点选择的具体条件因地区条件的不同而千差万别。在经济发展比较落后的地区，根据上述因素选择的具体条件可能是很低的，选择出来的产业生长点也许就是个中小城市。但是，对于这些地区来说，新兴产业的技术层次也较低，因此中小城市也能胜任。相反，如果是在发达地区，作为产业生长点的就可能是发达的大城市或特大城市。

（三）地区性产业布局的主要模式及其在中国的应用

（1）增长极发展模式。改革开放后，我国借鉴增长极理论指导产业布局，主要在东部地区重点培育一批增长极，比如设立经济特区、确定开放城市、建设各类开发区等，这些做法对我国区域经济的发展都起到了非常积极的作用。现在，我国中西部地区同样可以推行这种增长极战略，考虑经济的内向型特征和资源分布的不平衡特征，通过多层次的增长极在不同点上带动经济发展。

（2）点轴布局模式。点轴布局模式是增长极发展模式的延伸。当前我国产业布局中比较公认的两种点轴模式是T形模式［以沿海与长江为轴线，轴线上的主要城市（以上海为首）为点展开我国产业布局］和“弓箭形”模式（以沿海或京沪线为弓、京广线为弦，长江为箭、上海为箭头，以此为脉络展开我国的产业布局）。

（3）网络布局模式。网络布局模式是点轴布局模式的延伸，是地区经济比较发达的地区的一种布局模式。在经济发达地区，经济密度高，交通通信发达，地区产业布局根据区内城镇体系和交通通信网络系统逐次展开。我国东部的京津唐地区、长江三角洲地区、珠江三角洲地区都属于这种开发模式。

（4）区域梯度开发模式。由于经济技术的发展是不平衡的，客观上存在一种技术梯度，有梯度就有空间推移。生产力的空间推移要从梯度的实际情况出发，首先让有条件的高梯度地区引进、掌握先进生产技术，然后逐步向处于中梯度、低梯度的地区推移，实现经济分布的相对均衡。比如我国存在东、中、西三大地带，根据发展水平和创新能力，它们分别被认为是高梯度、中梯度和低梯度地区。

三、县域产业布局

地区性产业布局很重要的问题之一是县域经济的发展。县域经济是在县级行政区划和空间内，以市场为导向优化配置经济社会资源而形成的区域经济，是以县城为中心、乡镇为纽带、农村为腹地的区域经济。县域是中国政治经济体系和社会系统中最基础的层次和最基本的单元，是城乡联动的节点，也是全面建成小康社会的基本载体。只有县域经济充分发展，才能从根本上提高综合国力，也才能从根本上推动和加快现代化建设。党的十八届三中全会提出：“城乡二元结构是制约城乡发展一体化的主要障碍。必须健全体制机制，形成以工促农、以城带乡、工农互惠、城乡一体的新型工农城乡关系，让广大农民平等参与现代化进程，共同分享现代化成果……完善城镇化健康发展体制。”因此，县域经济既是城市经济与农村经济的接合部，也是城市经济向农村经济拓展与延伸的枢纽；县域经济既是国民经济的重要组成部分，也是统筹城乡发展和维护社会稳定的关键环节，具有极强的综合性和不可替代性。

县域产业布局是地区产业布局的微观基础，是地区产业布局的具体细化。因此，我国在推进主体功能区形成、优化国土空间开发格局的过程中，更加注重县域（包括县级市）的空间布局问题，县域的空间包括县域的生产、生活和生态空间。2014 年 8 月，国家发改委提出开展市县“多规合一”试点工作，开展市县空间规划改革试点，推动经济社会发展规划、城乡规划、土地利用规划、生态环境保护规划“多规合一”。开展市县“多规合一”试点是强化政府空间管控能力，实现国土空间集约、高效、可持续利用的重要举措；是改革政府规划体制，建立统一衔接、功能互补、相互协调的空间规划体系的重要基础，对于加快转变经济发展方式和优化空间开发模式，坚定不移实施主体功能区制度，促进经济社会与生态环境协调发展都具有重要意义。

延伸阅读与思考

中国产业布局战略的历史演进

20 世纪 50 年代至 70 年代中期，实行公平优先的均衡产业布局战略

中华人民共和国成立之前，中国工业化发展水平极低，且布局极不平衡。中华人民共和国成立后，为了纠正严重失衡的区域发展格局，改变生产力过于倚重东部沿海地区的不均衡状况，以毛泽东为代表的第一代中央领导集体在处理产业布局的指导思想上，以苏联的均衡配置论为理想模式，提出了产业均衡布局的战略构想。我国改革开放前的产业布局，就是在此发展战略的指导下进行的。“一五”时期，我国工业化建设主要围绕苏联援建的重要项目进行，其中相当大部分设在工业基础相对薄弱的内陆。“二五”至“四五”时期，国家在产业布局上更加强调均衡布局的指导思想，产业布局政策的重心开始大规模西移，产业布局跳跃式地向西部地区推进。公平优先的均衡产业布局战略拓展了我国生产力发展空间，刺激了西北地区和西南地区工业的增长。但是，均衡产业布局战略也产生了一些不良后果：一是片面强调公平目标，无法推动区域走向共同富裕；二是“三线”建设按照“进山、分散、隐蔽”方针进行的工业布局，违反了经济发展规律，造成企业效益低下；三是均衡产业布局缺乏地区间分工协作，没能充分发挥各地区的比较优势。

20 世纪 70 年代末至 90 年代末，实行效率优先的非均衡产业布局战略

20 世纪 70 年代末，我国所面临的国际和国内政治社会环境已经发生重大改变，迫切要求经济发展战略和产业布局得到相应的调整。1978 年，以邓小平为代表的第二代中央领导集体充分吸收了增长极理论和梯度推移理论等产业布局理论，对我国产业布局实行了效率优先的非均衡发展战略：产业布局向东部地区倾斜，然后逐步向中部、西部地区梯度推进。“六五”计划充分考虑到了区域比较优势，强调要在发挥东部地区经济技术优势的基础上，推进东部、中部和西部地区之间的横向经济联合，以促进这些地区之间的比较优势互补以及经济发达地区的辐射和扩散效应。“七五”计划依据梯度推移理论，遵循先东部地区、后中部地区、再西部地区的顺序进行全国产业布局。“八五”计划提出促进地区经济朝着合理分工、各展所长、优势互补、协调发展的方向前进。“九五”计划提出在已有经济布局的基础上，逐步形成长江三角洲及沿江地区、环渤海地区、东南沿海地区、西南和华南部分省区、东北地区、中部五省区和西北地区七个跨省（区、市）的经济区域，各经济区重点发展适合本地条件的重点和优势产业。非均衡发展战略的实施取得了明显的成效，促进了我国从经济特区—沿海开放城市—沿海经济开放区—内陆的开放格局的形成，南方和东部沿海城市的一些产业已经开始依照产业发展的规律逐渐集聚，跨地域经济带也逐渐形成。但是，其中存在的问题也日益显现：一是区域发展差距问题开始凸显并日趋严峻；二是区域之间普遍存在结构趋同现象；三是区域产业结构偏置与产业结构失衡两种情况并存。

21 世纪以来，实行区域协调发展的产业布局战略

为了平抑、弥合东部地区和西部地区之间过大的差距，保持国民经济的稳定、协调发展，社会各界对非均衡产业布局战略进行了反思，并催生出以处理好东部地区与中、西部地区发展关系问题为核心内容的区域协调发展战略。1999 年，以江泽民为首的党中央做出了实施西部大开发的重大战略决策，我国产业布局战略从此实现了历史性的转变。实施西部大开发战略的同时，在科学发展观的指导下，中央先后实施了振兴东北老工业基地、促进中部崛起、东部率先发展等重大战略举措。“十一五”规划纲要中将“促进区域协调发展”单列一篇，对促进区域协调发展做出战略部署，标志着中国区域协调发展战略基本形成。现在，在习近平新时代中国特色社会主义思想的指导下，我国产业布局政策非常重视区域协调发展，根据资源环境承载能力、发展基础和潜力，按照发挥比较优势、加强薄弱环节、享受均等化基本公共服务的要求，加大力度支持革命老区、民族地区、边疆地区、欠发达地区加快发展，强化举措推进西部大开发形成新格局，深化改革加快东北等老工业基地振兴，发挥优势推动中部地区崛起（如长江经济带发展战略），创新引领率先实现东部地区优化发展（如长江三角洲区域一体化、粤港澳大湾区、京津冀协同发展等战略部署），建立更加有效的区域协调发展新机制。

资料来源：刘慧玲．新中国产业布局发展战略的历史演进［J］．桂海论丛，2010，26（5）：74-77；苏东水，苏宗伟．产业经济学［M］．5 版．北京：高等教育出版社，2021．

思考题

1．我国产业布局的总体目标是什么？如何规划我国的总体产业布局？
2．产业布局政策应该包括哪些内容？产业布局政策如何与区域政策有机结合？
3．在三次产业中，哪些产业倾向于集聚，哪些产业倾向于分散？试分析其中原因。
4．试举我国的产业集群案例，分析其成因、路径及效应。
5．我国产业转移的主要特征是什么？未来发展趋势如何？
6．国际产业转移对世界经济产生了哪些影响？未来趋势如何？

参考文献

1．干春晖．产业经济学［M］．2 版．北京：机械工业出版社，2015．
2．高志刚．产业经济学［M］．北京：中国人民大学出版社，2016．
3．刘慧玲．新中国产业布局发展战略的历史演进［J］．桂海论丛，2010，26（5）：74-77．

4. 刘志彪. 产业经济学[M]. 2版. 北京：机械工业出版社，2020.
5. 苏东水，苏宗伟. 产业经济学[M]. 5版. 北京：高等教育出版社，2021.
6. 唐晓华，王伟光. 现代产业经济学导论[M]. 北京：经济管理出版社，2011.
7. 杨凤. 产业经济学[M]. 北京：清华大学出版社，2017.
8. 臧旭恒，杨惠馨，徐向艺. 产业经济学[M]. 5版. 北京：经济科学出版社，2015.

图书在版编目（CIP）数据

产业经济学/原小能主编. --北京：中国人民大学出版社，2022.1

高等学校经济管理类主干课程教材

ISBN 978-7-300-30224-9

Ⅰ. ①产… Ⅱ. ①原… Ⅲ. ①产业经济学-高等学校-教材 Ⅳ. ①F260

中国版本图书馆 CIP 数据核字（2022）第 011137 号

高等学校经济管理类主干课程教材

产业经济学

原小能　主编

Chanye Jingjixue

出版发行	中国人民大学出版社		
社　　址	北京中关村大街 31 号	**邮政编码**	100080
电　　话	010－62511242（总编室）		010－62511770（质管部）
	010－82501766（邮购部）		010－62514148（门市部）
	010－62515195（发行公司）		010－62515275（盗版举报）
网　　址	http://www.crup.com.cn		
经　　销	新华书店		
印　　刷	北京七色印务有限公司		
规　　格	185 mm×260 mm　16 开本	**版　　次**	2022 年 1 月第 1 版
印　　张	21.75 插页 1	**印　　次**	2022 年 1 月第 1 次印刷
字　　数	508 000	**定　　价**	49.00 元

教学支持说明

1. 教辅资源获取方式

为秉承中国人民大学出版社对教材类产品一贯的教学支持，我们将向采纳本书作为教材的教师免费提供丰富的教辅资源。您可直接到中国人民大学出版社官网的教师服务中心注册下载——http://www.crup.com.cn/Teacher。

如遇到注册、搜索等技术问题，可咨询网页右下角在线 QQ 客服，周一到周五工作时间有专人负责处理。

注册成为我社教师会员后，您可长期根据您所属的课程类别申请纸质样书、电子样书和教辅资源，自行完成免费下载。您也可登录我社官网的“教师服务中心”，我们经常举办赠送纸质样书、赠送电子样书、线上直播、资源下载、全国各专业培训及会议信息共享等网上教材进校园活动，期待您的积极参与！

2. 高校教师可加入下述学科教师 QQ 交流群，获取更多教学服务

经济类教师交流群：781029042

财政金融教师交流群：182073309

国际贸易教师交流群：162921240

税收教师交流群：119667851

3. 购书联系方式

网上书店咨询电话：010－82501766

邮购咨询电话：010－62515351

团购咨询电话：010－62513136

中国人民大学出版社经济分社

地址：北京市海淀区中关村大街甲 59 号文化大厦 1506 室　100872

电话：010－62513572　010－62515803

传真：010－62514775

E-mail：jjfs@crup.com.cn